LENA CHRIST
SÄMTLICHE WERKE
Herausgegeben von Walter Schmitz
Dritter Band

Lena Christ

Dramen

Bauern und andere Erzählungen

Madam Bäuerin

Briefe

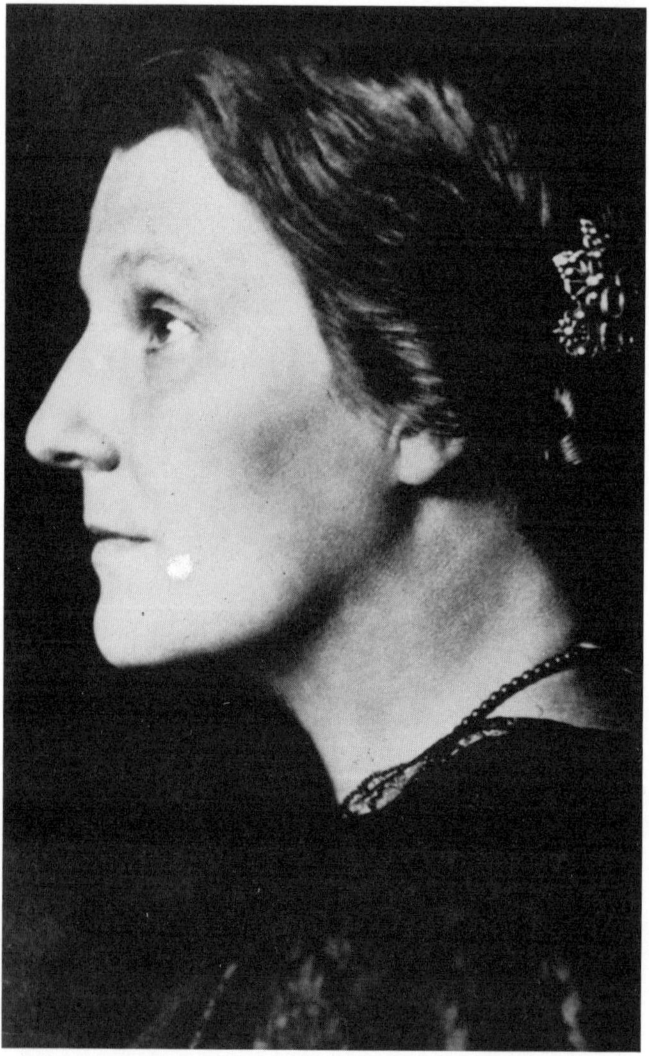

Lena Christ
Dramen
Bauern
und andere Erzählungen
Madam Bäuerin
Briefe

Herausgegeben von Walter Schmitz

Süddeutscher Verlag

ISBN 3-7991-6285-2

 Printed in Germany
Schutzumschlagentwurf: Design Team
Frontispiz: Portraitphoto Lena Christ, etwa 1918
Gesetzt in der 10 auf 12 Punkt Bembo Antiqua
Satz: Typodata GmbH, München
Druck und Bindearbeit: Clausen & Bosse, Leck

Inhaltsübersicht

Dramen

Der Hochzeiter

Bauernkomödie in einem Aufzug

Personen

1. DER STAUDENSCHNEIDER, *ein Bauer*
2. GIRGL, *sein Sohn*
3. SUSANNA, *Haushälterin*
4. DIE ALTE LAMPLWABN
5. FANNY, *ihre Tochter*
6. DER SCHMUHSERTONI
7. DER BÜRGERMEISTER VON RIEDERING
8. DIE BÜRGERMEISTERIN
9. STASI, *ihre Tochter*
10. MICHL, *Oberknecht*
11. ERSTER KNECHT
12. ZWEITER KNECHT
13. ERSTE MAGD
14. ZWEITE MAGD

Ort der Handlung: Ein oberbayerischer Bauernhof
Zeit: Gegenwart. Spätherbst

1. Scene

STAUDENSCHNEIDER *reibt sich fröstelnd die Hände und hält sie gegen den Ofen:* Und kalt is's dir wieder heunt! Scho glei so mentisch kalt, daß ma moant, derfriern muaß ma! Und jetz hab i denkt, i kunnt mi da a bisserl aufwarma, – derweil frierts an Ofa selber!

SUSANNA *kehrt die Stube zusammen:* Jessas naa! Daß d'fei derfrierst!

STAUDENSCHNEIDER Wenn ma jetz do a kloans Feuerl einemacha tat in den Schwarzen? Was moanst, Susann?

SUSANNA *barsch:* Is eh a großmächtigs drinn! Zwegn deiner schiab i net an Klafter Holz auf oamal eine!

STAUDENSCHNEIDER Es is oans drinn, sagst, a Feuer? Und a großmächtigs aa no, sagst? – Nachher woaß i net, Susann, – nachher muaß eahm eppas fehln, an Ofa. Er werd net warm!

SUSANNA *nachäffend:* Er werd net warm!

STAUDENSCHNEIDER Wenn i dirs sag, Susann! Eiskalt is er no alleweil! Glang her! – Da ... glang nur selber her! ... Eiskalt is er.

SUSANNA I mag net, sag i! I hab koa Zeit jetz. – Eiskalt! – Wannst nur du net eiskalt bist, du alter Grandler, du alter!

STAUDENSCHNEIDER Muaßt net grohna, Susann! – Aber, schau, mir wachsen schier d'Eiszapfa an dee Finger dro! – Meiner Seel, meine Zähn tatn mir scheppern vor Kältn, bal i no oa drinn hätt! – Wennst halt do a weng nachschaugn tatst nach'm Feuer!

SUSANNA I hab jetz net derweil, daß i mi zwegn deiner a Stund vürs Ofaloch hinhock! *Kehrt wütend zusammen.*

STAUDENSCHNEIDER *hustend:* Jetz is's halt scho wieder narrisch! Und rührt wieder an Dreck auf, daß ma moant, ersticka muaß ma!

SUSANNA Gehst halt auße, bals dir herinn z'stark staubt!

STAUDENSCHNEIDER *humpelt hustend zur Tür und fächelt sich mit dem Schnupftuch Luft zu:* I geh scho! – I sag nix mehr, du alts Fegfeuer, du schiachs du!

SUSANNA *auffahrend:* Was hast gsagt? Fegfeuer hast gsagt? Hoaßen tuast mi du epps?

STAUDENSCHNEIDER I hoaß di gar nix. Aber dees is koa Art und Weis nimmer, wiast du mit dein'm Bauern umgehst! Bal dees mei Alte, Gott habs seli, erlebt hätt ...

SUSANNA *herausfordernd, drohend:* Was waars nachher, bals die erlebt hätt? Was waars denn nachher, bal di no lebn tat, ha?

STAUDENSCHNEIDER Dees kannst dir leicht denka! Die tat dirs scho zoagn, wer da herinn der Herr ist!

SUSANNA *höhnend:* Ha! Daß i net lach! Moanst, weil sie's dir so oft zoagt hat! – Aha! – Ja ja. – Die hat dir freili hi und da a so einghoazt, daß d'sechs Wocha an koa Kältn nimmer denkt hast; und wanns glei mitten im Winter gwen is! – Die hats verstanden, wia ma oan Hitzen eintreibt und dengerscht's Holz und an Torf dabei spart! – Ha, Alter?!

STAUDENSCHNEIDER *weicht wieder gegen das Sofa zurück:* Geh, laß mir mein Ruah! Abscheuligs Weibsbild du! Kimmt nur der Bua hoam, der Girgl! I wer's eahm scho sagn...

SUSANNA *spöttisch:* Soo? Was sagst eahm denn?

STAUDENSCHNEIDER *wird zornig:* Daß er dir aa amal richti einhoazn soll, du alter Backofa, du zwiderner du!

SUSANNA *schnappt nach Luft:* Ah! Backofa sagt er! An Backofa hoaßt er mi! – A Fegfeuer! – O du ganz schiacher Tropf du alter! *Wirft ihm den Besen vor die Füße.* Is dees der Dank dafür, daß i dir dei Wirtschaft führ, dei verlotterte? daß i dir und dem andern an Deppn mach zwegn nix und wieder nix?

STAUDENSCHNEIDER Zahlt ma di eppa net dafür?

SUSANNA *giftig:* Freili zahlt ma mi! Und wia! Überall verdean i mir mehra, als wia bei enk zwoa Hannaken! Und besser geh' tuts mir aa überall! – Siecht ma's ja! Mag net amal oane einaheiratn in enka Hüttn! Mitsamt enkan Reichtum! Weils scho bekannt seids wie's schlechte Geld – auf hundert Stund im Umkreis, – ös Biffeln, ös abscheulige! *Packt den Besen und geht ab nach der Küche.*

STAUDENSCHNEIDER *ist erst sprachlos. Bläst sich dann wärmend in die hohlen Hände und lacht:* Auweh, jetz hats Feuer gfangt! Jetz brennts. Jetz werd mei Stubnofa aa bald warm sein!

2. Scene

GIRGL *tritt durch die rückwärtige Tür ein. Wirft wütend seinen nassen Hut auf die Bank, nachdem er ihn etliche Male auf den Fußboden schlenkerte:* Himmelherrgottment aber aa!
STAUDENSCHNEIDER Regn'ts oder schneibts draußt?
GIRGL Grizgrammeln tuats!
STAUDENSCHNEIDER He, he! Tua nur net gar so abscheuli!
GIRGL Kreizkieselsaggramont! Jetz kann mi scho bald die ganz' Heiraterei … *Zieht die Joppn aus und hängt sie über die Ofenstange.*
STAUDENSCHNEIDER Daß d'gar a so werkst und fluachst?
GIRGL Da möcht i scho no lang fragn, zwegn was!
STAUDENSCHNEIDER Is's leicht wieder nix mit der Hochzeiterin? Wills nix wissen von dir?
GIRGL Ah was! Die Malefizweibsbilder übereinand!
STAUDENSCHNEIDER Warum? Was paßt nachher dera wieder net?
GIRGL Ah was! *Wirft sich wütend in einen Stuhl.*
STAUDENSCHNEIDER Was hats denn ausz'setzen ghabt?
GIRGL Sie mag koan Kraxentrager net, hats gsagt.
STAUDENSCHNEIDER Zwegn was dees? – Eppa zwegn deiner Postur?
GIRGL *auffahrend:* Frag net so dumm! Zwegn was denn! Als wia wenn i epps dafür kunnt für mei Elend!
STAUDENSCHNEIDER Dees is no lang koa Elend …
GIRGL Aber's Gfrett hab i damit! – Solang i jetz da bin auf dera dreckatn Welt, bin i hinten dro zwegn mein Buckl! – Scho in der Schual hams mi derlacht; – und jetz, wo i heiratn möcht, kenn i's wieder, daß dee Weibsbilder a grader lieber is als wia a buckelter, krummer.
STAUDENSCHNEIDER Bal oana so viel Geld und Sach aufweisen kann, wia du …
GIRGL *höhnisch:* Aha! Dees siech i! Jetz hab i bei der fünften anghalten! Und die hat akrat so schee Naa gsagt, wia die andern vier.

STAUDENSCHNEIDER Auf sie kimmts net o. Auf die Alten kimmts o. Was sagt denn er, der Höchataler – und sie, die Alt?

GIRGL Ja no. Eahm waar ja insa Sach ganz recht gwen; und's Geld aa. – Aber sie, d'Höchatalerin! Sie hat glei drei Kreiz gmacht und hat plärrt: da bewahr mi insa Herrgott davor, hats gsagt, daß i mei Zenz an a ran Krippe hergib!, hats gsagt. Und was nachher d'Kinder betrifft, sagts, da kriagat d'Zenz schließli lauter bresthafte Kinder, sagts. Und überhaupts, hats gsagt, hätt ma über mi scho so viel und allerhand ghört...

STAUDENSCHNEIDER A so hats gsagt?

GIRGL Akrat a so.

STAUDENSCHNEIDER Nachher gilt also insa Geld gar nix bei dene und inser Sach aa net? Und die zwoahundert Tagwerk Grund aa nixn?

GIRGL Naa. Der Posthaltermichel vo Reuth hat dreihundert Tagwerk dabei, hats gsagt. Und gwachsen wia a Baam, sagts.

STAUDENSCHNEIDER Nachher moanst, daß gar koa Hoffnung nimmer is?

GIRGL Naa. Gar koane.

STAUDENSCHNEIDER Ja, Himmeseitn! Nachher hat ja der Toni a Lug gredt!

GIRGL Wer?

STAUDENSCHNEIDER Der Schmuhsertoni, der Tropf! Sagt der Kerl zu mir, daß alles richti und grecht is und daß si nixn fehlt...

GIRGL Der Schmuhsertoni sagt gar viel. Dees is a Bazi.

STAUDENSCHNEIDER Ja no, aber nachher hab i eahm den Taler umasinst zahlt!

GIRGL Kann scho sein.

STAUDENSCHNEIDER Der Valott, der miserablige!

GIRGL Wann i net bucklt wär, pfeifet i aufn Schmuhser!

STAUDENSCHNEIDER *schaut nachdenklich vor sich hin:* Lang derf der Hof nimmer ohne Bäuerin sein.

GIRGL Machs anderscht...

STAUDENSCHNEIDER Dees Weibsbild, d'Susann, tuat ja grad, was s'gern tuat!

GIRGL *hört nicht darauf; mehr für sich:* Es gaab ja allerhand, die wo froh wärn, wanns Staudenschneiderin werdn kunnten. – Aber di wo i moan... *Geht an die Küchentür und pfeift gellend.* He da! Susann! Epps z'Essen möcht i nachher!

3. Scene

SUSANNA *mit einem Stoß Teller in den Händen eintretend:* Bin i a Hund, daß d'mir pfeifst?

GIRGL Epps z'Essen möcht i.

SUSANNA Werst wohl wartn kinna, bis daß's firti is! *Deckt auf.*

GIRGL *drohend:* Oho! Tua dir fei net z'viel Kraut außa!

STAUDENSCHNEIDER Ah was! Was willst denn mit dera. Die is ja heunt wieder amal bollisch!

GIRGL Die is mir guat bollisch! Mit dem Reibeisen werdn mir bald firti sein, bals no lang kratzt!

STAUDENSCHNEIDER Die tat sie heunt wieder a weng gar leicht redn!

SUSANNA Brauchst ja net herz'hörn, bals dir net gfallt!

GIRGL Wirst aber bald ausgredt habn! Nachher kinnan anderne hinhörn auf dei Geknärr!

SUSANNA Was d'net sagst!

GIRGL Lang ärgerst du mi nimmer. Für dees hilf i dir!

SUSANNA Soo! Was tuast nachher?

GIRGL *in ausbrechendem Zorn:* Zum Teife jagn tua i di, daß d'es woaßt! – Und jetz kimmt nachher epps z'Essen aufn Tisch, sinst hats gschnacklt!

STAUDENSCHNEIDER Jawoi. Sinst hats gschnacklt.

SUSANNA *fängt zu weinen an:* Deswegn braucht ma net so grob mit oan z'sein! – Wia der Rüappel mit oan umgeh' tat!

STAUDENSCHNEIDER Jetz kanns trenzen. Und z'erscht führt sie si auf wia der hellicht Teife!

SUSANNA I woaß's scho, daß i nix mehr recht macha kann da herinn! *Weint.*

GIRGL Deanstboten habn's Mäu z'halten, bal der Bauer redt!

SUSANNA I woaß's scho, daß i da herinn der Garneamd bin.

GIRGL Daß d'a zwiders Weibsbild bist, muaßt sagn!

STAUDENSCHNEIDER Mei Staudenschneiderin sollt halt no lebn! Die wissat scho, was dir abgeht!

SUSANNA I woaß's aa, was mir abgeht! A guats Herz und a liabs Wort...

GIRGL Auweh! *Lacht.*

SUSANNA Aber a ehrlichs Gmüat gilt ja nix da herinn bei enk!

GIRGL A ehrlichs Gmüat, jawohl.

STAUDENSCHNEIDER Dees wo oan d'Oar und's Schmalz stiehlt und hinterrucks verkaaft!

GIRGL Daß's Heiratsguat net weniger wird!

SUSANNA Dees war alleweil net für den unrechten gspart!

GIRGL A so moanst!

SUSANNA Jawoi. Mit mir war er gwiß net verspielt! *Nähert sich schmeichelnd Girgl.* Er bräucht sichs grad amal ernsthaft z'überlegn...

STAUDENSCHNEIDER Was redt die?

GIRGL Also, da gehts auße! Naa, mei Liabe, dees hat sie dersell scho lang ernsthaft überlegt!

STAUDENSCHNEIDER Die wird do net moana...

SUSANNA Woaßt, Girgl, wenn i aa nimmer recht jung bin! So viel trau i mir alleweil no zua...

GIRGL Du scho. – Aber i net. – Naa, mei Liabe. – Da stirb i scho liaber als a Oasiedel in der Klausen...

SUSANNA Wia hast gsagt? Traun tuast dir net?

STAUDENSCHNEIDER Er? Der Bua? Und di?

GIRGL Naa, du hast mir z'viel Haar auf dee Zähn.

STAUDENSCHNEIDER A Kuchelmagd! A Deanstbot! Den oanzign Buam vom Staudenschneiderhof! Daß i net lach!

SUSANNA Dees hoaßt also: du magst net?

GIRGL Akrat a so.

SUSANNA Du trittst mi mit Füaßen!
GIRGL I tua gar nix. Aber mach dir koa Hoffnung...
SUSANNA *mit der Wut einer Verschmähten:* Ha! Hintrestößen tuat er mi! Ausschlagn tuat er mi! Der Tropf, der bucklt! Naa sagn tuat er...
STAUDENSCHNEIDER Ja bist jetz du wirkli so narrisch...
GIRGL Freili is's narrisch! Sinst kunnts do net in Ernst moana, daß i a Haushalterin...
SUSANNA Wann i aa grad a Haushalterin bin, a trei's Herz und a Häuferl Dersparts hätt i dir doch einbracht...
GIRGL Ja, a trei's Herz bis der vierte kimmt, – und dees Dersparte, was d'mir zerscht gstohln hast. – Naa, Susann. Mit ins zwoa is's nix. Is gscheiter, du denkst an d'Arbat und gibst mir epps z'Essen...
STAUDENSCHNEIDER Die is guat! Die bild sie wirkli ein...
GIRGL Dees kunnt dir wohl grad recht sein: einesitzn in mei scheens Sach und drinn umandwerka wia der Gockel im Hanfsaama, gell!
SUSANNA Und dir kunnts wohl grad recht sein, wenn dir d'Susann no länger dein Deppn machen tät und schön brav d'Arbat verrichten! – Und a anderne möcht anschaffa und d'Bäuerin spieln! – Naa, mei Liaber. Da kennst dei Susann schlecht. Die geht dir nimmer auße in dei ruaßige Kuchel! Die packt schön brav ihra Sach z'samm und laßt sie gern ham von enk zwoa. – I geh. Und zwar glei – auf der Stell. Daß ihrs wißts! *Wütend ab nach dem Gang.*

4. Scene

STAUDENSCHNEIDER und GIRGL *starren Susanna verblüfft nach.*
GIRGL Was hats jetz gsagt?
STAUDENSCHNEIDER Sie will geh', sagts?
GIRGL Jaa ... aber ... *Mit verlegenem Lachen:* dees gibts ja gar net! – Jetz ... mitten unterm Jahr... *Lacht befreit auf.* Dees macht die scho guat! Die moant, sie kann mi derschrecka...

STAUDENSCHNEIDER Du ... wanns aber wirkli gang ... d'Susann ... Dees war fei zwider ... Dees waar a hoaklige Gschicht ... Da will i do liaber schaugn, daß i die Sach wieder schlicht... *Ab nach dem Gang.*

5. Scene

GIRGL Dees gang mir grad no ab! Auf so an Deanstboten angwiesen sein! Und gar heiratn! – Naa. – Aber höchste Zeit is's, daß a Bäuerin einakimmt, – daß mir net heunt oder morgn dees Weibsbild davonlauft und i sitz da mit mein Hof... *Es klopft. Überhört das Klopfen.* Liaber heirat i die alt Leinthalerin! Wanns aa Wittib is und a alte Schachtel. Sie is wenigstens a Bäuerin... *Es klopft wieder.* Hats jetz klopft? – Eingang!

6. Scene

FANNY *tritt vom Gang her ein:* 'ß di Good, Girgl!
GIRGL *sehr unangenehm berührt:* Jess' – d'Fanny! – Daß du da eina kimmst...
FANNY Gell, da schaugst!
GIRGL Was daß d'möchst!
FANNY Epps z'redn hab i. Bist alloa?
GIRGL Warum alloa?
FANNY Dees wirst dir wohl selber leicht denka kinna!
GIRGL I? Mir? Naa. I kann mir gar nix denka. Gar nix.
FANNY Soo. Gar nix, sagst. Na, nachher muaß i dir halt a weng draufhelfa...
GIRGL I hab so weni Zeit, Fanny...
FANNY Dees macht nix. Dafür hab i mehra. Den ganzn Tag, bals sein muaß!
GIRGL *unsicher:* Also red, was willst nachher?
FANNY Gar net viel. *Setzt sich breit in einen Sessel.* Grad a kloane Frag hab i...

GIRGL Da bin i neugieri...

FANNY *sehr bestimmt:* Obst no woaßt, – frag i, – was d'seinerzeit versprocha hast?

GIRGL I? Was soll i versprocha habn?

FANNY Aha. Du woaßt also, scheints mir, gar nix mehr.

GIRGL Naa. Da is mir gar nix bekannt...

FANNY Soo. Gar nix. Nachher muaß i dir scho dei Gedächtnis a weng auffrischn!

GIRGL *sehr nervös und unsicher:* Wenn i koa Zeit net hab, sag i!

FANNY Macht nix. I bin glei firti. Hock di nur a weng nieder derweil. –

GIRGL *setzt sich widerstrebend:* Also? ...

FANNY Also. Paß auf. Wiest mi damals auf dera Tanzmusi so schee drokriagt hast...

GIRGL *will auffahren.*

FANNY Pscht! – Und wiest mi nachher so brav angsetzt hast...

GIRGL Was hab i?

FANNY Willst es eppa laugna? Willst di leicht wegschraufa davon, daß du der Vata bist?

GIRGL Von dem red i net...

FANNY Aber i. – Und's Heiratn hast mir aa ghoaßn!

GIRGL Was hab i? – Da is mir nix bekannt! Gar nix...

FANNY Soo. Gar nix. Aber mir. – I hab sogar an Zeugn.

GIRGL Vo mir aus. I hab zwoa, daß's net wahr is...

FANNY Woaß ma scho. Aber die g'kauftn geltn nix.

GIRGL Dees sehng mir nachher scho. –

FANNY Jawoi. – Und jetz redn mir weiter. Jetz bin i also da...

GIRGL Dees sich i. Aber i sag dirs glei: du bist umasinst da...

FANNY *aufspringend:* Bua!

GIRGL I bin grad im Begriff, daß i a anderne heirat...

FANNY *packt ihn und schüttelt ihn:* Dees is net wahr! Girgl! – du!

GIRGL Es is, wia i sag. In sechs Wocha is mei Hochzat...

FANNY Net wahr is's, sag i! Mir hast es ghoaßn!

GIRGL Du wirst do net im Ernst glaubt habn, daß i ... der Staudenschneidergirgl ... das Dirndl von der altn Lamplhex...

FANNY Bua! Hör auf!

GIRGL I, der oanzige Bua vom Hof! – und du, – a so a armseligs ... oaschichtigs Weibsbild, dees wo nix is ... und nix hat...

FANNY Aufhörn sollst!

GIRGL *unbarmherzig:* Da müaßt i mi scho ganz vergessn habn...

FANNY *entgeistert:* A so sagst?

GIRGL An dees, was i amal im Rausch gsagt und to hab, denk i heunt nimmer. Im Rausch sagt ma gar viel...

FANNY Wenn i net dein Verspruch ghabt hätt, waars net so weit kemma...

GIRGL Bist dumm gnua, wannst es glaubst!

FANNY Meineidig machst di?

GIRGL Is mir nix bekannt, daß i gschworn hätt!

FANNY Mit dee Finger deuten d'Leut auf mi...

GIRGL Di hörn scho auf, bal sie si gnua deut't habn. – Im übrigen sollst net sagn, daß der Staudenschneidergirgl a notiger Tropf is... *Zieht seinen Geldbeutel und entnimmt ihm etliche Scheine.* Auf hundert Mark hin oder her gehts mir net z'samm...

FANNY Mit Geld willst mi abspeisen?

GIRGL *zählt das Geld auf den Tisch:* Da: fuchzg ... hundert ... kannst dir epps kaufa drum.

FANNY *schiebt das Geld wild von sich:* Dein Geld brauch i net! Staudenschneiderin will i werdn! An Vatan will i für's Kind! An Hof für mein Buam!

GIRGL Dees muaßt an andern sagn. – Wirst scho anorts oan wissen, ders gwen sei kunnt... *Steht auf.*

FANNY O du Lump, du!

GIRGL *überhört das Letzte:* Und 's Heiratn derfst dir erscht recht aus 'm Kopf schlagn. – I kunnt di höchstens als Hausmagd braucha... *Im Abgehen nach der Küche:* oder als a Stalldirn... *Ab.*

FANNY *starrt ihm entgeistert nach und schlägt die Schürze weinend vors Gesicht:* Aus is's. Alls... *Will aus der Stubn, stößt aber mit den Eintretenden zusammen. Läuft schnell weg durch die rückwärtige Tür.*

7. Scene

SCHMUHSERTONI *geräuschvoll:* Daß's Gott gsegn! Kimmt der Wind nachm Regn! Da is's ja wia in an Gottsacker so staad!

STAUDENSCHNEIDER Hopla! Jetz waar i bald an oane angstößn. Was is denn dös für a Weiberleut gwen. *Schaut ihr kopfschüttelnd nach.* Die hab i jetz net kennt!

GIRGL *tritt zu gleicher Zeit aus der Küchentür:* Was geihts?

STAUDENSCHNEIDER Was is denn dees für a Weibsbild gwen? Die hab i net kennt.

SCHMUHSERTONI Dees macht nix. Dafür kennst mi besser.

GIRGL *steckt eilends das Geld wieder ein, welches noch am Tisch liegt:* Di sollt ma aa no net kenna, du alter Sünder!

SCHMUHSERTONI Ah, da schaug her! Auf oamal kriachens daheraus aus eahnane Schlupfwinkel, wia d'Spitzmäus aus der Kirchatür! – Was is's Hochzeiter! Is's richti mitn Höchathaler seiner Zenz?

STAUDENSCHNEIDER Fragn tut er aa no! Der Sprüchmacha.

GIRGL Du bist mir no der rechte, du! Auf dei Gschwatz kunnt aa no oana geh!

SCHMUHSERTONI Was Gschwatz? Was Sprüch? Da muaß i mi fei dagegn verprotestiern! Was i sag, dees is aa a so.

GIRGL Bis auf dees, was net a so is.

STAUDENSCHNEIDER Aufbegehrn möcht er aa no! Hab i dir net an Taler Drogeld gebn für d'Höchathalerzenz?

SCHMUHSERTONI Warum? Reut er di eppa?
STAUDENSCHNEIDER Den hast dir net rechtmaßi verdeant!
SCHMUHSERTONI Warum net!
GIRGL Wia kannst denn du mir d'Höcherthalerzenz verratn, wenns an Posthaltermichel heirat't?
SCHMUHSERTONI Wia sagst? Sie heirat'hn? Jetz schaug den Tropfa o! – Aber, wart nur, Michei! Du kimmst mir net aus. Dees kost't di an Tausender!
STAUDENSCHNEIDER Gell ja, a so bist. Verratst es dem oan und dem andern hoaß'st es aa. Und's Schmuhgeld möchst von an jeden.
SCHMUHSERTONI Ja no. Umasinst is der Tod, hoaßts. – Und wer z'erscht kimmt, der mahlt z'erscht. – Und der wo dees mehra Schmalz hat, der ziagt hin.
GIRGL *aufbrausend:* Du willst mi aa no derblecka?
SCHMUHSERTONI *erschreckt:* Jessas naa, is des a narrischer Teife! Was willst denn überhaupts? Woaßt ja no gar net, zwegn was daß i da bin!
GIRGL Warum nachher?
STAUDENSCHNEIDER Werd scho epps rechts sein, was di herführt.
SCHMUHSERTONI Oha! Nur net redn, bevorst's Mäu offa hast. Wirst glei d'Ohrwaschl spitzn, wenn i mit meiner Neuigkeit aufwart.
STAUDENSCHNEIDER Bals epps gscheits is...
GIRGL Alsdann! Was woaßt?
SCHMUHSERTONI Aha. Jetz lurens scho, wie d'Holzfuchsen aufs Hennabraterl. – Aber – Gschäft is Gschäft – kriag i dees, was d'mir für d'Zenz zuagsagt hast, aa bei einer andern?
GIRGL Dees kimmt drauf o, wia schwaar daß s'is...
STAUDENSCHNEIDER Unter fuchzgtausend derfs net habn...
SCHMUHSERTONI *feierlich:* Und i sag enk: sie hat mehra.
GIRGL Jetz lüagt er wieder!
STAUDENSCHNEIDER I glaub dir nimma alls, was d'sagst...

SCHMUHSERTONI Dees kannst macha, wiast magst. I sag grad so viel: raamts zsamm und richts epps z'Essen her, sie kann jeden Augenblick angfahrn kemma. I habs wichti gmacht.

GIRGL *ungestüm:* Ja Herrgott, nachher sag do wenigstens, wers is!

STAUDENSCHNEIDER Halt oan net lang hin!

SCHMUHSERTONI Kriag i am Hochzatstag mein Tausender?

STAUDENSCHNEIDER Du wärst ja narrisch! Tausad March!

GIRGL Ah was! Dees kann ma eahm leicht hoaßen.

SCHMUHSERTONI Hoaßen. Jawoi. Aber obst mirs aa wirkli gibst?

GIRGL *gierig:* Red net lang, sag i! Wirst dein Brocka scho kriagn, bals so weit is! Wie s'hoaßt und wers is, will i wissen!

SCHMUHSERTONI Hoho! Nur net so gach, Büaberl! Werst es derwartn kinna! --- Alsdann --- es is --- d'Burgamoasterstasi von Riedering. Die oanzige Tochter, der Bua is gfalln. Sechzgtausend glei auf d'Hand und nomal so viel, bal die Alten gehn.

GIRGL Was? Die? Ja, himmeseitn...

STAUDENSCHNEIDER Die protzige Gsellschaft? Dees glaab i no net.

SCHMUHSERTONI Wirst scho müassen, balst es siechst.

GIRGL *aufgeregt:* Ja, Herrschaftsaxn! D'Stasi! Jetzt hoaßts aber herrichtn! Heunt no kimmts, sagst?

SCHMUHSERTONI Sie is scho aufm Weg...

GIRGL Scho am Weg, sagst? *Läuft an die Küchentür und pfeift.* He da! Susann! Susann! Ja, wo steckt denn dees Weibsbild wieder?

8. SCENE

SUSANNA *reisefertig mit Kopftuch und Schal, mit Handkorb und altmodischer Reisetasche:* Mei Geld will i habn. Von Liachtmeß bis Allerheilign san neun Monat. Neun mal zwanzg is hunderachzg.

GIRGL und STAUDENSCHNEIDER *starren beide entgeistert auf Susanna.*

SCHMUHSERTONI Ah, da schaug her. D'Susann geht.

GIRGL Und i sag, du bleibst da!

SUSANNA Dees kann mir koa Mensch schaffa.

GIRGL I brauch di. Notwendi.

SUSANNA Aber i brauch di net.

GIRGL Geh, Herrgott! Wirst do net alls auf d'Goldwaag legn, was i gsagt hab...

SUSANNA Sag, daß d'mi heiratst...

GIRGL Dees kann i net...

SCHMUHSERTONI Soo, so. Waht der Wind von dera Seitn! Auwehzwick, da wird kaam z'helfa sein.

STAUDENSCHNEIDER Die wär ja narrisch!

GIRGL Susann, verlang was d'willst, – aber heiratn kann i di net...

SCHMUHSERTONI Indem daß er schon eine haben tut...

SUSANNA Alsdann. Nachher hab i ausgred't. Gib mir mei Geld, nachher geh i.

GIRGL Und i laß di net geh, Susann!

SUSANNA Nachher fahr i halt. Und mei Geld kriag i auf an andern Weg aa. Gibt Advikatn grad gnua, die froh san ums täglich Brot...

GIRGL *ungestüm:* Mach mi net narrisch, sag i!

SUSANNA Dees bist a so scho. Wird mir guat toa, wann i nix mehr woaß von enk. Alsdann: Gibst mir mei Geld?

GIRGL Geh, Herrschaft, Susann! Sei do gscheit!

SUSANNA Gott sei Dank, dees bin i. Und drum geh i. *Sie geht ab.*

GIRGL *versucht noch sie zurückzuhalten.*

Ein Wagen fährt rasselnd vor.

9. Scene

SCHMUHSERTONI Sakradi, jetz san s' scho da aa!
GIRGL *läuft hinaus:* Was? D'Hochzeiterin! Da muaß i glei außi!
STAUDENSCHNEIDER Bals net der Tierarzt is.
SCHMUHSERTONI *blickt aus dem Fenster:* Was sag i net?! Freili is sie's, d'Hochzeiterin!

Girgl, Bürgermeister, Bürgermeisterin und Stasi treten vom Gang her ein.

BÜRGERMEISTER Soo, soo, sagst; er is dahoam, der Bauer?
GIRGL Ja ja. Freili is er dahoam. Da hint hockt er aufn Kanapee.
BÜRGERMEISTER Du bist leicht a Knecht da herinn?
GIRGL I?! A Knecht!? Naa, mei Liaba. I bin der Junge von dem Alten.
BÜRGERMEISTERIN Was? Der?!
GIRGL An Staudenschneidergirgl hoaßt ma mi halt.
STASI *halblaut erschrocken zur Mutter:* Was? Der is der Bua? Der soll mei Hochzeiter werdn? Der Krüppel?
BÜRGERMEISTERIN Der siecht freili net guat aus. Aber no, bal sinst nixn fehlt...
SCHMUHSERTONI *sehr laut und geschäftig:* Aha! Da seids ja scho! Siechst, Staudnschneider, dees is der Burgamoaster vo Riedering; – und dees is sei Burgamoasterin; – und dees ander is halt sei Tochta, d'Stasi. – Alsdann, Burgamoasta; i habs eahm scho gsagt, an Staudenschneider, daß d'eahm gern a paar Roß abkaaffa möchst.
STAUDENSCHNEIDER Soo, soo. Du bist der Burgamoasta vo Riedering. Aha. A paar Roß möchst habn. Aha.
GIRGL Ja no nachher; sagn mir halt: Grüaß enk Good beinand! Hockts enk halt a weng nieder, allsamm! Gfreut ins recht, daß's ins hoamgsuacht habts!
BÜRGERMEISTERIN Gell, wunderts enk, daß mir Weiberleut aa dabei san! Aber mir ham grad a kloane Wallfahrt auf

Maria Taferl im Sinn, mei Stasi und i, und da san mir glei a Stuck weit mitgfahrn mit eahm. Weils grad der nämliche Weg is. Und's Fahrn is halt dengerscht leichter, wie 's Geh'!

GIRGL Ja, da hast recht, Burgamoasterin! Da hast ganz recht! Schlecht gfahrn hoaßts, is besser, wia guat ganga! Insa liabe Frau is a so aa scho zfriedn; bal ma aa net den ganzen Bittgang z'Fuaß macht oder gar mit Arbas und Stoanl in dee Stiefel drinn marschiert.

SCHMUHSERTONI Bals guat gsottn san, d'Arbas oder d' Bohnakern, nachher kann ma ja insan Herrgott leicht die Gfälligkeit toa!

STAUDENSCHNEIDER I werd glei der Susann schrein, daß s' a Bier und a Gselchts ... ja so... *Kraut sich verlegen hinterm Ohr.*

BÜRGERMEISTERIN *zum Girgl:* Soo, soo; du bist also der Girgl vom Staudenschneider. Dees ham mir gar net gwißt, daß du der Bua bist.

BÜRGERMEISTER Naa; auf gar koana Weitn net! Mir ham gmoant, du waarst a Knecht!

BÜRGERMEISTERIN Ja, gwiß und wahr is's. Wenn ma sich ja glei aa wieder denka muaß, daß oana koan bresthaftn Knecht net einstelln tat...

BÜRGERMEISTER Weil halt die Buckeltn do net so guat zu der Arbat taugn, wia die Gradn...

SCHMUHSERTONI Dessell muaßt net sagn, Burgamoasta! Dessell derf koa Hinderungsgrund net sein! Mir muaß si alleweil denka: es kann net lauter grade Leut gebn. Wachsen ja im Holz draußt aa net lauter grade Baam...

STASI Ja no. Aber scheena herschaugn teans halt die graden.

STAUDENSCHNEIDER I bin froh, daß i den hab! Wenn er aa hint a weng höher aufgsetzt is, wia vorn! Wo tat i denn sinst amal mei Geld und mei Sach hinverschreibn, bal i koan Buam net hätt! Wer sollt denn nachher da herinn amal Bauer werdn!

BÜRGERMEISTER Freili; auf dera Seitn hast du scho recht.

SCHMUHSERTONI Und gar bei dem scheena Sach! Und bei dem vielen Geld! Der Girgl kann lacha! Der kriagt amal an scheena Batzn mit, bal er heirat!

BÜRGERMEISTERIN A so sagst? Is's wahr, Staudenschneider?

STAUDENSCHNEIDER No mei, wia mans nimmt. Für den oan sand fuchzgtausend Mark viel Geld und für den andern sand hunderttausad no zwenig. Wia ma's grad antrifft.

SCHMUHSERTONI Und so um a hunderttausad umanand werd leicht scho sei bei enk, was?

GIRGL Heunt bist aber wieder gar net neugieri, Toni, gell! Dessell derfst aber scho glaubn: mehra Geld ham mir, als wia der Nachbar d a d r e n t und der ander d a d r e n t , und als wia allesamt mitanand da im Umkreis.

STAUDENSCHNEIDER Was wahr is, muaß wahr sein!

SCHMUHSERTONI Alsdann, was' hab i gsagt? Habts es ghört?

GIRGL Mir kunntn ins leicht an Hof hersetzn, daß's koan scheenern nimmer gaab im ganzen Boarnlandl. Wenn mir mögn tatn.

STAUDENSCHNEIDER Aber mir mögn net.

GIRGL Naa. Bevor net a Bäuerin da is, die wo sagt: Jetz baun mir um, – ehanda tean mir aa nixn.

STAUDENSCHNEIDER So lang is insa Geld in der Trucha aa guat aufghebt.

GIRGL Freili, a Bäuerin bal amal da is... *Schaut unternehmend auf Stasi.*

STASI *tut verlegen:* Ja no...

BÜRGERMEISTERIN *mit einem vielsagenden Blick auf den Bürgermeister:* I moan, die werd si scho finden, a Bäuerin! Was sagst du?

BÜRGERMEISTER Freili. Bal's Sach schee is – und's Viach aa – und bal a Geld da is – und daß si sinst nix fehlt, – nachher fehlt si aa nix. Nachher kann si oane scho einahocka als Bäuerin.

STAUDENSCHNEIDER Fehln tuat si bei ins gar nix.

SCHMUHSERTONI Naa, gar nixn. Dessell muaß eahn der Neid lassen.
BÜRGERMEISTERIN Und daß oana koa Hallodri net is, der in jeden Eck a Gschpusi hat oder gar a ledigs Kind...
STAUDENSCHNEIDER Ja, was moanst denn! Da fehlt si bei mein Girgl nixn! Gell, Girgl!
GIRGL *zieht umständlich eine Pfeife aus der Rocktasche und stopft sie:* Naa naa. Da fehlt si nixn bei mir.
BÜRGERMEISTER Und daß oana sinst koa Lackl net is, der wo d'Sach vertuat oder an Hof versauft...
GIRGL Über so epps braucht si bei mir koana z'beklagn...
BÜRGERMEISTERIN *halblaut zur Stasi:* Alsdann; i moan, es kunnt recht werdn. Mir taugt er und dir werd er scho aa taugn. Bal er aa net so sauber is wia der Herr Kooprata und der Herr Profisa bei ins dahoam...
STASI I woaß's net. Mir gfallt er gar net. I schenk eahm gar koa Zuatraun...
SCHMUHSERTONI Also! Was is's nachher mit enkana Handelschaft?
BÜRGERMEISTER Ja no nachher. Gehn ma halt amal auße in Stall und schaugn mirs uns o, d'Rösser.
GIRGL Guat. Is recht. Vielleicht schaugst dir oans oder zwee außa...
STAUDENSCHNEIDER Nachher schaugst dir die neuen Maschina aa glei o. Wart a weng, i geh mit!
SCHMUHSERTONI Und i schaug a bißl bei dee Küah umanand, ob für mi nix dabei is...
GIRGL Alsdann, was is's Burgermoasterin? Gehst aa mit?
BÜRGERMEISTERIN Mir kemman nach. Sie hat zwegn der Wallfahrt no epps z'redn mit mir...
GIRGL Is aa recht. – Alsdann; nachher gehn ma.

Alle Männer ab durch die Gangtür.

10. Scene

STASI *geht mehr in den Vordergrund:* Wenn er nur net gar so schiach waar!

BÜRGERMEISTERIN *beschaut während des folgenden die ganze Stube neugierig, öffnet auch die Küchtür ein wenig und schaut hinaus:* Mei, von der Schönheit alloa kannst aa net abafressen... D'Hauptsach is, daß d' a große Bäuerin werst... daß d' hübsch a Geld z'sammbringst ... mit dee Oar ... und mitn Schmalz und mit der Milli...

STASI Hübsch aufdrahlerisch kimmt er mir aa vür. Und grob aa.

BÜRGERMEISTERIN Geh, was dir jetz du net alles einbilden tatst! Grob! Aufdrahlerisch! I hab nix gsehgn davon! Freili muaß a reicher Bauer a grob sein! Sinst tatn ja d'Deanstboten, was s'gern tatn. – Und warum solls oana net herzoagn, bal er epps hat?!

STASI Jetz i sags, wias is, mir waar der Hans vom Finkenbauern liaber.

BÜRGERMEISTERIN Natürli. A so redst daher in dein Unverstand! I woaß's gar net! I moan, bal ma so schee warm wo drinnhockt, braucht ma si den ganzen Tag nix schiachs net z'denka! Und bei der Nacht, mei ... bei der Nacht san alle Küah schwarz...

STASI *geht fröstelnd herum:* Und i woaß's net; i kann mi halt net hoamisch finden da herinn. – Es is alles so kalt... und so dunkl ... und so staad...

BÜRGERMEISTERIN Dees bildst dir grad ei. – Bal amal a drei a vier kloane Schratzerln herinn umanandarbatn, is's glei nimmer staad...

11. SCENE

LAMPLWABN *vom Gang her eintretend:* Globt sei Jes's Christas!

BÜRGERMEISTERIN In Ewigkeitamen. – Jess' Mariandjosix, is dees a alte Hex!

STASI Die passt eina in dees Haus! Dees is gwiß die Alt von dem Junga!

LAMPLWABN Is gar neamd dahoam? Ös paßts leicht aa aufn Bauer?

BÜRGERMEISTERIN Nnaa ... dees hoaßt ... ja. Wia ma's nimmt. Mir ham a Gschäft da. *Für sich:* Neugierige Scheesn!

WABN Soo, soo. A Gschäft sagst. Aha. Mit dem Alten. Oder leicht gar mit dem Junga?

BÜRGERMEISTERIN Wias grad auftrifft.

STASI Deera tat i scho Red und Antwort steh'!

WABN Aha moanst. Jawoi. Noo, nix für unguat. Aber – i hab aa epps gschäftlichs. Mit dem Junga. Jawoi. Nix für unguat. I halt enk net lang auf bei enkan Handel. Was i zum sagn hab, dees wird glei gsagt sein.

STASI Is dir dees a unguats Leit! Akrat so unguat wia der Alt da herinn und sei Bua!

BÜRGERMEISTERIN *verweisend:* Pscht! Bist net glei staad! Wia leicht hörts eppa! Hunderttausad Mark – und zwoahundert Tagwerch Grund, – und an Hof laßt er umbaun zwegn deiner!

STASI Vo mir aus! I mag 'hn z'samt sein Geld net! I heirat koan Buckltn!

WABN Was hör i! A Hochzeiterin vom Girgl!

STASI *schnippisch:* Net, daß i wissat!

BÜRGERMEISTERIN *gibt Stasi einen Rippenstoß:* Dees woaß ma no net! – – – Rindviech! – – – *Wieder zur Wabn:* Mir san no net ganz richti mitanand.

WABN Soo, soo. No net ganz richti seids. Aha. Jawoi. Da fürcht i aber, daß aa nix mehr draus wird!

BÜRGERMEISTERIN Aus was?

WABN Noo, aus'n Richtiwerdn!

BÜRGERMEISTERIN *patzig:* Und warum nachher?

WABN Mei, i moan halt. Es gibt allerhand auf der Welt...

BÜRGERMEISTERIN *erschrocken:* Du machst oan wirkli neugieri!

STASI Geh, was dischkrierst denn alleweil mit dera alten *halblaut;* Wetterhex?

WABN Wia gsagt; es gibt allerhand auf der Welt. Schlechts und ganz Schlechts.

BÜRGERMEISTERIN Woaßt du eppas gwiß's?

WABN I? Über wen?

BÜRGERMEISTERIN Noo, über eahm! Übern Hochzeiter!

WABN Ja so. Übern Hochzeiter moanst. Ja ja. Über den woaß i allerhand. Aber... *Mit einem Blick aus dem Fenster:* Jetz kimmt er ja scho daher mitsamt sein' Vatern und no zwee Mannsbilder... Jetz könnts es nachher glei selber mit anhörn, waas i woaß...

12. Scene

Bürgermeister, Schmuhsertoni, Girgl, Staudenschneider treten nacheinander durch die Gangtür ein.

LAMPLWABN *zieht sich langsam hinter den Ofen zurück und horcht auf.*

SCHMUHSERTONI Noo, was sagst nachher, Burgamoasta? Hab i z'viel ghoaßen?

BÜRGERMEISTER Naa, i bin recht zfriedn. Sie san recht schee, d'Roß.

SCHMUHSERTONI D'Roß und Küah – und d'Ochsen und d'Säu. Und mitn Geld da fehlt si aa nix.

GIRGL *für sich:* Guat is's ganga. I moan, es werd epps.

STAUDENSCHNEIDER Soo, da waarn ma wieder. Gfallt dir nachher mei Sach, Burgamoasta?

BÜRGERMEISTER I muaß 's sagn, wias is, Staudenschneider, recht guat. Dei Girgl kann z'frieden sein mit sein Hoamatl!

GIRGL I waar a ganz zfriedn; – wenn i a Bäuerin hätt!

BÜRGERMEISTER A solcherne waar scho z'finden moan i. *Gibt seinem Weib und Stasi einen Wink.* Wenn i a Weibsbild waar, i tat mi net lang bsinna...

BÜRGERMEISTERIN Was wahr is, muaß wahr sein! Bal anorts d'Sach so an Wert hat wia bei enk, da braucht ma si net lang z'bedenka. *Schiebt die sich sträubende Stasi in den Vordergrund.* Da kann ma sei Tochta scho einesitzn lassen in a solcherns Sach, moan i...

GIRGL *voller Freude:* Soll dees eppa hoaßn, daß enka Stasi und i...

STASI *tut sehr verlegen und widerstrebend.*

SCHMUHSERTONI Natürli hoaßts dees, alts Rindviech! Daß in sechs Wocha a scheene Hochzat is, hoaßts! Daß di Burgamoasterstasi von Riedering und der Staudenschneidergirgl von hier ein glückliches Hochzatspaarl sand, die wo sich in den heilinga Stand der Öhe verschprocha ham. Mein Segn habts!

Alles lacht und freut sich.

GIRGL Juhu! Alsdann! Aufgehts! *In die Küche rufend:* A Bier auf! Und a Fleisch her! Hochzeiter bin i!

WABN *tritt vor:* Nix für unguat; aber da hab i aa no a Wörtl dreinzredn!

Alles erschrickt und ist befremdet.

GIRGL D'Lamplwabn! Akrat jetz! Die hat d'Höll ausgspiem!

STAUDENSCHNEIDER Was will dees alt Haglwetta? Dreinredn will die eppas?!

WABN Jawoi. Dreinredn.

SCHMUHSERTONI Himmelkreuzsakra ... die werd do net an Toag verderbn!

GIRGL Jetz ham mir net Derweil zu dem Dischkurs! Kimm halt a andersmal!

WABN Naa. Jetz bin i da. Mei Red is net lang. I werds glei habn.

STAUDENSCHNEIDER Jetz möcht i grad wissen, was die alt Raffel bei uns will?

BÜRGERMEISTER Is dees oane von der Freindschaft?

GIRGL Gar koa Red! *Beschwörend:* Wabn! Geh, sei do gscheit! Du siechst ja, daß mir jetz grad's Haus voll Leut ham! Balst eppa zwegn deiner Fanny da bist, nachher ... nachher gib i dir halt derweil epps mit für sie ... I kimm nachher scho umme zu ihr, sagst. – Und jetz geh! I bitt di, Wabn! I hab jetz net Derweil! *Alles horcht befremdet auf.*

WABN A so moanst! Geh soll i! Mitgebn tuast mir epps für d'Fanny! Abspeisen möchst uns, wiast anderne vor uns abgspeist hast!

GIRGL I bitt di, Wabn!

WABN 's Mäu möchst uns tot macha mit a paar hundert Markl! Aber da bist gstimmt, mei Liaber! Mir kannst du's Redn net verbiatn! Die Gsellschaft da solls nur wissen, was du für a Valott bist! Du bist a ganz a Feiner, du! Du Kittelschliafer, du bucklter! – Aufn Tanzbodn hast es umanandazogn mei Tochter! 's Blaue vom Himme hast ihr weiß gmacht, bis s'schwarz und blau gwen is vor lauter Derlüagn! – Oder willst es laugna, daß d' ihr z'guaterletzt aa no 's Heiratn ghoaßn hast, damit daß d' es gwiß derwischt hast! Anbleamelt hast es, du Halodri, du schlechter, bis's daghängt is, 's dumme Luader! Und jetz, wo der Bua kemma is und wo s' vor der Wiagn sell sitzt und trenzt und aufs Heiraten wart't, jetz schraufst di weg, du Lump, du meineidiger! *Zu den anderen gewendet:* Ja, Leitln! A solcherner is dees. Fünf ledige Kinder hat er da in der Gmoa umanand! Rechtschaffene Madln macht er unglückli! Wo er oane drokriagn kann, da tuat ers! Veracht't is er im ganzen Kirchgspial und mögn tuatn koane auf zehn Stund im Umkroas. Wenns 'hn ös derwischts, solls mir recht sein. I wünsch enk Glück dazua! ––– Jetz hab i mei Sach gredt; jetz geh i. Dees ander werdn nachher scho die Herrn vom Gricht mit dir ausmacha, – du Lump! *Ab.*

Alle sind wie gelähmt.

13. Scene

SCHMUHSERTONI *verlegen:* Mir scheints, die hats net ganz richti im obern Stübel?!

Bürgermeister und Bürgermeisterin flüstern miteinander.

GIRGL *verlegen:* Die hats freili net richti ... Was die alls daher 'bracht hätt! ... I kenns gar net weiter...

STASI *zu ihren Eltern:* Gehn ma, Vata, Muatta!

STAUDENSCHNEIDER Die hat mir jetz glei den ganzen Hamur gnomma, die Hex! – Die brachts ja grad außa, als wia wenn mei oanziga Bua a Lump waar ... a meineidiger Tropf...

GIRGL Geh, sei staad, Vata. Die hat mir guat gredt, die Alt.

SCHMUHSERTONI Ja Kreuzsakra! Mir werdn uns do net durch dees drausbringa lassen!

GIRGL Recht hast, Toni! Dees war ja glei recht! I schaug liaber, wo's Bier bleibt und 's Gselchte! *Ab.*

14. Scene

BÜRGERMEISTERIN Dees is a scheene Drecklacka, die wo die Alt da aufgrüahrt hat!

STASI I hab's ja glei gsagt: der gfallt mir net! Es hoast net umasinst: Hüat di vor dee Kennzeichneten!

BÜRGERMEISTER I moan, i überleg mirs do liaber no a Zeitl, ob i mir a paar Roß oder a paar Geißen kaaffa soll.

SCHMUHSERTONI Geh, Herrgottsa... Burgamoasta! Wirst dir do net von an altn Wei dein Gaul scheuch macha lassen! – Jetz trink' ma no a Maß und nachher dischkriern ma weiter!

STAUDENSCHNEIDER Dees is do nix so gfahrlichs net! Fürs erschte is's net a so, – und aa wenns a so waar, nachher waars do zum richten und schlichten! A jeder vo uns is amal jung gwen...

SCHMUHSERTONI Und überhaupts waar dees gar koa

schlechts Zoacha! Da wissat ma wenigstens gwiß, daß si mit der Nachkommaschaft nix fehln tat! Daß der Hof in der Familie bleibat!
STASI I bedank mi schee!
BÜRGERMEISTER Wia gsagt: jetz überleg i mirs amal no a Zeitl. Es pressiert ja no net. I hab ja no zwölf Roß im Stall und a paar Ochsen! Da hats no Derweil mitn Kaaffa!
STAUDENSCHNEIDER Hunderttausad Mark baar auf d'Hand kriagt er, bal er heirat't...
BÜRGERMEISTERIN Jessas, Alter! Insa Wallfahrt! Mir versaaman uns ja! Mir kemman ja zum Rosenkranz z'spaat!
BÜRGERMEISTER Laß nur eispanna!
STASI Gott sei Dank! Der hätt mir akrat no gfehlt, der bucklt Loder!

15. Scene

GIRGL *kommt mit 5 vollen Krügen aus der Küche:* Soo Leit! Jetz gibts a frische Maß! Jetz stößts o auf a guats Gschäft und a lange Freundschaft...
Bürgermeister, Bürgermeisterin und Stasi richten sich zum gehen.
BÜRGERMEISTER I dank. I hab koan Durscht net. I bins net gwohnt, 's Biertrinka vorn Essen. – Is a Knecht bei der Hand zum Einspanna?
GIRGL *verdutzt:* Was?! – Ja, dees hoaßt ja ... Ös weerds do net davolaaffa wolln!
BÜRGERMEISTERIN Ja, leider Gott müaß ma aufbrecha. Sinst versaaman mir an Rosenkranz z'Maria Taferl. Und nachher waar der ganz Bittgang umasinst! *Geht ohne Gruß ab.*
STASI *stapft wortlos hinter der Bürgermeisterin aus der Tür.*
BÜRGERMEISTER Alsdann; nix für unguat. A andersmal vielleicht. *Ab.*

16. Scene

STAUDENSCHNEIDER *hilflos, weinerlich:* Jaa ... Jaa ... dees siecht ja aus ... als wia ... wenns da ... aa wieder ... nix waar ...

GIRGL Burgamoasta! He! Burgamoasterin! – Jetz gehngans wirkli! --- Ja, Himmelherrgottsakramont! I brauch ja a Bäuerin! *Schaut aus dem Fenster. Man hört ein Fuhrwerk wegfahren.* ... dahi sans. – Aus is's. Wieder is's nix gwen. *Fällt gebrochen in einen Stuhl.*

SCHMUHSERTONI Jetz kenn i mi gar nimmer aus! *Trinkt einen Krug leer.* Bal oana amal scho so nahend dro is am Glück, wia du, – und er laßt's nomal aus... *Langt sich den nächsten Krug her.*

GIRGL *auffahrend:* Is der Hansdampf no alleweil da!

SCHMUHSERTONI *trinkt:* I moan, deesmal waarst du der Hansdampf gwen! Laßt der Tropf a so a guate Partie nomal aus! Laßt den rarsten Goldfisch wieder schwimma – und hat 'hn scho so schee an der Angel dro! *Trinkt den Krug leer.*

STAUDENSCHNEIDER Warum daß jetz dee wieder ganga sand?

SCHMUHSERTONI *langt sich den nächsten Krug her:* Ja no; bal i der Burgamoasta vo Riadering waar und hätt a solcherne Tochter, nachher wüßt i mir aa an andern Tochtermann als wia den Lackl da! – Jetz hat der Kerl a so scho in jeden Weltteil an Schratzen und hinter jedem Kammerfenster a Gschpusi – und no gibt er koan Ruah! Sogar dees herglaaffane Weibsbild, dees Häusle-leutmadl muaß er drokriagn, d'Lamplfanny! *Trinkt.*

GIRGL Gehts di epps o, was i tua?

SCHMUHSERTONI O'geh' tuats mi ja nix; aber für an solchen Luaderbuam, wias du oana bist, da kann um a Hochzeiterin schmuhsen, wer mag! I nimmer! *Holt sich auch die anderen beiden Krüge.*

GIRGL *reißt ihm wortlos die Krüge aus der Hand und trinkt aus einem.*

STAUDENSCHNEIDER *begreifend:* Ja, Herrgottsa, Girgl! Dees siecht ja aus, als wia wennst du wirkli epps ghabt hättst mit dem Weibsbild!

GIRGL Und wenn! Was is nachher dabei? Zum Heiratn kimm i do net – und als a Oasiedl taug i amal net!

STAUDENSCHNEIDER Und a Kind hats aa wieder vo dir?

GIRGL Was woaß i! Gsehng hab i's net. *Trinkt.*

SCHMUHSERTONI Jetz is's wieder nix mit mein Schmuh! Sakrament! Da waar mir a Tausender gwiß gwen von der Stasi! – Aber – was red i lang! Den Tausender zahlst mir ganz oafach du! Zwegn beeswilliger Hinderung von dera Hochzat!

GIRGL *aufspringend:* Was möchst? An Tausender möchst? A paar ghörige Dachteln kannst mir abbetteln, balst net auf oans zwoa drei aus dera Stubn draußt bist!

SCHMUHSERTONI Ho ho! Langsam, Büaberl! Langsam! Net so gaach! Kunnst no amal froh sein um mi!

STAUDENSCHNEIDER *für sich:* Hundertzwanzg Mark Alimentengeld muaß er jetz scho zahln alle Monat! Und no gibt er koan Ruah, der Malefizbua!

SCHMUHSERTONI Kunntst mir no amal dankbar sei für mei Hilf!

GIRGL I pfeif dir auf dei Hilf! I brauch dein Schmuhs nimmer! – I heirat die alt Leinthalerin von Au. Wenns aa scho a alte Schachtel is. Wenigstens hab i nachher a Bäuerin.

STAUDENSCHNEIDER Was? D'Leinthalerin? Den alten Predigtstuhl willst mir einasetzn! Dees derfst dir ausn Hirn blasen, mei Liaber! Aus dera Heirat wird mir nix!

GIRGL Habn muaß i oane. Und a Alte verschmerzt's leichter, als wia a Junge, bals es mirkt, daß mir andernorts aa no etliche Lamperln brennan bei der Nacht. D'Leinthalerin is mir ganz recht.

SCHMUHSERTONI Is nur grad schad, daß d' di umasinst gfreust!

GIRGL *giftig:* Und warum nachher?

SCHMUHSERTONI Weils scho oan hat. Am vergangnen Sunntag hats der Pfarrer vo Au verkündt.
STAUDENSCHNEIDER Aufhänga kunnt i mi! Jetz hat ma an haufa Arbat, hat d'Drescher und d'Deanstboten zum fuattern und hot koan Menschen, der wo oan hilft! Jetz is d'Haushalterin davo, und der Tropf versaut si oa Glegnheit um die ander! *Aufbrausend:* I kunnt di glei über und überschlagn, Krippelsbua, elendiger!
GIRGL *zynisch:* Der Apfel fallt net weit vom Birnbaam, hoaßts. Hättst mi halt anderscht gmacht!
STAUDENSCHNEIDER *ergreift in höchster Wut einen Stuhl:* Mei Hoamatl muaß unter fremde Leut kemma! Mei Sach werd z'trümmert und versteigert, bal i heunt meine Augn zuamach! Und grad zwegn dir, du Zigeuner! *Fällt hustend aufs Kanapee.*
GIRGL *weicht aus:* Kann i epps dafür, daß mi grad lauter Schlechte und Deanstige mögn! I gang bei ana Reichn grad so gern zum Kammerfensterln, dees sag i für gwiß. Aber die Reichn mögn koan Buckltn...

17. SCENE

MICHEL, DER KNECHT *stürzt herein:* Bauer! Girgl! Schnell kemmts z'Hilf! D'Bachmaurerkuah verkalbet! Ganz bockstarre liegts da und rührt si nimmer!
STAUDENSCHNEIDER Vo mir aus. Was liegt mir an dera Kuah und an dem Kaibe...
GIRGL Was sagst? Verkalben tuats? Sakra, da muaß ma ja zum Tierarzt!
SCHMUHSERTONI Da braucht ma koan Tierarzt! Selbst is der Mann! *Schlägt dem alten Staudenschneider auf die Schulter.* He, Alter! Auße mit mir in Stall! Denk morgn ans Umbringa und Aufhänga! Heunt muaßt a paar am Lebn derhaltn! Wenns aa grad a Kuah und a Kaibel is. Bal dir so weni dro liegt, nachher kannst es ja glei mir gebn als Schmuh! I mag d'Kuah und mag's Kaibel! *Packt den Bauer und den Knecht und*

schiebt beide zur Tür hinaus. Alsdann! Aufgehts! *Mit einem verächtlichen Blick auf Girgl:* Der Hochzeiter kann dableibn!

Alle drei ab.

18. SCENE

GIRGL Hab mi gern, Hanswurscht! --- Himmelkreizkruzidürkenlaudon! – Malefizweibsbilder überanand. Die i möcht, kriag i net, – und die i kriagat...

Knechte und Mägde treten ein, schauen verwundert auf den ungedeckten Tisch, brummen und schimpfen, daß das Essen nicht bereit steht.

ERSTER KNECHT Was is's denn heunt?

ZWEITER KNECHT Wia ham mirs denn?

ERSTE MAGD Heunt braucht ma, scheints, nix z'Essen?

ZWEITE MAGD Bal mir nur d'Arbat recht gschwind machen. Mitn Essen pressiert's net!

GIRGL Heunt kann i enk net helfa. D'Hauserin is davo. Müaßts enk halt selm epps richten auf z'Mittag.

Alle zeigen sich während der Rede verbittert.

ERSTER KNECHT Dees is net inser Arbat!

ERSTE MAGD Für dees werd a anderne zahlt!

ZWEITER KNECHT In so an Lumpahof gfreut oan's Arbatn bald nimmer!

ZWEITE MAGD Mi gfreuts scho lang nimmer! I geh wieder auf an richtigen Hof.

ERSTE MAGD Wo a Bäuerin reigiert.

ERSTER KNECHT Wo a Ordnung da is.

ZWEITER KNECHT Und epps z'Essen, bals Zeit is.

GIRGL 's Mäu haltn, sag i! Ös werds enka Fressen scho kriagn! Und a Bäuerin aa! Und bis a Bäuerin kimmt...

ERSTER KNECHT Schlagn mir uns's Mäu ans Tischeck hi! Mir waars ja gnua! I schaug mir ganz oafach selm um epps! *Geht ab nach der Küche.*

ZWEITER KNECHT Recht hat er! I machs akrat a so! *Folgt dem ersten.*

ERSTE MAGD Soo? und mir?

ZWEITE MAGD Rindviech! Mir werdens halt aa a so macha, denk i!

Stößt die andere mit dem Ellenbogen in die Seite; beide lachen laut und frech und laufen in die Küche. Schlagen laut die Tür zu.

19. SCENE

GIRGL Weibsbilderbruat überanand! Lachts nur!! Ös habts bald ausglacht! Is nur amal a Bäuerin herinn im Haus! – Jasoo! A Bäuerin!

Schmuhsertoni und Staudenschneider eintretend.

SCHMUHSERTONI Da is nix mehr z'macha. D'Kuah hin und 's Kaibe hin.

STAUDENSCHNEIDER Und d'Hochzeiterin is hin und d' Haushalterin damit ... Und bals no lang a so weitergeht, is der Hof a hi ...

SCHMUHSERTONI Jetz – oane wissat i ja no, – aa Hochzeiterin. Die tat si net schrecka am Buckel und net an dee Schratzen. Die kunnt vielleicht taugn. Wittib, zehntausad Mark, – scho große Buam, die wo mitarbatn; i glaab, drei oder viere sands; – aber – an kurzen Hax hats. Dafür is aber der ander länger. Wia gsagt, schrecka tat si dee an gar nix. Und kumma kunnts glei; auf der Stell. Heunt no. Balst moanst, Girgl ...

GIRGL *in höchstem Zorn:* Mei Ruah will i habn! Häng deine Voglscheuchan auf, wennst magst!

STAUDENSCHNEIDER D'Kuah hin, und's Kaibe hin, und wieder a Kostgeld zum zahln ...

20. SCENE

Michl, die Knechte und Mägde kommen aus der Küche.

MICHL D'Küah sand no net gfuattert und no net gmolka!

ERSTE MAGD Kaibeln ham no koan Trank und mir koa Brotzeit fürs Feld!

ERSTER KNECHT Beim Erdäpfelklaubn braucht ma aa a Bier!

ZWEITER KNECHT D'Maschinadrescher werdn aa glei zum Essn einakemma!

ZWEITE MAGD Und der Karrner steht scho lang draußt um d'Oar und ums Schmalz!

STAUDENSCHNEIDER Wenn nur glei der Himmel abafalln tat...

SCHMUHSERTONI Girgl, du muaßt a Wei habn!

GIRGL *rennt in der Stube auf und ab und hält sich schließlich verzweifelt die Ohren zu:* Jaa! Jaa! Jaa! – In drei Teifes Nama ja! Es is scho recht, sag i! – Ja, muaß i denn jetz wirkli die krummhaxet Vogelscheuch nehma! ––– Ah was! Besser die, wia koane! – Michl, spann ei! – Schmuhser, richt di! Auf gehts! *Zynisch:* Um a Bräuterl! *Schüttelt sich:* Brr... *Zum Gesinde:* Marsch, an d'Arbat, sag i! Die neue Bäuerin werd enk scho helfa! Für alls mitanand! *Reißt die Joppe von der Wäschestange überm Ofen, zieht sie an und setzt den Hut auf; packt den Schmuhsertoni derb beim Arm und zieht ihn mit aus der Stube:* Auf gehts, sag i! – A Hochzeiterin muaß her, und wenns glei an Teife sei Großmuatta is!

Alles entfernt sich durch die beiden Türen.

STAUDENSCHNEIDER *sitzt einsam auf dem Kanapee.*

Vorhang

Millionäre

Eine Münchner Komödie in 1 Aufzug

[Fragment]

PERSONEN

IGNAZ ZACHERL, *Bauunternehmer*
KATHARINA, *seine Frau*
ALOYS, *beider Sohn*
KREUZMEIER, *Maurerpalier*
KUGLER, *Schreinermeister*
TROLL, *Hafnermeister*
ROSL, *Dienstmädchen bei Zacherl*
Ein KASSENBOTE *einer Bank*
Ein GERICHTSVOLLZIEHER

Ort: München Zeit um 1912

IGNAZ ZACHERL; Ende der Vierzig, Haar graumeliert, war schwarz; Bart französisch, am Kinn ein kleiner Knebelbart. Trägt altmodischen Zwicker. Kleidung von geckenhafter Eleganz. Tonsurartige Glatze.
Frau ZACHERL; Anfang der Vierzig, brünett, trägt hohe Frisur, Kleidung modern, dunkel.
ALOYS ZACHERL, ein eleganter Stutzer, etwa 23 Jahre alt.
KREUZMEIER; etwa 45 Jahre, schwarzes, fettiges, gescheiteltes Haar, kurzes Schnurrbärtlein.
KUGLER; Anfang 40, trägt Vollbart, brünett, Glatze.
TROLL; Sechziger, trägt ziemlich grauen Spitzbart. Hat am Anzug die Abzeichen des Feldzuges 70/71.
ROSL; etwa 20jährig, rotblond.
GERICHTSVOLLZIEHER; Komische Altmünchnerfigur.
[...]
[FRAU ZACHERL] *kokettiert mit ihm.*

KREUZMEIER *hat etwas verdutzt die Szene verfolgt:* 'ß Good Frau Architekt! – Danke. – Es geht scho. *Steht auf und grüßt. Reagiert aber nicht auf ihr Kokettieren.*

ZACHERL *läuft planlos herum.*

FRAU ZACHERL So, na dös is recht, wanns gut geht, Dös freut mi; dös hört ma gern. – Schöne Tag ham ma alleweil jetzt, gellns Herr Palier! Wunderschöne Tag! *Rückt ihm den Sessel zurecht.* Bhaltn S' do Platz! Lieber Herr Palier!

KREUZMEIER Danke, danke! *Setzt sich wieder.* I bin so frei.

ZACHERL Also, komm Kätchen! Schwatz nicht so lang! Bring lieber rasch eine Flasche Benediktiner! – Nach dem Essen soll man stets ein Schnapserl trinken, sagt der Medizinalrat!

KREUZMEIER Ach, machen S' doch keine Umständ! – I bin doch net zwegn dem kommen! – I will doch bloß...

FRAU ZACHERL Ja, dös wär no dös Schönere! Meinen S' vielleicht, wir wissen net, was si g'hört? *Läuft an das Wandschränklein und holt Flasche und Gläser herbei.* Dös wern ma glei habn! – Dös macht nix aus, a kleins Schnapserl!

ZACHERL Was ists, Kreuzmeier, was gibts sonst Neues? Was macht der Sport? Gehn S' gar nie zum Rennen naus? Nach Riem oder Daglfing? Herrschaft da hab ich schon a Häuferl Geld sitzen lassen, am Totalisator! Ich will übrigens bald selber a paar Traber kaufen. Wenns net mehr kosten, als die letzten. Die haben mich zehntausend Mark kost. – Was sagen S' übrigens zum Wehrbeitrag? – Sie, der geht mir aber jetz schon bald auf d'Nerven, der Wehrbeitrag! – Sie müssen bedenken – ich zahl fünfundzwanzigtausend Mark Wehrbeitrag! – Fünfundzwanzigtausend Mark! –

KREUZMEIER *hat nervös zugehört, jetzt fährt er auf und wehrt mit der Rechten ab:* Jetz hörn S' aber auf! Dös is ja...

ZACHERL *fällt ihm in die Rede:* Also, wann ich Ihnen sag! – Ja – wenns nur einen Zweck hätt, die ganze Zahlerei! – Wenns nur grad einmal los ging! Der ewige Frieden geht einem jetzt wirklich schon bald auf d' Nerven! – Wenn sich nur grad einmal ein paar Nationen über den Haufen schießen möchten! – Daß wir Platz kriegen täten! Für die andern!

FRAU ZACHERL Ja ja. A bisserl a Kriag könnt gar net schaden! Uns gwiß net! – *Hat inzwischen eingeschenkt und hält das Tablett mit Flasche und Gläsern in der Hand.* Obacht, Ignaz! – Du stoßt d'Flaschen nunter!

ZACHERL Ich geb schon Acht – Kätchen – jawohl – aber – halt – wart einmal, Kätchen! *Rückt eilig den Tisch zur Seite und den Spieltisch vor Kreuzmeier hin.* Stells gleich da her! Soo, stells nur her! Soo. Na, und jetzt wollen wir einmal eins trinken auf unsern Gast! Prost, mein lieber Kreuzmeier! – Prost Kätchen! – *Stößt an und trinkt.*

FRAU ZACHERL Prosit meine Herrn! Auf Ihr Wohl – Herr Palier! – *Stößt ebenfalls an und trinkt.*

[...]

[FRAU ZACHERL] Aloys, ... Bua, was hast du deiner Mutter angetan! ... Wechsel ... hast ... gfälscht... *Es läutet.* Jess' Maria! Gläutt hats! *Springt auf, fährt sich einige Mal mit der Hand über die Stirn; kurz, abgebrochen:* Ja so, du wirst verlobt...! Es wird Zeit; ... richt di zsamm! Redn mir später drüber.

ZACHERL *tritt von rechts herein, in schwarzem Anzug:* Hast es ghört, Kätchen, geläutet hat's! Ist alls fertig? *Zu Aloys gewendet:* Daß Du dich anständig benimmst und Eindruck schindst bei den Klauberischen! Marsch jetzt, zieh dich um!

Man hört auf dem Gang Stimmen.

HERR und FRAU ZACHERL *horchen an der Tür.*

ALOYS *richtet sich auf, macht sich straff, nimmt den Zylinder vom Tisch und geht nach rechts ab.*

ROSL *klopft und tritt ein:* Da ist ein Herr, der sich nicht abweisen laßt. Er sagt, er ist vom Gricht...

ZACHERL *erschrocken:* Was? Der...

FRAU ZACHERL Der Grichtsvollzieher! Um Gotteswilln! Das is a Irrtum! Das kann net sein! Das darf net sein! ...

ZACHERL *verstört auf- und abrennend:* Der Grichtsvollzieher!

Jetzt! In dem Augenblick! Hätt's jetzt nicht noch so lang gehen können, bis die Heirat vom Aloys und der Klaubertochter richtig ist! Muß jetzt wirklich noch in der letzten Stund der Karren stecken bleiben? – So ein Malheur!

FRAU ZACHERL Ja – so a Malhär! Jetz hast es! So weit bist komma mit deine Krampf! Mit dein Schwindel! – Jetz kannst schaugn, wie d'wieder rausfindst aus dera Gassen! Räum wenigstens deine Ring weg – und mei Schmuckschatulln!

ZACHERL Scheußlich! So ein Pech! So lang hab ich gschoben und gschoben! Und jetzt wo mir die Hauptschiebung glükken tät ... aber du hast recht. Vor allem 's Geld und 'n Schmuck verschwinden lassen! Die Einrichtung kann man ersetzen. Auf Abzahlung, wenns sein muß ... Jetzt ists doch gut, daß ich den Chronometer verpfändet hab an den Kreuzmeier. Da ist er mir doch am ehesten wieder sicher ... Aber – halt, wohin mit den Sachen? Wohin? ... Ich habs! In den Ofen! Rinn in den Ofen! *Während dieser Rede nimmt er eilig seine Ringe ab, zieht seine Brieftasche und nimmt eine Schmuckschatulle aus dem Schreibtisch.*

FRAU ZACHERL *nimmt die Ohrringe und allen Schmuck ab und wirfts in die Schatulle:* Da – da hast no was. Und da san d'Ring. Marsch jetzt! Schnell a bissl! Der Hansdampf kommt scho rei, so viel i hör! *Damit reißt sie auch schon das Ofentürl auf und schiebt alles hinein.* Soo. Gott sei Dank. Zehntausend Mark Geld und der Schmuck is in Sicherheit. Jetz kann er meinetwegen pfänden, der Gischpel!

ZACHERL Hoffentlich ist er fertig, bis die Klauberischen zum Verlobungskaffee kommen! Himmelkreuzdonnerwetter ...

Es klopft.

ZACHERL ... Herrein sag ich!

GERICHTSVOLLZIEHER Guten Tag zu wünschen! Herr Architekt Zacherl? Ich gestatte mir: Meier. Gerichtsvollzieher Meier. *Zieht einen Bogen aus der Aktenmappe.* Ich hätt was Gschäftlichs, wenn i bitten dürft!

ZACHERL *trocken:* So so. Ich kann mirs denken.
FRAU ZACHERL *setzt sich abwartend in den Klubsessel:* Aha. Möcht bloß wissen von wem.
GERICHTSVOLLZIEHER *gemütlich:* Jawohl. Bloß was Gschäftlichs, Herr Architekt. Bloß a Forderung.
ZACHERL *grimmig:* Soo so. Bloß a Forderung!
GERICHTSVOLLZIEHER Jawohl. *Liest:* Also: Die Firma »Süddeutscher Kapitalmarkt« steht da mit einer ausgeklagten Forderung von zwoarazwanzg tausad Mark Kapital nebst den fälligen Zinsen hieraus ezetera ezetera. Nicht zruckbezahlt, einklagt, ausklagt, vollstreckbares Urteil, soll heut pfändt werdn. Alsdann, was is's Herr Architekt? Könnens zahln? Hams a Geld?
FRAU ZACHERL *halblaut:* Für Eahna ganze Säck voll!
ZACHERL Ob ich zahlen kann? Ob ich bares Geld hab? Mein lieber Freund, wenn ich bares Geld hätt, dann hätten wahrscheinlich Sie sich den Weg ersparen können! Keine hundert Mark hab ich übrig!
GERICHTSVOLLZIEHER Ob übrig oder net, des geht mi nixn o, Herr. Also, Sie habn koa bars Geld? – Net. – Ja no, nachher muaß i halt anfanga. *Nimmt aus der Mappe Siegelmarken und trennt etliche ab. Weist auf die Einrichtung.* Ghört dös Sach alles Eahna? Is dees alles zahlt?
FRAU ZACHERL *protzig:* Naa, schuldi bliebn werdn ma's sein!
ZACHERL Natürlich hab ich meine Sachen bezahlt! Wir sind keine solchen Fretter, daß wir... *Setzt sich an den Spieltisch.*
FRAU ZACHERL *aufstehend:* Daß mir d'Sach auf Abzahlung kaaffa müaßn wie die arma Leut!
GERICHTSVOLLZIEHER *beginnt zu siegeln; erst das Büffet, schreibt es auf einen Bogen. Hebt das Tischtuch empor und deutet auf den runden Tisch:* Is dös Eiche, bittschön?
FRAU ZACHERL Naa, dees is a Tisch a oachana.
GERICHTSVOLLZIEHER Dankschön. *Siegelt ihn oben auf der Platte und schreibt wieder.* Soo! – Und dann hättn ma: a

Ledersofa... *siegelt* und oans, zwoa, drei, vier Ledersessel *siegelt* Und a Standuhr... Und an Schreibtisch...

ZACHERL *trinkt unterdessen die ganze Likörflasche leer, die seine Frau vor ihn hinstellt:* Und eine Flasche Benediktiner...

FRAU ZACHERL *bricht allmählich in Tränen aus:* Bei uns! Beim Architekt Zacherl pfändt ma! Meine scheena Möbel! – Mei guats Sach! –

GERICHTSVOLLZIEHER *weitersiegelnd:* Regns Eahna net auf, gnä Frau. Dees kommt in dee bestn Familien vor, daß amal pfändt werdn! Erscht gestern hab i so an Fall ghabt. Bei oan von dee reichstn Bürger! –

ZACHERL Der Mann hat ganz recht, Kätchen! Reg dich doch nicht so auf! Schau, wenn heut auch gepfändet wird! Morgen krieg ich vielleicht schon meine zweimalhundertfünfzigtausend Mark vom Bankmetzger Klauber! Dann ist alles wieder gut!

GERICHTSVOLLZIEHER *aufhorchend:* Wie habns jetz gsagt, Herr Architekt? Klauber? Bankmetzger Klauber?

ZACHERL Jawohl. Klauber. Der Rentje Klauber. Der Millionär...

GERICHTSVOLLZIEHER *verschmitzt lachend:* Jawohl, der! Ha ha ha! Millionär is guat gsagt! Millionär!

FRAU ZACHERL Warum?

ZACHERL Wieso?

GERICHTSVOLLZIEHER Ja, wissen Sie dees gar net? Die Gschicht von dem seiner amerikanischen Rinderzucht? Von dem Mordsschwindel, dem der Klauber zum Opfer gfalln is?

Herr und Frau ZACHERL *starren ihn in höchstem Entsetzen an.*

GERICHTSVOLLZIEHER *gleichmütig, während er schreibt:* Ja ja. Den hams richti neiglegt, an Klauber. *Siegelnd:* ...eine Standuhr Eiche ... ein Spieltisch... Über eine Million Schulden san da und nix zum Zahln. Gar nix. Gestern hab i erscht a Gschäft ghabt bei eahm. Ja ja. Wia gsagt: dees kann jedn amal passiern, daß er pfändt wird. Und mit seine

Rennroß hat er aa koa Glück net ghabt, der Herr Klauber. Reinkomma is da gar nia oana. Und gestern hab ichs pfändten müaßen. Alle sechs... *Siegelnd:* Eine nackade Jungfrau... Sei oanzige Hoffnung is jetz die Heirat von seiner oanzign Tochter. Die soll ja so a reiche Partie machen, sagt er: den oanzign Sohn von einem Millionär...

ZACHERL *und seine Frau sehen sich verdutzt an.*

FRAU ZACHERL Von ... an ... Millionär...

GERICHTSVOLLZIEHER Jawohl. Solche Leut ham halt a Glück. Die finden allemal wieder an Lappen, daß 's eahnane Löcher damit zuastopfa könnan. Drum sag i: Kopf hoch, gnä Frau... Es hängt net alleweil auf oa Seitn! – Also: Ledersofa dreihundert ... Stühle zweihundert ... Schreibtisch hundertfuchz... Jetz glaub i, ham mirs da herin. Jetz kommt die Glasveranda... *Ab nach der Glasveranda.*

FRAU ZACHERL *gebrochen:* Ja ... jetz ham mas da herinn. Und mit dee Klauberischn ham mirs aa. Jetz is's aus mit der Million. Aus und vorbei.

ZACHERL *auffahrend:* Wass? Vorbei? – Mein liebes Kätchen, da irrst du! Vorbei ists noch lang nicht mit uns! Wenn die Firma als »Zacherl« nicht mehr funktioniert, dann gründen wir ganz einfach eine Gesellschaft mit beschränkter Haftung! Ich finde schon wieder Leut!

FRAU ZACHERL Ja ja... An Millionär wie der Rentje Klauber oaner is!

ALOYS *tritt durch eine Seitentüre ein:* Soo. Da bin i. Jetz kanns scho kommen, d'Millionenbraut! *Schaut verwundert auf die Eltern – auf den Gerichtsvollzieher.* Ja, was is denn los? Was soll denn das heißen?

FRAU ZACHERL *voll Scham, aufweinend:* O mei Alisi! Die Schand! Die Schand!

ZACHERL *steckt die Hände in die Taschen:* Wie gesagt: eine Gesellschaft muß man halt gründen! – Eine neue Firma...

ALOYS *zynisch:* Jawohl, Herr Papa. Vielleicht: Bruch und Kompagnie...

ROSL *klopft, tritt ein und meldet:* Herr und Frau Rentje Klauber mit Tochter –

ZACHERL *verächtlich:* Rentje! Rentje! Die bankrotte Gesellschaft! Ich bin nicht mehr zu sprechen für diesen Dreiquartlprivatier! – Sagens, wir sind verreist!

ROSL *ab.*

Vorhang

Bauern

Die Freier

Der Moserbauer von Kreuth galt schon von jeher als ein wohlhabender Mann, und man schätzte ihn leichtlich auf hunderttausend Mark.

Aber – was sind hunderttausend Mark, wenn man sie durch sechs teilt? Nimmer viel. Grad noch eine von den bekannten Fliegen, die der Teufel in der Not frißt.

Nun waren aber auch beim Moserbauern ihrer sechs Kinder. Und sie waren so verteilt, daß immer auf ein Maidl zwei Buben folgten. Also vier Buben und zwei Dirndln.

Alle sechs gesund, nicht uneben von Gestalt und im besten Alter – so zwischen zwanzig und dreißig. Und sie hätten wohl sicherlich längst alle gut verheiratet sein können, wenn eben nicht diese Sechsteilung gewesen wäre. Mangel an Überfluß schreckt jeden Freier und macht jeden unwert, je nachdem.

Also die Moserkinder waren noch ledig, da kam der Krieg. Und die Buben mußten hinaus – alle vier.

Und da es endlich hieß: »Friede wird! Parole Heimat!«, da war von den Moserbuben kein einziger mehr dabei, der mit einmarschierte in das kleine Dorf.

Alle vier liegen draußen im fremden Land – zur guten Ruh gebettet. –

So sind nun aus den sechsen zwei geworden und gelten plötzlich als gute Partie. Denn hundert Tausender geteilt durch zwei gibt ein gerechtes Häuflein, nicht zu verachten als Morgengabe für einen Freier! –

Besonders dem Schweigerlenz von Lindach wär's nicht ungelegen, wenn ihm einer von den Mosergeldsäcken in den Schoß fiele!

Und drüben in Au ist auch einer, der so denkt. Der Schneithubermichel.

Darum sagt der eines Morgens zu seinem Alten: »Du, Voda, was moanst?«

Und der alte Schneithuber erwidert: »Was soll i moana?«

Darauf erklärt der Sohn: »No, zwegn der Heiraterei. I wisset mir oane.«

»Ja so«, sagt da der Alte; »heiratn sagst. Ja no. Dees wirst scho selm wissen, wer, wie und was.«

»Woaßt, fuchzgtausad March und gar net schiach!« erklärt der Michel weiter.

Jetzt horcht er aber auf, der Schneithuber.

»Fuchzgtausad sagst? Mei Liaber, nachher is's koane von Au! Nachher muaß i s'scho wo anders suacha.« Er überlegt eine Weile. »Da is amal d'Rauthalerlies von Seeon; aber die hat grad dreißgtausad. – Und d'Nackmoarsusann von Berg...naa – die hat ja an Buckel und schiergelt auf oan Aug. Und du sagst, daß s' net schiach is. – Ja mei – was kunnts nachher leicht für oane sein? Da wüßt i koane, als wia eppa oane von dee zwoo Moserdirndln von Kreuth!...«

Sein Sohn, der Michel, hat eine Entsfreud. »Derraten hast es, Voda!« schreit er; »akrat derraten!« Und er schlägt sich lachend auf die Knie. Aber sein Vater hat Bedenken. »Moanst, daß von dene oane Schneithuaberin werdn möcht?«

Doch sein Bub lacht noch mehr. »Was moanst? Net mögn, moanst? Mi, den Schneithuabermichel von Au? O mei, Voda! Da bist gstimmt! Bis zum Sunnta bin i Hochzeiter, da wett i! Oane von dee Moserdirndln wird Schneithuaberin – so gwiß, wie zwoa und zwoa vier is!«

So denkt und spricht der Schneithubermichel von Au.

Und droben in Straß der Windelbauer, ein Wittiber in den besten Jahren, hat auch gerad den schwarzen Plüschhut in der Hand, steckt eine feuerrote, papierene Rose darauf und macht sich auf den Weg nach Kreuth, indem er zu sich selber sagt: »Bal oaner 's Zwoaspannigfahrn gwohnt is, soll er 's oaspannig bleibn lassen. Entweder nimm i d'Nanndl oder i nimm d'Mirl. Oane von dee Moserdirndln muaß's werdn. Nachher kann i dem Heimerlbauern, dem Spitzbuam, aa glei sei Hypothek hoamzahln.« –

Drunten in Holzen aber spannen die beiden Reiserbuben das Bräundl vor den Schlitten und fahren gleichermaßen nach Kreuth, fest davon überzeugt, daß einer von ihnen in längstens acht Wochen Moserbauer ist, während der andere nach derselben Frist die Schwester des Bräutls als Reiserbäuerin heimführt.

Welcher von ihnen die Mirl und welcher die Nanndl nehmen soll, ist ihnen völlig gleichgültig. Der Geldsack macht's – und der ist bei beiden gleich.

Also fahren sie guten Muts dahin und kommen just zu der Stund an den Moserhof, da gerade noch ein paar Bewerber dort eingetroffen sind.

Alle miteinander aber haben es schlecht erraten mit dem Besuch; denn die Nanndl treibt eben die beiden Ochsen um den Klöppel der Gesottschneidmaschine, knallt mit der Geißel und plärrt alle Augenblick: »Wüah! Hüh! Gehts zua, sag i!«

Und die Mirl steht droben am Heuboden, räumt das geschnittene Gesott von der Maschine weg und schiebt es hinab in den Futterschacht des Stalles.

Da die Nanndl die verschiedenen Mannsbilder vor sich sieht, stößt sie einen gellenden Pfiff aus und schreit: »Ööh! Öha!«, worauf die Ochsen stillstehen.

Dies hat zur Folge, daß auch droben am Heuboden ein Pfiff ertönt und daß die Mirl ihren bestaubten Kopf aus der Fensterluke streckt und zur Schwester hinabruft: »Was geihts?«

»Kemma han wieder a paar!« erwidert diese, mustert Roß und Schlitten, dessen Insassen und die andern Besucher und treibt danach wieder ihre Ochsen an.

Und auch die Mirl werkt nach einem kurzen Blick auf die Angekommenen wieder weiter, ohne ihrem Vater, der die Schneidmaschine bedient, auch nur ein Wort zu sagen.

So kommt es, daß die vier Mannsbilder reichlich und gutding Zeit und Derweil haben, sich den Moserhof und die eine von den Erbinnen genau zu betrachten.

Auch kommt bald eine kleine Unterhaltung in Gang zwischen ihnen.

»Habts aa a Geschäft da?« fragt einer von den Reisersöhnen.

»Ja.«

»Woher seids denn ös?«

Die beiden andern tun fremd. »Mir gehörn net zsamm. Mir ham grad oan Weg ghabt. Oana is von Lindach und der ander von Au.«

Die beiden Reiserbuben wollen noch mehr wissen. »Seids leicht da zwegn an Viech?«

Aber die andern zwei haben bloß ein Nein als Antwort.

Und der eine, kein anderer als der Schneithubermichel von Au, stellt sogar eine Gegenfrage! »Zwegn was seids denn ös da? Eppa zwegn dera da hint?« Er zwinkert vielsagend mit den Augen nach der Nanndl hin.

Doch die Reisersöhne sind auch nicht dumm. Sie wollen bloß um einen Heißen fragen – um ein Rößl, ein gutes.

Aha. Nun ja. Er, der Michel, will bloß ein paar Zentner Samenweizen. Und sein Weggefährte, der Schweigerlenz von Lindach, will um ein schweres Stierkalb fragen. Denn die Moserkälber sind gar berühmt weit und breit! Nur so nebenbei meint er: »Der wird jetz hübsch überlaufa werdn, der Moserbauer. Zwegn dee Weibsbilder, moan i.«

Jetzt sind es die anderen, die sich unwissend stellen. »Warum zwegn dee Weibsbilder? – Ja so – zwegn eahnan Heiratsguat. No ja – mei – der oa möcht die und der ander die...«

Die Unterhaltung gerät ins Stocken, denn die Nanndl spannt auf einen Pfiff ihres Vaters hin die Ochsen aus und weist sie in den Stall. Und die Mirl steigt vom Heuboden herab und geht ins Haus, indem sie die Angekommenen mit einem züchtigen »'ß Good beinand« begrüßt.

Derweil tritt auch der Moserbauer aus der Tenne und sieht die Leut.

Er geht bedächtig auf sie zu, hört sich ihren Gruß und ihre Wünsche an und sagt: »Hübsch Schnee ham mir wieder kriagt, ja. Is aber recht. Nachher tuat eahm der Frost net so viel – an Troad...«

»Hast an Samawoaz für mi?« fragt, ihn unterbrechend, der Michel von Au. Denn er ist der Ungestümste von allen Freiern.

Doch der Moserbauer ist nicht auf den Kopf gefallen. Er weiß genau, was der ander will. »Wieviel Tagwerk möchst denn anbaun damit?« fragt er.

»Fuchzehne«, sagt der Michel arglos.

»Baust mehra Korn? Oder hast a Tagwerk Mischling aa im Sinn?«

Je nun. Auf solche Fragen sagt jeder die Wahrheit. Und so erfährt der Moser, daß man beim Schneithuber so an die zwanzig Tagwerk Korn, fünf bis sechs Tagwerk Mischling und etwa zwanzig Tagwerk Haber anbaut. Erdäpfel gibt's auf zwölf Tagwerk Land.

Und der Alte rechnet im Kopf: »Fuchzehne, – fünfadreißg – vierzg – sechzg – siebazg. Und Wiesen ... aha. Wird er leicht so hundert Tagwerk stark sein.«

Er mustert genau den Anzug des Michel. Er wär' gar nicht übel; gutes Tuch – der Mantel schwer – die Stiefel vom Bauernschuster gemacht – keine Stadtware.

»Alsdann, i will schaugn«, sagt er langsam, »ob i dir no a paar Zentner gebn kann. Geh eine in d'Stubn derweil und hock di a weng nieder.«

»Ja, Herrgott! Das schaut ja schier aus, als täts was werden!« denkt schmunzelnd der Michel. Und die andern denken zähneknirschend dasselbe.

Der Schweigerlenz aber kann sich nicht mehr beherrschen. Er vergißt ganz auf sein Stierkalb und auf die angestammte Bauernschlauheit.

»Daß d' jetz du den Pfenningfuchser zu an Tochtermo nehma magst!« sagt er. »Da gäbs do wirkli no andere aa, die für a deinigs Dirndl passetn. Schaug mi o! Der oanzige Bua, hundertfuchzg Tagwerk und vierzg Stuck Vieh im Stall! Und schuldenfrei! Durft si a jede d'Finger bis zu dee Ellabogn abschlecka, bal s' mi kriagn kunnt!«

Au weh, Lenz! Diesmal hast du zu weit geschossen! Der Moserbauer lacht bloß. Und schüttelt den Kopf. Das Antworten aber besorgen die beiden Reiserbuben.

»Ja, da schaug her!« meint der eine. »A solchener is mir aa no net vürkemma, der si selber anfeilt wie der billige Jakob sei Kraxenglump!«

Und der andere fügt bei: »Und vom Fingerabschlecka is beim Moserbauern seine Töchter überhaupts koa Red, dees mirkst dir! Die Arbeit derfst scho du selber macha!«

Solche Worte sind keine schöne Musik für den Lenz und auch kein Schlafpülverlein. Sie sind eher zu vergleichen mit den Stichen der Wespen oder Hornissen, und es ist nicht zu verwundern, daß der gute Lenz in die Höh' fährt und zuschlägt.

»Wird di aber weni oder gar nixen ogeh!« schreit er. »Und den andern Springginkerl aa net! Gott sei Dank, daß mir net drauf ostehn auf die paar Kreuzer vom Moserbauern! Aber ös Hungerleider! Ös Fretter! Ös...« Weiter kommt er nicht, denn die Reiserbuben haben ihn schon bei der Gurgel und bei den Haaren.

Aber just in dem Augenblick erscheint der festtäglich aufgeputzte Windelbauer von Straß im Hof. »Ja, Himmelseiten! Is bei enk heunt schon Kirta?« fragt er verwundert; »jetz hab i gmoant, i geh auf Brautschau, derweil kimm i zum Raaffa recht.«

Und er wendet sich zum Moserbauern, der vergebens versucht, die drei Hitzköpfe zu beruhigen: »Zwegn was gehts denn her, Moser? Hams dein Zweschbenschnaps derwischt? Oder gehts zwegn dee Weiber her?«

Der Moser winkt ab. »Ah was! Laß s' raaffa! Die hörn scho wieder auf, bals gnua habn. – Wo kimmst her und was möchst?«

Der Windelbauer schiebt unternehmend den Hut ins Genick. »Was i möcht, fragst«, sagt er; »paß auf, i sag dirs glei grad außa: a deinige Tochter möcht i.«

Der Moser tut verlegen. »A so sagst! A meinige Tochter möchst? Ja mei, Windel, da werds epps habn. Die andern da, die drei – und der Schneithubermichl vo Au möchtn halt aa oane. Und i hab grad zwee. Und a Stuck a fuchzehne san scho dagwen und habn gmoant, es muaß sein. Kannst ja amal einegeh in d' Stubn.«

So was hört jeder gern. Wenn's ihn selber angeht. Aber die drei, die sich derweil noch rechtschaffen abgerauft und abgestritten haben, haben auch gute Ohren. Und es paßt ihnen gar nicht, daß da schon wieder einer den Vorzug haben soll.

Darum wenden sie sich nun endlich an den Moserbauern mit ihrem Anliegen: »Der Voda laßt dir sagn, obst net an saubern Heißen hättst? An Schimmel oder a Rapperl. Was er kosten soll, will er aa wissen, und du sollst amal umeschaugn zu eahm. Er hätt allerhand zum dischbetiern mit dir. Und d' Muata hat uns epps mitgebn für deine Dirndln.« Sie holen geschäftig ein Handkörblein aus dem Schlitten. »A paar Zuckersträuberl, daß's a süaß's Mäu kriagn deine Dirndln.«

Der Moser lacht sein verschmitztes Lachen. »Aha. Für d' Dirndln sagts. – Und zwegn an Heißn sagts. Aha. No ja. Müaßts halt amal eineschaugn. Spannts halt aus derweil. Wern mirs nachher scho sehng.«

Also. Nun sind alle glücklich beieinander bis auf den Schweigerlenz.

Dem aber fällt plötzlich das Stierkalb ein und er tut so wichtig und lobt die Kälber des Moserstalles so sehr, daß der Alte wirklich nichts Besseres zu tun weiß, als auch ihn zu bitten, er mög' ins Haus gehen.

So sind sie denn alle beisammen, die Freier. Und der Moserbauer pfeift seinen Töchtern. »A Bier am Tisch und a Brot für d' Leut!« befiehlt er.

Die beiden erscheinen schüchtern und mit fromm gesenktem Blick. Und nachdem sie das Gewünschte auf den Tisch gebracht haben, verlassen sie sogleich wieder die Stube.

Dafür erscheint jetzt die Moserbäuerin, eine dicke, hinkende Alte mit vorquellenden Augen und einem dichten Bartflaum um Mund und Kinn.

»So, seids da!« begrüßt sie die Besucher. »I kann mirs scho denka, zwegn was daß's da seids. Ja no. Dees woaß ma ja. – Da – trinkt amal a jeder!«

Sie deutet auf den bauchigen Humpen und setzt sich danach auf das Kanapee.

Kreuzmillion! Es ist nicht leicht, seine Wünsche zu offenbaren, wenn noch vier dastehen, die das gleiche möchten!

Ein wahres Glück, daß der Moserbauer so schöne Rehgewichtl in der Stube hängen hat – und daß er die Photographien seiner vier gefallenen Buben aufgestellt hat. Das ist doch wenigstens ein Gesprächsstoff.

Und man gewinnt Zeit. Und man kann zeigen, daß man nicht auf der Brennsuppe dahergeschwommen kam.

Der Schneithubermichel ist der erste, welcher dies zeigt. Er setzt sich zur Moserin aufs Kanapee, lobt ihr schmackhaftes Brot und die Hand, welche es gemacht hat, schwatzt von diesem und jenem und rückt sich ins denkbar schönste Licht.

Und er versichert, daß er, wenn er nun noch seinen letzten Wunsch – die andern hätt' ihm unser Herrgott so alle erfüllt – zur Wahrheit machen könnt; nämlich daß er Tochtermann einer so guten, riegelsamen und werten Frau Mutter werden könnt, wie die Moserin eine wär', – ja – er sage es keck – dann möcht' er mit keinem Prinzen tauschen.

Darauf erwidert ihm freilich der Windelbauer, mit einem

Prinzen tät jetzt überhaupt kein vernünftiger Mensch mehr tauschen; denn im Volksstaat hätt' sich die Prinzenschaft aufgehört.

Damit hat auch er die Klippe überwunden. Und nicht lange währt es, da weiß auch von ihm die Moserin alles, was er glaubt, daß es ihr angenehm in den Ohren klinge.

Die andern haben den Moserbauern derweil hübsch in Beschlag genommen.

Von der Jagd reden sie und vom Krieg, von der Politik und vom Vieh.

Und wollen doch alle miteinander damit nichts anderes sagen, als: »Gib mir eine von deinen Töchtern! Mir!«

Der Windelbauer und der Schneithubermichel aber haben derweil die Moserbäuerin ganz freundlich und lustig gemacht und sind fest davon überzeugt, daß sie beide die Bevorzugten sind. Daher schauen sie allmählich immer öfter und immer tiefer in den Humpen, werden immer lauter und anmaßender in ihren Reden und treten endlich kurz entschlossen auf die Reiserbuben und den Schweigerlenz zu, indem sie fragen: »Zwegn was san denn dee da? Jetz werds aber bald Zeit, daß's verschwindts! He, Moservoda! Gib eahna an Tritt, daß s' außefliagn! Für dee Handwerksburschen gibts koan Zehrkreizer nimmer! – He! Habts ghört, ös drei?«

Ob sie's gehört haben!

O Windelbauer! O Schneithubermichel! Sie haben's wohl gehört! Und sie zahlen euch's heim mit gutem Zins!

Der Schweigerlenz, welcher sich noch von der vorhergehenden Erregung kaum erholt und beruhigt hat, ist der erste, der in die Höh' fährt. »Wia habts gsagt? Habts ös net Handwerksburschen gsagt?«

Der Windelbauer lacht: »Warum? Bist leicht du epps anders?«

Und der Michel stupft die Reiserbuben: »Dee zwee Fliagnfanger aa scho! Dee arma Hund, dee arma!«

Auweh! Jetzt hat er das Häflein zu voll gegossen! Jetzt läuft's über!

Die Reiserbuben stürzen sich gleich wilden Hunden auf die beiden Spötter.

»Was habts gsagt? Hund habts gsagt! Handwerksburschen habts gsagt! Fliagnfanger habts gsagt!«

Und schon dreschen ihre Fäuste auf die beiden los, daß es nur so kracht. Und der Lenz schiebt auch die Händ' nicht in den Hosensack; der drischt auch mutig und tapfer mit und schaut nicht lang, ob er einen von den Sprüchmachern unter seiner Faust hat oder einen von den Reiserbuben.

Der Moserbauer fährt fluchend und scheltend darein: »Ja Himmelherrgott! Auseinander, sag i! Ös waarts mir no die rechtn! Solcherne Hallodri kunnt i no braucha auf mein Sach! Ausanand sag i und marsch weiter! Sinst kann sei, daß i mit der Goaßel kimm!« Die Moserbäuerin aber springt erschrocken vom Kanapee in die Höhe, ruft alle Heiligen an und läuft zitternd und zagend davon.

Unter solchem Geräufe ist es kein Wunder, daß alle miteinander die Ankunft eines Schlittens überhören, dem zwei saubere Burschen entsteigen – die beiden Söhne des Posthalters von Kreuth.

Und daß sie übersehen, wie die beiden Mosertöchter den Burschen entgegenlaufen, wie sie sich tätscheln und kosen lassen und tun, als wären sie der lautere Zucker!

So kommt es denn, daß plötzlich die Tür der Stube aufgeht und daß das Gelächter der vier so laut und vergnügt zwischen die Raufenden fährt, daß die ganz erschrocken auseinanderrumpeln und an die Tür stieren.

Da – das ist ja – das sind ja...

»Da san meine Dirndln«, sagt in dem Augenblick der Moserbauer wieder ganz friedlich und vergnügt, »und da san meine zwee Tochtermanna. Zu der Hochzat seids alle mitanand eing'laden. – Soo, und was is's jetz mitn Stierkaibe...und mitn Heißen...und mitn Samawoaz...«

»O du Erztropf, du miserabliger!« denkt der Schneithubermichel.

»I pfeif dir auf dei Kaibe!« murmelt der Lenz.

Und: »Gehn ma...sinst vergiß i mi...« sagt der eine Reisersohn zu seinem Bruder.

Der Windelbauer aber seufzt: »Teife, Teife! Jetz kann i dem Hanswurschtn, dem Heimerl, sei Hypothek aa net zruckzahln! – Der Geldsack kimmt halt allemal wieder zum Geldsack, da kannst macha was d' willst...«

Und er folgt zähneknirschend den andern und schlägt die Haustür zu, daß alles knallt.

Die Scheidung

Die dicke Wildmoserbäuerin steht fuchsteufelswild am Backtrog und werkt und brummt, daß es schier nimmer anzuhören ist: »Aus der Haut kunntst fahrn mit dem Mannsbild! Nix mehr kannst eahm recht macha! Den ganzen Tag derfst an dir umanandgrandeln lassen, und nix anders hörst nimmer, als wia: Da muaß mir wieda a neue Ordnung einakemma in des Haus! – – Vo mir aus! – Soll er toa, was er mag! I tua nimma mit mit dera Ordnung! I geh und laß mi scheiden, bals no lang a so weiter geht! –«

Sie knetet und bearbeitet den Brotteig mit einer solchen Wut, daß man meint, sie hätte einen Todfeind unter den Fingern. Und dann plärrt sie: »Mariedl! – Ja, moanst net, daß d' jetz bald zuawa gehst? – Siehst net, daß d' mir no Wasser zuaschütten muaßt zu mein Toag? – Kannst du net dableibn, bal ma di braucht, du Lalln, du zahnluckete!«

Die also Angeredete kommt gemächlich zur Kucheltür herein. Sie ist des Wildmosers Stall- und Hausdirn; zwanzigjährig, dick, rothaarig, pichig vor Schmutz und faul. Und dazu immer gut aufgelegt. Ihr zahnloser Mund lacht den ganzen Tag.

Auch jetzt, da doch die Wildmoserin vor Zorn schäumt, lacht sie!

»I bin ja scho da, Bäuerin!« sagt sie gemütlich. »Was schreist denn a so?«

Die Wildmoserin arbeitet giftig mit beiden Händen den Brotteig ab.

»Was i schrei, fragt s', die Molln! Was werd i schrein? Wei's wahr is! Weilst net zuawa gehst! Weil's nimmer zum Aushalten is in dem Hauswesen herinn! Weil unseroaner der Garneamd is, seitdem daß anderne 's Mäu offa hab'n bei ins! – Weil mir dees Militare daherinn zwider werd! – Was is's jetz mit 'n Wasser? – – Rindviech! Muaßt mir's jetz wieder über d'Füaß schütten, anstatt über 'n Toag!« –

Die Mariedl lacht immer noch. Aber auf ja und nein hat sie die schönste Ohrfeige mitten im Gesicht und muß eiligst hinaus an den Röhrlbrunnen, um sich den Teig von der Wange zu waschen.

In diesem Augenblick ertönt eine herrische Stimme aus dem Stall: »Mariedl! Weibsbild langweiligs! Soll i dir eppa no zehnmal schrein?«

Das ist der Wildmoser; gedienter Hottolerist und Mitglied des Bauernrats. Er war vier Jahre draußen im Krieg und ist jetzt wieder daheim, um eine neue Ordnung hineinzubringen in den »Saustall«, wie er sagt, in die »Weiberwirtschaft, in die gottverfluchte!« Das wär ja die rechte Komedie! Sie, die Wildmoserin, hätt die Hosen an, und er, der Wildmoser, müßt sich kuschen wie sein Hund, der Tyras! Und dieses Frauenzimmer, die Mariedl, tät was sie wollte! Aber Gnade Gott! Allen miteinander Gnade Gott!

Er herrscht die Stalldirn wütend an: »Obst net hörst, frag i? – Obst net woaßt, daß d' Ochsen no koa Gsott habn und d' Kaibe'n koan Trank? Ob heunt der Saustall morgn ausputzt werd und der Hennastall überhaupts net?«

Die Mariedl wischt immer noch mit der härwenen Schürze in ihrem Gesicht herum, während sie ein paar Schritte gegen den Stall zu macht.

»Ha, moanst?«

Der Bauer steht drohend unter der Stalltür. »Ja, ha, moanst! Muaß i dir Füaß macha?«

Die Dirn tut gekränkt: »Nnoo! Was plärrst denn gar a so? I bin ja scho da! Was geiht's denn?«

Und da der Wildmoser seine Fragen wegen der Stallarbeit wiederholt und dabei immer drohender wird, meint sie: »Tua nur net so schiach! Es is scho recht nachher! I kann mi net z'teiln. Jetz muaß i z'erscht ihr helfa beim Brotbacha.«

Damit will sie wieder kehrtmachen; aber ehe sie's bedenkt, fühlt sie schon einen derben Stoß in den Rippen und eine Faust im Genick.

»Dein Stall versiechst jetz, sag i!«

Die Mariedl ist beleidigt. »Du bist aber amal grob!« sagt sie. »Packst oan glei, als wia wann ma a Engländer waar oder a Pandur! Da wundert's mi net, daß si' insa Bäuerin scheidn lassen will von dir!«

»Was!?« – der Wildmoser horcht auf. »Was sagst da? Sie will si' scheidn lassen? – Vo mir?«

Die Dirn tut mitleidig: »Gell, da schaugst! Hast eppa gmoant, vo wem andern? Naa, naa! Sie mag di nimmer, hat s' gsagt. Zwegn deiner Militare. Ja, ja. Jetz gib i dee Kaibei 's Trank.«

Weg ist sie. Und der Wildmoser kann schauen, wie er zurecht kommt. Er geht nach der Kuchel und bricht einen Streit vom Zaun: »Hast du koa andere Zeit zum Brotbacha als wie jetz?«

Aha. Die Bäuerin fährt herum: »Warum? Kümmert's di epps?«

Ihr Eheherr lacht wild: »Ob's mi epps kümmert! Moanst leicht, du hast no dein Russen vor dir, oder sinst oan vo deine Knecht?«

Sie formt zornig einen Brotlaib. »I moan gar nix. I moan grad dees: balst da draußen in dem Kriag nix anderschts net glernt hast, als wia 's Grandeln und 's Kommandiern, nachher hast net viel profitiert. Nachher hättst gar net auße z' geh braucha.«

»Oder nimmer hoam, moanst! Gell ja! Sags nur!«

Die Bäuerin tut bockig: »Ja no. Dei Getua werd mir scho rechtschaffa zwider.«

»Aha. Brauchst es grad sagn!« schreit er jetzt; »dees woaß i scho, daß dir der Ruß liaber is wia i! Daß d' alloa d' Herrlichkeit habn möchst da herinn!« –

Sie stupft die Brotlaibe mit dem Besen und drückt das Model mit dem Namen unsers Herrn darein.

»I will gar nix. I sag grad so viel und net mehra: vier Jahr hab i alloa dein Hof derhalten ohne dein ewigen Dischbetat und es is umganga...«

»Und du moanst, soll i jetz aa hingehn wo i mag. Jawohl!« – Er muß sich schier niederhocken vor Grimm, der gut Wildmoser! – »Aber, daß d' es woaßt: i geh net! I bleib, wo i bin. Und i bring a neus Regiment eina. Und wems net paßt, der kann ja geh'!« – Hei! Ho! Das schlägt ein und zündet auch gleich, wie ein Donnerwetter in den Hundstagen!

»A so moanst!« sagt seine Wildmoserin ganz heiser; »i soll geh? – Guat. Is mir aa recht. Geh i halt. Glei, auf der Stell. Heunt no mach i's advikatisch, daß i geh. Daß mir zwee firti san mitanand.«

Und sie läßt wirklich die Brotlaibe liegen und rennt aus der Kuchel.

Und droben in ihrer Kammer legt sie das Feiertagsgewand an, setzt das seidene Kopftuch auf, tut sechs Eier und ein Stück geselchtes Fleisch als Wegzehrung in den Handkorb und geht wirklich, nachdem sie noch aus dem Geheimfach ihres Kleiderschranks einen Beutel mit Gold- und Silbergeld zu sich genommen hat.

Geradenwegs nach München fährt sie – zum »Advikat«. Der fragt höflich, was sie will.

»Scheiden lassen!« erwidert sie kurz. Und da der Anwalt ungläubig dreinschaut, wiederholt sie es: »Scheiden sollst mi vom Wildmoser. I will habn, daß mir zwee ausanandgschrieben werdn.«

»Hast an Grund aa?« fragt der Anwalt. – Worauf sie meint:

»Naa, den hat er ghabt. I hab grad's Geld einbracht.«

Nein – einen Scheidungsgrund! – Ob etwa er mit der Stalldirn was gehabt hätt? Oder mit der Kuchelmagd?

Die Bäuerin muß lachen. »Mit dera Molln, mit dera zahnlucketn! Naa, mei Liaber. Da kennst mein Alten schlecht! Naa, naa. I laß mi grad zwegn dem Militare scheiden. Weil mir dee Kommandiererei zwider werd. Weil i aa ohne den Grobian weiterhausen kann. A so is. Jetz woaßt es, und jetz schreibst mirs!«

Sie ist fertig. Aber – schaut mir einer diese Advikaten an! Er sagt, das geht nicht! Das wär kein Grund nicht! Warum gehts nachher bei den Stadtleuten? Was die können, das kann sie auch, die Wildmoserin! Wär ja noch netter! –

Aber er mag nicht. Er sagt, daß es bei ihr leicht ein Jahr dauern könnt und noch länger, und daß es dann ein schönes Häuflein Geld kosten tät! Und kompliziert wärs auch!

Jetzt wird sie aber wild, die Bäuerin: »Was? A Jahr lang soll i dees Fegfeuer no aushalten? – Mei Liaber, bal i dees Hauskreuz no a Jahr schleppen muaß, nachher kann i's aa no länger schleppen. Und bal mi dees aa no an Haufa Geld kost't, nachher mag i net. Und überhaupts: dees schöne Sach z'teiln und vo mein Hof und vo meine Viecher weg! Naa, mei Liaber. Da soll si nur e r scheiden lassen. I net!« –

Und sie legt dem Anwalt ihre sechs Eier und das Geselchte auf den Tisch als Zahlung und fährt wieder heim zu. – Und am andern Tag geht auf dem Wildmoserhof das Leben seinen gewohnten Gang – wie ehedem vor dem Krieg.

Die blaue Krugel

Dem alten Kronawitter seine einzige Tochter lag im Kindlbett.

Aber es war kein Stammhalter und kein Nesthockerl, das sie in dies armselige Dasein hergesetzt; vielmehr ein ganz unliebs und überflüssiges Bälglein, das keiner gerufen zum Kommen und keiner begrüßen und mit einem Ehrentrunk feiern mocht.

Und so kam es, daß der arm Wurm, kaum er den ersten Lufthauch dieser Erdenwelt verspürt, ihn gleich also kalt empfand, daß er nicht mocht darin weiterschnaufen, sondern vielmehr sich die Engeleinsfittich an die Ärmlein hing und dahin flog, wo solcher Unglückshascher schon mehr verweilen.

Und, wie es schon sein mußt: hatte das Kindl bei den Kronawittern durch sein Kommen nicht viel Ehr aufgehoben, so mocht ihn jetzt bei seinem Hingehen auch kein Hahn gern nachkrähen; die Barbara, seine Mutter, wischte sich so ein drei, vier Zähren aus den Augen, zog ihm ein steif gestärktes Totenhemdlein an und sagte: »Waarst guat da gwen, – aber bist aa guat aufghebt a so. Wer woaß's, was no wordn waar mit dir.«

Und der alte Kronawitter zimmerte selber das Trüchlein und meinte dabei: »Herrvergeltsgott, daß's gstorbn is, dees Wurm. Liaber a tote Schand, wia a lebendige.«

Und da er die winzige Ewigkeitswiegen vollendet hatte, nahm er eine von den blauen Steinkrugeln aus der Speis, schwenkte sie im Brunnengrand und holte drunten beim Lebzelter den Totenschnaps.

Denn man kunnt doch nicht wissen, ob nicht die Neugierd zum Leichenbeten käm, oder auch die Freundschaft des Kindsvaters, der als ein schwerer Reitersmann irgendwo im Frankreich stand, indes seine Mutter als Austraglerin bei einer schlechtverheirateten Tochter ein elendiges Dasein führte.

Also war beim Kronawitter eine Leich im Haus, hübsch aufgebahrt, zwischen Geranien und blühenden Menschenlebenstöcken, als sich draußen im Stall was riegelte.

Da lag die Blaßenkalm schon seit drei Tagen, tränend, brüllend und tauchend, – und der Tierarzt sagte: »Abwarten.«

Man hatte den Sixenbauern geholt, einen erfahrenen und gescheiten Mann; aber auch der wußte nichts zu sagen als: »Abwarten, was kemma muaß, dees kimmt scho.«

Und nun, grad um die Zeit, da man die Leichenbeter jede Stund erwarten kunnt, kam der alte Kronawitter aufgeregt aus dem Stall in die Kammer seiner Tochter Barbara und rief: »Wabn, geh abe zu der Loach; – i glaab, jetz kalbets, d' Blaßen!«

Die Wabn fuhr eilends in den schwarzen Spenzer.

»Ja ha! – Naa, wias nur sein kann! Just jetzand, wo ma si für d' Freundschaft richtn sollt! Ja meine Zeit, i wer dir net viel helfa kinna, fürcht i!«

Sie kroch langsam in ihrer Schwäche und Mattigkeit hinein in die Stube.

Der Kronawitter aber rannte zum Nachbarn.

»Brandl, geh, i hätt a Bitt an di! – Schaug, – so und so, – kurz und guat, – no ja, a Kaibe kimmt, und i bin ganz alloa.«

Und dachte dazu bei sich: »Herrgott! Wenn halt mei Kronawitterin no lebn tat,...oder wenn meine Buam vom Kriag da waarn...«

Der Brandl besann sich hin und her, druckte lang herum und zeigte nicht gar viel Lust zum Helfen.

»Ja no...ja mei. – Wenn i nur besser Derweil hätt! – Aber jetz sollt i Streu haun, – und Klee mahn, – und Heu hodern...«

»Und mir verkalbet derweil mei Blaßen!« sagte der Kronawitter bitter, kehrte der Brandltür den Rücken und dachte: »Kimmst scho aa amal um a Gfälligkeit; aber nachher wart! – Moanst, i woaß's net, warum daß d' net magst! – Loder, fader! – – –

Ja, ja – die Barbara! Es is nur guat, daß der Hascher glei selber so gscheit war und gangen ist!« –

Er lief heim ins Haus und in den Stall. –

Aber – da stand schon die alt Weberin, die künftige Schwiegermutter seiner Barbara, und sie werkte und schrie wie ein Roßknecht, indes die Wabn matt und fiebernd zugriff, um dem wie tot daliegenden Kälblein zum Leben zu verhelfen.

»An Sechter voll Wasser her!« schrie die Weberin grad. »An Strohwuschel her! – Schaug, daß d' Kuah in d' Höch bringst! – Wüh! Alte! In d' Höch, sag i! – Giaß eahm halt a kalts Wasser in d' Ohrn! – Her da! – Jetz wischst 's Kaibei trucka! – Nur schnell a bißl! – Sakra, wann sa si nur rührn tat! – Habts koa Dreikiniwasser da? Oder an Weichbrunn? – Herrgott, der Kranawitter! – Da bist ja!«

Sie schnaufte erlöst auf.

»Weilst nur da bist! – Wiast nur hast furtgeh mögn, wo 's so gnau gstanden is! – So was durft bei ins dahoam net vürkemma, dessell sag i dir scho! – Hast jetz 's Dreikiniwasser, Wabn?«

Sie wischte und rieb immer noch am Kalb, indes der Kronawitter sich um die Kuh bekümmerte und sie auftrieb. –

»Du hast leicht redn, Weberin!« brummte er: »I renn umanand, daß mir oana helfa tat, – und es geht mir koana zuawa. – Und warum? – Grad zwegn dein Buam! – Grad zwegn dera Schand da!«

Die Barbara trat wankend mit einer blauen Steinkrugel in den Stall.

»Da is a Dreikiniwasser!« sagte sie müd. »Der Vetter, der Hausl und die drei Sixnbuam san zum Betn da.«

»Red net lang! Her da, sag i!« rief die Weberin, welcher grad eine grobe Antwort für den Alten auf der Zung lag, die sie aber lieber wieder hinunterfraß in Anbetracht ihres

Sohnes, der ihr zu einem jungen Kronawitterbauern wie geschaffen deuchte.

Und sie riß der Wochnerin die Krugel aus der Hand und goß dem Kälblein die ganze Lache über sein gruselgelbes Fell, indes der Kronawitter brummte: »Ja no nachher, balst moanst, daß du Herr bist in mein Stall, – nachher konn i ja geh.«

Worauf er in die Leichenstube ging, die Freundschaft und die Neugierd begrüßte, aus dem Küchenschrank die schillernden Schnapsgläser holte und aus der Speiskammer die blaue Krugel mit dem »Leichenbitter«. –

Derweil saßen die andern drinn auf der Ofenbank, flüsterten über das Kindl, über die Barbara, – über die Schand – und über den Alten, der sich samt seiner Tochter nicht ein kleins wenig schämt'.

Da kam er mit der blauen Krugel und den Gläsern.

»Alsdann, meine liabn Freund und Leitln; indem daß ös mir die Ehr oto habts und seids kemma nach dem alten Brauch, – so is's billig und recht, daß i enk a bißl aufwart mit an kloan Kirschwasserl!«

Er stellte die Gläser aufs Fensterbrett und schenkte ein.

»Alsdann. Jetz trinkts amal: auf di ewi Seligkeit von dem Kloan – und auf a gsunds Hoamkemma von sein Vatan, – auf daß mir nachher bald an Hochzatstrunk austeiln kinna.«

Jeder setzte eine ehrwürdige Miene auf und eins ums ander trat ans Fenster, nahm sein Glas und führte es an die Lippen.

Und der Vetter sagte: »Kronawitter, du woaßt es a so, was i sagn möcht – und was insa Wunsch is. – Sollst lebn – dei Wabn danebn – der Kindsvater bring enk a Freud, – und 's Kindl hab d' Seligkeit!«

Und dann tranken sie.

»Pfui Teixel!«

»Kreuzsakra!« – Das war ja Wasser! – Altes, leeres, moderiges Wasser!

Der Kronawitter fiel vor Schreck und Verlegenheit so auf die Ofenbank, daß sie krachte.

»Ja himmeherrgott... was hat mir denn die alt Hex da für a Gift gebn?...«

Im selben Augenblick kommt die alt Weberin fuchsteufelswild zur Stubentür herein und schnappt nach Luft.

»A saubere Tochter hast! – Moanst, daß i mein Buam an a sechane hergib! – Mir waars ja grad gnua!« –

Und damit ist sie auch schon wieder draußen.

Krachend fliegt die Haustür zu.

Der alt Kronawitter starrt ihr blöd nach, wie sie an den Fenstern draußen vorbeirennt und mit den Armen fuchtelt.

Indes die Leichenbeter entrüstet einer nach dem andern das Kindl mit Weichbrunn besprengen, dem Alten ein grobs Wort hinsagen, – vom Leutderblecken und für den Narrenhalten reden, – und sich davonmachen.

»Da hört sichs auf! – A Wasser!«

»Zu der Schand, wo ma hat in der Freundschaft, – aa no dees Gspött!«

»Zu dem gehn mir glei wieder Leichenbetn!«

Beim Kronawitter im Stall aber lag ein scharfer Geruch von Kirschgeist; und die Barbara hockte bei dem Kälblein auf dem Stroh und sagte: »Jetz is's scho wia's is. 'S Kindl hätt er alleweil nimmer lebendi gmacht, der Schnaps, – und 's Gspött nimmer tot.

D' Hauptsach is, daß i die alt Raffel net zu meiner Schwieger krieg!« – – –

Die Hochzeiterinnen

Hans Ulrich, dem Kreutweber von Lindach sein ältester Bub, ist aus dem Krieg als der einzige heimgekehrt, heil und gesund, gerad so wie er hinauszog vor Jahr und Tag.

Und nun, da er wieder daheim sitzt bei seinem Vater, dem alten, halbtauben Kreutweber, da er wieder die alte pichige Lodenjoppe trägt, da fällt ihm ein, er könnt sich justament um eine Hochzeiterin umschauen. Um eine, die ihm die armseligen Werkeltage seines Daseins ein bissel in Sonntage umgestalten würde. Die ihm soviel einbrächte, daß er sich auch einmal an einem andern Tag, als gerad an dem des Herrn, ein kleines Räuscherl vergönnen kunnt. Denn er liebt den Trunk zur guten Stund und noch mehr zur schlechten gleich seinen Vorfahren.

Und so hockt er denn bei seinem Alten am Webstuhl und betrachtet eine Weile stumpfsinnig die geschäftigen Hände und Füße des Webers, der gerade Seihtücher für die Milcheimer der reichen Leinthalerin webt und dazu allerhand gurgelnde, pfeifende und lachende Töne ausstößt. Denn obgleich er schier taub ist, so singt er doch immer noch gern die Lieder seiner Burschentage. Das Gehör verlor er ja erst anno siebzig als Kanonier bei Sedan. –

Also, sein Bub sitzt bei ihm und schaut ihm zu. Und dann stößt er ihn in die Seite: »He, Voda!«

Der Alte lacht verschmitzt: »I siechs scho. Macht nix. Auf oan oder zwoa Fehler gehts net zsamm.«

Sein Sohn schüttelt den Kopf. »Naa. Aufhörn sollst.«

Aber wieder lacht der Weber: »Dees glaab i! Freili mag i a Maß! Dees woaßt, Bua, 's Bier mag i alleweil.«

Da gibt er es auf, der Hans: »Ah was! Mit dir kann ma ja net redn. Jetz dischkriert er vom Bier, bal i zwegn an Heiratn mit eahm redn möcht!«

Und erzürnt schreit er dem Alten ins Ohr: »Nix Bier! A Hochzeiterin brauch i!«

Diesmal versteht ihn der Vater eher.

»Ja so! A Hochzeiterin woaßt mir?«

Der Hans lacht laut auf: »Dees höretst gern, gell! Naa, naa, mei Liaber! Nix vorhanden. Haben sagt der Stummerl! – Suacha sollst mir oane. Verraten – mir!«

Jetzt hat er ihn ganz, der Alte. Aber er schüttelt lachend den Kopf: »O mei Bua! Da bist irr! I woaß dir koane. I brauchet selm oane, die mi a bissl zsammfuattern tat und a weng aufwarma, bals kalt is.«

Mittendrinn aber fällt ihm doch etwas ein: »Bist scho bei der Krankahausurschl gwen?« fragt er; »D' Urschl wisset dir doch gwiß a paar Weibsbilder, die wo für di passen! Für mi sans alle z' jung. I brauch epps übertragns.«

Worauf der Hans meint: »Du brauchst überhaupts koane mehr. Bal nur amal i oane hätt! Soviel wirds mir nachher scho einbringa, daß du a epps davo profitierst.«

Der Alte hat ja die Hälfte nicht verstanden; aber er sagt doch recht zufrieden: »Recht hast, Bua!« und werkt darnach weiter.

Der Hans aber nimmt seinen Hut vom Nagel, sagt der alten Susanne, die dem Weber aus christlicher Barmherzigkeit das Hauswesen schlecht und recht versieht, Pfüagott und geht.

Sein Weg aber führt ihn kerzengerad zum Krankenhaus.

Da steht eben die Urschl, ein schier neunzigjähriges Weiblein, am Fenster ihres Stübleins und zupft die welken Blätter von einem Blumenstock.

Die Urschl ist sozusagen ein Erbstück des Hauses. Denn ihr Eheherr, Gott hab ihn selig, bestimmte, da er mit ihr kinderlos blieb, sein Haus zu einem Obdach für Kranke und Serbende; unter der Bedingung aber, daß man sein Weib, die Urschl, Zeit ihres Lebens darinnen belassen und wohl halten müsse.

Die Urschl nun weiß alles, was rings in der Welt vorgeht. Freilich reicht diese bei ihr nur etwa die Spanne von fünf –

sechs Stunden im Umkreis. Von denen aber, die diesen Fleck Erde bewohnen, ist keiner, den sie nicht mit Namen wüßte; – er hätte denn keinen.

Dieses alte Weiberleut also soll nun dem Kreutweberhans eine Hochzeiterin verraten.

Deshalb putzt er vor der Haustür draußen seine Stiefel gut ab und stapft darnach hinein.

Gleich bei der ersten Tür klopft er an.

Und – richtig: »Gsegn dirs Good – der Kreutweberhans kimmt gar zu mir!« so begrüßt ihn auch schon die Urschl.

Und fragt darnach: »Bist eppa marod oder feit dahoam epps?«

Nein, das wär Gottseidank nicht der Fall, meint der Hans. Er hätt einen ganz andern Schmerz, – das heißt, wenn sie es ihm nicht für übel nähm!

Aber die Alte lacht: »Ach beileib: Wia werd i dir denn 's Heiratn in Übel nehma! Bist ja no jung! Hast ja ganz recht!«

Der Hans reißt Augen und Mund auf: »Ja – wia kannst denn du wissen ...«

Die Urschl lacht noch mehr: »Jetz wundert er sich! Mei, dees is do leicht zum derraten, was d' möchst! Du bist gsund, dei Voda is net krank – und enka Susann is aa heunt no in der Kirch gwen. Also, – was kunnt da oana von der Urschl wolln? Natürli a Hochzeiterin!«

Der Bursch hat einen heiligen Respekt vor der Alten. Diese aber fährt fort: »Siechst, und i woaß dir aa oane. – Naa, zwoa. – Halt – naa, drei woaß i dir. Paß auf: die erscht is d' Noimerzenz vo Kreiz. A weng bollisch und zwider. Aber achttausad March glei und no amal soviel darnachst. Daß s' den oan Hax a weng nachziagt, dees woaßt ja.«

Jawohl. Der Hans weiß es. Und er rechnet: »No mal so viel, dees san sechzechatausad March. Und acht dazua is vierazwanzg. Der Hax tat nix macha, und 's Bollischsein treibet i ihr bald aus. Aber ob s' halt Kreutweberin werdn will ...«

Indessen fährt die Urschl fort: »Und da is no d' Wimmerlies vo Haslach. Bildsauber, brav und riegelsam. Kennst es ja selm. Wird aber kaam mehra als wie viertausad March mitkriagn. Bals es kriagt. – Und nachher is no da die buckelt Schneiderresl vo Münster. A weng übertragn, – i glaab, fünfadreißg Jahr is s' alt; aber Geld is da. Ausgmachts Heiratguat dreißgtausad March. Und 's Haus. Die Alt mußt halt in Austrag nehma. Aber sie is guat habn. – So – und jetz woaßt es.«

Jawohl. Jetzt weiß ers, der Hans.

Und er denkt gar nicht lang an die brave Wimmerlies; er läßt auch die Noimerzenz wieder fallen und sagt: »Aha. Dreißgtausad. Und die Alt im Austrag. Aha. – Wia alt is jetzt d' Schneiderin? – Bald siebazg, sagst? – Aha. – No ja. – Jetz werdn mirs nachher scho sehgn. I sag dir halt derweil an scheen Dankgood. – Und mei Schuldigkeit werd i scho bereininga, bals epps werd mit oana. Und jetz pfüate.« –

Die Urschl streckt ihm die Hand hin.

Aber nicht zum Abschied! – Nur ein etlichs paar Mark wenns wären! Weil man so viel Hunger leiden muß in dem Haus! –

Es ist nicht leicht, einem Bauern den Geldbeutel aus dem Sack zu locken; aber die Urschl bringt es wahrhaftig fertig, daß ihr der Hans am End drei schmierige Papierfetzen in die Hand legt als Aufgeld für den Schmuserlohn, den sie für ihre Vermittlung zu kriegen hat. –

Nach diesem Abschied aber rennt der gute Hans nach Haus, als hätt er Flügel an den Stiefelsohlen!

»Ja, Himmelherrschaft! Dreißgtausad und 's Haus! – Ja, scheener kunnts ja gar net geh'! – Was kümmert mi der Buckel und die Alt! – D' Hauptsach is, daß s' einschlagt. Und einschlagn tuats, dees woaß i. – Herrschaftseiten, dees Glück! I lach ja die ganze Welt aus! Juhu!« –

Juchzend tritt er daheim in die Wohnstube.

Doch – was sieht er! –

Da sitzt am Tisch ein ihm gar wohl und gut bekanntes Weibsbild, – die Annemirl vom Simmerbauern!

Und auf ihrem Schoß tummeln sich zwei Büblein, so an die vier Jahr alt – seine eigenen!

Hei, da fallen ihm plötzlich alle seine Todsünden ein! Auf die er doch so gern vergessen hätt.

»Himmellaudon!« denkt er: »Akrat jetz, wo mir epps rars einstand. . .jetz muaß sie dahocka!«

Dem Hans wird ganz schwül: »Annemirl. . .«

Aber die Annemirl nimmt ihre beiden Buben vom Schoß und sagt: »Da schaugts, da is er ja, der Ata! – So, jetz gehts nur glei schee hi zu eahm und sagts eahm Grüaßgood!«

Und sie hilft ihm aus aller Not und Verlegenheit, indem sie sagt: »Gell, hättst bald vergessen auf uns drei! Aber mir rührn uns scho, woaßt!«

Ah so! Sie ist bloß wegen dem Kostgeld da! Der Hans beeilt sich, zu fragen, was er zu zahlen hätt. Er möcht gern die Geschicht in der Ordnung haben, bevor er heiratet. . .

Aber die Annemirl unterbricht ihn: »Ja freili! Sinst nix mehr! Wirst dir jetz no lang Unköstn macha, wenn darnach doch alls aus oan Sack geht! – Mir werdns aa so derfüttern die zwoa; und übrigens hab i auf Lichtmeß mein Platz aufgebn. I bin jetz lang gnuag Stalldirn gwen. Jetz möcht i amal a Zeitl als Kreutweberin hausen. Meine Papiere hab i dabei, – dein Vodan is's recht, also – bals dir aa recht is, kinnan mir morgn scho zum Herr Pfarrer gehn!. . .«

Wenns ihm recht ist!

Ja, himmelherrgott! – Dreißigtausend wärens gewesen! – Und da stehen ein paar Bürscherln vor ihm und sagen »Ata«!

Je nun! Es wird ihm wohl recht sein müssen! – Trotz der drei Mark Aufgeld und der reichen Hochzeiterin! – – –

Der Guldensack

Die alte Kramerschusterin richtete ihrem Sohn, dem Martl, die Hochzeit zu.

Und da es ans Richtigmachen ging, ließ sie den Braunen vor das Gäuwagerl spannen, zog ihr Feiertagsgewand an und sagte! »Alsdann, Martl, jetzt fahr ma zum Notar, daß er mir mein Austrag schreibt.«

Der Martl meinte freilich, dies wär' doch nicht notwendig bei einem Sohn, wie er einer sei; und auch seine Hochzeiterin, die Brunnfärberlies, pflichtete ihm darin bei und sagte: »Zu was an Notare! Mir san do koane Rauber und koane Spitzbuam! Mir woaß do selm, was si g'hört! Bei ins geht's enk gar nia schlecht, Muata.«

Aber die Kramerschusterin lachte bloß ein seltsames Lachen und erwiderte nichts weiter als: »Die weißen Haar und der Schimmel am Brot wachsen, bal d'Kinder Herr werden. – Bevor ma si net niederlegt, soll ma si net ganz ausziagn. Kunnt mir leicht aa geh' wia mein Baserl, der alten Windlsusann, oder mein Vettern, an Schimmelkaschban vo Kreiz.«

Ach ja – der Schimmelkaschber!

Das mag jetzt leichtlich an die fünfzig Jahre her sein; da kam dem Kaschber ein neues Regiment ins Haus.

Sein einziger Bub, der Simmer, hatte ihm eine Hochzeiterin heimgebracht: die Lebzelterannemirl.

Und da dem Kaschber sein Buckel sich gemach krummte wie der Stamm des alten Zwetschgenbaumes vor seiner Haustür, da er auch seinem guten und rechtschaffenen Handwerk, der Schuhmacherei, nimmer so nachgehen konnte, wie es notgetan hätte, so legte er Ahle und Zwirn beiseite, zog den pichigen Schaberer aus und meinte: »Ja no, in Gottsnam. Muaßt halt du weiterwerka, Simmer. Du hast es ehnder im Kreiz und in die Arm, daß d' an Pechdraht durchziagst durch Oberleder, Brandsohl'n und Sohlleder, daß aus dera Dreifaltigkeit a feste Dreieinigkeit werd. Heirat dei Annemirl und haus guat. Mei' Geld und mein Seg'n sollts hab'n.«

Heißa! Da gab's eine lustige Hochzeit und einen fröhlichen Einstand!

Und des Lebzelters Annemirl wurde eine gar riegelsame Schimmelschusterin und war so honigsüß mit ihrem Schwiegervater, grad wie ein Mettränklein oder ein Zukkerzelten aus ihres Vaters süßer Werkstatt.

So mag's auch gekommen sein, daß der gut' Schimmelkaschber willig und zufrieden in seine Austragskammer zog, daß er schöne Wort für bare Münz' nahm und sich an den Ofen setzte, eh' er ihn geheizt hatte.

Daß er sich seinen Ausbeding weder verbriefen ließ, noch siegeln.

Und da ihm seine Annemirl die schöne, große Kammer neben der Stube einrichtete, da sie ihm gleich am ersten Tag nach der Hochzeit seine Leibspeis' kochte, so dachte er nicht daran, daß es mit dem Kinderdank und der Kindeslieb' geht wie mit dem Stamm eines Fichtenbaumes: je mehr er sich in die Läng' zieht, desto magerer wird er, – und zuletzt hört er ganz auf.

Wohl hatte ihm sein Vetter, der Pfarrer von Michelsberg, gut geraten und hatte gemeint: »Tu dich versorgen! Das Gute, was d' den Kindern gegeben hast in Heuwägen, das werden sie dir vergelten in Fingerhüten!«

Allein es half nichts. Der Tag erschien dem Kaschber freundlich, und so vergaß er auf den Abend. –

Da geschah es, daß die Annemirl krank wurde, – daß man eine Wiege in die Stube stellte, – daß ein Schimmelkaschberl und ein Simmerl zugleich kamen!

Und ein Jahr darauf eine Annemirl. Und darnach noch drei – vier.

Und dann kam der Tag, wo die Schimmelschusterin zu dem Alten sagte: »Vater, jetz brauch' i enka Kammer. Ös könnts ja dees hinterne Kammerl für enk nehma. An Knecht oder a Magd werd'n mir ja do' net dinga.«

Ja, ja. Da kam der Kaschber in die Magdkammer.

Bald darauf gab's wieder eine Änderung; indem der Simmer nämlich meinte: »Wia wär's denn, Vata, wennst von morg'n ab hint in deiner Kammer essen tatst? Da am Tisch is gar koa rechter Platz nimmer für di'! San ma eh scho achte oder gar neune!«

Und dann wurden sie ihrer zehn; und die Hennen legten doch im Tag bloß neun Eier, und die Kühe gaben bloß für neun Personen die Milch – und der Simmer verdiente bloß für neune die Kreuzer zu Fleisch und Bier!

Da sah es denn bald gar armselig und mager aus bei dem alten Schimmel; und er wär' froh gewesen, wenn ihm der Schreiner endlich hätt' das Maß nehmen mögen zu seiner letzten Truchen.

Am End' vergaßen sie auch noch, ihm seine Kammer zu heizen, und da man gerade einen harten Winter hatte, so durfte der gute Kaschber nicht einmal mehr eine Zähre aus den Augen fallen lassen; denn sie wär' ihm leichtlich an die Wange gefroren oder in den Bart.

In solcher Not und Armseligkeit gedachte nun der alte Schimmel seines hochwürdigen Vetters, des Pfarrers von Michelsberg.

Und da er den festen Glauben trug, daß dies der letzte Winter wär', der ihn auf dieser armseligen Erdenwelt schinde und zernigle, daß der Auswärts ihm wahrscheinlich nur noch das schwarze Erdhäuflein über seiner Totenkammer ein wenig erwärmen und mit Gras und Blumen schmücken würde, so bedachte er bei sich: »Es ist wohl besser, ich bring' auch mit dem da droben mein' Sach' ins reine; wer kann sagen, wie's geht, und nix G'wiss's weiß der Mensch nit.«

Also ließ er sich eines Tages von einem Fuhrwerk aus Michelsberg mitnehmen und suchte seinen Vetter auf, um ihm zu beichten und dem Herrgott seine Rechnung zu bezahlen.

Daheim, bei seinem Sohn, dem Simmer, herrschte darüber große Freude. Hatte man doch endlich die gewisse Aussicht, daß einmal ein Beschluß herging mit dem alten Fresser – dem Hausbettler, dem notigen!

Das Bißlein, was der an barem Gelde eingelegt hatte ins Geschäft, das hatte er wohl leichtlich schon ein dutzendmal verzehrt! Und umsonst, heißt's, ist bloß der Tod – und der kost't 's Leben.

Derweilen aber der junge Schimmelschuster und seine Annemirl sich auf das Absterbensamen ihres alten Vaters freuten, kam der nach abgetaner Buß und Beicht mit der Postkutsche wieder daheim an, kreuzvergnügt und schnakkerlfidel, ging ohne einen Grüßderhimmel in seine Kammer und riegelte sich dorten ein.

Schob auch noch die Vorhäng zu an Fenstern und an der Tür, zog ein artig's Säcklein aus der Joppe und leerte es schmunzelnd auf den wurmstichigen Tisch.

Heißa! Das klirrte und klang – das gleißte und glänzte!

Und der Kaschber begann zu zählen – ganz laut und jedem vernehmlich: »Fünfhundertfuchzg. . .sechshundert- . . .sechshundertfuchzg. . .sieb'nhundert. . .«

Dazu strich er allemal ein Häuflein Gulden in die Hand und warf es in den Geldsack, wobei ihm aber des öfteren passierte, daß der eine oder ander Gulden über den Säckel sprang und klingend über den Boden rollte.

Was Wunder, daß dies die Jungen hörten und sich mit allen Fingern in den Ohren krauten, damit sie jedes Geräuschlein in des Alten Kammer desto feiner und gewisser unterscheiden möchten!

Aber es waren wahrhaft gute Silbergulden, die da klangen und sangen.

Und er hatte zugeriegelt! Der alte Tropf!

Doch die Annemirl war nicht um einen guten Rat verlegen, und sie flüsterte dem Simmer in die Ohren: »Schick doch amal an Kaschberl eini, daß er eahm beim Aufklaub'n hilft! A Kinderbuckel biagt si leichter als a alter –«

Ei freilich! Daß ihm dies nicht lang schon selber eingefallen war, dem Simmer!

Also pochte bald ein Bubenfäustlein an die Tür des Alten, und der Kaschberl rief: »Großvata, mach auf! I' möcht' helfen zum Aufklaub'n!«

Und da ihm der Alte willig auftat, konnte das Büblein gar bald davon berichten: »Lauter Gulden sands! Achtzehnhundert, hat er g'sagt, der Ahnl!«

Achtzehnhundert Gulden! Der Tropf, der scheinheilige! – –

Schon um die Essenszeit war die Annemirl vor seiner Kammertür.

»Vata! Geh', mögts net bei ins hervorn essen? Is gar so mentisch kalt heunt in der Kammer hinten!«

Ja, ja, er mochte!

Aber jetzt fing das Gefrage an.

»Der Kaschberl sagt ... von achtzehnhundert hat er g'red't...«

»Wenn's g'langt«, erwidert bedachtsam der Alt'; »wenn's nur g'langt. I' bin no net ganz firti mit 'n Zahl'n.«

Ja ... woher...?

»Mei, dees hab' i' die ganzen Jahrl her bei insan geistlinga Herr Vetter aufg'hebt g'habt. Aber indem daß i' in Sinn hab', daß i' mi' wo einkaaf ... in a Spital ... oder a Pfreimd...«

»Jess' Maria! Vata! Du werst do' net! Die Schand' werst ins do net otoa! Daß 's hoaß'n tät, beim Schimmelschuasta hams eahnan Alten so schlecht versorgt, daß er si eikaaffa hat müass'n...«

»Ja no. – Es wird mir halt do' guatding z'kalt da hinten in mein Kammerl. – Und hie und da a Fleischsuppen hat aa a jeder gern. – Und auf a scheens Eingrab'n schaug i aa. Wer woaß's, wias geht bei enk ... ob d' Not net scho so groß is bei enk, daß 's mi amal auf Gemeindekosten einscharr'n lassen müaßts!«

Achtzehnhundert Gulden! Und in die Pfründ! Das schöne Geld!

»Aber Vata! – Auf G'meindekosten! – Wo denkst denn hi! – Moanst, daß ma di net schee und mit alle Ehr'n eingrab'n tät'n!«

»Ja no – nix G'wiss's woaß ma net. – Dees müaßt i' halt scho' schriftli' hab'n ...«

O! Sie gaben ihm das schönste Begräbnis schriftlich, – mit großen, steifen Buchstaben – und von beiden unterzeichnet!

Und er kam wieder in seine schöne Kammer, der alt' Kaschber, hatte es schön warm und aß, was ihm grad schmeckte, bis an sein selig's End', das ihm so um die Osterzeit beschieden war.

Schad', daß er nun dahin war! Daß er's nimmer erleben konnte und mit ansehen, was nach seinem Abscheiden geschah!

Da wurden Kästen geräumt und Truhen geleert, Laden umgestülpt und Schreine durchwühlt, Säcke und Taschen geprüft und der Strohsack aufgeschnitten.

Aber es fand sich nichts, als ein verschlossener Brief, darin zu lesen stand:

An meine Kinder.

Dieweilen ihr Gulden sucht, werdet ihr Kreuzer finden. Denn die Gulden waren meines geistlichen Vetters Eigentum. Gut, daß er nicht nur Hirte ist, sondern auch ein Schelm. Und daß er aus mir auch einen gemacht hat. Amen.

Der Schatz des Toten

Es ist um den Tag, da Maria übers Gebirge ging – Mariä Heimsuchung.

Und es sind heut grad zwölf Wochen übers Jahr, daß der Anderl, der Bub vom Sonnleithnerhof in Au, als vermißt gemeldet wurde.

Nun sitzt die alte Sonnleithnerin in der großen Eßstube und redet von ihm.

Von ihrem Sohn, dem Träger ihres Namens, dem Erben des Sonnleithnerhofs!

Und weil heute auch die gesetzliche Frist der Vermißtmeldung verflossen und die amtliche Todeserklärung erfolgt ist, sind auch die drei Sonnleithnertöchter gekommen: Die Lisl, die Afra und die Nanndl.

Warum sie da sind?

Um die Schätze des Anderls zu teilen.

Denn was soll das schöne Geld und das Gewand, die Wäsche und all die anderen Dinge noch länger droben in der verwaisten Kammer liegen und hängen, da man sie doch so gut für den Eheherrn daheim brauchen könnt!

Zum Beispiel die Afra, die älteste Schwester des Anderl. Die sagt's ganz ehrlich: »Mei Mo, der Jakl, hat schier gar koa g'scheit's Feiertagwand nimmer. Wie leicht kunnt eahm da d' Muatta vom Anderl oans geb'n!«

Und ihre Schwester, die Lisl, meint auch: »I woaß's net; lieber laßt 's die guat Wasch im Kommodkasten drob'n z'grundgeh'n, d' Muatta, als daß s' oan a Trumm oder zwoa davon geb'n tät!«

Und erst die Nanndl!

Wie die greint und brummt!

»Inseroana derf Tag und Nacht schinakln und arbatn, daß ma sich a kloans bisserl aus die Schuld'n außawerklt, und da droben liegt 's Geld haufaweis' in der Truch und dergrawt! Da kunnt jetz no viel dahinter sein, wann oan d'

Muatta mit a paar tausend Markl unter d' Arm greifen tät!«

Es hat also doch jede von den drei Töchtern Grund und Ursach genug gehabt, um heute, nach dem Gottesdienst und der Einkehr beim Schimmelwirt, die alte Sonnleithnerin heimzusuchen.

Und damit die Sache mehr Gewicht erhält, nimmt jede auch gleich ihren gestrengen Eheherrn mit.

Also sitzen sie beisammen und suchen nach einer Einleitung.

»Schee is's gwen heunt in der Kirch!« beginnt die Afra.

»Aber grad b'sunders viel san net zum Beichten ganga«, entgegnet ihr die Lisl, »für dees, daß d' Mariä Hoamsuchung is.«

Doch der Gatte von der Nanndl meint: »No, es is alleweil a scheena Haufa gwen! Und hübsch viel Mannsbilder...«

»Ja, ja. Viel Mannsbilder. A scheena Haufa«, wiederholt da die Alte. »Bloß mei Bua, der Anderl, is net dabei gwen.«

Und halblaut, mehr zu sich selbst gewendet, fährt sie fort: »Mei, wo mag er jetzt wohl sein, insa Bua?«

Aber ihre Kinder haben's wohl gehört.

Und da kommt sie ihren Töchtern gerade recht mit solchen Reden und Fragen!

»Wo werd er sein?« fährt die Lisl in die Höh. »Daß d' jetzt alleweil no net aufhörst mit dera Fragerei, Muatta!«

Und die Nanndl mischt sich auch gleich drein: »Mei, der liegt doch lang anorts wo eingrab'n da hint im Rußland! Wär viel gscheiter, du tätst a bißl mehra an uns denken, als wia an Anderl!«

Jawohl! Da hätte die Nanndl auch ganz recht! stimmen ihr die Mannsbilder bei. Man solle die Toten im Frieden lassen und sich lieber um die Lebendigen kümmern! Dem Lebendigen gehört das Recht!

Besonders, wenn auf der einen Seite der Überfluß sei und auf der andern der Mangel!

»Oder kannst du vielleicht sag'n, daß's uns guat geht?« fragt die Afra herausfordernd.

Die Alte zieht an den Zipfeln ihres Kopftuches.

»I sag gar nix. I sag grad so viel und net mehra, als: i gib nix her von dem Sach. Weil i net hab'n will, daß der Bua hoamkommt und es is nix mehr da.«

Das ist freilich keine schöne Antwort für die sechs!

Und die Sonnleithnerin braucht sich nicht zu wundern über das, was nun kommt.

Der Jakl springt erregt in die Höhe: »Was? Du gibst nix her, sagst? – Wo die Gschicht amtli und grichtli und notarisch gmacht is, daß der Anderl tot is?«

Und der Michel von der Lisl tut auch nicht viel feiner!

»Nachher willst wohl die Fetzen aufsparn in alle Ewigkeit-Amen? Und unseroana soll derweil nackend in d' Hosen eineschliafa?«

Der von der Nanndl aber ist der gröbste.

Der steht auf und sagt: »Bal sie's net guatwillig hergibt, nachher müassen mir 's ins halt selber nehma!«

Und er geht wirklich an die Tür!

Aber nicht weiter.

Denn dies ist nicht nach dem Wunsch der anderen.

Ein jeder kennt ja das Gerechtigkeitsgefühl seines Nächsten.

Daß der, welcher etwas erwischt, eben alles nimmt.

Und daß die andern dann das Nachsehen haben.

Darum will eben jeder der erste sein, der was erwischt.

Was hilft's nun, daß die Sonnleithnerin zetert und greint, jammert und schreit? Nichts.

Es geht an die Erbteilung.

Die Kammertür muß daran glauben, daß hier ein Wille zur Tat ist, und die Kastentür auch.

Und da plötzlich jeder einen sauberen Anzug vonnöten hätt, und es jeden nach dem Besitz der anderen Herrlichkeiten gelüstet, so ist es leicht zu verstehen, daß bald bei dem einen, bald bei dem andern die Stiefelstöckel sich nach oben kehren und der Kopf nach unten, – daß die Locken der

Sonntleithnertöchter in der Kammer herumfliegen und die Silbertaler und Goldstücke auf den Boden rollen, daß aus der sauberen Stube des Anderl ein Kriegsschauplatz wird – ein Greuel der Verwüstung. – – –

Etliche Stunden nach dieser Erbteilung steht die alte Sonnleithnerin leise weinend vor dem Grabhügel ihres seligen Mannes und denkt: »Mei, wennst halt no da wärst. Nachher hätt dees net gschehng kinna. Wenn er halt no lebn tät, der Bua! Moanst net, daß er no lebt, Vata?« ... Indem sie so sinniert, und langsam eine Zähre um die andere ihr Brusttuch netzt, ertönt aus der Kirche das Beten der Gemeinde. »Der von den Toten auferstanden ist ... Der uns den heiligen Geist gesendet hat ... Der dich, o Jungfrau...« Der Rosenkranz. –

Da tritt ein Mann durch die Gottesackertür und sucht langsam die Reihen der Gräber durch, bis er plötzlich die Sonnleithnerin erblickt.

Rasch ist er bei ihr: »Muatta!«

»Anderl!«...

Der Bub ist heimgekommen – hoch preiset die Seele der Mutter den Herrn...

Die Sonnleithnertöchter aber haben vergebens gestritten um der Schätze eines Toten willen...

Denn er lebt. –

Und dem Lebendigen gehört das Recht! –

Henn um Henn – Hahn um Hahn

Wenn einer sagen wollt, wie lange eigentlich jetzt schon die Feindschaft zwischen den Moosrainerischen und den Hürblerischen besteht, so müßt er gut Ding seine siebzig – achtzig Jahr alt sein; denn der Hürbler pflegt jeden Tag siebenmal mit einem giftigen Blick hinüber zum Nachbarn zu sagen: »Ja, wenn dees aa Leut waarn! – Aber die habn ja scho insan Vatan, Gott hab 'hn seli' grad kloaweis für an Narrn ghaltn!«

Während hinwiderum die alte Moosrainerin des öfteren seufzte: »Ah was! So a Nazion muaßt ja auf der ganzen Welt nimmer finden, wia dee Hürblergsellschaft! – Die ham ja scho von Anfang o nix taugt! – Dee ham scho insane Altn oan Prozeß um den andern oghenkt zwegn nix und wieder nix...«

So steht es also seit langem zwischen den beiden Nachbarn; und der Pfarrer hat billig Ursach zu klagen und in der Sonntagspredigt des öfteren auszurufen: »Kindlein, liebet einander! – Ihr bockbeinigen Bauernschädel! – Merkts auf und hörts auf das Evangeli, das euch ermahnt: Liebet eure Feinde! –«

Leider helfen ihm solche Hinweise auf die Schrift bei den Hürblerischen nicht viel, – bei den Moosrainerischen aber gar nichts; denn die alt Moosrainermutter hat selber das Evangelibuch im Haus und weiß daraus lang allerhand auswendig.

Besonders aber hat sich diese Stelle in ihr Gedenken eingegraben: »Aug um Aug, – Zahn um Zahn.«

Dieses Wort der Schrift gibt ihr allerhand zu sinnieren. Und sie sagt sich: »Haut er her, – na hau i hi; – wia du mir, – so i dir; – und: wiedervergelten is koa Sünd.« –

Nun steht aber zwischen den beiden Bauernhöfen vom Hürbler und vom Moosrainer noch eine Person.

Zwar nur eine einschichtige Gemeindearme, – ein heruntergerutschtes Häuslleut, – aber dennoch ein Leut, das dazugehört: die alte Schleiferlis.

Die sitzt schier den ganzen Tag samt ihrem räudigen Wolfspitz auf der wackligen Hausbank und strickt die Strümpfe und Socken noblichter Leute an, – oder sie lehnt hinter dem schleißigen Vürhang am Fensterbrett und gibt acht auf das, was zwischen den beiden Nachbarn hin und wider geht.

Indem sie bedenkt: ein Zeuge vor Gericht gilt für den Tag zwei Mark und mehr, – und: wo sich zwei zerkriegen, darf sich der dritte freuen.

Also rückt sie auch heut ihren zusammengesessenen Lederstuhl ans Fenster, stellt die Kaffeeschüssel dazu, wischt sich die Hornbrille gut aus und sitzt alsbald an ihrem Platz, wie die Kreuzspinne hinter dem Wandherrgott, die wie ohne Leben zwischen den Fäden hängt und die Fliege im Netz lang zappeln läßt, ehe sie drauf losfährt und sie einhaspelt. –

Drüben beim Hürbler wird grad im Stall gearbeitet; und der Kaspar schiebt pfeifend den Mistkarren aus dem Stalltor und leert ihn auf den hochaufgeschichteten Düngerhaufen, indes die Nanndl am Brunnen das Melkgeschirr spült.

Es sind zwei von den Ehehalten der Hürblerischen.

Und eine dritte, die Kuchelzenz, tritt eben aus der Haustür, einen Weidling voll Körner in der Hand, und ruft lockend: »Dihsä! Dihsä! Di di di di!«

Worauf in eiligem Rennen und Laufen der Hürblergokkel mit seiner Hennenschar herbeikommt, sein Grr ga ga ga hören läßt und dabei ganz übersieht, daß auch eine rote Moosrainerhenn bei dem Nachtmahl mithält.

Zwei aber übersehen es nicht; der Kaspar – und die Schleiferlis.

Und beide handeln.

Der Kaspar setzt eilends seinen Karren nieder, nimmt die Peitsche vom Nagel neben dem Stalltor, bindet ein kurzes

Tannenreiserlein vom Hausbesen an die lange Geißelschnur und schleicht zum Hühnerhaufen.

Da steht die Moosrainerhenn ein wenig abseits von den Hürblerischen, – pickt und schluckt, tretelt und scharrt, – und schreit plötzlich erschreckt auf und will davon, als sich sausend die Geißelschnur um ihre Krallen schlingt und dran verwickelt.

Noch will sie ihre Flügel brauchen; aber sie kommt nur noch zu einem kurzen Flattern, dann hat sie schon eine Hand am Kragen gepackt und ihr das Genick umgedreht.

Lachend trägt sie der Kaspar ins Haus.

»Da! – Der Stößer hat den Vogl falln lassen!«

Die Hürblerin blinzelt den Kaspar an und die Henn.

»A meinige Henn is's net, Kaschba!«

»Macht nix, Bäuerin; deswegn siad's aa koa schlechtere Suppen.«

Die Hürblerin schmunzelt.

»Ja no, – werds es enk scho zuarichten. – Dees geht mi nixen o.«

Damit geht sie aus der Kuchel, damit sie nicht dabei ist beim Einputzen.

Und der Kaspar sagt lachend zur Zenz: »Gell, tuast es a bißl überbratn darnach! – Und machst a Nudlsuppn dazua! – Werd scho so viel Oar drinn habn, dees Viech, daß s' glangen.« –

Die Schleiferlis drückt den Kopf ganz nahe an den Vürhang, während dies geschieht.

Und sie sieht den Eingang und den Ausgang der Geschichte; denn nicht lange darnach gießt die Zenz einen Kübel mit heißem Wasser und roten Federn auf den Misthaufen, nimmt eine Gabel und breitet vorsorglich eine Lage Dünger drauf.

Die Lisl nickt etliche Male mit dem Kopf.

»Mhm!«

Schon will sie aufstehen.

Aber da fällt ihr Blick auf den Moosrainerhof.

Und was sie hier sieht, wird die Ursach zu dem Ausruf: »Aha! – Soso!«

Da rennt eben der Hürblergockel einer schwarzen Henn nach, die gleich ihrer roten Schwester die Körner des Hürblerweizens schmackhafter fand wie die des Moosrainerschen. Und er zeigt einen solchen Zorn gegen die Fliehende, daß man hätt meinen können, die Feindschaft der beiden Bauern wär auch auf ihr Viehzeug übergegangen.

Flügelschlagend und wütend gurrend jagt er sie bis vor die Haustür des Moosrainerhofs. Dann bleibt er einen Augenblick stehen, reckt den Hals, schüttelt die Federn und will wieder zurück zu seinen Hennen.

Aber er kommt nicht weit.

Sausend fliegt plötzlich ein Holzprügel von der Schupfe her und schlägt ihm beide Haxen ab, so daß er mit einem Jammerschrei zusammenfällt, die Augen verdreht und mit den Flügeln schlägt, bis ihn der Roßknecht vom Moosrainer beim Kragen packt und ins Haus trägt.

»Bäuerin, habn tua i 'hn!«

»Was?«

»An Gockel!«

»Was für an Gockel?«

»No, den Hürblerischen! – Grad hätt er wieder a unsrige Henn umbracht.«

»Marixn! A unsrige Henn, sagst!«

Die Bäuerin schreit der Alten.

»Muata! – Hast es ghört! – A unsrige Henn hat er umbracht!«

»Hätt er!« verbessert der Knecht.

»Ah was! – Hätt er oder hat er! – Wennst net grad dazuakemma waarst, nachher hätt er s' aa...«

»Ja, gwiß aa no!« beteuert die Alte, »i möcht net wissen, wiaviel Henna daß uns der scho umbracht hat!«

»Ja no, – oa Henn is die ander wert!« sagt die Junge; »d' Hauptsach is, daß mir 'hn jetz habn.«

Und sie stellt geschäftig eine Pfanne mit Wasser aufs Feuer zum Brühen, indes der Roßknecht dem Gockel mit der Daxenhaue den Kopf abschlägt.

Und so kommt es, daß die Schleiferlis sagt: »Aha! – Soso! –« – – –

Etwan eine Stunde darnach tritt in die Kuchel der Moosrainerin die Schleiferlis.

»Grüaß enk der Himmi!«

»Was möcht denn dees alt Fegfeuer heunt no!« denkt sich die Bäuerin; sagt aber bloß: »'ß Good aa.«

Und die Mutter fragt: »Brauchst leicht eppas, Lisl?«

»Naa!« sagt die; »net, daß i wissat. Aber i kimm von der Hürblerin.«

Aha! Sie erschrecken schon.

»Von der ... von dera ... da drent...«

»Ja. – Sie hätt' mi auf d' Schandarmerie g'schickt; aber i hab g'sagt, dees braucht's net. – Zwegn oan Gockl! – Und wo ma net woaß, wia und warum!«

Die alt Moosrainerin erbleicht. Aber sie sagt doch ganz fest: »Was Gockl? – Da is mir nix bekannt!«

Die Junge aber will aus der Kuchel.

Die Lis vertritt ihr den Weg.

»Du, i moan, es is besser, du bleibst no a bißl da, Bäuerin, bis i ausgredt hab!«

»So moanst! – Zwegen was nachher? – Moanst, daß i sinst nixen z'toan hab, als wia auf dein Schmarrn hinz'hörn!«

»Ja, no nachher! – Muaßt halt auf'n Schandarm den sein hör'n!«

Die Jung zuckt zusammen.

»Tua di fei net so leicht redn ... mit mir ... du...«

»Werst ins nix nachsag'n könna ... nix Schlechts!« ergänzt die Alte.

Die Lis zuckt die Achseln.

»I sag ja aa nixen ... aber d' Hürblerin...«

»Was geht ins d' Hürblerin o!«

»Mei, sie sagt halt, daß's ös ihran Gockl hinterlistigerweis daworfa habt's...«

»Dees muaß s' beweisen könna!«

»Konns aa. Sie hat Zeug'n, sagt's.«

»Auf dera ihrane Zeug'n gib i nix!«

»Ja, no; sie wissen's halt do für gewiß, daß's enka Roßknecht gwen is, mit an Trumm Prügl.«

»Was der Roßknecht tuat, dees geht do ins nix o...«

»Scho. Aber sie zoagt's o, sagt's, und sie laßt enk allsam einsparrn!«

Der Moosrainerin wird immer unguter zumut. Und die Alt wischt sich alle Augenblick über die feuchte Stirn.

»Moanst, daß dees wahr is, mit dee Zeug'n, Lis?«

»Freili! Glei drei! – Und g'wisse, verstehst!«

Die Moosrainerinnen schauen einander unschlüssig an.

Die Lis bohrt weiter.

»D' Hürblerin liaßat's ja gern guat sei', sagt's, bal's ihran Gockl wieder kriagt, wenigstens als a toter...«

Die Junge starrt vor sich hin.

Mittendrin aber sagt sie: »Ja no; – i hab's ja alleweil g'sagt, sie soll'n 'hn steh' lassen! – Aber, mei, – insane Leut' werd'n halt aa zorni, wann's sehg'n, wia oan dees Viech oa Henn um die ander umbringt! – Alles konn ma si halt aa net g'fall'n lass'n! ... Jetzt fehl'n mir scho leicht zehne!«

»Ah was!« begütigt sie die Alte; »die paar Henna da! Mir san do net so hungri, wia die da drent! – Mir könnan do so a paar Viecher verschmerzen! – Schick 'hn ihr umme, ihran baanigen Teife' und laß di gern hab'n!«

Die Junge besinnt sich.

Aber die Schleiferlis sagt schnell: »Siechst, dees is a Wort, Muata! – Dees laßt si hör'n. Is do gscheiter a so, als wia a Prozeß... und a paar Wocha ins Loch...«

Da reißt's die Moosrainerin.

Und sie läuft eilends in die Speis, holt den Gockel, der

bereits in der Essigbrühe liegt, und sagt: »Da! – Mir waar's ja gnua! – Sagst, i kann nix dafür, – und mir war's a so net recht; – i hätt 'hn ihr a so grad ummeg'schickt, wannst net du jetzt kemma waarst!«

»Und bring fei an Hafa wieder z'ruck!« sagt die Alte noch.

»Feit si nix!« erwidert die Lis, nimmt den Hafen und geht, indes die beiden Moosrainerinnen sich anblicken und mit großem Eifer in die reinste Unschuld hineinreden. –

Nicht lange darnach steht die Schleiferlis bei der Hürblerin im Hausflöz.

»'n Ab'nd wünsch i! – Aber da schmeckt's fei! Habt's no an Brat'n, heunt?«

Die Hürblerin drückt mit der Antwort herum.

»Nnaa ... grad a Bröckei was. – Der Stößer hat ins wieder epps derhaut.«

»Soso«, sagt die Lis; »gwiß a Henn?«

»Nn ... ja ... a Henn. Was fragst denn so dappi?«

Die Lis überhört das Letzte.

»Bist alloa, Hürblerin?«

»Warum?«

»Weil i epps Wichtig's hab. Von der Moosrainerin.«

Aha. Sie fährt schon zusammen, die Hürblerin! – Aber sie tut befremdet.

»Da kunnt i mir aber nix denka ...«

»Net?« sagt die Lis; »na fragst amal dein Kaschba; vielleicht konn si's der denka!«

»Der Kaschba! – Ja, was moanst denn! – Erscht recht net! – Mir wissen allsam nix! Gar nix.«

Die Lis seufzt verlegen.

»Gar nix, sagst. – Ja no, na konn ma nix macha. – Na gib's halt an Saustall.«

»An Saustall, sagst?«

»Ja, scho. Eing'schbarrt werd's halt.«

»Ins Christi will'n! Lisl!«

Die Lis tut jammerlich.

»Ja no. Freili is's zwider. Wennst du nix woaßt, und der Kaschba nix woaß...«

»Naa, Lis, gar nix!«

»Geh! – Jetz, d' Moosrainerin sagt halt: a rote is's gwen, – und sie hat an Zeugn, sagts, der wo's beschwört...«

Die Hürblerin erschrickt.

»An Zeugn, sagst?« – Der wo's beschwört, sagst? – Ja no, – da werd nachher scho ... der Kaschba ... aa schwörn müassn...«.

Sie muß sich niedersetzen.

Aber die Lis fährt fort: »Er werd halt net dazu kemma, zum Schwörn, der Kaschba, fürcht i! – Jetz, die Jung drent wills ja gar net habn, daß d' neifallst! – Gar net! – Sie sagt, sie waar gar net abgneigt, hats gsagt, – daß sie's guat sei lasset, sagts. Wenns ihra Henn wieder zruckkriagt...«

Die Hürblerin horcht auf.

»Aha sagst! – Ös wißts also nix! – Ös moants grad! – Aha!«

»Hürblerin, sie hat Zeugn!«

»Die konn Zeugn habn, so viel daß s' mag, sagst! – I hab no mehra, sagst! – Und überhaupts, jetz sag dir i was: daß s' net verhungert, des Gnack da drent, sagst, bringst ihr a meinige Henn. – Wenn glei i nix woaß, – und der Kaschba aa nix...«

Und sie geht augenblicklich in den Hühnerstall, packt eine alte Bruthenn, die nimmer legt, und gibt sie der Lis.

»Da! – I mag nix z'toan habn mit dera Gsellschaft, sagst! Wenn i gleich nixen woaß von der ganzen Gschicht...«

Und sie läßt die Schleiferlis stehen und läuft in den Stall, wo der Kaspar den Roßkummet putzt.

Die Lis schmunzelt, deckt die Schürze über die Henn und geht. –

Am andern Tag liegt der Schleiferspitzl nicht wie sonst auf der Hausbank; er hockt vielmehr hinterm Ofen und nagt an einem Häuflein Gockelknochen, indes die Lis einer alten Bruthenn sieben Eier unterlegt und dabei denkt: »Hat der Herr für'n Vogl gsorgt, na werd er scho für die Junga aa sorgn.«

Worauf sie sich wieder ans Fenster setzt und zufrieden hinausschaut auf die zeitigen Weizenfelder des Hürbler und des Moosrainer.

Die närrische Zeit

Es ist noch gutding nächtig in der Schlafkammer vom Einödbauern und seiner Hausfrau.

Er liegt schnarchend und grohnend schier überzwerch auf seiner Lagerstatt; die Bäuerin hat noch vom Nachtsegen her die Händ verschlungen und lehnt so still und ehrbar in den hochaufgerichteten Kissen und Polstern, daß man wähnt, sie wär eine selig im Herrn entschlafene Leich.

Draußen vor dem offenen Fenster in den blühenden Obstbäumen ducken sich die Vögel zusammen, haben die Köpfe tief unter den Federn und tun noch den guten, gesunden Morgenschlaf.

Da fängts von der fernen Pfarrkirch her zu läuten an.

Die Einödbäuerin schreckt in die Höh.

»Chrischtoff! – Laitn tuat ma! – Mitten bei der Nacht!«

Der Bauer hört zu schnarchen auf und sagt schlaftrunken: »Werd scho anorts wo brinna!«

Und dreht sich um und will weiterschnarchen.

Aber es hört nicht auf zu läuten, ja – es mischen sich frei auch noch die Kapellenglöckel ringsum darein.

Die Einöderin setzt sich horchend auf.

Draußen kreischen und zirpen die Vögel verschlafen; eine Amsel pfeift aufschreckend.

Die Bäuerin reibt sich die Augen.

»Jetz kann ma do no net früahlaitn! – He, du Chrischtoff!«

Der Bauer schnarcht wieder.

»Du! Chrischtoff! – Moanst, daß ma scho 's Gebet lait't?« Der Einöder fährt tappend mit dem Arm durch die Luft: »Hat der Gockl scho kraht?«

»Naa...«

»Nachher läut't ma aa 's Gebet no net.«

Er wirft sich brummend wieder herum.

Aber es klingt und läutet von überall her, so daß er

endlich scheltend aus dem Bett springt und nach der Wanduhr schaut.

Die schlägt grad im selben Augenblick: eins – zwei – drei.

»Dees versteh i net«, sagt der Einöder kopfschüttelnd; »was die um drei in der Nacht zum laitn ham.«

Und er will sich wieder hinlegen.

Aber da kommt die alte Großmutter über die Stiegen herabgeschlurft, klopft an die Kammertür und knerrt: »Ha, daß's denn gar net aufstehts! – Jetz is's scho viere! – Allweil no fäuler werds! – Dees wenn inser Vater, – Gott gib eahm an Fried, – sehgn tat...«

Krach! Der Bauer hat den Stiefelzieher an die Kammertür geworfen.

»Mein Ruah, sag i! – I brauch koa Predi' in der mittinga Nacht!«

Die Einöderin legt seufzend Kittel und Spenzer an und geht in den Stall zum Melken.

Aber – da liegt das Vieh alles noch schlafend auf der Streu und erhebt sich nur widerwillig und brummend auf ihr grantiges: »He! Auf da, ös Ranka!«

Hinten in der Hühnersteigen sitzen die Hennen und Gickerl dicht aneinandergeschmiegt auf der Stange, und der Gockel hockt oben auf seinem Platz – schlafend und pipsend!

Da schreit die Bäuerin ihr: »He! Auf da!« Erschrocken fährt alles in die Höhe. Verlegen treten die Hennen von einem Fuß auf den andern, – schlagen die Gickel mit den Flügeln, – kräht der Gockel ein heiseres Kickeriki.

Aber da öffnet auch schon die alte Einödermutter den Hühnerschlag, ruft lockend ihr »Dihsä! Dihsä! Di di di di!« – und stellt den gefüllten Futtertrog vor die Stalltür.

Da werden sie gähend munter, die Hennen; und der Gockel schlägt hitzig mit den Flügeln und kräht und schreit, daß die jungen Gickel und Hähndl gleichermaßen mit ihrem Frühruf anheben und also den Tag melden.

Derweil hat der Bauer grohnend und scheltend die Lagerstatt verlassen und nimmt sich sein Tagwerk für, während er seine Sackuhr mit der Wanduhr vergleicht.

»Alsdann, weils scho gleich is: jetz mist' i aus, nachher schneid i's Gsoott, na tua i no a Stund Holz hacka – und nachher muaß i a so auf Bahn; heunt is ja der Deixlsprozeß mit dem Hansdampf da drentn, z' Reuth!«

Unterm Kaffeetrinken gibts noch eine Zwistigkeit zwischen ihm und der alten Großmutter. Es läutet grad wieder; da sagt die Alt: »Da! – Jetz lait't ma scho in d' Kirch! – So guatding spat aufgstanden seids wieder!«

Der Bauer aber erwidert grob: »An Fried will i habn! Du lait'st aa in d' Kirch! – 's Gebet laitn tuat ma jetz! – Daß d' es woaßt! –«

»Soo, – was hat ma na zerscht glait't?«

»Vo mir aus d' Metten!«

Die Einöderin mischt sich drein: »I moan scho aa, Muata, daß d' in an Irrtum bist; es werd halt anorts wo brinnt habn! . . .«

»Oder mir hat der Muata an Tag o'glait't!« sagt der Einöder spöttelnd; »'s O'blasen und 's O'singa kaam jetz z'teuer!«

Die Alte brockt zornig ein.

»Du brauchst mi gar net so hart z'reden! I hab mi meiner Lebtag nach'm Gebetlaitn gricht't, – und i tua's heunt no. – Du kannst es ja anderscht macha! – Du bist ja a so a ganz a Gscheiter.« –

Im selben Augenblick schlägt die Stubenuhr fünfmal.

»Da, – richt liaber dei Uhr, daß s' net allwei um a Stund z'spat geht!« brummt sie.

Und sie ißt hastig zu End.

Aber der Einöder hält ihr seine Sackuhr unter die Nase: »Du gehst aa z'spat! – Fünf is's und koan Strich net mehra! – Und jetz will i mein Ruah – sinst wer i grob.«

Worauf er an die Arbeit geht, – die Bäuerin in der

Milchkammer werkt, – die Alte aber sich auf den Weg zur Kirche nach Reuth macht. –

Da die Stockuhr der Einöderin auf sieben zeigt, fällt dieser ein, daß um acht Uhr in der Reuther Kirche das Seelenamt für die tote Urzin von Rieden ist.

Die Urzin aber war die Firmgödin der Einöderin.

Also legt sie eilends ihr schwarzes Feiertagsgewand an und schreit hinaus zum Bauern: »Chrischtoff! – He du! – Muaßt net heunt aufs G'richt?«

Der Einöder wirft giftig das Hackl weg.

»I kimm scho!«

Während er sich anzieht, gibt sie ihm allerhand Ratschläge.

»Also, – verstehst, – zahln tuast gar nix! –

Koan Pfennig zahlst net! – Nachweisn kann er dir ja nix, der Lippe! – Sagst ganz oafach: Du hast eahm sein Zaun net umgfahrn, – du bist zu derer Zeit überhaupts net z' Reuth gwen, sagst! – Du woaßt nixn, sagst! –

Und zahln tuast gar nixn!« – – –

Aber – er hat ihn halt doch zahlen müssen den Zaun. – Denn wie sie nach Reuth kamen, schlug's neun Uhr. –

Und die Kirche war schon aus, – und der Zug schon weg, – und man schrieb jetzt eine neue Zeit, die preußische Sommerzeit. –

Also hatte die Großmutter recht, – die Bäuerin Verdruß, – und der Bauer die Kosten – und einen Rausch.

Ein Glück, daß sie bald wieder abgeschafft wurde, die närrische Zeit!

Die Erbschaft

Das Sixenwaberl war gestorben, – achtzig Jahr alt, einsam und ohne Freundschaft; – wie es auch die letzten dreißig Jahr seines Lebens hinbringen mußte, einsam, ohne Freund und ohne Lieb.

Wohl hatte das Waberl drüben in Aach noch zwei Verwandte, Kinder ihres seligen Bruders, des Sixenpeters; aber weder die Nanndl noch die Zenz hatten sich jemals um das alte Baserl gekümmert.

Ja, sie wußten beide nicht einmal, wo das Waberl damals hingekommen war, als es der Peter nach einem kurzen Streit vor die Tür setzte und ihm seine Habseligkeiten nachwarf.

Denn der Sixenpeter hatte selbigesmal gesagt: »I heirat wieder, Wabn. D' Schnoatterhanni vom Berg.«

Das Waberl aber hatte die Händ zusammengeschlagen und gegreint: »Was?! Du alter Esel! Derbarmen dir jetz deine Kinder gar net, daß d' eahna die als Stiafmuatta geb'n willst? A so a junge Schneegans!?«

Da war's aus und Amen. Und der Peter schrie: »Grad mit Fleiß heirat i jetz! – Und grad a Junge! – Der Zenz und der Nanndl is's so ganz recht, bal s'amal a anders Gsicht sehgn als wia dees deinige, du alter Predigtstuhl!«

Und dann stand's nimmer lang an, da hatte er sie ausgeschafft.

Also war das Waberl weitergezogen, fort aus dem Sixenhof, und hatte sich samt ihren fünfzig Jahren noch als eine Kindsdirn zum Windl von Reuth verdingt.

Dort blieb sie etwa zwanzig Jahr und hütete nacheinander die Kinder von zwei Geschlechtern des Windlbauern. Denn da sie in den Dienst eintrat, lag die Bäuerin beim neunten im Kindlbett, indes das erste, ein Maidl, schon die Feiertags-Christenlehre besuchte. Und sie diente noch dort, als der größere Bub, der Hansl, den Hof übernahm und mit seiner Barbara und einem Häuflein Nachkommen rechtschaffen und riegelsam dahinhauste.

Die letzten zehn Jahre seines Daseins waren dem Waberl zu einem harten, beschwerlichen Weg geworden. Schier ganz erblindet, zusammengeschunden und dahinserbend, so verließ es den Windlhof und machte einer Jüngeren Platz. Eine Zeitlang frettete sie sich noch so dahin, – da als Daxenhackerin, dort als Krankenwärterin, – bald als Viehhüterin und bald wieder als Leichenbeterin.

Endlich aber war's aus und gar, und das Waberl legte sich hin, machte sein Testament und starb.

Und so kam es, daß der Bot eines Tags in Aach vor die Haustür der Sixenbäuerin trat, nach der Nanndl und der Zenz verlangte und sie zur Verlassenschaft lud.

»Wer is denn gstorbn?« fragte die Sixin neugierig.

»Insa Wabei«, sagte die Zenz.

Und die Nanndl setzte hinzu: »Woaßt, d' Schwester vom Vatern, Gott geb eahm an Fried; die, wo dich net leiden hat kinna!«

Denn die Nanndl sagte ihrer Stiefmutter nicht ungern hie und da eine Grobheit.

»Ah so, die!« erwiderte die Sixin spöttisch; »die hat mi aber doch net aufhalten könna! – – Hat halt do sie geh müassn! – Wo is's denn gstorbn?«

»Z' Reuth«; sagte die Zenz, nachdem sie den Namen erst auf dem Schrieb vom Amtsgericht ablesen mußte.

»So, z' Reuth?« wiederholte die Nanndl gedankenlos.

»Hat's a Geld g'habt?« fragte die Sixin wieder.

Die Töchter besannen sich.

»Na, so a siebn – achthundert Markl werds scho ghabt habn!« meinte die Zenz.

»O, die hat scho mehra ghabt!« rief da die Nanndl; und sie begann sogleich, nachzudenken und zu rechnen, und hatte bald gefunden, daß eigentlich ein Haufen Geld und Sach da sein müßt beim Waberl.

»Die hat doch alleweil g'arbeit't!« sagte sie; »die hat doch grad verdeant und nix braucht! – Und sie hat doch aa d' Einrichtung g'habt und die guat Wasch – und a Tuach – und an Haar – und an gspunnan Flachs – und an Schmuck...«

Aber da unterbrach sie die Sixin: »Die hat freili viel Sach ghabt! Hat ja enkern Vatern no gnuag gstohln, bevor s' furt is! – Dees ghört natürli jetz alles mir, was da außa kimmt!«

Die Nanndl und die Zenz fuhren schier zugleich in die Höh: »Was?! dir?!«

»Jawoi, mir! – Is lauter Sach, dees enka Vata mir vermoant hat! – Und sie hat's verräumt!«

Die beiden sahen sich fassungslos an.

Aber dann fuhren sie auf die Stiefmutter los: »Ha! Was moanst denn du! – Verräumt! – Ha! – Da is nix verräumt wordn, was dir ghört hätt! – Und was da is, dees ghört uns! – Daß d' es woaßt!«

Aber die Sixin beharrte drauf: »Dees ganze Sach muaß mir ghörn!«

Da sagte die Nanndl: »Dees werd si ja weisen. Bal für di was da is, nachher wirst scho gnannt werdn bei der Verlassenschaft.«

Und die Zenz meinte: »Da werd halt aa neamd anderer gnannt, als wia mir! – Sinst stands ja auf dem Zettel da!«

Die Sixin verzog den Mund spöttisch und sagte bloß: »Dees werd'n mir ja sehgn.«

Damit ging sie. –

Drei Tage später waren alle drei auf dem Weg nach dem Amtsgericht.

Aber sie gingen eine jede einschichtig dahin.

Denn die Nanndl und die Zenz wollten beide das Gleiche erben und wurden darüber ganz und gar uneins und streitend.

Die eine hätte gern den bemalten Kasten mit allem, was darinnen wär', die Himmelbettstatt samt dem Bett und auch den Schmuck gehabt; aber die ander sagte: »Du wärst ja net viel ausgschaamt! – Akkrat dees möcht sie, was mir zuasteht! I bin die Ältere, – also ghört dees alles mir. Und um hundert Mark Geld ghört aa mir mehra!«

Worauf die erste sogleich mit einer groben Red aufwartete, eine noch gröbere Antwort erhielt und also voller Zorn einen andern Weg ging.

Die Sixin aber, des Sixenpeters Wittib, hatte ihre Mutter, die alt Schnoatterin vom Berg, auf einen Tag in den Hof gebeten zur Aushilf.

»Denn«, sagte sie, »da muaß i aa dabei sein. Die täten ja, als ob i der Garneamd wär! I werd mir doch dees Sach net auskomma lassen – und dees Geld! – Tausad Mark sand tausad Mark; und bei mir sands besser aufghebt, als wia bei dene zwoa Geign.«

Damit packte sie ihren Trauschein und ihre Taufurkunde in das Handkörblein, legte etliche gesottene Eier und Brot dazu und machte sich darnach gleichfalls auf den Weg zum Amtsgericht; doch nicht zu Fuß wie die Töchter, sondern nobel mit Roß und Wagen.

»Hüa, Hans!« rief sie dem Schimmel zu; und zurück: »Alsdann, tua mir guat haushüatn, Muata!«

Und dahin gings. –

Die beiden Dirndln bogen grad, jede von einer andern Seite, in den Platz ein, wo das Amtsgericht steht, da kam die Sixin mit dem Fuhrwerk.

Sie hielt gegenüber beim Wirt zum Schwaberl, übergab dem Hausknecht Roß und Wagen und ging darnach protzig an den beiden vorbei und hinein ins Gebäude. –

Droben verhandelte der Herr Amtsrichter gerade mit einer Partei, da kam sie – die Sixin.

Unerschrocken trat sie ins Amtszimmer, ging hin zum Richtertisch, schob die anwesenden Leute auseinander und sagte: »Grüaß di Good, Herr Amtsg'richt.«

Der Richter hatte sie nicht gehört und gesehen; er blätterte eben eifrig im Band Eins des bürgerlichen Rechts und suchte nach einem Paragraphen.

Und die Anwesenden konnten vor Überraschung nichts tun, als sie starr betrachten.

Die Sixin aber wiederholte sehr laut: »Grüaß Good, sag i, Herr Amtsg'richt!«

Da fuhr der Richter in die Höhe.

»Das seh'n S' ja, daß hier 's Amtsg'richt ist! – Und das könnten S' auch seh'n, daß schon wer da ist!« –

Die anwesende Partei schmunzelte.

Die Sixin aber stellte ihren Korb ruhig auf den Tisch des Herrn Amtsrichters, nahm sich einen Stuhl und setzte sich, indem sie sagte: »Nachher wart i halt.«

Worauf aber der Richter mit der Faust in den Tisch schlug und schrie: »Ja – ist denn die närrisch worden! – 'naus, sag ich! – Da herinnen ist kein Wartsaal!«

Auf solches Wettern hin erschien sogleich der Herr Amtsdiener, der Poldl, aus einem Nebenraum.

Und er machte seinen Diener, riß die Dienstmütze von dem eisgrauen Haarschüppel, fuhr sich mit der Entspratze etlichemal über die ungeheuere Nase und legte sie dann militärisch an die Hosennaht, wobei er fragte: »Haben der Herr Amtsrichter meiner Wenigkeit zu rufen beliebt?«

Der Richter beruhigte sich zusehends beim Anblick seines Dieners; er betrachtete ihn wohlwollend, wie er so dastand mit seinen großmächtigen Plattfüßen, und er sagte: »Poldl, da ist eine Person, die nicht 'reingehört!«

Damit wies er mit dem Federhalter auf die Sixin.

Der Poldl sah sogleich scharf hin, zwinkerte mit den Augen, zog die Brauen finster zusammen und wies mit der Dienstmütze gebieterisch nach der Tür.

»Wer hat sich hier widerrechtlich eingeschlichen?!' – Hier ist Amtslokal, wenn ich bitten darf! – Ich muß die Herrschaften höflichst ersuchen, den Saal zu verlassen! – Schau, daß d' verschwindst, Bäuerin!«

Damit hatte er die Sixin auch schon beim Arm ergriffen und trotz ihres Sträubens und Rufens: »Mei' Kärbei! Laß mir do mei Kärbei nehma!« hinausgeschoben auf den Gang, wo bereits die Nanndl und die Zenz jede bei einem Fenster standen und warteten.

»Du bist aber a Lackl!« greinte die Sixin noch; aber sie verstummte plötzlich, als sie die Beiden sah, die sie spöttisch betrachteten.

Der Poldl aber holte sein grünes Schnupfglas aus der roten Amtsweste, zog den Stöpsel, ein Geißenschwänzlein, heraus und nahm sich gemächlich eine Prise.

Dann fragte er: »Die Herrschaften belieben!«

Die beiden Schwestern wußten keine Antwort, so daß er noch einmal fragen mußte: »Zwegn was daß's da seids, sag i, ös zwoa?«

»I bin bstellt«, erwiderte jetzt die Nanndl. Und die Zenz sagte: »Zwegn meiner Erbschaft.«

»Die wost mir abjagn möchst!« fuhr ihr die Nanndl dazwischen.

»Aha! – Sag lieber, die wost mir du wegzwicka möchst!« gab ihr die Zenz wieder zurück.

Die Sixin aber schrie sie beide an: »Ja, raufts nur! Um mein Sach! – Dees wo man mir zerscht gstohln hat! Aber i verlang mei Recht! – Und i kriegs aa! Dees mirkts enk!«

Damit stellte sie sich hart an die Tür und ließ sich vom Amtsdiener weder im Guten noch im Groben wegbringen.

»Wär scho recht!« rief sie; »i laß mir mei Sach verteilen! – Naa, i bleib da, – und i red zum erschtn mitn Herrn Amtsgricht! – Z'erscht muaß ma wissen, wem daß d' Sach g'hört, nachher darf ma austeiln!«

»Daß kannst machen, wie d' magst!« meinte der Poldl und ging hinein in den Saal. –

Bald darauf verließ die erste Partei das Lokal und der Amtsdiener trat heraus: »In Sachen Barbara Six, Verlassenschaft!«

Da fuhren die beiden Schwestern in die Höhe, und die Bäuerin überrannte ihn schier, so schnell stürzte sie hinein und hin zum Richtertisch.

Der Richter las ruhig in seinen Akten.

Da sagte die Sixin wieder sehr laut: »Grüaß Good wünsch i!«

Mittlerweile waren auch ihre Stieftöchter zum Tisch getreten und grüßten ebenfalls: »'ß Good.«

Der Poldl verwies sie an ihre Plätze und wandte sich an den Richter: »Gehorsamst zu dienen, Herr Amtsrichter, wenns belieben wollte: die streitigen Parteien sind anwesend.«

Also begann die Handlung.

»Kreszenzia Six!«

»Hier!«

Die Zenz sagte es, wie sie es von der Schule her gewohnt war, und hob dabei ein wenig den Zeigefinger.

Und auch die Nanndl bewies auf gleiche Art, daß sie die Anna Six von Aach war.

Aber da stand ja noch eine! – Die Sixin! – Und wurde gar nicht aufgerufen.

»Herr Amtsg'richt, i g'hör fei aa dazua! – I bin d' Sixin von Aach! – Woaßt, an Sixenpeter, Gott hab 'hn seli, sei Weib! – D' Schnoatterhanni vom Berg hat ma mi frühers halt ghoaßn, verstehst! – An Ausweis hätt i grad scho dabei, wennst moanst, daß i 's eppa net wär...«

Was half's, daß der Richter erst baff war, dann ungehalten – und schließlich erzürnt.

Die Sixin stand breit und ihren Platz ausfüllend vor ihm, öffnete ihren Handkorb und hielt ihm den Taufschein und das Trauzeugnis unter die Nase, so daß er sich nicht anders zu helfen wußte, als seufzend ihre Person anzuerkennen und zu sagen: »Wenn Sie wirklich meinen, daß Sie auch dazu gehören, dann setzen Sie sich halt in Gottesnamen nieder!«

»Aha! – wenn i moan! – I moan scho net lang, – i woaß 's schon gwiß! – Indem daß mei seliger Peter no vor seim Tod gsagt hat: Hanni, hat er gsagt, bal d' Wabn amal stirbt, hat er gsagt, nacha ghört dees ganze Sach amal dir, hat er gsagt. – Also ghör i aa dazua. Verstanden!«

Die Zenz und die Nanndl saßen erst wie versteinert, plötzlich aber kam Leben in sie und eine überschrie schier die andere: »Dees is ja a Lug! – Nix wia Lug und Trug is's! – Insan Wabei sein Sach und sein Geld is ja no von der Großmuatter her da! Und dees ghört uns!«

Und sie schrien so laut, und werkten und stritten so sehr, daß man am End nichts mehr verstand als ein schrilles Kreischen. Grobe Schimpfnamen flogen hin und zurück, und zu guter Letzt warf die Sixin ihren Stieftöchtern den Handkorb samt den Eiern an den Kopf. – Da erschien der Poldl, ernst, würdevoll, – und er sagte kopfschüttelnd: »Aber! Aber! – – Was ist das für eine respektlose Benehmität, meine Herrschaften?«

Sie hörten ihn nicht.

Da schlug er mit der Pratze auf den Richtertisch, brüllte: »A Ruah, sag i!« und faßte die Nanndl und die Zenz beim Genick, setzte sie fest auf ihre Stühle und schob schließlich die schreiende, zeternde Sixin zur Tür hinaus.

Der Amtsrichter hatte sich erst den Streit und dann die rasche Schlichtung mit viel Behagen betrachtet; nun aber Ruhe war, öffnete er ein Schriftstück, räusperte sich und las:

»In Gottsnam fang ich an. Ich, Barbara Six, Sixenwaberl von Aach, zu schreiben und mach meinen letzten Schrieb an meine Freundschaft, von der ich aber nicht viel verspürt hab. Werden auch nach meinem Hingang nicht viel Sixengockel meiner Haut nachkrähen. Es möcht ihnen auch wohl mein Sach zuwider sein; und darum vermach ich alles bewegliche Gut, Geld, Wasch, Schmuck und Gewand dem Armenhaus zu Reuth, wo ich bin und bleib bis zu meinem

End. Zwei Ding aber sollen bestimmt sein für die zwoo Kinder meines Bruders Peter Six von Aach: der Flickkorb meiner Großmutter, welchen ich mitsamt dem Fadenwachs und Wiftfaden vermache der Anna Six, – und den Stiefelzieher unsers seligen Vaters, den sich die Kreszenzia Six aufheben mag als ein Erbstuck von mir, der alten Barbara Six, Sixenwaberl von Aach.«

Der Amtsrichter hatte zu End gelesen, die üblichen Worte angefügt und sagte nun: »Also, jetzt wißt ihr's. Ihr könnt gehen.«

Worauf er als erster den Raum verließ.

Da saßen sie nun, die beiden Schwestern. Und sie waren unfähig, sich zu rühren, eine Silbe zu reden, bis der Diener rief: »Der Fall ist beendigt! – Wenns den Herrschaften belieben wollte, den Saal zu verlassen!«

Die Zenz sah jetzt die Nanndl an – und die Nanndl die Zenz, – und mittendrinn begannen sie zu lachen; und sie lachten so sehr, daß der Poldl ganz mitleidig sagte: »Arme Dirndln. Jetz hats ihnen den Verstand verdraht.« –

Draußen stand derweil die Sixin, schier platzend vor Wut und Grimm.

Da kamen die beiden, sahen sie an, – ganz sonderbar, – und mittendrinn rief die Zenz: »Also, weils gleich is: mein Erbteil kannst scho habn, Muatta!«

»Und den mein' aa!« lachte die Nanndl, so daß die Sixin ganz gerührt wurde und beide einlud, mit ihr heim zu fahren.

Sie kamen aber nicht weit.

Denn die Sixin ward von der Neugierd geplagt wegen ihrer Erbschaft, und da erfuhr sie es: »Den Stiefelzieher und das Flickkörblein.«

Da mußten sie zu Fuß weiter gehen! –

Lord

Er war kein englischer Minister und auch kein Grand von irgendeinem Chester oder Shire – sondern ein Dobermann, – gut in der Rasse und glänzend durch seine Tugenden.

Sommerfrischler aus dem Norden hatten ihn wegen Futtermangel dem Riegerbauern überlassen für fünf Pfund Schmalz und fünfzig Eier; denn dem Rieger sein Schnauz war im vergangenen Winter leider als ein Wilddieb erkannt und vom Nachbar Kreitweber erschossen worden.

Als ich ihn kennen lernte, war Lord etwa vier Jahre alt und ein recht stattlicher Hund; wachsam und aufs Wort gehorchend.

Allein – er hatte einen großen Fehler, – er war ein Menschenfeind.

Er packte jeden, der sich arglos seiner Hütte näherte: den Handwerksburschen und den Bürgermeister, den Steuerboten und den Herrn Pfarrer, den Nachbarn und die Stallmägde. Ja, sogar des Herrn Wachtmeisters Wade hatte er nicht geschont, als dieser eben seinetwegen eine Anzeige formulieren mußte!

Auf solche Weise brachte er es denn in kurzer Zeit dahin, daß der Rieger nur mehr die Wahl hatte: entweder den ganzen Hof mit einem mannshohen Zaun zu umgeben, – oder aber den Lord aus der Liste seines lebendigen Besitztums zu streichen; denn tat man ihn an die Kette, so heulte er Tag und Nacht, daß es Gott erbarmte.

Also ward hoher Rat gehalten und der Rieger begann, als er mit den Seinen Mittag hielt, seine Rede: »Der Wachtmoasta wär aa wieder kemma heunt; i hab ’hn abgfangt – draußt beim Kleemaahn. Zwegn dem Hundsviech wieder.«

Die Riegerin blies den Knödlbrocken auf ihrem Löffel, daß er auskühle.

»San ma wieder ozoagt wordn?«

»Ja«. –

Der Bauer fischte ein paar Fettaugen von der Fleischsuppe ab.

»An Steuerlippl hat er bei der Hosen packt.« –

»Ja no. – Hoaßteifi, san die Knödl hoaß!« – – –

Die Großmutter mischte sich drein.

»Aha. Natürli. Da habts es wieder. Aber anan altn Wei glaubt ma ja nixn! – I habs ja glei gsagt! ...«

»Waas??«

»Daß 's koa Glück net habts mit dem Viech!«

Die Bäuerin blies mit großer Heftigkeit den nächsten Brocken und sagte giftig: »Ah was! – Koa Glück! – Dees Gschwatz!«

Aber die Großmutter bestand darauf: »Naa, ös habts aa koans! Denn wenn ma an Hund mit an so an heilinga Nam oredt...«

»Geh! – Hör auf, sag i!«

Der Bauer winkte ihr verächtlich ab.

Und die Bäuerin lachte mitleidig.

»Mit an heilinga Nam! – Insan Lordi!... Geh! Daß i net lach...«

»Soo! – Lacha tuast! – Du bist also akrat so luthrisch wia d' Stadtleut? – Aber – macht nix. Insa Frau vo Lordes werd di scho no finden...«

Sie stand empört vom Tisch auf und ging hinaus; die Bäuerin aber und der Bauer schauten einander erschrocken an.

»Moanst, daß sie recht hat – zwegn sein Nam?«

Der Riegerin ihre Frage klang unsicher.

Ihr Mann schnitt nachdenklich noch einen Knödl auf und druckte lang herum mit einer Antwort.

Und der Knecht meinte auch: »Mir kanns net wissen, obs net recht hat, d' Ahnl...« –

Ja nun, – da wars doch besser, man gab ihn her! –

Und die Bäuerin sagte: »Mei, daß's net sein kunnt, daß

die ganz Gaude zwega dem kimmt! – Is mir scho aa liaber, du gibst 'hn her, bevor ins d' Straf Gottes hoamsuacht! – Brauchst 'hn ja net herschenka; laß dir halt a Fackerl gebn dafür oder a fünf a sechs Henna!«

Der Knecht wußte sogar schon einen Käufer.

»Jeßgas, daß i's enk sag!« rief er. »Der Simmer vo Orthof möcht oan, an Hund, an scharfen! Für den waar der insa glei recht.«

Der Rieger besann sich.

»Der Simmer vo Orthof, sagst? – Aha. – Ja no. – Aber selber anfeiln derf i'hn eahm halt net. – Weil er sonst nix biat't und nix zahlt dafür!« –

Freilich! Wenn du von einem Bauern ein Stück Vieh haben willst, so mußt du ihm von deinem überfüllten Stall vorreden, – und willst du gern dein schlechtes Sach für ein gutes verkaufen, so darf es dir um nichts in der Welt feil sein!

So geschah es auch in diesem Fall. –

Und da keines im Hof recht wußte, wie der erste Schritt zu dieser Handelschaft geschehen sollte; so erkor man mich zu einer Schmuserin.

So ging ich also etwa zwischen Vinzenzi und Jakobi mit Lord die Waldstraße dahin, Orthof zu.

Ich hielt den Übeltäter kurz an einem Kälberstrick und führte ihn also, wie ein Häuslweib die Geiß zum Schinder, ganz gemach und ohne Sprünge.

Es war ein heißer Tag, und ich war froh, als ich endlich nach einem Weg von schier zwei Stunden an der Schenke des kleinen Bräuhauses zu Orthof stand, ein Häflein Bier in der Rechten, den Hund am Strick in der Linken und im Sack die Mitteilung der Schenkkellnerin: »Du, beim Simmer hams heut Nacht einbrechen wolln; der kunnt glei so an Hund brauchn, wie der Dei' oana is!«

Ei, ei! Viel Glück und gute Geschäfte!

Ich gratulierte mir schon im voraus zu der feinen Handelschaft und überlegte ganz ernsthaft, was ich für mich als Schmuserlohn verlangen sollte!

Vielleicht ein feistes Bratgöckerl? – Oder ein paar junge Kropftauben? – Oder einen belgischen Kinihasen? – – –

Ganz nachdenklich kam ich beim Hof des Simmerbauern an und drückte zögernd auf die Klinke der Gartentür.

Sie war nicht verschlossen und ich trat ein und öffnete die Haustür.

Nichts rührte sich. Wir waren in einem grauen Halbdunkel, das matt erhellt wurde durch ein kleines, buntfarbiges Oberlicht.

Zwei Kammertüren waren rechts und links von mir halb zugelehnt, und ich überlegte, welche wohl in die Wohnstube führen möchte, da zog mich der Hund unwiderstehlich nach rechts.

Ich klopfte an und trat über die Schwelle. Aber ich blieb sogleich wieder stehen.

Herrgott! O Simmerin, was bist du für eine schlechte Hausfrau! – Ich muß gestehen: ich nannte sie im stillen das, was ich für Lord einhandeln sollte!

Eine bemalte Himmelbettstatt, zernagt vom Zahn der Zeit und zerbrochen wie manche Hoffnung, die unter ihrem morschen Baldachin einst aufgebaut wurde; eine schmutzige, magere Betthaut drinn und ein zerlegener, zerknüllter Polster. Alte Totenkränze mit zerrissenen Schleifen und ein bandgeschmückter Hochzeitskrug hingen an den Säulen dieser Lagerstatt, und ein Scherben Nachtgeschirr stand darunter auf dem Fußboden, der einer Landstraße glich, neben einem bauchigen, gläsernen Honigkrug, zu dem ungezählte Ameisen in langen Reihen zogen wie die Bittgänger mit dem Kreuz; Stühle, Tische und Kasten lagen und hingen voll Lumpen und Gewänder, ja, selbst der kotige Fußboden vertrat den Kommodkasten für allerhand Wäsche und Zeug.

An der Wand aber hingen hübsch in Reih und Glied vier

Öldrucke mit den Bildnissen des deutschen und österreichischen Kaiserpaares im Hochzeitsschmuck. Große Mauerhaken hielten diese Bildertafeln und waren zugleich die Aufhänger für die Regenschirme der lebenden Generation, indes die der dahingegangenen in einem ausgedienten Steinhafen staken.

Vertieft in stummes Betrachten vergaß ich schier auf den Zweck meines Herkommens; aber mein Lord entriß mich rasch daraus, indem er ungestüm am Strick zog und in den offenen Kasten schnupperte, wo etliche feiste Schinken und Fleischstücke zwischen Frauenröcken und Miederleibchen hingen.

Mit einem Satz hatte er ein Trumm Fleisch erfaßt, und ich mußte Kraft und Mühe brauchen, es ihm wieder zu entwinden.

Ich riß ihn zurück und lief durch eine offene Tür, die dichten Dampf und brenzlichen Geruch in die Stube ließ, hinaus in die Kuchel, denkend: »Jetz werd ich wohl die saubere Simmerin persönlich kennenlernen!«

Denn ich kannte bloß ihn, den Simmer, vom Sehen. – Aber ich hatte falsch geraten.

Da stand auf einem alten Kuchelhocker ein etwa zehnjähriges schmächtiges Maidl und rührte mit viel Gewalt einen Schüppel Klee unter eine übelriechende Brüh in einem entsgroßen Kupferkessel. Dabei spritzte sie alle Augenblicke etwas davon in eine Pfanne mit Milch, die stark angebrannt roch.

Sie erschrak heftig bei meinem Eintreten, besonders da sie den Hund sah. Aber ich sagte: »Brauchst koa Angst z'habn! I halt 'hn scho fest. Grüaß di Good; wo is der Vater?«

Sie stieg vom Schemel und wischte sich die Hände an die Rupfenschürze.

»Der Vater is aufm Feld.«

Dann richtete sie auf einem wackligen Tisch, dessen

Platte vom Holzwurm zernagt, vom Schmutz zerfressen und mit Rettichhäuten und Fliegen ganz bedeckt war, die Kaffeeschüsseln zurecht.

»Soo. Aufm Feld is er«, wiederholte ich. »Und wo is d' Muatter?«

Die Kleine hatte eben begonnen, aus einem großen irdenen Hafen mit einem alten Messinglöffel sorgsam den Kaffee durch den pichigen Seihbeutel in die Schüsseln zu gießen; da kam ich mit meiner Frage nach der Mutter.

»Is s' net dahoam, dei Muatter?«

Sie hielt inne mit ihrem Eingießen und sah mich groß an. Dann sagte sie kurz: »Naa. Drobn is s' hinter der Kirch.«

»In Gottsacker?«

»Ja.«

Sie langte aus einem rostigen Blechkasten etliche Zukkerstücke und warf sie in die Schüsseln.

»Tuats a Grab richten?« fragte ich.

Da wurde ihr Blick groß und fremd.

«Dees is scho gricht, 's Grab«, sagte sie; »sie liegt ja selber drinn seit drei Jahr.«

Ja so!

»Und du hast koa Schwester? – Aber a Dirn werds halt habn?«

»Mir! – Naa. Mir habn koa Schwester und koa Dirn!« –

»Ja, – wer tuat nachher bei enk die ganz' Hausarbeit?«

Das Maidl reckte sich und sagte sehr selbstbewußt: »I. – I arbat's Haus und an Stall!«

»Aha.«

Ich brachte sonst nichts heraus.

Bis die Kleine neugierig fragte: »Zwegn was bist denn da? – Wem ghört denn der Hund?«

»Gfallt er dir, der Hund?« fragte ich statt aller Antwort wieder.

»Ja. Doch scho! – So oan möcht i glei! Gibst 'hn net her? Der Vater brauchet oan!«

Ich seufzte scheinheilig: »Ja ... mei ...«

Das war in diesem Fall auch das Gescheiteste.

Die Kleine bekam plötzlich eine große Zuneigung zu dem Tier und ein Verlangen, ihn zu besitzen.

»Is er a guater Hund?« fragte sie und warf ihm einen Brocken von dem Guglhupf hin. »Taugt er was? – Beißt er mi net, wann i 'hn anrühr?«

Ich wollte grad sagen, daß er sehr scharf wäre; aber da hatte sie ihm schon ihre Hand auf den Kopf gelegt und streichelte ihn.

Und Lord? – Der Tropf ließ sich willig streicheln und sah verlangend nach dem Guglhupf, von welchem sie ihm auch gleich noch ein Stücklein gab.

»Ja was!« rief sie aus. »Der beißt ja gar net! Den muaß er glei kaaffa, der Vater! – Du gibst 'hn doch her?«

Ich muß sagen: dieses hagere, kleine Dirndl kam mir wirklich vor wie eine richtige Bäuerin. Und so behandelte ich es auch.

Darum erwiderte ich ganz kurz: »Er ghört gar net mei.«

»Neet?! – Wem denn?«

»An Rieger z' Reith.«

»So so – dem.«

Sie betrachtete ihn nachdenklich und meinte endlich: »Moanst, daß 'hn der net hergibt?«

Worauf ich ebenso nachdenklich antwortete: »I woaß 's net.«

Im stillen aber frohlockte ich schon über das feine Geschäft und ich wollte mich nachher schon an diese kleine Bäuerin halten wegen meines Schmuserlohnes. –

Das Maidl hatte unterdessen von der Milch aus der Pfanne in die Kaffeeschalen gegossen und stellte sie an ihre Plätze; dann stieg sie wieder auf den Hocker und zog mit vieler Kraftanstrengung den Kupferkessel vom Feuer.

Ich wollte ihr helfen, doch sie meinte: »Laß's nur stehn! Dees kann i scho alloans! Dees mach i alleweil alloans!«

Damit holte sie mehrere Holzschäfflein, goß in jedes etliche Schapfer voll von dem dicken, brandelnden Zeug, teilte den Rest der Milch aus der Messingpfanne darein und füllte die Gefäße schließlich mit Kleie und kaltem Wasser voll.

»Soo«, sagte sie geschäftig; »jetz muaß i gschwind meine Fackerl füattern und d' Küah melchan. Net daß der Vater schimpft, wenn er vom Feld hoamkimmt!« –

Ich war ganz starr vor Staunen. Aber das Dirndl schob mir einen wackligen Polsterstuhl zurecht und meinte: »Hock di a weng nieder derweil, daß d' ins an Schlaf net außetragst! – Er werd nimmer gar so lang aus sein, der Vater.«

Nun hatte ich Muße, mir die Kuchel genauer zu betrachten; aber ich wunderte mich nun nicht mehr.

Ich saß still auf meinem Sessel, und Lord legte sich grohnend zu meinen Füßen nieder.

Im Herd sangen ein paar schwelende Scheiter; etliche Russenkäfer liefen ängstlich aus der klaffenden Spalte einer Ofenkachel, – die alte Wanduhr hackte gemächlich ihr Tick-Tack und Hunderte von Fliegen tanzten und schwirrten um die zerbrochene Lampe, die von der rußigen Decke herabhing.

Die Abendsonne blinkte matt durch die blinden Fensterscheiben, warf einige Strahlen in den Spiegelscherben über der Anricht und machte mich schläfrig.

Da hob der Hund plötzlich knurrend seinen Kopf und wollte zähnefletschend an die Tür springen, so daß ich ihn mit Gewalt halten mußte.

Gleich darauf trat der Simmer ein.

Lord fuhr wie der Teufel auf ihn los, indes ich sagte: »Grüaß die Good, Simmer! – Geh, paß a bissl auf, – er is narrisch scharf!«

Aber der Simmer lachte.

»Ah was! Scharf! Dees bissl Kehlzen da! – Moanst, daß i mi vor dem fürcht! – Derfst 'hn guat auslassn!«

»Ja freili!« meinte ich und riß den sich wie toll gebärdenden Lord an mich. »Wenn er dir nachher auffespringt! – Der zreißt di ja! Der zreißt an jeden Fremden, der eahm in d' Nahend geht!«

Der Simmer lachte immer mehr.

»Des waar ja recht!« meinte er vergnüglich. »Dees kunnt ja i braucha, daß er scharf waar! Heunt Nacht hätt i 's glei braucha könna! – Aber der is ja net scharf! Der tuat ja grad a so! – Da ... werst es glei sehgn ...«

Er trat furchtlos ganz nahe an Lord heran und wollte ihn packen, gleichsam um zu zeigen, daß er ihm nichts täte; aber mein Hund kannte keinen Spaß und hatte ihn schon bei der Hose.

Ich rief erschrocken irgend etwas und riß den Hund zurück bis an die Kucheltür.

Der Simmer aber sagte höchst erstaunt: »Jetz dees hätt i aa net glaabt! – Der beißt ja! Der packt oan ja o! – Dees is amal a saubers Viech!«

Ich erwiderte schüchtern, daß ich ihn ja gewarnt hätte.

Aber eine Handbewegung hieß mich schweigen.

»Wem ghört denn der Lackl?«

»An Rieger z' Reith.«

»Verkaaft er 'hn?«

»I woaß 's net. Kann scho sein.«

»Aha. – Jetz, i möcht 'hn net. – Naa, gar net.«

»Warum?« wagte ich zu fragen.

Doch der Simmer lachte.

»Warum? – Weil i 'hn net möcht. – Weil er nix is. – Oder is der Hund vielleicht was?! – Is koa Dackl und is koa Schnauzl! – Und koa Schafhund is's aa net!«

»Aber a Dobermann! – A reine Rass', Simmer!«

Der Alte schlug sich vor Vergnügen auf die Schenkel, so daß Lord beinahe wieder wild wurde.

»A reine Rass'! – Ja was is denn dees!« rief er. »Mit dem Kopf! – Mit dem Gstell! Und mit dem Schwoaf! – Der hat ja an Schwoaf wia a Has! Dem habns ja sein Schwoaf bei der Wurz wegghaut! – Und a Trumm von sein Hintergstell aa no dazua! Und die Ohrwaschl! – Mei Hund, wia habns denn dir deine Ohrwaschl zuagricht! – Wia wenn a Schuellehrer über die kemma waar. Net amal aufgspahnlt hams dirs! – Und die Haxn! – Braune Haxn! – Für an schwarzn Hund braune Haxn!...O mei, o mei! – An solchen Hund möcht i aa habn! – Ja was is denn dees! – – –«

Ich hatte ihn geduldig und still angehört. Und je länger er redete, desto geduldiger wurde ich; denn ich hätte nicht selber von Bauernart herstammen müssen, wenn ich ihn nicht längst durchschaut hätte!

Ich ging also scheinbar gar nicht auf seine Schmähungen ein, sondern sagte: »Der Rieger laßt fragn, ob er von deiner Sau a Fackl habn kann. Und obst der Riegerin koane Henna woaßt. Sie brauchet a Stuckera sechse.«

Aha. Er zappelte schon!

»A Fackl möcht er?« wiederholte er interessiert. »A meinigs Fackl? – Ja no, – warum net? – – – Geh, hock die no a weng nieder mit dein Viech! Da is Platz gnua – auf'm Kanapee!« –

Und dann warf er Lord einen Brocken Guglhupf hin.

Aber es war, als ob der Hund genau gewußt hätte, daß es sich jetzt um die Wurst drehte: er nahm das Geschenk nicht an und bestand so eine schwere Probe auf seine Unbestechlichkeit.

Ich gab ihm den Brocken und lobte ihn; aber dabei schielte ich verstohlen hin zum Simmer und erwischte ihn auch richtig, als er eben sehr wohlwollend nach dem verachteten Viech hinsah und die Lippen spitzte, als wollte er pfeifen.

Dann ging er ohne ein Wort aus der Kuchel.

Was nun?

Sollte ich bleiben oder gehen?

Ich glaubte meiner Sache ziemlich sicher zu sein; darum blieb ich.

Und setzte mich auf das Kanapee.

Aber...barmherziger Himmel! – Was war das!?

Ich sank in eine Grube, – in ein Grab hinab, aus dem es kein Emporkommen mehr gab in alle Ewigkeit-Amen, wie es mir vorkam.

Und so sagte ich denn halblaut zu mir selber: »Pfüati Good, schöne Welt! Pfüate Good, Rieger! – Mich siechst nimmer!«

Wie lang ich in der Versenkung weilte, weiß ich nicht mehr so genau. Aber es muß wohl eine ziemliche Spanne Zeit gewesen sein; denn ich hörte den Mistkarren vier-, fünfmal aus der Stalltür quieksen, die Hühner eintreiben, Peitschen knallen, Ochsen ausspannen, – zum Abend läuten.

Und dann vernahm ich plötzlich draußen im Hof den Ruf: »Huz, huz, huz! Fackei, Fackei, Fackei!«

Und dazu ein Grunzen, Schreien und Grohnen, daß es mich wie ein elektrischer Schlag durchfuhr.

Das waren ja die Ferkel, von denen eins an Lords Stelle treten sollte! –

Ich saß und horchte mit stiller Freude, indem ich mich schon im Geiste heimtraben sah, ein feistes Schwein am Strick und ein paar Tauben im Sacktuch.

Indem kam die kleine Bäuerin zur Kucheltür herein, glühte vor Eifer und sagte: »Du, i möcht wissen, ob er mit mir geht, der Hund! I probier's amal, ob er sich ums Haus ummaweisen laßt, ohne daß d' dabei bist!«

Ich wollte meine Zweifel äußern, aber Lord, dieser Tropf, überhob mich sogleich derselben; denn er ließ sich willig von dem Dirndl schmeicheln, beim Strick nehmen und hinausführen.

Nun muß ich schon gestehen: das hatte ich nicht erwartet!

Und ich setzte voll Vergnügen an die Stelle der zwei Kropftauben in mein Sacktuch zwei junge Leghennen als meinen Vermittlerlohn; mich selber aber setzte ich behaglich und zufrieden noch bequemer in die Versenkung, indem ich dachte: »Der Simmer wird dir schon wieder daraushelfen, wenn er dir die Sau zum Heimführen übergibt!« – – –

Es war ganz still und dämmerig in der Kuchel und das Schmatzen und Grunzen draußen im Hof klang gedämpft zu mir herein. –

Aber – mit einem Male – – – ein Schrei, der mir durch Mark und Bein fährt! – – – Ein jämmerliches Quieksen, ein Heulen, Plärren, – heiseres Bellen, – wütendes Schimpfen, – Hilferufe …

Und ich kann nicht mehr aus meinem Kanapee heraus! Und höre, wie da draußen die Welt zu einem Gomorra wird und zu einem Sodom! – Da fällt ein Schuß! – Jetzt ein zweiter! –

Und als ich glücklich aus meiner Tiefe empor und bis zum Fenster gekommen war, da hatte ich nur einen Blick hinaus getan, um schleunigst und lautlos durch die hintere Haustür zu verschwinden.

Denn im Hofe lagen drei tote Ferkel und ein toter Hund, – mein Lord, – und der Simmer stand davor – mit der rauchenden Büchse in der Hand – und sah sich, vor Wut bebend, um. – Wie es mir schien, nach einem dritten Ziel! –

Der Steinriegerbauer

Es war grad um die Zeit, da man die Sensen dengelt und das Korn schneidet in der großen Ernte; da starb des Steinriegerbauern eheliche Hausfrau und Bäuerin einen jähen Tod.

Es ist nicht gut, wenn einer muß in seinem Haus die Totenschragen aufrichten und eins von seinen Lieben zur letzten Ruh bestatten. Aber es ist am End doch zu überwinden; und gar zu einer Zeit, da man vor Arbeit nicht lange der Weil hat, zu seufzen und zu trauern.

Auch beim Steinrieger wars so.

Grad in den Tagen, da man am liebsten noch ein Trumm angestückelt hätt an die vierundzwanzig Stunden, da man die schwülen Vollmondnächte nützte mit dem Mähen der Garbe, – gerade zu dieser Zeit ging sie dahin, die Steinriegerin.

Ein Schlagfluß machte ihr das Herz still und die regsamen Hände starr und untätig für immer.

Sie, die doch werken sollte in Stall und Haus, die sorgen sollte für Speis und Trank, für des Steinriegers und seiner Schnitter Notdurft und Gesundheit, – sie legte sich hin und starb.

Ließ das Feuer am Herd erkalten und die Mittagglocke verstummen, das Vieh brüllen und das Hauswesen verkommen.

Denn wer sollte droben in der Schlafkammer das Bett aufmachen, Kisten und Schreine ordnen und die Spinnweben aus den Ecken kehren, wenn sie es nicht mehr tat?

In einer Zeit, da doch Kucheldirn und Stallmagd draußen werken mußte vom frühen Tag bis in die späte Nacht!

Was Wunder, daß der gute Steinrieger nach dem Eingraben beim Leichentrunk droben im Wirtshaus ein Krügl ums ander leerte und dazu brummte: »Akrat jetz in der Ernt hats mi hänga lassen die Alt! Hätt man d' Annemirl draußen am

Feld so nötig braucht, und jetz muaß man s' hoamhocken lassen ins Haus und in Stall! – Tät not, i schaffet mir auf der Stell a Wirtschafterin an.«

Ja ja. Es war nicht so unrecht, was er sagte. Aber er hätte es trotzdem nicht sagen dürfen; denn er verdarb sich viel damit bei seiner und der Verblichenen Freundschaft.

Denn die Schwester der seligen Bäuerin sagte es gerade heraus: »Da siecht ma's wieder, was s' eahm golten hat mei arme Schwester! Grad zu der Arbat is s' eahm guat gnua gwen! Grad als a Magd hat er s' braucha kinna! Wenns anderscht gwen wär, hättens ja do Kinder herbracht! Aber net oa oanzigs Kind hams ghabt mitanand! Net oa oanzigs!«

Und sie redet laut und unverhohlen und hetzt auch noch die andern drauf. Aber des Steinriegerbauern einziger Bruder fällt ihr grob ins Wort: »Red nur wieder recht saudumm daher, du alter Predigtstuhl! Daß s'koane Kinder ghabt ham! – I bin froh, daß koa so a Wuzlwar da ist! Was sands denn nutz, die Schratzen? Gar nix. Grad daß s' der Verwandtschaft 's Erbteil wegfressen. – Herrvergeltsgott, daß amal für unseroan aa epps außaschaugt, bal er stirbt, der Hausl!«

»Wenn eahm net no amal 's Heiratn einfallt!« mischt sich eine alte Base ein. »I fürcht, ös brauchts gar net lang z'warten drauf, nachher hat er wieder oane. Der is alleweil scho a bissl a lustiger gwen, der Stoariagerhausl!«

Zum Wittiber aber sagt sie laut: »Wia denkst dir jetz nachher du die Gschicht, Vetter? Moanst net, daß d' no amal ans Heiratn denka muaßt? – Ohne Wei' wirst net guat furthausen kinna!«

Der Steinrieger schaut sie mit glotzenden Augen an.

»I denk mir gar nix. Daß i jetz hoamgeh, denk i. Und daß mir morgn leicht a fünf – sechs Fuada Woaz hoambringen, bal's Wetter aushalt't.«

Damit steht er langsam auf, trinkt sein Krügl leer und wendet sich zum Gehen.

An der Tür dreht er sich nochmals um und murmelt: »Moants, was 's mögts. – I tua, was i mag.«

Und dann geht er gemach heimzu. –

Die erste Zeit nach dem Abscheiden seiner Bäuerin ist keine gute für den Steinrieger. Überall mangelt ihm die Hausmutter; in der Kuchel, in der Speis, – im Stall und in der Scheune; des Morgens beim Aufstehen und des Abends beim Niederlegen.

Wie es denn auch sonsten im Leben so ist, daß man jegliches, was man besessen, erst zu schätzen weiß, nachdem man es verloren. –

Darum treibts auch den guten Steinrieger des Tags oft drei-, viermal hinüber zum Gottesacker und hin zu dem kleinen Hügel, darunter seine liebe Bäuerin ihre dunkle Ruhstatt gefunden.

Da stellt er bald einen Rosmarein, bald ein blühendes Geraniumstöcklein auf den schwarzen Erdhaufen, oder auch ein Schüsselchen mit Weichbrunn für die friedsame Ruhe seines seligen Eheweibs.

Und er klagt der Toten seufzend seine Schmerzen und seinen Verdruß: daß ihm die Arbeit nimmer von der Hand ginge, – daß es wohl ein rechtes Kreuz wär mit dem faulen Dienstvolk, – daß halt sie ihm abginge auf Schritt und Tritt, und daß sein eheliches Himmelbett ihm nimmermehr den guten Schlaf bereite, wie vordem. –

Allmählich aber wurden seine Besuche seltener und seine Unterhaltungen auch kürzer. –

Und zu guter Letzt kam er nur noch an den Feiertagen vor der Kirche auf ein Vaterunser hin zu ihr und gab ihr den Weichbrunn mit den Worten: »Es geht nimmer alloans. I muaß wieder heiraten. Nimms net für unguat.« – – –

Also findet man den Steinrieger mittendrinn wieder auf Freiersfüßen.

Freilich nehmen es ihm die Anverwandten übel. Doch er schaut nicht lange um sich, sondern hört fleißig hierhin –

dorthin, ob nicht von einer die Rede wär, die er sich nehmen kunnt als Hausfrau.

Und da die Schmuser es allmählich innewerden: der Steinrieger sucht eine Bäuerin, – da kommen sie wie die Bettelleut am Freitag.

Jetzt kann er sich auswählen, was er will, der Bauer!

Eine mit fünfzigtausend Mark und einem Kropf, so groß wie ihr Geldsack. – Eine mit dreihundert Tagwerk Grund, doch mit einer alten Schwieger, die ihm gewißlich die Höll heiß machen tät. – Oder eine dritte mit eigenem Bauernhof und sechzig Stuck Vieh, eine Wittib. Allein an ihrem Karren hängen auch vier Kinder aus der ersten Ehe, die er doch billigerweis mitheiraten müßt.

Dies ist also nicht das rechte.

Da kunnt ihm die dicke Breitmoserin von Berganger noch ehender taugen. Die hat nicht Kind noch Kegel, nicht Vater noch Mutter, – kein Leiden und kein Gebresten.

Eine Vierzigerin, groß und stattlich, hat sie einen schuldenfreien Hof und einen ansehnlichen Geldsack.

Und da ihr Breitmoser erst vor wenig Wochen gleich der Steinriegerin dahinging, ist sie noch zu freien.

Das wär ehender eine Bäuerin in seinen Hof!

Und so tritt er denn nach der Grummeternte über ihre Schwelle und sagt: »Grüaß di der Himmel, Breitmoserin. Der Schimmelwirt sagt, du hättst zehn oder zwölf Tagwerk Holz zum verkaaffa. Is dees wahr oder net?«

Dabei betrachtet er blinzelnd ihr großmächtiges Ich und denkt: »Guat beinand. Recht guat.«

Die Breitmoserin ist nicht dumm. Sie ruft sogleich der Kucheldirn: »Rosina! An Happen Fleisch eina fürn Stoariager und a Bier!«

Und sie langt den Brotlaib samt dem Salzfaß aus der Tischlade, indem sie sagt: »Werst Hunger und Durscht habn von dem Marsch. Hock di a weng nieder und iß an Brocka. Gsegn dirs Good.«

Aber da nach einer Weile die Kucheldirn zur Tür hereinkommt, gibts dem Steinrieger einen Riß durch Leib und Seel.

Denn was er da sieht, ist nichts anderes als sein eigen Fleisch und Blut, seine lebendige Jugendsünd, seine Tochter.

Eine jähe Hitze steigt ihm auf und er fragt die Breitmoserin: »Wia lang hast es denn scho, dees Dirndl?«

»D' Rosina?« erwidert die Bäuerin. »Die hab i erscht auf Liachtmeß eingstellt, wia ihra Muatta ins Narrnhaus kemma is. Aber sie taugt mir net. Sie is mir z' langsam.«

Da meint der Steinrieger: »I kunnts glei braucha. Bals aa koa Gschwinde net is. Balst nix dawider hast, nimm i s' mit.«

Selbstverständlich hat sie nichts dawider, die Breitmoserin! Sie wird doch ihrem zukünftigen Hochzeiter keine Bitte abschlagen! –

Also packte die Rosina ihr Bündel zusammen und ging mit dem Steinrieger.

Da war sie nicht lange Kucheldirn. Denn der Steinrieger hatte am drauffolgenden Sonntag eine langwierige Zwiesprach mit seiner seligen Bäuerin droben am Friedhof. Und er beichtete ihr allerhand und meinte: »Muaßt mirs net für unguat nehma. A jeder is amal jung gwen. I versprich dir dafür, daß i nimmer heirat. Daß i mitn Dirndl zsammhaus', solang i no leb auf dera Welt. Und als a eigens onehma tua i 's aa.« – –

So kam es, daß der Steinrieger seine Verwandtschaft um ihr Erbteil betrog und doch nimmer heiratete. –

Der Räuber Blasius

Also, ganz Straucharting war in Aufregung. Jetzt hatte der Malefizlump, der schon seit einem Vierteljahr die ganze Gegend unsicher machte, auch noch die Leonhardi-Kapelle heimgesucht und beraubt!

Jawohl. Hört's nur zu; der alte Kuglmüller erzählt's euch selber:

Ja no. – Also, mir halten no vor drei Tag drenten in der Leonhardikapelln inser Sankt Annafest.

Wie halt alle Jahr. –

Der Lump, der miserablige.

Hat ma si a so gfreut ghabt über dees schene Sach, wo s' allsamm g'opfert ham, insane Dirndln und d'Weiber und d'Ehhalten!

Wie zum Beispiel d' Singerrosina: opfert insana heilinga Muata Anna vo Selbdritt a wunderscheenes silberns Nachtlicht; hängt ihr aa no a silberns Herz an ara goldernen Schnur um den Hals. Zwegn an bsundern Anliegen halt.

Und d' Nagelschmiedvroni stellt vier neue, vergold'te Kürzenleuchter zum heilinga Leonhardi hin, daß ihran Vatan d' Kundschaft vom Huafschmied net untreu werd; ja no – weil halt sie an Huafschmied sein Kaschban gern siecht.

Mei liabe Zeit!

Net wahr: und d' Kathl vom Lebzelter steckt auf die vier Leuchter vier Kürzen auf; – also – so dick, wie mei Arm, – da lüg i fei net! – Ganz großmächtige halt, – mit golderne Schnörksel und blaue Bleamel und feuerrote Herzen; und zwar in dera Meinigung, daß der Kaschba vom Huafschmied gar nia koa anderne net oschaugn sollt, – als wia sie.

Jetz rechnets nachher no die Häufa Votivtaferln dazua, die Opferwachseln, die Kronataler, die Pack Granatrosenkränz mit dee Filigrankreuzeln dro. . .nachher müaßts es do selber sagn, daß oan da ’s Herz weh toa kunnt, bal ma si überlegt, daß jetz dees alls mitanand pfutsch is.

Jawohl. – Alls is dahi. – Verschwunden. – Außagräubert.

Und vo wem? – Vo neamd andern, als wia von dem Erzlumpen! – Vom rotn Blasi! – Von dem Rauber, dem ganz gfahrlichen! –

Mei Liaber! – Dees is oana!

Net amal ’s Viech in Stall is sicher vor dem Spitzbuam.

An Sunnwender hat er glei dees schönste Millikaibe vom Stall außa! – An Burgamoasta fangt er die foastest Gans direkt vom Weiher weg! – Der altn Schneiderwabn zwickt er den besten Anzug, den wo s’ grad zum Aufbügeln im Haus hat, pfeilgrad vom Nagel abe, – no dazua is ’s an Herrn Posthalter der seinige!. . .Kurz und guat: Schandtatn über Schandtatn.

Von die Schaf und von die Rehböck red i gar net, die wo der scho gwildert hat! –

Ja – und moanst, daß ma den Kerl dawischn kunnt? – Daß ma eahm amal guatding zuawikemma waar? – Ausgschlossen! –

Mir is völli ohne Herrschaft gwen. – Sogar d’ Obrigkeit.

D’ Schandarm rennan si d’ Füaß außa – umasinst.

Der Kerl is heunt da, – morgn da, – heunt verschwind’t er, – und morgn meld’t er si wieder, – bal er wo epps in der Nasn hat. –

Ja no. – G’raacht hat er ins ja scho lang über den Erzlumpen; – aber auf dees nauf – in der Leonhardikapelln, – da hats kocht bei dee Leut.

Dees war a so a Wuat! – Da is ’s anderscht zuaganga beim Lampelwirt! –

Der Behringergustl hat glei in Tisch einghaut.

»Dees is ja der reinste Schinderhansl!« hat er gschrian; »der treibt ins ja d’ Roß und d’ Küah aa no furt, bal nixn geschiecht dagegn!«

Und der alt Stauffer hat gmoant: »Dees is scho schier a

Kneißl Hias! – Mir grausts, bal i grad drodenk an den Bazi!«

Aber der Kronabauerngirgl hat geschrian: »Ja, was waar denn jetz net dees, Stauffer! – Werst di do net ferchtn! – Kreizkiesel! – Mir soll er halt unter d' Pratzn kemma! – Dergarma tua i 'hn! – Dermergln!«

Und vor lauter Gift speizt er in d' Händ und fahrt sein Nachbarn, an Ödhofer, a so an d' Gurgel, daß der glei ganz blau worn is und nach Luft gschnappt hat.

Aber da is der Reinerxaverl drei'gfahrn! –

»Sakra, laßt 'hn net glei aus!« hat er plärrt. »Siechst net, daß d' 'hn dadrießlst!«

Und packt also an Girgl und reißt 'hn zruck.

Kaam hat der Ödhofer wieder a Luft gspürt, springt er natürli auf und gibt an Girgl a Mordstrumm Watschn.

Der laßt si dees net gfalln, stößt an Ödhofer mit der oan Faust untern Tisch eini, – und mit der andern gibt er die Schelln an Reinerxaverl weiter. – Jetz stinkt er natürli dem und er wirft den oan, an Girgl, und drischt 'hn a so, daß 's grad a wahre Freud is.

Ja no. Der Kronabauerngirgl hat halt a Schmalz. Der konn si ja wehrn! – Hat si aa net lauig gwehrt! – Und der Ödhofer is aa koa Loadschwanz, verstehst! – Und die andern, wo zuagschaut ham, die ham si aa denkt: mittoa is scheena, wia 's Hersteh!

Kurz und guat, – es is ganz oafach amal richti aufganga.

D' Tisch und Bänk ham kracht, Stühl und Maßkrüag san gflogn, – und d' Stiefelsteckel ham si bald bei dem oan, bald bei dem andern z' oberst draht.

Und d' Fäust von dee Obern ham brav an Takt trommelt auf dee Schädeln von die andern, die wo z' unterst pfiffen ham.

Grad schee is 's gwen!

Auf oamal hört ma 's Gebet läuten.

Bua! – Da is 's ganga! – Auf d' Höh alls mitanand; der Ödhofer laßt an Stuhl sinka, den wo er grad nach 'n

Baderhausl hätt werfa wolln – der Girgl laßt 'n Neumüllerhiasl sei Gurgl locker – kurz – auf ja und naa is 's mäuserlstaad gwen und a scheene Ruah, wias halt der Brauch is, bal 's Armeseelnglöckerl läut't.

Aber na hat ma 's Läutn aufghört.

Da sagt der Hiasl: »'n Abnd!«

Und funkelt mit die Augn.

Die andern aa: »'n Abnd.«

Und speizn in d' Händ.

Und der Girgl packt an Hiasl, der und der ander bsinnt si aa net lang, – und im nächsten Augenblick geht also die Raafferei brav lusti weiter.

Bis mittndrinn d' Tür aufgeht, und der Herr Pfarrer einageht: »Ja – Buam! – Was is denn jetz dees?!« –

»Ah nixn!« sagt der Ödhofer. »Gscherzt ham mir a wengl!«

Und hockt si scheinheili auf sein wacklign Stuhl.

Und der Girgl wischt si 's Bluat von der Nasn und beteuert's ganz treuherzi: »Jawoi, Herr Hochwürdn; grad a weng Dummheitn gmacht ham mir! – Grad schnackerlfidel sam mir!«

Und dazua schlagt er mit dee zerbissenen Händ auf die Lederne, schnacklt mit dee Finger und singt oa Gstanzl ums ander.

Aber er hatn scho kennt den Bratn, der Herr Pfarrer.

»Ha, daß 's denn nachher gar so gscherzi seids?« fragt er interessiert; »zwegn was denn?«

Da fahrts an Behringergustl aa scho außa: »Ah! – Zwegn an Räuberblasi! – Zwegn dem Schinderhansl! – Dem Teife, dem rothaaretn!«

Und der Girgl plärrt: »I kriag 'hn aber! – I derwisch 'hn! – Dees woaß i! – Aber. . .Gnade eahm Good, nachher!«

Hat scho wieder in d' Händ gspeizt; derweil is eahm zum Glück no der Herr Pfarrer eingfalln; – no, da hat er a paar mal verlegn gschlünd't und sei ganze Halbe Bier auf oamal abeg'gossen.

Und nachher is er aufgsprunga: »Manna, Leut! – Wer a Schneid hat, der tuat mit! – Jetz gilts amal den Malefizhaderlumpen, – den verreck...«

Dees ander hat er geschwind wieder abgschlündt.

»Jawoll!« sagt der Stauffer; »kenna tean man 'hn glei: kloa is er – mager is er – an rotn Vollbart hat er. Der Oberförster hat 'hn beschriebn. – Feit si nixn. – Den kriagn ma scho. – I trau mir!«

»Und i aa!« hat der Gustl plärrt. Und dee andern damit.

Der Herr Pfarra hat si aa no eingmischt: »A recht a Lump is er scho!« sagt er; »gestern hatn der Herr Oberförster drobn beim Burgermoaster sein Holz gsehgn; hinterm Strahschupfen is er ghockt und hat auf an Rehbock paßt.«

»A so a Lump! – Dem wern mir's austreibn, 's Wildern!« Der Girgl hat an Schwur to, daß er 'hn fangt – tot oder lebendi.

Und an Plan hat er aa gwißt.

»Hinter der Strahschupfa werd a Kaibe oghengt, – und mir schliafan in d' Schupfa eine und lusen. – Un bal er kimmt...«

Der Ödhofer is schnell wegagruckt ...

»Gfeit is 's um den Lumpn!« ham die andern gsagt.

Also hat's golten.

Guat. Den andern Tag, auf d' Nacht um zehne.

Die ganz Bande liegt in der Strahschupfa und lurt.

Is scho stark dunkel gwen im Holz. Mir hat kaam mehr eppas vom Kaibe gsehgn, dees wos am Baam anghängt ghabt habn.

Der Reiner hat sei Stierkaibe hergebn dazua; und jetz hat er natürli Angst ghabt drum, und hat in oan Trumm gfragt: »Habt's es guat oghengt?«

Aber der Girgl hat gsagt: »Feit dir nixn. Bis der de Kettn ababringt, derweil hab i 'hn lang bei der Gurgl!«

Auf oamal knakst's im Holz.

Jetzt kimmt er.

Ganz zsammduckt.

Mit sein Vollbart.

Direkt aufs Kaibe zua.

Und die andern hörn, wia er staad sagt: »Ah! Dees is guat! A Kaibe!«

Und dazua lacht er.

Aber jetz!

»Los!« wischbert der Girgl; – und allsamm san da. – Der oa hätt schnell davo wolln. – Aber sie ham 'hn scho ghabt.

Und dees richti.

Der Girgl schiabt eahm glei sei Schneuztüachei ins Maul, – der Xaverl bind't eahm d' Händ aufn Buckl, – und die andern fangen o zum Dreschn.

Richti. Woaßt!

Bis der Stauffer gmoant hat, jetz glangts; lebendi sollt er doch no sei zum Einliefern. Zwegn der Straf.

Also ham s' 'hn auf Straucharting zarrt. Zum Schandarmeriewachtmoaster.

Der hat natürli scho gschlaffa.

Da hams plärrt: »Aufmacha! – An Kneißl ham ma! – An Rauber! – Den rotn Blasi!«

Wie seinerzeit d' Judn mit insan Herrgott, – a so sands daherkemma.

Der Wachtmoaster is net viel derschrocka gwen! – Außa ausm Bett, – eine in d' Hosen, – hin zum Fenster.

»Glei kimm i, meine Herrn!« hat er gschrian, – und hat 's Haus aufgspirrt.

»Soo, meine Herrn«, hat er nachher gsagt; »teats 'hn nur glei rein da! – I zünd grad gschwind a Liacht o!«

Sei' Stimm hat ganz zittert; und 's Wasser is eahm in die Augn gstanden vor lauter Freud.

Und nachher hat er 's Liacht bracht.

Aber, – insa liaber Herr, – er tuat grad oan Blick auf dees verschwollne Gsicht vom Blasi,...da fallt eahm d' Lampn aus der Hand.

»Mariand Josix!« schreit er auf. »Der Herr Oberförschter!«

Woaßt, wia sa si da verzogn ham, die oan! – Ganz staad – – oana um den andern! –

Mittn in der Nacht fallt dem Reiner Xaverl sei Kaibe ein.

»Heiligs Kanonawetter! – Dees hängt no...« – Er – auf – und außi.

Is aber nimmer droghängt an dem Baam. Und der rote Blasi is scho am andern Tag in der Fruah handelsoans gwen mitn Schinder vo Michaelsreith – zwegn an Stierkaibe. –

»Der Lump, der miserablige!«

Das neue Hausregiment

Der Schiermoser sitzt auf seinem alten Lederkanapee und wettert und greint.

»Wia i halt sag: wenn insa Herrgott oan verderbn will, nachher schlagt er 'hn mit Blindheit. Und wenn der Mensch blind is, nachher heirat er. Nachher nimmt er sie so an langsama Selbstmord ins Haus, wias du oana bist, du alts Fegfeuer!«

Er schnupft und schlägt giftig den Deckel seiner Tabaksdose zu.

Sein Weib, die Schiermoserin, sagt gar nichts, stellt den Dreihax auf den Tisch, legt das Eßzeug dazu und schaut, ob die Pfefferbüchse nicht leer ist.

Darnach geht sie hinaus, schreit: »Zum Essen!« und trägt die Brotsuppe und die Erdäpfel auf.

Und läßt den Alten grohnen.

Der Schiermoser aber kommt immer mehr in die Hitze durch dies Schweigen seiner Hausfrau; denn er sagt sich: »Dees is Boshcit, daß s' nixn dawider sagt! Lauter Bosheit! Woaß der Deixel, was sie sich denkt unterdem, daß s' ihra Mäu halt't! Nix Gscheit's gwiß net.«

Ja, ja. Er ist nicht zufrieden mit seiner Ehefrau, der Schiermoser. Mit ihr nicht und mit ihrem Hausregiment nicht.

Und seine tägliche Rede ist die: »Ehanda werds nix, eh net i da herinn s' Regiern ofang! Wo ma hischaugt, siecht ma d' Weibsbilderarbat. Und was is die wert? – Koan Schuß Pulver!«

Unterdessen setzen sich die Ehehalten an den Tisch und die Schiermoserin betet ihr: »Vater segne uns Speis und Trank.« –

Dann essen sie.

Der Bauer aber hockt immer noch auf dem Kanapee, schaut voller Neid und Gall auf die hungrige Gesellschaft am Tisch, denen die Brotsuppe so gut schmeckt, obgleich sie gewiß und sicherlich nichts taugt wie alles, was sein Hauskreuz macht und tut, und dann beginnt er sein Gefrage, – das »Beichthören«, wie die Mägde sagen.

»Habts de Ochsn an Habern eigschütt?«

Der Oberknecht, der alt Michl, schmunzelt.

»Ham ja 's Gsott no net gfressn, dees wo eah' d' Bäuerin eine hat.«

»Dees R...«

Er sagts nicht aus, was er auf der Zung hat.

Aber er fragt noch um ein gutes grimmiger weiter: »Habts an Klee ganz abglaart?«

»Bis auf oa Fuader«, sagt die Mitterdirn; »sie hat gsagt, dees ko ma morgn aa no ablaarn.«

Auweh. Jetzt ist's gefehlt.

»Natürli! Morgn aa no!«

Er springt auf und vergißt einen Augenblick auf sein Leiden, das ihn schon so lang plagt, – die Gicht.

»Aa no abrichten zu der Faulheit! 's Nixtoa aa no extra oschaffa! Umanandloahna den ganzn Tag und d' Leut ärgern – und aa no die andern dazua abrichtn! – Naa, naa! – Daß grad i a solches Weibsbild habn muaß! – Is d' Milli scho ausgossen? – Is d' Kuchei z'sammg'raamt? – San d' Henna eigschbirrt? – Gib an Hennaschlupfschlüssel her! – Bal net a Mannsbild überall hinterdrei arbat, is 's z'erscht nix.« –

Wenn sie halt was dawiderreden tät, die Schiermoserin! Daß man sich die Gall ein wenig wegschimpfen kunnt! Aber nichts sagt sie, – rein gar nichts. Bloß den Schlüssel legt sie ihm auf den Tisch. Dann betet sie ihren Dankgott nach der Mahlzeit.

Indes das Dienstvolk sich lustig macht über ihn, den alten Predigtstuhl, den Grandlhauer, den Knaunzer, den alten.

Der Schiermoser aber geht ächzend hinaus zum Hühnerstall.

Da sitzen schon alle Hennen samt ihrem großmächtigen Schiermosergockel auf der Leiter und blinzeln schläfrig hin zum Bauern, dessen Augen forschend über die Legnester hinstreifen.

Natürlich! Nicht einmal die Eier sind abgetragen worden!

Er muß einen harten Husten bekämpfen, der ihm aufsteigt vor lauter Grimm und Zorn.

»Ja, Himme Kreiz Gruzi! – Jetz da fahr do glei der Deixl drei' in die Wirtschaft! – Aber warts nur! – Die ghörn mei, die Oar! Alle neune! – Von dene sechts nix mehr! – I hab a so no nix Gscheits g'gessen heunt. – Möcht oan ja so der Hunger mitsamt'n Appetit vergeh bei dera Weiberwirtschaft.«

Behutsam nimmt er die neun Eier aus und legt sie in seine Hausmütze.

»Soo. Dees gibt a guats Oarschmalz.«

Ein leises Lachen kommt ihn an, da er den Hennenschlupf abschließt und die Eier ins Haus trägt und in die Kuchel.

Da sind sie grad fertig mit dem Geschirrwaschen und Milchausgießen, und die Schiermoserin stellt vürsichtig einen Weidling um den andern in den Milchkasten, legt die Brettlein darauf und baut abermals eine Reihe von Weidlingen darüber. Dabei passiert es ihr, daß sie ein wenigs von der Milch verschüttet; grad in dem Augenblick, als ihr Eheherr in die Kuchel tritt.

Heißa! Feuer am Dach!

»Konnst jetz du gar net aufschaugn! Muaß wieder a Maß Milli dahi sein! Haus und Hof geht mir no untern Händn z'grund, bal net bald a neus Hausregiment einakimmt! Aber dees kimmt scho eina! I wers enk scho no zoagn, wia ma arbat! Ös Weibsbilder überanand!«

Doch seine Hausfrau lacht bloß. Und geht aus der Kuchel.

Und die Dirn mit ihr.

So daß er ganz allein vor dem Herd steht mit seinem Zorn und seinen Eiern.

Mühsam sucht er sich ein Pfännlein, stellt es auf die Glut, schlägt etliche Eier darein und sieht, daß er das Schmalz vergessen hat.

Also holt er eilends einen Brocken aus dem Speiskasten und wirft ihn in die Pfanne.

Da merkt er, daß diese zu klein ist für neun Eier, und er sucht nach einer größeren.

Die große eiserne Schmarrenpfanne erscheint ihm schließlich passend und er leert alles da hinein, die Eier aus der Mütze, das Schmalz und die aus dem Pfännlein, die leider derweil stark angebrannt sind.

Endlich setzt er sich auf die Ofenbank und ißt; dabei er aber bemerkt, daß eine Speis ohne Salz und ohne Pfeffer doch nicht so recht schmeckt, wenn solche Gewürze natürlicherweise hingehören.

Doch kann er diesem Mangel ja leicht abhelfen, und er salzt und pfeffert nun sein Nachtmahl mit großer Gründlichkeit, so daß er leider in der Nacht wiederholt aufstehen muß und an den Brunnen gehen, um den Durst zu stillen.

Am andern Morgen überlegt er eben, was er alles an besonderer Arbeit anschaffen könnt, damit das Weibsvolk nicht so den ganzen lieben Tag in Faulheit hinbringen tät, da überrascht ihn seine Schiermoserin mit den Worten: »Alsdann, heunt konnst ja ofanga mit dein' neuen Hausregiment! I tua a Wallfahrt zu insana Frau aufn Birkeistoa und kimm erscht übermorgn auf d' Nacht wieder zruck!«

Damit hat sie auch schon das Kopftuch droben, den Rosenkranz und das Parasol in der Hand und ist zur Tür hinaus.

Er hat nicht einmal mehr Zeit, ihr nachzurufen, sie mög auch bitten, daß ihr unser Herrgott ein bissl von der Dummheit helf; das heißt, wenn bei ihr überhaupt noch was zu helfen wär!

Daß er ihr dies nicht noch sagen kann, ärgert ihn eigentlich, und so steht er schon mit einem Grimm im Herzen auf und geht hinab in die Kuchel.

»Mein Kaffee!«

Kein Mensch gibt ihm an.

Er rennt in die Magdkammer.

Aber da ist schon alles aufgeräumt; die Dirnen sind also schon fort bei irgendeiner Arbeit.

Da muß er sich wohl selber den Kaffee sieden und auch die Milch dazu.

Leider passiert ihm aber dabei das Unglück, daß er dreimal hintereinander den falschen Weidling Milch erwischt; denn er kennt die süße von der säuerlichen, die zum Buttern aufgestellt ist, nicht recht weg.

»Herrschaftseitn!« jammert er. »Jetz hab i scho den drittn Topfa! Is guat, daß sie net da is. – No ja, muaß i halt heunt z' Mittag Topfastritzerl essen.«

Unterdessen vergehen zwei Stunden und der Schiermoser wundert sich, daß drüben im Stall das Vieh so plärrt, so daß er gar keine rechte Ruh hat beim Kaffeetrinken.

»Jetz möcht i grad wissen, was die Deixlsviecher heunt habn!« sagt er und schaut schließlich nach.

»Ja so!«

Da ist ja noch keine Kuh gemolken und keine gefüttert! Und der Stall nicht ausgemistet! Und kein Gras gemäht, und kein Gsott hergerichtet!

Der Schiermoser schnauft.

»A bissl viel Arbat is's scho, für oans alloa.«

Aber er bedenkt, daß er wohl hundertmal zu seinem Weib gesagt hat: »Dees bissl Haus- und Stallarbat mach i im Handumdrahn! In ana Stund hab i alles beinand – dees ganze Glump!«

Und so geht er hinaus und dengelt seine Sense zum Grasschneiden.

Und darnach, beim Grasmähen, da wird er ganz fidel

und munter, freut sich seines Hausregiments und mäht und werkt so dahin, bis der ganze Anger Butz und Stiel abgeschnitten ist.

»Soo. Jetz ham mir amal vierzehn Tag epps z'fressen für dees Viechzeug«, meint er, »i siech net ei, warum ma alleweil nach dem alten Stiefel furtarbatn soll! Fang ma halt amal neumodisch o!«

Mittlerweil ist die Sonne aber immer höher und höher gestiegen, das Vieh plärrt zum Gotterbarmen und von der Kirchenuhr schlägts zehn.

Da denkt er ans Melken und ans Füttern.

Und überlegt, ob's nicht besser wär, wenn er auch hier eine neue Ordnung einführen tät: also daß er den ganzen Dreck und die Arbeit bloß einmal im Tag hätt.

»Kunnt gar net so zwider sein!« meint er. »Mir gibt eahna ganz einfach auf oamal Sach gnua, und putzts aa grad oamal. Und bal ma mit dera Melcherei aa grad oamal im Tag d' Arbat hat, so is bloß Zeit gwunna. Alsdann: melch i grad oamal.«

Also macht er sich über die Stallarbeit.

Aber er ist noch nicht gar lang dabei, da kommen die Knechte vom Kornschneiden heim und die Dirnen vom Garbenbinden, brummen, daß ihnen kein Mensch eine Brotzeit gebracht hätt und verlangen grob ihr Mittagessen.

Auweh! Jetzt steigt's ihm heiß auf, dem Schiermoser!

»Was z'essen...ja so...jetz hab i ganz vergessen...«

Er läßt seine Stallarbeit liegen und rennt in die Speis – in die Kuchel.

»Herrschaftseitn, – was koch i denn – was koch i denn!«

Ratlos steht er vor dem kalten Herd.

»Daß dees spinnade Weibsbild aa wallfahrten geh muaß, wos dahoam an Haufa Arbat gibt!« brummt er schließlich. »Jetz in der Aarnt, wo ma dee Leut Nudl und a Fleisch gibt!«

Richtig! Ein Fleisch!

Im Nu ist er drunten im Keller am Surfaß.

Mit vieler Müh hebt er die Steine heraus, lupft die Bretter und nimmt ein Stück Fleisch von etwan sieben – acht Pfund.

Da fällt sein Blick auf einen Haufen Erdäpfel, deren Keime langmächtig in die Höhe wachsen.

Aus ists. Vergessen Fleisch und Essen, – Füttern und Melken.

»Saustall, verflixter!« plärrt der gut Schiermoser und wirft seinen Fleischbrocken wieder ins Faß. »Ja, wia schaugn denn die Erdäpfel aus! – Natürli, – wieder d' Weibsbilderarbat! Koa Mensch denkt ans Abkeima, und wenn d' Schoß bis in Himme auffe wachsen!«

Und er kniet schon in der Ecke und werkt und keimt ab, was Zeug hält; eine halbe Stund, – eine ganze, – zwei – drei.

Derweil stehen und lehnen droben die Knecht und Mägd herum, brummen und schimpfen über die verrückte Wirtschaft und suchen sich schließlich selber was zu essen: Eier, Butter, Rahm und Bier.

Wenig ists nicht, was sie sich nehmen: leichtlich das Mittagmahl und ein paarmal Brotzeit! Halt so an die sechzig Eier, einen schweren Brotlaib samt einem ordentlichen Butterwecken und was der Mensch sonst noch braucht, wenn er sichs nicht schlecht gehen lassen will.

Das Vieh brüllt immer noch und so werfen ihm die Mägde geschwind etliche Schieber voll Gras in die Barren; dann machen sie sich alle miteinander wieder auf den Weg, hinaus ins Feld.

Die Zeit geht schön langsam ihren Gang dahin und es wird gemach drei Uhr.

Der Schiermoser hat seine ganzen Erdäpfel abgekeimt, auch das Kraut in der Brente geputzt, den Fleischbrocken in den Hafen gelegt und den Keller aufgeräumt; denn er ist ein gründlicher Mensch.

Jetzt bringt er das Kartoffelkraut in großen Körben herauf und leerts hinaus auf den Misthaufen.

Da hört er die Kälber schreien.

»Jessas! Meine Kaibei ham aa no koa Trank und koa Heu!«

Eilends rennt er zurück in die Kuchel, macht ein großes Feuer an und stellt den Hafen mit dem Gerstenbruch und der Weizenkleie auf, gießt eine Pfanne voll Milch ein und schiebt den Tiegel mit dem Fleisch aufs Feuer.

Dann ruft er kreuzfidel in die Stube: »Kinnts glei essen!«

Doch da ihm niemand antwortet, wundert er sich und meint: »Ja, wo san denn dee? Dee wern do net ohne Essen furt sei? Mei, mir konn do aa net hexen! Oans nach dem andern!«

Er sucht die Leiter her und stellt sie unterm Heuboden auf.

»Jetz muaß i derweil no gschwindse a Kaibeheu abaschmeißn.« – – –

»Bauer! – Is Bäuerin drinn?«

Ein Handwerksbursch fragts, grad als der Schiermoser über die Leiter hinaufkraxelt.

»Naa. Gar neamd.«

»Soo. Nachher machts aa nix. Pfüa Good.«

»Pfüate.«

Der Schiermoser verschwindet im Heuboden.

Aber auch hier sieht er manches, was ihn erzürnt und ärgert, und es dauert eine gute Zeit, bis er sein Kälberheu in die Tenne hinabwirft.

Endlich erscheint er wieder in der Öffnung und tastet vorsichtig mit dem Fuß nach der Leiter. –

»Himme Herrgott...«

Ja – wo ist denn die Leiter?

Hat einer schon einmal einen Bauern richtig fluchen hören?

Der Schiermoser flucht in diesem Augenblick wie ein Schwed. Wie ein Pandur.

Und drunten tritt aus der Haustür der Handwerksbursch, einen vollbepackten Rucksack am Buckel, einen schweren Korb am Arm, – und neben sich des Schiermosers schönes gutes Rad.

»Pfüate Good, Bauer! Sagst zu deiner Bäuerin: es hat mir nix weiter gmacht, daß s' net dahoam gwen is! Mit dee Manner is viel leichter arbatn, sagst. Gar mit solchene, wias du oana bist!«

Damit schwingt er sich aufs Rad und fährt davon.

Und läßt den guten Schiermoser in seiner Verzweiflung und Wut zurück.

In diesen Stunden kunnt der Teufel wieder viel holen, wenn er Derweil hätt! Alles und sogar den Schiermoser selber!

Ein Glück, daß die Schiermoserin auf dem ganzen Weg keine rechte Ruhe hatte; so gegen Abend kommt sie heim.

Und findet einen ganz kleinen, frommen Eheherrn, der alles, alles hingibt, wenn er wieder herabdarf vom Heuboden: alles – sogar das neue Hausregiment!

Die Ostereier der Reiserbuben

Die Reiserbäuerin von Haagrain sitzt am Rührfaß, dreht langsam das Schwungrad und stützt dazu den linken Ellbogen auf den Deckel des Fasses und das Haupt müd in die Hand, die gemach Perle um Perle des Rosenkranzes an der pichigen Seidenschnur hinabgleiten läßt.

Draußen werken und schaffen die Knechte und die Mägde, die Franzosen und der Alt, der Reiservater.

Denn er selber – der Reiserbauer – sitzt seit Jahr und Tag hinterm Ofen, starrt stumpfsinnig vor sich hin und taugt nimmer zu einem Tagwerk, seit ihn, wie der alte Dorfbader sagt, das Paralyß getroffen hat.

Mag vielleicht auch besser sein für ihn, wenn's gleich nicht gut ist für die andern; weiß er doch nicht, daß er seine Buben nimmer hat, den Sepp, den Girg und den Hans!

Aber sie weiß es – die Reiserin. Sie schaut trüb hinaus auf ihre Felder, die bestellt sind von Franzosen, wo fremde Hände säen und dereinst auch fremde Hände ernten werden.

Und immer seltener rollen die Gebetsperlen, bis sie endlich ganz still zwischen den Fingern der mageren Hand liegen, indes ein leiser Seufzer aus der Brust der Reiserin emporsteigt und sich zur Frage formt: »Für wen hab i jetz g'arbat? – Für wen hab i g'haust? – Zu was leb i no und werk i no?...«

Da läuten sie zu Haagrain des Herrn Auferstehung ein.

Und von Reuth trägt's der Wind herüber und von Au; – überall wird's Ostern.

Es ist ein alter Brauch, daß alle Glieder eines Bauernhofes vom Bauern bis zum geringsten Hüterbuben und der Gänsdirn an Ostern soviel Eier erhalten, als jedem die Hennen an einem Tag ins Nest legen.

Und so hat auch die Reiserin droben in ihrer Kammer eine Reihe von Schüsseln stehen, gefüllt mit Eiern: die eine mit dreißig – die andere mit zwanzig – und die nächste mit vierzig etwa –, wie es halt die Reiserhennen grad gut gemeint hatten mit jedem im Haus: mit ihm – dem Reiser – mit dem Alten – mit ihr – und den anderen.

Eilends läuft sie hinaus in den Hühnerstall, leert die Legsteigen eine nach der anderen und zählt: »Viere – und fünf san neune – und sieb'n san sechzehn – und acht san vierazwanzg – und drei san siemazwanzg. – Dees werd'n leicht gar die mein sein.«

Fürsorglich trägt sie den Reichtum in ihrer Schürze hinein ins Haus und füllt ein Körblein damit; danach kocht sie den Kaffee, backt Küchlein und Krapfen und stellt das Osterfleisch drin in der Stube auf den Tisch, der heut bedeckt ist mit dem alten hausgewirkten Tafeltuch aus feinstem Linnen.

Feierabend!

Der alte Reiservater steckt die schwere Uhr ins Samtgilet und hängt die dicke Kette mit den großen Talern daran; der Oberknecht rückt den Adlerflaum auf dem Hut zurecht, rollt den Bierbanzen in den Hausflöz und legt den Schlegel dazu; – und die Franzosen stehen lachend am Brunnen, einer sich schrubbend, der andere sich mit einem Roßkamm vor einem Spiegelscherben einen kühnen Scheitel ziehend – der dritte still seine Pfeife rauchend.

So kommt die Stunde des großen Halleluja und der Auferstehung.

Die einen kehren zurück von der Kirche – die anderen erheben sich grohnend von der Hausbank, wo sie ihre steifen Glieder ein wenig gestreckt und gedehnt haben – und gemach füllt sich die Wohnstube mit Menschen.

Auf dem Tisch steht nun die Schüssel mit den Nudeln und Krapfen, und die Mägde bringen dazu den Kaffee.

Der alte Reiser besprengt den Schinken mit Weihbrunn, verbrennt geweihten Palm, streut die Asche über den Tisch und sagt: »Alsdann, eßt's und seid's gern da; insa Herr is aa wieder da.«

Und dann kommt die Reiserin mit den Eierschüsseln.

Die Stallmagd und das Gänsdirndl helfen ihr beim Tragen, indes die Franzosen schweigend ihre Kaffeesuppe auslöffeln und danach vom Tisch aufstehen.

Da sagt der Alte: »He da! Schamberle! Alfons! Goliat! – dableib'n! – D' Hauptsach kimmt – d' Osteroar!«

Nun stehen zehn Schüsseln auf dem Tisch, und die Bäuerin beginnt – so wie sie es gewohnt seit langer Zeit – die Verteilung, jedem sein »Gelegtes« in der Schüssel darreichend, die von jeher für ihn bestimmt ist; dem mit einer gemalten Blume eine – dem anderen mit einem Spruch darauf – diesem eine blaue oder rote – dem anderen wieder eine weiße.

»Vater!«

Die Reiserin reicht ihrem alten Schwiegervater als erstem sein Gelegtes.

»Reiser!«

Stumpfsinnig betrachtet der Bauer seine Ostergabe.

»Michl!«

Der Oberknecht bedankt sich: »Gelt's Good, Reiserin!«

»Lisl!«

»Gelt's Good.«

»Nandl!«

Die Stalldirn sagt ihr Dankwort.

Und dann kommt der Ochsenbub daran – und danach das Gänsdirndl.

Und dann hat die Reiserin noch drei Schüsseln vor sich stehen – drei bemalte – die von ihren drei Reiserbuben.

Wie vordem die Perlen am Rosenkranz, so fielen gleichmäßig alter Gewohnheit nach die Namen eines jeden im Haus.

Und jetzt hebt die Reiserin eine von den bemalten Schüsseln – und sagt mit singender Stimme, so wie sie es tat Jahr um Jahr, so lang sie denken konnte als das Eheweib des Reiserbauern – sagt: »Girgei ...«

Erschrecken malt sich auf allen Gesichtern.

»Hansei...Sepp...«

Die Reiserin stellt mit leerem Blick die Schüssel ihres Girg zurück auf den Tisch – blickt unsicher über die versammelten Leute hin – und sieht die drei Franzosen bei der Türe stehen.

»Ja so«, murmelt sie; »es is ja Kriag.« – Da am Tisch stehen die Eier der Reiserbuben.

Drei Franzosen. – Drei Schüsseln. –

Die Hand zuckt ihr...

Dann greift sie nach dem Körblein mit den siebenundzwanzig Eiern von heut, gibt's den Gefangenen mit weggewandten Augen hin und sagt: »Da...teilt's es enk.«

Und nimmt danach die Schüsseln ihrer gefallenen Söhne in die Schürze und eilt hinaus, hinunter in die Hütte der Lehrschneiderwabn.

Die Wabn ist ein einschichtigs Häuslweib, das sich mit einer Stuben voller kleiner Kinderwar, einer alten Geiß und etlichen Kinihasen rechtschaffen durchschlägt durch dies armselige Erdenleben, indes ihr Lehrschneider draußen im Lothringischen einem Häuflein gefallener Landsturmleute treue Kameradschaft hält – irgendwo in einer fremden Grabstatt drinn.

Grad hockt sie hinten in der Schupfe auf einem niedern Schemel – die Lehrschneiderwabn – und melkt ihre Armeleutkuh; drinn in der Stube balgen sich die Buben mit den Maidln, eins schreit in der Wiegen und ein anderes auf dem Boden, – da kommt die Reiserin zur Tür herein.

Wortlos, zaudernd schier steht sie still; ihr leerer Blick irrt scheu und fremd über das kleine Häuflein Elend hin, – dann tritt sie rasch an den Tisch und leert ihr Fürtuch aus.

»Da, i hab enk epps bracht«, sagt sie mit rauher Stimm; »a paar Osteroar.«

Und legt also alles hin, was sie bei sich trägt – die ganzen Ostereier der drei Reiserbuben.

Dann geht sie wieder heim und tut still ihr Tagwerk, wie sie es gewohnt. –

Der Dorfdummerl

Es können leicht an die dreißig Jahre sein, daß ich ihn zum letztenmal gesehen, den Riederbauern von Öd. Ich lief dazumal noch in Kinderschuhen und ließ mich des öftern von ihm oder seiner Riederbäuerin aus dem Obstgarten staupen, wenn die Pflaumen zeitig wurden.

Zu jener Zeit war es auch, daß meine Großmutter das jüngste Maidl des Riederbauern, das Babettei, aus der Taufe hob. –

Nun, nach dreißig Jahren also kam ich wieder dahin, wo die Gehöfte meiner Freundschaft standen, wo ein einschichtigs Kreuz und ein schmaler Erdhügel die Ruhstatt meiner lang dahingegangenen Voreltern weisen.

Und ich sah den großmächtigen Riederhof wieder wie dereinst zwischen fruchtbeladenen Bäumen und Hecken prangen.

Da kam mich ein Gelüsten an, dieses Haus wieder heimzusuchen und seine Bewohner zu begrüßen. Und ich stieg die alten, ausgetretenen Steiglein des Hügels hinan, ging an dem blumenreichen Hausgarten vorüber und trat zum Gehöft.

Da saß ein fremder Bauer neben der geschnitzten Haustür auf der Bank und fragte mich, was ich suchte an diesem Ort.

Ich bat ihn um einen Bescheid über den alten Riederbauern und seine Leut. Da sagte er: »Hock di a weng nieder da. Dees is a lange Gschicht, dees vom Rieder, – die Gschicht vom Dummerl.« –

Vom Dummerl, sagte er.

Ja, es war eine lange Geschichte, eine seltsame und schier unerhörte.

Der Riederbauer war schon in seinen jungen Jahren ein gspaßiger Mensch, ein Sonderling, ein einschichtiger, gewesen. Sein Sinn hing am Neuen, Fremden, Modischen, und er fand keine Freude am Althergebrachten, Überkommenen.

Als daher sein Vater starb, ließ er sogleich das ganze Inventar des Hauses versteigern samt Künikammer und Spinnradl, riß den alten Bauernhof bis auf die Grundmauern nieder und baute darauf ein neumodisches Gut. Und er stattete alles aus mit Maschinen und neuartigen Einrichtungen und suchte sich darnach eine Hochzeiterin nach seiner Art.

Die einzige Tochter des steinreichen Wiesmüllers von Au war ihm gerade recht: in der Stadt erzogen, modisch gewandet und den Sinn nach allem gerichtet, was fremd und teuer war.

Der Geldsack kam auch hier wieder zum Geldsack; und dazu hatten die beiden auch noch Glück.

Es ging vorwärts bei ihnen, und die Goldtruhe wurde schwerer und schwerer.

Freilich, sonst fanden sie nicht viel Fröhlichkeit in ihrem Dasein. Denn sie hatten nicht viele Freund und Gönner, dafür aber desto mehr Feind und Neider.

Sogar der Pfarrer war ihnen nicht gewogen und sagte es ganz unverhohlen von der Kanzel herab, daß kein Reicher ins Himmelreich einginge; am allerwenigsten solch ein unchristlicher Protz, wie der...na, er wolle ihn nicht nennen...denn derselbige Tropf wüßte schon selber, daß er gemeint wär!

Die Gemeinde wußte es natürlich auch, wen dies anging.

Was Wunder, daß aus dem Riederbauern bald ein Einödbauer wurde!

Daß er alle mied und sich abseits hielt mit seinem Weib und seinem Dienstvolk.

Nur meine Großmutter ging bei ihm aus und ein und stand, als die Riederbäuerin ihrem Eheherrn ein junges Menschlein ums ander in die Hauswiege legte, getreulich am Taufbecken und legte allen die Hand auf. –

Und die Zeit ging dahin in Arbeit; die Kinder wuchsen heran und gediehen wohl.

Aber sie hatten den Sinn von Vater und Mutter geerbt, fanden keine Lust am Bauernleben, und waren, kaum daß sie der Schule entwachsen, auf ja und nein dahin – in der Großstadt.

Dies war nun freilich nicht nach dem Kopf des Alten. Aber was half's? Er mußte sie halt ziehen lassen, so sehr er sich auch dagegen stemmte.

Die Riederbäuerin freilich konnte den Abschied von ihren Kindern nicht verwinden. Sie ward krank und serbend, und etliche Jährlein darnach mußte ihr Eheherr sie hinaustragen lassen zur ewigen Ruhstatt unter einem kleinen schwarzen Erdhügel.

Nun hatte er niemanden mehr, der Rieder; denn auch meine Großmutter war zu der Zeit längst heimgegangen zum ewigen Frieden.

Da hätt ers gar gern gesehen, daß eins oder's ander von seinen Kindern gekommen wär zu ihm, dem Einsamen.

Aber die waren alle nun versorgt und verheiratet drinnen in der Stadt und wollten nichts mehr wissen von Stall und Feld.

Und die Jüngste, das Babettei, ließ überhaupt nichts mehr hören seit Jahr und Tag; die war verschwunden und verschollen.

Und wie leicht hätte gerade sie mit ihrer Jugend des Vaters Tage ein wenig gewürzt und erfrischt! Denn er war unversehens müd und alt geworden, der Rieder.

Sein ehedem rötlicher Vollbart war gebleicht und das ergraute Haar hing wirr um die eingefallenen Schläfen.

Und doch war er noch gut bei Jahren!

Immer noch ein Wittiber, der das Zeug gehabt hätte, eine zweite zu freien!

Manchmal dachte er auch selber bei sich: »Es is net schee, oaspannig durchs Lebn roasn; i suach mir eppa gar wieder a

Gspann – – –;« aber er fand nichts draußen in den Dörfern, was ihm getaugt hätte dazu.

Und so kam er zu guter Letzt auf den Gedanken, den ganzen Hof zu verkaufen und drinnen in der Stadt sich eine zu freien, die ihn noch einmal aufleben ließe und jung machte.

Also ließ er den schönen und großmächtigen Bauernhof fahren, kaufte sich in der Stadt ein Häusl mit einem Garten daran, richtete sich modisch her und ging auf die Freite.

Das Haar hatte er sich nun kunstgerecht zustutzen und den Bart ganz abnehmen lassen; und seine städtische Gewandung ließ ihn als einen ganz anderen erscheinen. Ja, als er eines Tages nochmals zurück mußte in sein Heimatdorf, um etliches zu schlichten, da erkannte ihn kein Mensch wieder. –

Nun lebte er also mit seinem Gelde in der großen Stadt und ging als Freiersmann herum.

Da traf es sich eines Abends, daß ihn, gerade als er aus einem Weinhaus trat, ein Mädchen ansprach und ihn einlud, mitzukommen.

Das Weibsbild gefiel ihm, und so kam es, daß er frei auf seine verheirateten Kinder und auf seine fünfzig Jahre vergaß, die er am Buckel hatte; und daß droben in Öd ein kleiner Fleck Erde war, unter dem seine Riederin schlief und auf ihn wartete!

Nur allzu willig tappte er hinter dem raschelnden Seidenfähnlein her und dachte weiter nichts, als daß er ein Wittiber wär und tun könne, was ihm gefiel.

Ja, er lud das Mädel sogar für den kommenden Tag zu sich ein und versprach ihm allerhand Geschenke, wenn es sich entschließen könnte, bei ihm zu bleiben!

Selbstverständlich wollte sie, die Jungfer! –

Am andern Morgen. Der Rieder hat für die Kleine, die er gern zu einer Haushälterin möchte, ein hübsches güldenes Halskettlein erstanden mit einem Kreuz aus Granatsteinen daran.

Denn er möcht das Weibsbild gar zu gern bei sich haben. Da könnt er am End auch ohne nochmalige Heiraterei das Dasein gemütlich beschließen...

Irgendwo trinkt er sein Schöpplein Wein und hängt dabei allerhand Gedanken nach.

Und unversehens erwacht in ihm der Wunsch, seine Kinder aufzusuchen: Den Franz, die Lies und die Gretl...

Und das Babettei...Sein Babettei!

Wo mag jetzt das Dirndl wohl weilen?

Wo soll er es suchen? –

Drüben auf der Polizei hat er es erfragt, wo seine Kinder sind.

Und in der Hand hält er die Zettel, davon der eine besagt, daß das Fräulein Betty Rieder aus Öd in Bayern ein Privatmodell ist und Hotterstraße 2 wohnt.

Ob sie es wohl wirklich ist?

Der Rieder setzt sich in einen Fiaker und befiehlt: »Hotterstraß zwoa fahrst mi!«

Und dann tritt er ins Haus und läutet.

Eine Alte öffnet und gibt ihm Bescheid: »Ja, ja, Herr; dees stimmt schon. Die is's schon. Aber sie is grad net z' Haus. In einer halben Stund, hats gsagt, kommts wieder!«

Sie führt ihn in die Stube des Mädchens und schiebt ihm einen Sessel hin: »Wartens halt derweil; sie wird glei kommen. Lassens Ihnen die Zeit net lang werdn.« – – –

Der Rieder steht in der Stube.

Aber er hat kaum einen Blick durch den Raum getan, da steigt ihm eine fliegende Hitze auf und darnach schüttelt ihn ein Frost...

Er fällt in den Sessel, – springt wieder auf, – rennt hin und her...

Schlägt sich vor die Stirn und schaut irr um sich...

Kein Zweifel, – es ist so. –

Und er setzt sich auf den Rand des Bettes, stemmt die Arme auf die Knie, lehnt den Kopf schwer darauf und schnauft...

Leichtlich eine Viertelstunde hockt er so da – ganz starr und stumm.

Plötzlich aber springt er auf, reißt das güldene Kettlein aus dem Sack und wirft es auf die Zudeck...

Zieht den Beutel, reißt ihn auf und streut die Silberstücke und Papierfetzen auf den Boden herum, brüllt auf wie ein wundes Tier und rennt davon...dahin...immer fort... dahin...

Etliche Tage darnach kniet vor dem Grabhügel der seligen Riederbäuerin ein irrer Mensch, wühlt in der Erde und stöhnt: »I kaaf dir a Kreuzerl...i kaaf dir a Ketterl...aber mei Ruah gib mir wieder... mei Ruah...»

Und seit der Zeit sagen die Leut: Der Riederbauer von Öd wär ein Dummerl worden. – – –

Schauer

Der Franzensimmer legt die letzte Mahd um. Dann nimmt er einen Büschel des eben geschnittenen Grases, wischt bedächtig seine Sense ab und wetzt sie für die nächste Arbeit; denn es ist um die Heuernte.

Hinter ihm schaffen ein paar Dirnen, werfen an und beuteln das Gras auseinander, daß die Halme fliegen.

Eine drückende Schwüle brütet über der Flur, sengend und dörrend glüht die Sonne hernieder und tut rasche Arbeit auf Feld und Wiesen.

»Bals heunt no aushalt't, 's Wetta, nachha bring ma leicht a fünf – a sechs Fuada hoam«, sagt der Simmer und richtet sich zum Gehen. »I mah jetzt no schnell an Heißenroa, – nachher fang ma o zum schlagln; z'erscht in der Broatwiesen drunt und darnach im Englmoos hint. Und der Sepp und 's Marei könnan da hervorn 's Wendn ofanga. Um zwoa soll der Franzos mit dem erschtn Wagn kemma!«

Darnach geht er mit großen, gemächlichen Mahderschritten dahin – – hinunter zum Heißenrain.

Unterwegs kommt er an einem Kornfeld seines Vaters vorbei.

Da steht er einen Augenblick still, betrachtet die schweren, bleichenden Ähren und murmelt: »Hat scho verblüaht. Schwaare Ähern. Da ham scho Körndl Platz drinn.«

Dahinter kommt ein Land Weizen, gleichfalls dem Franzenbauern von Ried gehörend.

Und der Simmer findet auch den Weizen nicht schlecht.

»Steht guat der Woaz«, sagt er für sich. »A weng nieder – aber sinst guat. Regna sollts halt.«

Dann mäht er den Rain. – – –

Halb zwei Uhr nach alter Zeit; denn der Bauer hälts nicht gern mit Neuerungen. Auch macht ihm dieses sommerliche Vorrücken des Stundenzeigers soviel Rechnerei und Kopfarbeit, daß er lieber nach seiner Winteruhr schafft und werkt und also den Tag von der Sonn und vom Licht messen und in Stunden teilen läßt. –

Der alte Franzenbauer geschirrt die Rösser ein, der Franzos die Ochsen.

Da sagt droben auf der Altane die Großmutter: »Kaschba, i fürcht, ös derfts enk tummeln. A Wetta hängt hint, – a ganz a schiachs!«

Aber ihr Sohn, der Franzenbauer, lacht.

»Ah, was net gar! – Dees laß nur hint steh, Muatta! Dees tuat ins nix mehr. Derwei ham mir lang all's dahoam, was guat is.«

Und zum Franzosen hin murmelt er: »Daß die alt'n Weiber gar allewei epps zum ferchtn und zum schwatzn habn müaßn!«

Aber er werkt doch ganz geschwind, pfeift gellend den Dirndln, die zum Fuderfassen mitmüssen, und zeigt dem Franzosen die Wettertürme und die bräunlichen Nebelstreifen um die Sonne.

»He, Ludwig! – Wetta nix gscheits! – A bissl wite wite! Gel ja! Verschtehst mi schon!«

Und da gerad die Maidln auf die Wagen springen und rufen: »Hüa! Fahrts zua!« so versteht der ganz gut, was er soll; er schwingt sich auf den Wagen, reißt an den Zügeln der Rösser und schreit: »Üa lala! Üa!«

Breitspurig steht er droben, schnalzt mit der Geißel und setzt die Rösser in einen wilden Trab, indes das Dirndl kreischt und lacht und sich mit beiden Händen an den Wagenleitern festhält.

Und der Franzenbauer nimmt das Leitseil, treibt seine Ochsen an und folgt gemächlich hinterdrein.

Derweil richtet die Bäuerin schon einen Truchenwagen zurecht und schiebt ihn vors Haus.

Dann ruft sie hinauf zum Kammerfenster der Großmutter: »Muatta! He! –«

Die Alte tritt auf die Laube: »Was is's?«

»Muatta, moanst, daß d'a weng ablaaren helfa konnst, bal's erschte Fuda einakimmt? – 's Wetta steht hübsch nahand da.«

Die Großmutter blickt ängstlich nach dem Himmel, der sich immer drohender mit Wetterwolken umzieht.

»Freili stehts scho ganz nahand da!« wiederholt sie; »wenn ma nur no alls guat hoambringan – – und daß 's koa Schauer werd. – Auf die truckene Zeit hi. – Ja i hilf.«

Also schafft und werkt der ganze Franzenhof, und drüben beim Singer ists das gleiche und beim Wirt und bei allen, die ihr Gut draußen haben auf Feld und Rain, – die den Halm zum Kreuzer machen müssen in sauerem Schweiß – mit vieler Müh.

Immer mehr umdüstert sich der Himmel. Die Sonne verkriecht sich hinter riesenhaften Wettertürmen und macht die Wolken kupferig und schwefelgelb.

Eine unheimliche Stille und niederdrückende Schwüle hängt in der Luft.

Nur die Stechmücken und Bremsen schwirren zu Hunderten und Tausenden herum und quälen Mensch und Vieh bis aufs Blut.

Die vom Franzenbauern arbeiten fieberhaft.

Schon fährt der Franzos das erste Fuder heim, die Bäuerin hilft ihm beim Ausgeschirren und Einspannen, – und dahin gehts mit dem Truchenwagen um das dritte Fuder. Denn das zweite macht grad der Franzenbauer fertig.

Drinn am Heuboden ist die Hitze schier unerträglich. Das dürre Heu staubt, daß es sich wie ein Krampf auf die Lunge der alten Franzenmutter legt.

Sie hustet trocken und müd.

Aber sie werkt wie die Jüngeren und Jungen und nimmt ihrer Schwiegerin Gabel um Gabel ab, indes der kleine Michel aus all den Gabeln voll den Grund legt zu dem großmächtigen Heustock, der noch an diesem Tag entsteht.

Kaum ist der Wagen leer und draußen aus der Tenne, da kommt schon der Bauer mit dem nächsten Fuder.

»Wieviel fahrts denn hoam?« fragt die Franzin.

»No viere.«

»No viere – des braucht ablaarn.«

»Und hintreraama«, sagt die Alte dazu.

»Und eintrettn!« seufzt der Michl.

Aber der Bauer hört nichts mehr.

Er spannt seine Ochsen an den Leiterwagen, schmiert sie mit dem Bremsenöl ein und tut einen besorgten Blick zum Himmel.

Da ists schier Nacht geworden; und weiter hinten, dort bei den Bergen, da wetterleuchtets und blitzts, daß man möcht blind werden.

»Hüa Braunei, ziag o!«

Ein Geißelhieb sagt erst dem Sattelochsen und dann dem Handigen, daß höchste Eil vonnöten ist. –

Es schlägt drei.

Eine Glocke hebt zum Wetterläuten an.

Die auf den Feldern hörens.

Sie sehen über sich – und schlagen ein Kreuz.

»Heunt schaugts grause her.«

»Ja ganz schiach.«

Und sie arbeiten, wie ihre Rösser.

Immer noch kein Lufthauch – kein Tropfen Regen.

Etliche Krähen kreischen auf und fliegen ins Gehölz.

Hoch und schwer steht das Korn auf den Feldern, voll und reich der Weizen.

Die Blitze werden immer greller.

Ein vereinzelter Donnerschlag kracht und zersplittert irgendwo.

Die Rösser jagen mit leeren Wagen hinaus, – Ochsen schinden sich mit dem vierten – fünften Fuder dem Hof zu, – und die Menschen werken wie Riesen, um dem da droben mit seinem Leuchten und Grollen zu entreißen, was er vernichten möchte. – – –

Das letzte Fuder ist auf der Heimfahrt.

Noch sind die drei, der Michl, die Großmutter und die Franzin beim Ableeren.

Da murmelt die Alte plötzlich. »Jetzt gehts nimmer. Jetzt muaß i a weng schnaufa.« –

Sie fällt wie ein Klotz auf den Heuhaufen.

Da – ein furchtbarer Blitz – ein heulender Windstoß – ein knatterndes Krachen...

Und dann: tak tak tak – auf die Ziegel des Hausdaches – Steine – Hagel.

»Heilig's Kreuz! Stoa! – Der Schauer!« –

Drunten in der Wohnstube brennt die schwarze Wetterkerze von Unserer Frau zu Altötting.

»Im Anfange war das Wort – und das Wort war bei Gott – und Gott war das Wort...«

Draußen ein Brausen, Heulen, Toben; ein Klirren und Scheppern der Fenster. Das Vieh brüllt – der Mensch erbebt und lernt beten.

Und auf den Feldern liegt der Weizen und das Korn – mit den vielen Tropfen Schweißes hergezogen, – das Brot des Landmanns und des Städters, – zermalmt und zerschlagen. –

Am andern Morgen steht der Franzenbauer draußen, schaut mit leerem Blick über die verwüstete Flur und murmelt: »Ja no, – da kann ma halt nix macha. – Hat ma halt wieder amal umasinst g'arbat.« –

Und die Großmutter mahnt: »Teats Brot sparn, – der Schauer hat g'schlag'n.« –

Feierabend

Der alte Kreuzeder hat's Heimgehen im Sinn.

Ächzend und ziehend liegt er in den hochaufgebetteten Polstern seiner Liegerstatt, hat die eingebrochenen Augen weit offen, die brandigen Lippen fest zusammengepreßt und die groben, knochigen Hände auf der geblümten Zudeck ineinandergeschlungen.

Eine dämpfige Schwüle brütet in der Kammer; – die alte Stockuhr hackt langsam ihre Zeit, – die Fliegen tanzen leise summend um die Fransen der Perlenampeln an den Fensterstöcken.

Die Kreuzederin gießt aufseufzend aus einer Steinkrugel Öl ins Nachtlicht, setzt einen neuen Docht ein und stellt eine zerbrochene Kaffeeschale voll Weichbrunn auf den Nachttisch.

Eine Weile steht sie nachsinnend mit verschlungenen Händen vor dem Bett des Absterbenden.

Darnach bricht sie ein Zweiglein vom Rosmarinstock am Fensterbrett, taucht's in den Weichbrunn und besprengt damit ihren Kreuzeder.

Und sagt mit verhaltener Stimm: »Wia is dir denn, Vata?«

Und da der Alt nicht sagt: schlecht – oder: guat, – so zieht sie ihren Rosenkranz aus dem Sack, wickelt ihn um die hageren Finger des Vaters und murmelt: »Hilf, Herr, – er ziagt.«

Und geht leise hinaus und holt die andern.

Ihren Jüngsten, – den Hans.

Und die Zenz, das Maidl.

Und denkt an den Sepp; ihren Ersten.

Dann ruft sie die Ehehalten zusammen, – die Knecht und Mägd. –

Drüben beim Leinthaler läuten sie zum Feierabend.

Da wispern die vom Kreuzederhof: »Jetz gilt's für eahm aa. Jetz macht er gähent aa Feiramd.«

Sie ziehen die Holzpantoffeln von den Füßen und gehen langsam und gedrückt die Stiegen hinauf, – hinein in die Kammer des Alten.

Der liegt starr, wie ehvor.

Nur die Augen wenden sich erkennend den Eintretenden zu.

Die Kreuzederin geht ans Bett des Sterbenden.

»Vata! – D' Leut waarn da ... zum Pfüagoodn.«

Der Hans tritt hinter sie und schaut über ihre Achsel nach dem Vater.

Und würgt an den Worten: »Is dir net guat, Vata?«

Die Zenz stellt sich an das Fußende der Bettstatt, hält das Fürta vor's Gesicht und fängt laut zum Weinen und Jammern an.

Indes die Ehehalten scheu und verlegen an der Tür bleiben und den abscheidenden Bauern betrachten.

Der läßt den Blick langsam von einem zum andern gehen. –

Langsam bewegen sich die knöchernen Finger.

Langsam öffnen sich die ersterbenden Lippen. Und lallend haucht der Alte: »Leut.«

Die Kreuzederin beugt sich zu ihm nieder.

»Möchst eppas sagn, Vata?«

Der Bauer rafft die letzte Kraft zusammen.

»Muata ... Leut ... i muaß ... geh. – Halt's ... guat ... z'samm ... und schaugt's ... auf ... d' Sach.« –

Er setzt erschöpft ab.

Die Bäuerin gibt ihm mit dem Löffel ein Wenigs von dem roten Wein am Nachttisch.

Der Alt fährt fort: »Hans, ... der Schimme ... is leicht ... verdorb'n. – Und der Fuchs ... derf net ... grittn werdn. – Hat d' Hürblerin ... scho kalbet? – Bal ... der Sepp ... vom Kriag ... hoamkimmt, ... soll er ... an Hof ... habn ... – Leut ... i dank enk ... und ... nix ... für ... unguat.« –

Hart und kurz abgerissen ist die Rede gekommen.

Noch einmal flackert das Leben auf. »Aufrichten!« flüstert er.

Die Bäuerin schiebt ihren Arm unter seine Polster.

Fürsichtig stützt sie den Sterbenden, bis er schier aufrecht sitzt.

Da hebt sich langsam seine welke Rechte, – fährt unsicher über die Zudeck und fällt müd herab.

»Insa ... Herr ... gsegn ... enk. – Hans ... Zenz ... Muata ... Sepp! – Der Sepp ... soll bald ... heiratn ... daß ... a Bauer ... am Hof ... is. – O ... mei ... Heiland ... –«

Die Zenz schreit laut auf.

Der Hans tritt vom Bett weg – mit tiefgebeugtem Kopf.

Die Kreuzederin läßt die Kissen sinken.

Es ist aus.

Sie drückt dem Vater leise auf die Augenlider.

»O Herr, gib eahm die ewi Ruah ...«

Und der Ochsenbub läutet dem Bauern den Feierabend. –

Verstreut veröffentlichte und nachgelassene Prosa

Die zwei Seiten

Es hat ein jedes Ding in der Welt seine zwei Seiten, heißts: eine vordere und eine hintere, oder wie der Bauer sagt: eine g'rechte und eine denke, was so viel heißt, als: eine gute und eine schlechte.

Nimmt man zum Beispiel den Bauernstand her; ja, da plärren und schreien die Stadtleut: »Was? Is er vielleicht net besser, der Bauernstand, – besser wie jeder andere? – Ham sie's vielleicht net schön, unsere Bauern? – Sie ham Brot und Mehl grad gnuag, – ham Milch und Schmalz gnuag: – Eier und Butter hams aa, was s'brauchen, – Fleisch und Viech hams mehra wie gnuag, – und Geld? O mei, dees hängt eahno a so scho zu alle Hosensäck raus, so viel verdienens in dem Kriag!«

Und jeder sagt noch extra dazu: »I wollt, i wär a Bauer!«

Ja ja. Sie sehen halt bloß die g'rechte Seite, – die gute. Und vergessen darüber ganz und gar auf die andere, die zu betrachten sich wohl auch verlohnt!

Doch lasse ich lieber den alten Kreuzhofbauern von Münster reden; der kennt sich aus im Bauernstand: »Ja no«, sagt der Kreuzhofbauer: [»]Weil mir scho von den Bauern dischbutiern, muaß i amal z'erscht dees sagn: der wo moant, daß's der Bauer besser hat, wie d'Stadtleut, dem is net z'helfa. Der versteht nix. Und der wo gern oana waar, a Bauer, der soll nur amal a Wocha a fünfe – sechse außageh zu ins. Aber i red jetz net vom Bauernstand überhaupts; denn wenn i glei vo kloa auf hab opacka müassen, und wenn i aa so und so oft in dene fuchzg Jahr, wo i Bauer bin, den ganzen liaben Tag hab bluate arbatn müassen, und nachha die ganz' Nacht hihocka für a Kuah, die wo kalbet hat, oder für a Roß, dees wo nachher do verreckt is, – und am andern Tag in der Früah um drei – viere hat's wieder ghoaßen: auße zum maahn, so bin i do meiner Lebtag gern a Bauer gwen. Aber dees sell sag i: seitdem daß der Kriag is, wird mir mei Freid und Fiduz alleweil weniger zum Bauern. Schaug, wia er sell über ins kemma is, der Kriag, da hat jeder vo ins hergebn, was er nur grad herlassen hat könna. Insane besten Roß hams ins furt, insane Wagn aa, insane Knecht ham mir hergebn – und insane Buam aa. Mei Wastl is zu dera Zeit grad vieravierzg Jahr alt gwen; aber no, woaßt es scho, deant hat er ghabt beim zwoatn Regiment zu seiner Zeit, – und furt hat er jetz müassen. Sei größana Bua, insa Martl, der is a so grad Soldat gwen, wias aufganga is, – hat er halt aa glei auße müassen. Jetz hat mir aber grad d'Aarnt ghabt und's Groamatmachn und's Dreschen und was halt so die ganz Arbat is! Mei Liaber! Da [h]am mir Tag und Nacht gwerkt und Nacht und Tag! Denn wer gaab denn die Stadtleut dees täglich Brot, wenns net mir herbrachten.

Siechst, lang hab i g'arbat und gern. Aber grad so gern hätt i auf meine altn Tag a bißl an Ruah und an Feirambd ghabt. Es hat net sei kinna. I hab wieder toa müassn wia Junga, hab wieder d'Ochsen ei'gspannt und bin auße zum Ritzen und Broaten, zum Ackern und Zuabaun. Mei, sell hab i alleweil no dee andern zwee Buam ghabt; und mei Wastl hat aa no drei da ghabt; oan mit zwanzg und oan mit neinzeha und oan mit achtzeha. Aber der Kriag hat koa Aufhörats nimma gfunden, und da hat halt oana um den andern furt müassen. Bis mir ganz alloa bliebn sand, mei Alte, an Martl sei Bäuerin und i. Und insa Dirn. Aber no – hast aa nix dagegn macha kinna. Und d'Aarnt is dengerscht hoamkemma – und d'Erdäpfel aa. Und frisch zuabaut ham mir aa wieder. – A bißl langsamer halt und net so schee, als wie die Junga, – aber wenigstens *ham mirs gmacht.* – Ja ja. Schaug, und jetz liegt oana um den andern vo insane Buam draußt anorts und rührt si und reibt si nimmer; und der oa is no in an Lazarett – und von dem andern wiss'ma überhaupt nix mehr, – Und so is's überall, wost hischaugst. – Aber, aa dees is no net dees ärger, wenns glei trauri is. – Was ins Bauern verdriaßt is halt dees: daß koa Mensch einkennt, daß der Bauer aa a harte Zeit hat in dem Kriag, daß er auf der oan Seitn alls hergebn soll, und auf der andern Seitn kriagt er nix eina! D'Stadt braucht a Milli und Oar und Butter und Schmalz und Fleisch und Mehl und Troad und Leder, – und der Kriag braucht no viel mehra, – und mir? Mir ham koan Liacht nimmer; mir ham koa gscheits Futta fürs Viech nimmer und koan Leut und koa Viech zu der Arbat. Es is vielleicht net überall gleich schlecht; aber bei dee mehran Bauern is's a so. Und gehst wo eine und möchst was kaaffa, – a Glump kriagst ums teuere Geld, – an Kriegsschund und an Ersatz. Hat oana früher hundert Mark im Monat ausgebn fürn Werkzeug, – heunt gibt er vier und fünfhundert aus, – und dengerscht hat er nix gscheits! – Und was hilft ins dees Geld, dees wo mir einnehman? Nix. Gar nix. Höchstens, daß si dee größern Bauern neue Zwerchstadel baun, neue Maschina und Motoren kaaffa. Wir, – dee Kloane, – mir schnaufan ins jetz aa net leichter, z'samt dem Kriag. Weerst mi scho verschteh. Es hat halt a jedes Ding zwei Seiten. A denke und a g'rechte.«

Das Schweinchen

Herr und Frau Sekretär Müller saßen auf dem Lande, oder – besser gesagt – in der Sommerfrische.

Denn wegen der paar Wochen Urlaub, die man als Gerichtssekretär zu genießen das Vergnügen hatte, konnte man sich doch nicht die Umstände machen, richtig aufs Land zu gehen, etwa so wie die Familie des Herrn Präsidenten oder des Regierungsrats!

Da ging man eben nur ein wenig in die Sommerfrische; und zwar trotz des geringschätzigen Lächelns der Frau Funktionär und der Frau Kanzleirat bloß nach Sindelhofen in Bayern.

Allerdings hätte die Frau Sekretär Müller lieber den Nachbarsort Schönau gewählt, schon des mannigfachen Vorkommens dieses Namens halber. Denn: wem braucht man es auf die Nase zu binden, ob man in Schönau bei Wien, – bei Linz, – bei Berchtesgaden oder bloß bei Sindelhofen in der Sommerfrische war!

Doch Herr Müller entschied sich für Sindelhofen. Zwar durfte niemand den eigentlichen Grund dieses Wahlergebnisses erfahren, daß nämlich eine Schwester des Herrn Sekretärs in Sindelhofen an einen armseligen Häuslmann und Leinweber verheiratet war; aber der Krieg und die Notwendigkeit, sein durch nicht allzureichliche Stadtkost ziemlich unscheinbar gewordenes Ich bei Kühen und Schweinen, Hühnern und Tauben wieder ein wenig auf die normale Friedenshöhe zu bringen, machten den Aufenthalt in einem solchen Bauernnest ganz hinten in irgend einem Winkel Bayerns entschuldbar und begreiflich in den Augen aller, die da glaubten, ein Recht zu haben, die Gewohnheiten ihres lieben Nächsten zu bekritteln. –

Also, Müllers waren in der Sommerfrische beim Weber in Sindelhofen. –

Und sie saßen gemütlich unter einem schattigen Apfelbaum, hatten eben den Nachmittagskaffee getrunken, die letzten Kriegsberichte und die Stadtneuigkeiten gelesen und sahen zufrieden und behaglich blinzelnd hinein in den warmen Spätsommertag.

Da kam die kleine Tochter der Weberin, nahm das Geschirr vom Tisch und sagte: »Heut sticht der Vata drei Säu ab: beim Alberer oane, beim Karpfinger oane und bei der Riedlin oane. Da kriagn mir nachher überall a Fleisch und a Wurscht.« –

Natürlich!

Die Frau Sekretär seufzte.

»Ja, ja – die Bauern! – Die haben's halt gut! – Wenn sie gern Küchlein essen, fahren sie in die Mühle – und wollen sie Fleisch, so stechen sie sich ein Schwein! – Aber unsereiner...«

Der Herr Sekretär blies ein paar dichte Rauchwolken in die Luft und streifte gedankenvoll seine Zigarre in das Strickkörbchen seiner Frau.

»Freili ham sie's guat, unserne Bauern«, meinte er; »aber, wenn mans richtig betracht't, könntens ja mir aa ein bißl besser habn! – Versteh'n sollt man's halt, versteh'n...«

Seine Frau nickte.

»Und am Land leben sollte man, Fritz, weißt du, und selber sollte man eben solche Dingelchen haben!«

»Was für Dingelchen?«

Der Herr Sekretär fragte es ein wenig nervös.

»Nun – so ein Schweinchen vielleicht – und ein paar Hühner...«

»Ja no. Freili waar dees recht! – Aber bei uns – da drinn – in der Stadt – über drei Stiegn...«

Ein langgezogener Schrei durchschnitt in diesem Augenblick die Stille des Nachmittags: gleich darauf ein zweiter – und ein dritter.

Darnach wurde alles wieder ruhig.

Die Frau Sekretär seufzte abermals.

»Nun hat er's wohl...«, sagte sie und machte die Bewegung des Gurgelabschneidens; »Nun hat's wohl ausgeschrieen...«

»Wahrscheinli«, meinte er; »Wahrscheinli hat's auspfiffen.«

Er blätterte ein wenig in der Zeitung herum. »Wannst halt du aa oane waarst!« fuhr's ihm dann plötzlich heraus; »wann ma di aa zu was braucha kunnt! – Nachher wüßt' i schon... was i tät...!«

Und damit stand er mit einem Ruck auf und ging hinüber zum Alberer, wo eben die Bäuerin und die Dirn einen Zuber kochenden Wassers nach der Tenne schleppten.

Da drinnen stand der Weber mit dem Alberer vor einem Tisch, darauf die tote Sau lag, sie bestreuten das ganze Vieh mit gestoßenem Schusterpech und warfen es darnach in die Brotteigmulde, wo es aufgebrüht und mit Stricken abgerieben wurde.

Der Herr Sekretär kam näher.

»Aha, seid's scho bei der Arbat?!«

»Wern ma's glei hab'n«, erwiderte ihm der Alberer.

Und der Weber fügte bei: »Da is nix dahinter. Da stich i dir alle Tag zehne ab, wenn's sei muaß!«

Sein Schwager, der Herr Sekretär lachte.

»Ja no. Du konnst umgeh' mit so was. – «

Im Stillen aber prüfte er seine Kräfte und das Maß seiner Kaltblütigkeit, welches vielleicht einmal notwendig wäre, um selber so eine Sau ... gesetzt den Fall natürlich ... daß man überhaupt eine hätte...

»Wia lang habts jetz die gfüttert?«, fragte er plötzlich so mitten aus seinem Gedanken heraus.

Der Alberer zählte es an den Fingern ab. »Wia lang, sagst? – No, auf Ostern ham mirs eingstellt. Dees is also amal: April – Mai – Juni – Juli – August. No ja. Der April grad halbert – und der August grad halbert. – Nachher sands vier Monat so beiläufi.«

»Donnerwetter!«

Der Herr Sekretär war verblüfft!

»Was! bloß vier Monat? – Ja – die wiegt aber doch gut ihre anderthalb Zentner?«

»Freili wiegts dees! Muaß s' ja wiegn, bal s' gsund is!«, meinte sein Schwager, der Weber.

Und der Alberer sagte: »Mei, ma' muaß halt auf a vier bis fünf Säu im Jahr trachten: oane sticht ma z' Ostern, oane nach der Arnt, oane oder zwoa am Kirta – und oane z' Weihnachten. Ma' muaß halt allemal glei wieder wissen, wo ma Fakerl herkriagt.«

Nun wurde die Sau geputzt und gewaschen, aufgehangen und ausgenommen.

Der Herr Sekretär sah mit fieberhaftem Interesse zu.

In seinem Hirn aber bildete sich langsam eine Idee, – ein Plan, – und wurde fest und fester, bis er zur eisenharten Absicht reifte: »Ein Schwein muß her! – Gleich auf der Stell!«

Und der Weber bestärkte ihn noch darin.

»Verstehst, Fritzl, alleweil a Kraut und Erdäpfel und dazua gar nia an Brocka Fleisch – dees is loadi'. A Fleisch ghört her.«

Weiß der Teufel! Sein Schwager hatte recht!

Aber – was würde die Frau Sekretärin dazu sagen? – Sie, die geborene Adele Schönhaupt, gewesene Kammerfrau bei Exzellenzen und gräflichen Familien! –

Doch Frau Adele zerstreute jedes Bedenken – sie wollte.

Na also.

Und so bekamen Müllers ihr Schweinchen.

Es war ein ganz ansehnliches Ferkel, kugelrund und zeckerlfett und dazu ganz rosig vom Rüssel bis zum Schwänzlein; etwa fünfunddreißig Pfund schwer und zu den schönsten Hoffnungen berechtigend.

Herr Müller holte es selber aus dem Verschlag des Bauern, steckte es in den Eierkorb der Weberin und schwang sich beglückt auf sein Rad, von Stolz erfüllt wie ein ostelbischer Junker.

Freilich wurde schon eine ziemliche Hetzjagd aus dieser Fahrt, denn der Sekretär hatte in seiner Besitzesfreude vergessen, den Korbdeckel gut zu verschließen; und so tat das Schweinchen plötzlich – schwupp – einen Satz, – das Rad verlor die Richtung, und auf ja und nein lag er im Straßengraben.

Als erstes erholte sich das Ferkel.

Es schlüpfte aus dem Korb, stieß einen verwunderten Laut aus und lief davon, immer den Straßengraben entlang, den Sekretär schier zur Salzsäule erstarrt hinter sich lassend.

Doch nicht lange spielte dieser die Rolle von Lots Weib; er erkannte richtig die Gefahr des Augenblicks und war alsbald hinter dem Flüchtling her, wie der Scherge hinter dem Dieb.

Ja ja. Von der Bosheit mancher Tiere kann man des öfteren lesen: von Affen zum Beispiel – oder von Eseln…

Aber daß ein junges Schwein…

Herr Müller konnte kaum mehr.

Und er hätte sicherlich nie mehr sagen können: mein Schwein, wenn nicht zum Glück eine Horde Bauernbuben gekommen wären, die es einfingen. –

Also. Müllers hatten doch ihr Schwein.

Und sie brachten es zur Stadt – in ihr Heim, – mit Zermonien und Umständlichkeiten, als wär's ein Erbprinz oder Thronfolger.

Freilich war nun die Geschichte nicht mehr so einfach; denn erstens ist eine vornehm ausgestattete Dreizimmerwohnung kein Schweinestall, – und zweitens ein Schwein ist nun einmal kein Kanarienvogel, kein Angorakater und kein Seidenpintscher.

Und Frau Adele war keine Stallmagd.

Trotzdem mühte sie sich rechtschaffen mit ihrem Dingelchen, wie sie es nannte, um es dick und fett, zufrieden und – zimmerrein zu machen.

Denn es lebte vorerst in einem Reisekorb draußen in der

Küche. Und darnach in der Kommodenschublade drüben in dem Kammerl – und zuletzt in der Badewanne.

Aber leider ward ungemischte Freude auch Frau Adele nicht zuteil; man begann beim Kaufmann und im Milchladen über sie zu munkeln.

»Wissen's es schon? – Beim Sekretär ham's Säu! – In der Wohnung! – Im Salon!!«

Und am Himmel des Sekretärsehepaars stand drohend die Wolke einer Anzeige.

Also gab's nur eins: das Schweinchen mußte sterben – gleich, sofort. –

Gut.

Man sagt, die Deutschen seien alle Barbaren; hätte aber einer von denen, die das behaupten, am Morgen des Tages, da dieses Schweinchen sterben sollte, Herrn und Frau Sekretär Müller gesehen, – er wäre unbedingt zu der Erkenntnis gekommen, daß wir keiner Katze – ja nicht einmal einer Sau ein Haar krümmen können!

Besonders Herr Müller nicht!

Der verwünschte den Tag und die Stunde, da er das Schweinchen zu seinem Eigentum gemacht hatte: er rannte kopflos in der Wohnung herum, in der Rechten ein spitzes Messer, in der Linken einen Hammer. Und Frau Adele weinte ihre salzigsten Tränen, trug den Todeskandidaten wie einen erstgeborenen Sohn auf den Armen und rief in einem fort: »Ach mein Schnukelchen! Mein Schweinchen! Nun mußt du sterben!«

Endlich entschloß man sich zur Tat.

Das eheliche Schlafzimmer wurde wegen seiner erprobten Verschwiegenheit als Schlachtraum ausersehen, das Bad erhitzt, der Küchenherd geschürt und zur Stärkung der Nerven ein kleiner Magenbitter getrunken.

Und dann sagte Herr Müller mit harter Stimme: »Also, packen mir's!« –

Aber seine Hand zitterte doch schrecklich, als er zum Schlag ausholte ... Bumm ...

»Auh!«

Frau Adele schrie laut auf; denn der Schlag war richtig daneben gegangen – direkt an ihr Schienbein. Das Schweinchen aber rannte wie besessen durch das Zimmer in die Küche – ins Bad – in den Salon! –

Und in dem Augenblick ein Krachen und Knallen nebenan, – Rufen auf der Straße: »Feindliche Flieger!« –

Ja ja. Was einem nicht gehört, bleibt einem nicht.

Frau Müller hatte kaum den Knall gehört, als sie sogleich hinaus auf die Treppe stürzte, die Gangtüre offen ließ und sich mit dem Ruf: »Flieger! Wir sind verloren!« im Keller in Sicherheit brachte.

Herr Müller aber rannte ans Fenster und blickte verstört hinaus, ob nicht über ihm irgend was platzte...

Und das Schweinchen?

Ach, es lief hinaus auf die Stiege – lief, fiel – kollerte die Stufen hinab – in heißer Angst und Todesnot – und stand plötzlich draußen auf der Straße, mitten unter dem Menschenknäuel, der die Fliegerbombe sehen wollte.

Und dann starb es durch den Biß eines Bernhardinerhundes den Heldentod für seinen Kommunalverband. – Indes Herr Müller dreißig Mark bezahlte – fürs Gesetz.

Iwan

Bayerische Jäger hatten ihn bei Luck gefangen, und er wurde dem Krotterbauern von Reikersing statt eines Knechts überlassen.

Er hieß eigentlich Iwan Tscheßnoff und besaß irgendwo weit hinten in seinem Vaterland ein kleines Bauerngut, das aber seit dem Tag, an welchem Iwan von seinem Väterchen Zar in den Krieg geholt wurde, einsam und verwahrlost stand.

Iwan war ein stiller Mensch und kein schlechter Arbeiter; der Wachtposten hatte wenig an ihm zu tadeln, und die Krotterbäuerin auch nicht; höchstens, daß er manches Mal fürchterlich fluchte: auf den Krieg, – auf Väterchen Zar, – auf sich selber und auf die ganze Welt.

Da konnte sich die Alte wohl bekreuzen und sagen: »Aber Iwan! Fluacha bös! Kimmst in d' Höll zum Teife!«

Doch der Rußki lachte und meinte: »O moi Mat! Nix bös! Nix Höll! Iwann gutt!«

Ja, er war sonst wirklich ein guter Kerl, der lange, hagere Bursch mit seinem struppigen Strohschüppel und den wasserblauen Augen; aber er hatte doch einen großen Fehler: er war verliebt in die einzige Tochter der Krotterbäuerin, in die Barbara.

Und infolge dieser Liebe tat er vieles, was ihm mehr Tadel als Lob eintrug; bei seinen mitgefangenen Kameraden, bei der alten Krottermutter und nicht zuletzt bei der Barbara selber.

Wenn der Rußki oft mitten in der Feldarbeit innehielt und die schwarze Dirn unausgesetzt anstarrte – schier eine Viertelstunde lang – und zuletzt »Warinka! O mo Warinka!« seufzte, da wurde die Krotterwaben ganz wild.

»Was stehst denn scho wieder und gaffst mi o wia a heiligs Bildl!« rief sie; »mir hat di do net zum Schaugn außato, sondern zum Arbatn!«

Dies letzte Wort: Arbern verstand er von der ganzen Predigt am besten, der Russe.

Und er lachte, zeigte seine breiten Zähne und meinte: »O! Iwann gutt arbeiten! Warinka sisse Zuckerheerz – moi Braut weibliches, – Iwann arbeitet fier Warinka – Braut mir. Wenn Krieg gatowa – fertig. – Iwann wird deitsches Mann, Warinka – meiniges Frau – Warinka, wann wird Krieg fertig? Heite? Morgen? – Nicht fertig? – O Sakermant Deifl Deifl!«

Und dann arbeitete er wie ein Wilder, so daß ihn seine Kameraden einen verrückten Tropfen schalten und sich in ihrer Muttersprache bitter beklagten, daß Iwan so viel werke und schaffe – für diese Feinde, diese Bauern, – diese Deutschen.

Doch Iwan machte bloß eine wegwerfende Handbewegung zu ihnen hin und tat, als hörte er dies alles nicht.

Und so gingen die Tage und Wochen hin, und Iwan war immer fester entschlossen, nach diesem Krieg ein Deutscher zu werden, die Krotterwaben zu heiraten und mit ihr den Hof zu übernehmen.

Die Waben aber merkte bald, daß die Liebe den Russen zu einem gar tüchtigen, guten und billigen Bauernknecht gemacht hat, daß Iwan für sie alles tat, – und sie begann ihr Benehmen ihm gegenüber darnach einzurichten.

Sie schalt nun nicht mehr so, wenn er sie anstarrte, sondern lächelte und sagte: »Is scho recht, Iwan. Tua nur schee arbat'n, nachher bist brav!«

»O! Iwan brav! Warinka brav! Siße Zuckerheerz meiniges Warinka!«

O, er verstand und sprach schon recht gut deutsch, der Rußki!

Und er wußte allerhand hübsche Dinge zu machen, die ein Mädchenherz erfreuen.

Als Barbara einmal über die große Hitze jammerte und sich mit einer Zeitung ein wenig Luft zufächelte, da wußte

Iwan sogleich etwas; er holte Späne und ein Messer und fertigte ihr einen gar zierlichen Holzfächer, den er mit etlichen Farbstiften auch noch sehr reich bemalte.

Ein anderes Mal klagte die Waben über ihre Holzpantoffel, daß sie so schwer und unhandlich wären; – drei Tage später stand Iwan vor ihr, – verlegen lächelnd, – mit einem Paar selbstgemachter Holzschuhe, die gar nicht mehr drückten und auch nicht schwer waren. Und er malte ihr da, wo die Ferse auf den Schuh tritt, ein flammend rotes Herz und rings herum auf russisch die Worte: »Iwans Herz zu Warinkas Füßen.«

So kam der Winter heran, und mit ihm der Barbaratag, der Namenstag unserer Krotterwaben.

An diesem Tag war Iwan wie im Fieber; er kam ganz erregt zur alten Krotterin, bat sie in einem langen Kauderwelsch, daß sie die Stubentür zuschließen möcht, damit die Waben nicht eher hineinkönnte, als bis er verschiedenes drinnen gerichtet hätte.

Und als endlich die Waben vom Melken aus dem Stall kam, scheltend über den faulen Russen, der noch nicht einmal den Kühen das Gesott gerichtet hätte, da stand Iwan vor ihr, demütig wie ein geprügelter Hund, wurde bald rot, bald blaß und murmelte: »Warinka! Nit schumpfen! Heite gutte Tag – Warinkatag! – Mitkommen!«

Die Waben sah ihn verständnislos an; da zog er sie hinein in die Stube, wies mit der Hand nach dem Tisch und schlich darnach an die Tür.

Die Barbara aber war ganz starr vor Staunen und Verwunderung, denn da standen leichtlich ein Dutzend Vögel, alle zierlich geschnitzt aus feinen Spänen, mit weitgespreizten Flügeln, der eine mit einem hohen Schopf, der andere mit zwei mächtigen Radschwänzen, – wieder einer mit vier Flügeln und einem hohen Fußgestell, und sonst noch allerhand Arten.

Und der Rußki lehnte immer noch an der Tür und

wartete. Und suchte nach Worten, ihr das Rechte für diesen Tag zu sagen; denn er wollte ihr heute einen ordentlichen Heiratsantrag machen. Aber da trat der Wachposten ins Haus.

»Iwan, was möchst? Tuast heite nix arbeiten?« Und im selben Augenblick drehte sich auch die Waben nach ihm um und sagte: »Iwan, a Gsott schneiden; a Gsott für d' Küah!«

Da mußte er seine Rede schon auf eine bessere Stunde verschieben; und er ging nachdenklich und nicht ganz zufrieden mit sich und den andern an sein Tagewerk.

Nicht lange darnach feierte man die Weihnacht im Krotterhof und wieder nicht gar zu lange darauf abermals ein Fest.

Da mußte Iwan schöne Tannenreiser holen, Kränze binden, die Rösser bürsten und das Zaumzeug putzen, die Kutsche waschen und den Hof aufräumen.

Und dann kam die Krotterwaben, ganz in Seide und Samt gewandet, – mit einem grünen Kranz im Haar und einem weißen Schleier darüber, – die Stiege herab und lief in die ausgeputzte Stube, wo schon allerhand Manner und Weibsleute saßen. Und endlich erschien einer, mit Rosmarin geschmückt, – ein Soldat, – der Bernreitersimon! – der Wachposten! –

»Iwan! D' Roß außa! – Einspanna!«

Der Russe hörte kaum. Wie ein Betrunkener stierte er verständnislos vor sich hin. Und da er von ungefähr die alte Krottermutter im Festtagsstaat antrifft, murmelt er die Frage: »Is das Hochzeit, Mat?...«

Hochzeit! Jawohl, eine gar lustige Hochzeit! Denn der Krotterhof hat einen jungen Bauern.

Mittags, nach dem Mahle, sitzen alle, das Brautpaar und die Gäste, lachend und scherzend beieinander; der Ochsenbub schlägt die Zither, der alte Besenbindermartl traktiert die Harmonika und die Krottermutter hockt zufrieden auf dem Kanapee und läßt den Kopf in einem leichten Schlaf bald hin, bald wieder sinken, da fällt dem Hochzeiter etwas ein.

»Waberl!« sagt er »was moanst, wenn ma jetzt unsern G'fangenen a an jeden a Glasl Wei' gaben, – oder a Stamperl Schnaps? – Denn sie san ja schuld, daß i di kriagt hab!«

Freilich wohl! Die Gefangenen! Der neue Posten geht, sie zu holen.

Aber sie kommen nicht alle; – Iwan fehlt.

»Was? Der Iwan? Wo is denn der?«

Die Hochzeiterin meint: »Er werd halt im Stall sein beim Vieh.« Und so denkt man nicht weiter an ihn. Bis plötzlich die Stubentür aufgeht – und einer sich hereindrückt – aschfahl im Gesicht, – die Augen blutunterlaufen, – ein kleines Schnitzmesser in der geballten Faust.

»Sabaka! Hund – blutiges!«

Mit einem Sprung ist er am Tisch, – hebt den Arm zum Stoß ... Und läßt ihn langsam wieder sinken...

Denn da sitzt der Hochzeiter ganz ruhig, hat sein Auge fest und meisternd auf den Russen gerichtet, wie auf ein Raubtier, – und sagt ganz langsam: »Na, Iwan! Gute Schnaps? – Gute Wutka? He...« Und reicht dem Russen lächelnd eine Flasche Schnaps.

Und Iwan?

Der fällt in sich zusammen, nimmt die Flasche und schleicht wie ein verprügelter Hund hin zur Ofenbank.

Und indes sich langsam einer um dem andern von seinem starren Schrecken erholt, wischt sich der Russe verstohlen mit dem Ärmel über die Augen und murmelt: »O Iwan! Dummes Rußki!« – Und trinkt.

Der tote Schatz

Es ist um die Zeit der Lichtmeß des Jahres 1916. Die alte Kramerschusterin steht einsam in ihrer Schlafkammer am Fenster und zupft seufzend die welken Blätter von einem Geranienstock.

»Mei, wirst halt aa scho alt und marod, wia i!«, murmelte sie; »fangst halt aa schön langsam o zum sterben. Werd'n mirs wohl alle zwoa nimmer derleb'n, daß a End hergeht mit dem Kriag; – und daß mir insane Buam wieder sehng. Wirst am End net amal mehr an meiner Ewigkeitstruchen steh'n, wia sell bei insan Vatan! Und i hab gmoant, du solltest no blüahn, bald d' Hochzeit is vo meine Drei, – vom Sepp – vom Mich – und vom Girg. – Ah was! ...«

Sie zerknüllt hastig die abgebrockten Blätter, öffnet das Fenster und wirft sie hinaus. Dann geht sie langsam hin zu dem großen, bemalten Kasten mit den geschnitzten Engeln daran, öffnet bedächtig beide Türen und starrt nachdenklich eine gute Weile auf die Kostbarkeiten, die darin aufgestapelt sind: feiner Flachs und schneeiges Linnen, schwere Gewänder aus Tuch und Seide, – altes gutes Geschmeide und Silberzeug.

Dies alles hat sie erspart, erhaust, zusammengerackert für ihre Drei. Und sie streicht mit ihren groben, zittrigen Fingern wie liebkosend über die Schätze, und ein zufriedenes Lächeln huscht über ihr welkes Gesicht.

»Ganz umasinst san mir do net auf der Welt gwen!«, sagt sie halblaut zu sich selber: »A bissel was ham mir ins scho derarbat! Und wenn aa der Sepp nix einaheirat, – wenn er aa grad d' Rosina nimmt, glanga tuts alleweil ...«

Sie zieht eine kleine Lade aus dem Kasten und langt in ein verborgenes Fach dahinter.

»Daß i dees no hab derhalten kinna, dees is schon a rechts Glück!« murmelt sie und bringt eine kleine hölzerne Truhe zum Vorschein: »dees gilt mir heunt mehra, wia zwoa Ochsen!«

Vorsichtig öffnet sie den Deckel und blickt scheu um sich, ob sie gewiß allein ist; dann läßt sie zufrieden den Schatz durch ihre Finger gleiten. – Gold! Gutes blinkendes Goldgeld ist es aus den Jahren des Friedens! die ganze Truhe voll: wohl leichtlich an die funfzehnhundert Mark! Ein schönes Heiratsgut für ihre Buben!

»Dees is halt a Geld«, meint sie: »dees is was anders, als wia dees Papiergeld, dees gschmierbate – zrrissene...«

»Muatta! Mach auf! Der Postsimmerl ist da!«

Rosina, die Pflegetochter der alten Kramerschusterin und Hochzeiterin des ältesten Sohnes vom Haus steht vor der Tür.

»He, Muatta! Aufmachn sollst! An Telegramm hat der Simmerl!«

»An Telegramm!«

Die Alte räumt zitternd ihren Goldschatz beiseite und riegelt auf.

»An Telegramm sagst ... Jess' Mariand ... Wird do net ... Mei liaber Herr ... Insa Girgl ... Mei Bua...!«

Ja. Er ist gefallen, ihr Bub, ihr Girgl, der Feldwebel Georg Reiter von Au. – Und der alte Geranienstock muß das Bild des Toten zieren helfen. – – –

Weihnachten ist's. Im Hof der alten Kramerschusterin feiert man sie nicht. Denn der zweite Sohn des Hauses, ihr Michel, ist dahin und liegt irgendwo da draußen in fremder Erde. – Die alte Mutter braucht zwei Stöcke zum Gehen. Ihr Haar ist weiß wie der Schnee draußen auf ihren Feldern, und ihre Augen sind müd und trüb vom Nachtwachen und Weinen. – –

Aber um die Jahreswende kommt ein Brief vom Sepp. Daß er nun bald auf Urlaub heimkäm, und die Rosina soll sich richten zum Heiraten.

Da putzt die Alte sorgsam ihren Blumenstock, damit er prange auf der Hochzeit ihres Letzten – Einzigen –, stäubt an den Gewändern und schlichtet das Linnen, zählt die Taler und öffnet das Kästlein mit dem Goldschatz.

»Hättst leicht für alle Drei glangt«, meinte sie; »aber jetz kriagt di halt oana.« –

»Muatta, der Herr Pfarrer is da! Obst koa Goldgeld oder koan Schmuck net hast fürs Vaterland?«

Die Alte fährt in die Höhe wie eine Bruthenne: »Was? A Goldgeld möcht er! – Fürs Vaterland? – Naa sagst. Nix hob i; gar nix!«

Sie bedeckt das Kästlein mit ihrer Schürze. Aber ihre Rosina hat den Schatz bereits gesehen.

»Aber Muatta! Freili host oans, a Gold! Und so viel! Geh, gibs eahm do! Gibs her dees Kastl! – Wer woaß, ob net a Fluach drauf is ... auf dem brennroten Gold! – Schau, i und der Sepp brauchens net! Mir san mit'n Papier aa z'fried'n!...«

Doch umsonst ist ihr Reden. Die Alte wird grob: »Moanst, daß i fürn Pfarra ghaust hab – oder fürs Vaterland? – I kenn koa Vaterland wia mein Hof und mei Sach. Und mein Buam...«

»Muatta ... wer woaßs ... der Sepp ... es is koa Segn drauf! Gibs her!«

»Nix da! – Dees Goldgeld bleibt mir im Haus – fürn Sepp – und ausgredt hab i!« – – –

Und abermals kommt Lichtmeß heran. Von der Kanzel herab verkündet der Pfarrer das Brautpaar: Den Sepp und die Rosina.

Droben im Hof wird gefegt und gekehrt, gerichtet und gedrechselt für den Ältesten, den Einzigen und seine Hochzeiterin. – Und die Alte läßt den bemalten Schrank mit seinen Schätzen in die Schlafkammer des jungen Bauern schaffen.

Grad zählt sie das Gold nach, da kommt ein Schreiben vom Regiment und darin steht, daß Josef Reiter gestorben ist in einem Feldlazarett an seinen Wunden...

Und neben der wankenden Mutter steht totenbleich die Rosina und sagt: »Dees is der Finger vo insan Herrgott! –

Wer woaßs, wias ganga wär, – wennst dees Opfer bracht hättst ... Ob dir net der Herr aa barmherzi gwen wär. – Jetz hast dei Herrlichkeit ... und dei verfluachts Gold ... Jetz ghörts dir ganz alloa ...«

Leise klirrend rollen die Goldstücke über den Fußboden ...

Der Traum

Die alte Steinhofbäuerin steht einsam in ihrer Schlafkammer und zupft seufzend die welken Blätter vom Efeu rings um den Wandherrgott.

»Jetz' bist halt aa alt und marod«, murmelte sie; »jetzt werd'n deine Tag aa bald um sein, wie die meinen, und da wirst nimmermehr die Kraft hab'n, daß d' mir mei Grabkreuz a weng aufputz'st. Ah mei! Hat ja aa koan Wert mehr das Leb'n so ganz alloanig. Wenn halt doch oans no da wär! Aber daß er mir alle drei g'nommen hat, insa Herr, – alle drei hintereinand, und an Vatern dazua ... i moan, i kann di gar nimmer mög'n, di da drob'n...«

Ihr unsicherer vergrämter Blick tastet über das alte Kruzifix.

»Für was hast mir nachher die Jahr und Jahr her das ganze Glück geb'n? Für was, wennst es oan nachher alles auf oamal aus den Händen reiß'st?«

Sie zerknüllt die verwelkten Blätter und wirft sie aus dem Fenster.

»Koan Hagelschlag und koa Feuersbrunst hat man z'leiden g'habt, so lang man g'haust hat. D' Kinder san herg'wachsen wie 's Troad auf'n Feld und im Stall hat si nixn gfeit, so lang i denk! Und jetz auf oamal ... in a paar Jahrl ... geht alls dahin ... alls...«

Müd geht sie hin zu dem alten bemalten Schrank, der die Schätze des Steinhofs birgt seit Jahrzehnten.

Langsam zieht sie den Schlüssel aus der Rocktasche, sinnend schließt sie auf und starrt mit leerem Blick auf all die Kostbarkeiten, die sich ihrem Auge darbieten.

Da liegen die Ballen feinster Leinwand neben schneeig schimmernden Flachsgewinden: da hängen schillernde Seidenröcke und mit Silberknöpfen verzierte Tuchspenzer, Samtgilets und Brokatmieder.

Und drinn in der geheimen Schublade prangen all die

Hals- und Miederketten, häufen sich die Silbertaler und die Goldstücke.

Die Steinhofbäuerin sitzt mit heißen tränenden Augen am Rande der Bettstatt und hält die geheime Lade auf dem Schoß.

Und ihr Geist wandert zurück Jahr um Jahr ... immer weiter zurück in langsamem tastendem Erinnern ... kehrt zurück zu den Tagen schwerer Arbeit – jungen Glücks – fröhlicher Kindheit...

Und er ermüdet bei solchem Wandern: das Haupt der alten Mutter sinkt langsam vornüber, die brennenden Augen schließen sich, – die Bäuerin schläft.

Da kommt gemach ein Traum zu ihr und er führt sie hin zu einem schönen großen Bauernhof. Darin werken ihre toten Lieben; der Bauer, die zwei gefallenen Söhne und Margret, die Tochter, die man erst vor wenig Wochen hinaustrug zum Gottesacker. Der Hof ist so schön und die Kinder sind so zufrieden und so fröhlich, daß sie ein Gelüsten ankommt, auch hineinzugehen zu den glücklichen, lachenden Menschen. Da aber trägt sie die Schublade aus dem bemalten Kasten auf dem Arm. Und diese Schublade, angefüllt mit allem Reichtum, wird immer schwerer, immer größer, – sie zwingt die Alte, sich auf die Türschwelle zu setzen ... die Schublade mit den Knien und mit den Armen ... mit dem Kinn zu halten ... Die Kinder drinnen locken und winken ... und sie hockt auf der Schwelle ... beengt und bedrückt und beladen mit all den Schätzen, die ihr plötzlich so zuwider werden ... so zuwider...

Und der Traum läßt einen ihrer Söhne zu ihr treten, läßt ihn die Schublade mit beiden Händen ergreifen ... und sie voll Abscheu von sich werfen ... daß sie zerschmettert auf der Erde liegt samt ihren Schätzen...

Mit einem Ruck fährt die Steinhoferin in die Höh.

Sie ist noch ganz im Bann des Traumes. Und sieh,

wahrhaftiglich! Da liegt die Lade auf dem Boden, zerborsten; und alles Gold und Silber ist verstreut.

Verwirrt beginnt die Alte, die Sachen wieder aufzulesen.

Da klopft es drunten an der Haustür und die Stallmagd ruft: »Bäuerin! Obageh'n sollst! Der Herr Pfarrer is da!«

Mit hilfloser Hand schiebt sie schnell alles unters Bett, und schließt die Kammertür von außen zu, ehe sie hinuntergeht zum Pfarrer.

Der sitzt derweil auf der Hausbank und betrachtet den reichen Segen ringsum auf den Feldern der Steinhofbäuerin.

Und da die Alte endlich zaghaft aus der Haustür tritt, da meint er: »Hab' ich dich vom Schlaf aufg'scheucht, Mutter! Ich hätt' eine Bitt' an dich! Schau, ich denk' mir: Du hast jetzt so viel Sach und so viel Vieh und so viel Getreid' und Brot und Milch und Obst und Geld... und drinnen in der Stadt haben sie so viele Kinder, die gar nichts mehr haben – als ein mageres krankes Körperlein, ein leeres Bäucherl und einen hungrigen Magen! Und die weder Brot noch Fleisch, weder Milch noch Geld haben ... nur Not und Hunger ... und einen Haufen Brüder und Schwestern dazu. – Und da hab' ich gedacht: wenn du vielleicht die Barmherzigkeit und Lieb' hättest, so ein paar arme Stadtwürmlein zu dir zu nehmen...«

Die Steinhoferin schaut sinnend gradaus.

Soviel Geld und Sach – und niemand, dem sie's geben kann.

Und drinnen in der Stadt so viele Kinder, denen es gut tät...

Sie gibt sich einen Ruck.

»Herr Pfarrer!« sagt sie, »ös habt's recht. A bißl a Freud muaß man sein Nächsten macha. Und a bißl a Leb'n bal wieder ins Haus kimmt, is's mir aa recht. Schreibt's auf: d' Stoahoferin nimmt drei arme Kinder auf: zwoa Buam und oa Madl. Aber sie müssen hoaßen wia meine Buam: Hans und Sepp, und wia mei Deandl: Margret.«

Der Pfarrer geht gerührt von dannen.

Die Steinhoferin aber klaubt droben ihre Schätze wieder ein und betet dazu: »Inser Herr, gib den Meinen den Fried' und allen großen Bäuerinnen einen so heilsamen Traum wie mir. Amen.«

Frau Susannas Christabend

Sie war lange vor der Kommode in ihrer Stube gestanden, hatte die oberste Schublade herausgezogen, und seufzend allerhand Briefe und Bilder, welke Blumen und andere Kleinigkeiten betrachtet und liebkost.

Nun schob sie die Lade rasch zu, ließ das Auge über das Myrtenkränzlein und den Schleier drinnen im Glassturz gleiten und betrachtete zu guter Letzt ihr Ich im Spiegel.

Man konnte sie gerade keine junge Frau mehr nennen, die Susanna Vogelsang, aber auch noch keine alte; und wenn gleich Kümmernis und Not allerhand Fältlein und Runen in ihr feines schmales Gesicht gegraben hatten, – wenn auch ihr reiches schwarzes Haar schon da und dort von Silberfäden durchzogen war, so konnte sie es doch trotz ihren vierzig Jahren noch mit mancher Jüngeren aufnehmen, sowohl im Arbeiten als auch im Genuß der Lebensfreuden.

Und so kam es, daß ein Lächeln über ihre Lippen huschte, und daß sie wieder nach dem Schreiben griff, das sie zuvor achtlos aufs Fensterbrett geworfen hat.

Ein Brief aus dem Felde!

Vom Andreas Silbernagel, ihrem Jugendfreund. Langsam, nachdenklich öffnete sie ihn und las halblaut:

»Liebwerte Susanna!

Da nun die Zeit so dahingeht und Dein seliger Matthias wahrscheinlich doch tot bleiben wird, indem daß schon zwei Jahre verflossen sind, wo Du nichts mehr weißt von ihm, so habe ich mich besonnen, Dir zu schreiben. Trotz Deinen vier Kindern. Denn erstens sind sie gut aufgehoben und dann sind es ja doch Deine Kinder. Vielleicht wird's doch wahr jetzt, was ich schon vor zwanzig Jahr gern mögen hätt, daß Du Susanna Silbernagel und meine liebe Hausfrau würdest. Sag Ja und ich bring Dir zum neuen Jahr den Ring. Ich warte als Dein Dich liebender

Andreas.«

Ich warte...

Frau Susanna starrte verloren hinaus ins trübe Licht der Straße.

»Soll ich? Soll ich nicht?...«

Drüben in den Häusern gegenüber glitzern schon die Lichter der Christbäume: – drei – vier nur bei der Witwe des alten Gablers, des Säufers, – schier dreißig – vierzig bei dem reichen Hammerschmied, dem Fabrikanten.

Nur bei Frau Susanne bleibt es dunkel.

»Soll ich?...«

Sie lehnt sich an das Fensterkreuz und schließt die Augen.

Vor zwanzig Jahren!

Susanna steht als Ladenjungfer lachend hinter dem Verkaufstisch ihres Brotherrn, des Lebzelters und Honigsieders Scheufelein, bedient die Kunden und scherzt mit ihrem Jugendfreund, dem Silbernagel.

Der ist ein Faßbinder gleich seinem Vater geworden und geht auf Freiersfüßen; denn seine Mutter meint: alt genug wär er zum Heiraten, und ernähren könnt er auch leicht eine Frau, wenn er sich des väterlichen Geschäfts gut annähm. Und Nachbars Susann wär ihr eine Tochter nach Wunsch: die wär keine Fremde, hätte gute Manieren und auch ein bißel Geld. –

So daß also der Andreas jetzt im Laden des Lebzelters steht und sein Herzklopfen unter allerhand Späßen und Scherzen, unter Lachen und Liebäugeln verbirgt.

Da kommt Matthias Vogelsang, der Lebzeltergesell, mit einem Brett voll Kringeln und Lebkuchen aus der Backstube und trägt sein süßes Werk mit ernster Miene in den Laden.

Und dann flüstert er der Jungfer Susann ein heimliches Wort ins Ohr, zieht ein verschnürtes Päcklein aus dem Brustlatz seiner Arbeitsschürze und reicht es ihr mit einem zärtlichen Blick und Händedruck.

Und indes der Andreas Silbernagel hilflos seinen Hut

zwischen den Fingern dreht und nach ernsten, guten Worten sucht für seinen Antrag, löst die Jungfer lächelnd das feuerrote Band von der Umhüllung des Päckleins, schlägt das rosenfarbige Seidenpapier auseinander und hält ein wunderschön verziertes Lebkuchenherz in Händen, indem sie errötend die aus Zucker gegossene Inschrift auf demselben liest: »Mein Herz g'hört Dein, und Du g'hörst mein!« –

Und dann sagt sie fröhlich zum Andreas: »Auf Lichtmeß heiraten wir!«

»Wer?«

»I und der Matthias!«

Da war er gegangen, der Silbernagel Andreas...

Und sie denkt weiter.

An ihre Ehe mit dem Matthias: an die Zeiten des Glükkes, der Liebe, – der Kinder, – der Sorgen.

Sieben Jahre lang hatte der Herr ihre Ehe ungesegnet gelassen; dann aber waren auf die sieben unfruchtbaren sieben fruchtbare gekommen, und des Vogelsangs Hauswiege wurde schier nimmer leer.

Vier lebten noch von dieser kleinen War und zerrissen ihre Kittel und Höslein in der fröhlichen Unbekümmertheit, die das Vorrecht aller Jugend ist. –

Aber dann – dann kam der Krieg.

Und Susanna denkt an jene Weihnacht, – die letzte, die sie mit ihrem Matthias feierte; nicht allzu reich, doch fröhlich in dem Kreis der Ihren.

Das Jahr darauf bedeutete die Trennung. Von ihm – von den Kindern.

Ihre kleine Lebzelterei mußte sie bald zusperren und sich ein anderes Brot suchen.

So kam sie in den Dienst der Post, lief Treppen auf und ab und hatte nicht viel Zeit, über ihr Schicksal nachzugrübeln und zu klagen.

Und ihren Kindern schmeckte die Suppe milder Wohlfahrt gewißlich auch nicht schlechter als ihr und ihrem Matthias die Kriegskost nach saurer Pflichterfüllung! –

Wieder eine Weihnacht.

Susanna steht starr und stumm in dem weiten Saal, darin gute Menschen ihren Kindern gleich so vielen andern den heil'gen Christ bescheren.

Und zwischen den Fingern zerknüllt sie einen Brief vom Regiment.

Matthias Vogelsang vermißt...

Wie rasch verfliegt die Zeit der Lust! – Wie langsam kriechen die Tage des Leids! –

Die beiden letzten Jahre dünken Frau Susanna schier eine Ewigkeit.

Da kommt plötzlich ein Brief vom Andreas Silbernagel.

Der ist noch immer frei und ledig, hat sein Geschäft und Handwerk hübsch in die Höhe gebracht, und es mangelt ihm zum Ganzen nur noch eins, – die Hausfrau. – Und er weiß, daß Matthias Vogelsang verschollen ist, – daß man ihn lange als Toten betrauert.

Und so freit er abermals um Susanna, seine Jugendliebe, hoffend, daß sie ihn diesmal nicht abweise. – »Ich warte...«

Frau Susanna tritt langsam vom Fenster weg.

Das Feuer im Ofen wirft unstäte Lichter auf den Fußboden und singt ersterbend in seiner Glut.

Die einsame Frau legt rasch ein paar Scheite Holz auf und entzündet darnach das Licht.

Dann legt sie sich Papier und Schreibzeug zurecht, stützt den Kopf in die Hand und beginnt:

»Lieber Andreas!

Ich habe lange überlegt: soll ich oder soll ich nicht. – Aber ich kann Dir nichts nachsagen, mag Dich ganz gut leiden und denke, daß es meinem seligen Matthias wohl auch recht sein wird, wenn ich wieder heirate. – Und wegen der Kinder...«

Herrgott! Die Kinder!

Die haben ja ihre Christfeier!

Da muß sie doch hin! –

Eilends springt sie auf, schlägt ein Tuch um die Schultern und läuft in den Hort.

Da brennt schon der Baum, und hunderte von Kinderaugen leuchten und glänzen in heller Freude.

Frau Susanne zwängt sich durch die Menge, hin zu dem Platz, wo ihre vier beieinander stehen: und sie begrüßt ein jedes: den Matthiasle, das Hannerl, das Annerl und die Lis.

»Mutter, warum kommst so spät?...«

Ist das nicht die Stimme ihres seligen Matthias? – Wahrhaftig, der Bub hat schier die nämliche!

Und das Hannerl sein Gesicht – sein Haar... Und das Annerl seine Geberden... Und die Lis seine Augen...

Diese großen, stillen Augen...

Die Feier ist zu Ende.

Frau Susanna geht eilends heim.

Und da sie die Lampe entzündet, fällt ihr Blick auf den begonnenen Brief. – Ein Riß, – ein Knistern, – die Fetzen brennen hell auf in der lodernden Flamme!

Und Frau Susanna hockt davor, starrt in die Glut und schlingt betend die Finger ineinander: »Matthias! Der Herr gib dir dein Frieden... und Frieden auf Erden ... Amen.« –

Trauerspiel des Alltags

Der sommerliche Tag ging seinem Ende zu. Das neblig trübe Blau des Himmels färbte sich allmählich purpurn, und die Sonne sank als eine großmächtige Feuerkugel hinter den Türmen und Dächern der Münchner Stadt hinab, indes über der Kirche Mariahilf einsam ein Stern aufleuchtete, und der Mond als schmale Sichel vom Gasteig heraufstieg.

Geruhig lagen die hochgiebeligen, blumengeschmückten Häuslein der Birkenau da; in den niedern Fenstern spiegelte sich die Röte des Abends, und langsam tat sich da und dort ein Zauntor auf, eine ländlich gekleidete Hausmutter trat heraus und schaute nach den gemächlich heimtrabenden Fiakerfuhrwerken, die seit alter Zeit in der Birkenau bei Giesing ihre Herberg hatten.

Bald schlossen sich die Tore wieder; aus den Kaminen stieg der bläuliche Rauch, und die Hausmutter stand am Herd und richtete die Abendmahlzeit, indes der Herr draußen sein Rössel ausschirrte und in den Stall führte, striegelte und fütterte und danach den Wagen wusch.

Aus dem geöffneten Tor einer kleinen Wirtschaft aber drang die schreiende Musik einer Zichharmonika und das Gröhlen und Singen etlicher Berauschter.

Diesem Wirtshaus gegenüber stand eine verwahrlost aussehende Hütte mit rissigen Mauern, davon aller Verputz abgebröckelt war, mit blinden Fensterscheiben, deren zahlreiche Sprünge und Löcher mit Papier überklebt waren, und mit einem daranstoßenden, von Unkraut wuchernden Garten, dessen Zaun schier keine Latte mehr wies.

Ein schlankes blondes Mädchen von etwa fünfzehn Jahren trat eben aus der Haustür und ging langsam über die Straße dem Wirtshaus zu.

Hier trat die Kleine an das Fenster, hinter dem die lärmende Gesellschaft saß und fragte die Kellnerin: »Resi, is der Vater noch drinn?«

Da diese bejahte, fuhr das Mädchen fort: »Geh, sag'n S' ihm doch, er soll heimgehn! – D' Mutter is recht elend beinand, sagn S'!«

Die Kellnerin wandte sich mit halb spöttischer, halb mitleidiger Miene um und rief in die laute Gesellschaft: »Baumoaster! – He! Baumoaster! – Paulus! – Dei' Everl is da; – du sollst hoamgehn!«

»Mein Ruah!« erwiderte der Angeredete, ein gut fünfzigjähriger feister, rothaariger Mensch mit glattgeschorenem Kopf und gelblichgrauem Bart.

Die andern aber sahen nach dem Fenster und wandten sich nun spottend an ihn: »Aha, d' Hauspolizei! – Baumoaster, geh hoam, sonst kriegst Schläg von der Jungen! – Dei' Everl is recht tüchtig, Paulus, dees muß ma' sag'n! Die werd dir bald hoamleuchten, wann s' so furtmacht! –«

Der Baumeister hatte nur ein heimtückisches Lachen als Antwort auf diese Sticheleien; er rief der Kellnerin, trank sein Bier aus und warf, da seine Tochter bittend hineinrief: »Vater komm' doch jetz' heim!«, in ausbrechender Wut das Krügel nach ihr, so daß es auf die Straße flog und zu tausend Scherben zerschellte.

Mit einem lauten Schrei wich das Kind dem Wurf aus und lief eilends wieder zurück in die Hütte und hinein in eine niedere dämpfige Stube, darin eine abgezehrte Frau von etwa vierzig Jahren in einem elenden Bette lag.

»Hast'n Vater?« fragte diese mit matter Stimme und blickte verlangend nach der Tür.

»Er kommt gleich heim, Mutter«; erwiderte Eva und fragte schnell: »Kann ich dir was richten oder magst was, Mutter? – Soll ich den Doktor holen?«

»Naa. – Laß's nur gut sein, Ev. – Der kann mir aa net helfen der Doktor. – Mir wär' lieber, wenn der Vater hoamkaam.«

Sie blickte eine Zeitlang stumm zur Weißdecke empor, daran wie schwarze Punkte ein paar Fliegen saßen, dann sagte sie mit leiser Stimme: »Ev!«

»Was magst, Mutter?«

»Ev, geh' her, i' sag' dir was.«

»Was denn, Mutter?«

»Wenn's grad wär, Ev ... daß i' halt geh'n müßt, ... dann gehst zu der Frau Zwerens ... die moants guat mit dir ... die soll dir um a Platzl schaun ... in ein G'schäft ... oder sunst wo.«

Das Kind nickte und wischte hastig mit der Hand über die Augen; die Mutter aber fuhr nach einer Weile fort: »In der Marsstraß' wohnt s', ... auf Numero fünf im dritten Stock. – Und sie soll di' gut halten ... und du wirst ma koa Schand machen, hoff i.«

Da erschollen draußen Tritte. Fluchen und Schelten wurden laut, und in die Stube trat der Baumeister, die Tür hinter sich zuwerfend und den Hut in eine Ecke schleudernd.

»Die soll si' noch oamal untersteh'n! – Die soll mi' nomal vor'n Leut'n blamiern! – Nachher kann sein...!«

Vom Bett her drang die müde Stimme der Kranken: »Mußt net schelten, Vater! – I' hab' di' hol'n lass'n!«

Ein grober Schimpfname war die Antwort.

»Es war halt notwendig, Vater ... Vom Amtsg'richt is wieder was komm'n ... Und das ander Sach' ham s' gholt, das, was der G'richtsvollziager letzthin 'pfändt hat...«

»Was geht dös mi an! – Von mir aus tean s', was s' mög'n!«

»Sei net so harb, Vater! ... Hast scho a Loschie g'fund'n?«

»Was kümmert mi' d' Loschie! – I loschier beim Meyer drübn aa guat, in der Wirtschaft!«

»Aber i', Vater? ... Du woaßt, am Samstag müaß ma naus!...«

»Vo mir aus morg'n!«

Er stellte sich breit an das Fenster und starrte hinaus.

»Jetz' könnts lachen!« murmelte er giftig vor sich hin.

»Jetz' könnts eure Mäuler aufreißen! Jetz', wo der reiche Baumoaster Paulus auf d' Straß'n g'setzt werd! – Jetz' habts euern G'spaß!«

Er wandte sich um und spuckte wütend aus: »Hab i' dees verdeant? – Hab i' dees verschuld? Bin i' schuld an der ganzen Sach?«

Seine Frau suchte in ihrer Angst ihn zu beruhigen, indes das Mädchen in eine Kammer neben der Stube schlich; aber der Wütende ließ sich nicht mehr halten, wurde immer sinnloser in seiner Raserei und verwünschte sich und alle, die ihn betrogen oder übervorteilt, die ihn abwärts gebracht und zugrunde gerichtet hatten; denn er war gleich vielen ein Opfer des Grundstückhandels geworden. Man hatte ihn unter verlockenden Zusicherungen dazu gebracht, sein ganzes ererbtes und erhaustes Vermögen an etliche Bauplätze in der Nähe eines neuen Theaters zu hängen, und er, als unwissender Fiaker, hatte in der Aussicht auf große Gewinne sogleich das Fuhrwerken aufgehört und mit einem übel berüchtigten Baumeister zu bauen begonnen. Bald aber gings ihm wie anderen: die Behörden kamen hinter die unordentliche Bauweise, man mußte niederreißen und neu aufbauen, das Geld war längst im Sack des Architekten verschwunden, und Paulus pflanzte Hypotheken um Hypotheken auf die minderwertigen Neubauten. Dazu kam, daß kein Mensch sich in der Gegend einmieten wollte, indes die Brandversicherung, die Steuerbehörde, die Geldgeber und noch so und so viele bezahlt sein wollten. So war es möglich, daß der angesehene und wohlhabende Lohnkutscher Martin Paulus, nun der Baumeister genannt, nach wenig Jahren das war, als was ihn der Anfang dieser Geschichte zeigt: ein heruntergekommener Mensch, der im Trunk Vergessenheit suchte; einer von denen, die an ihrer eigenen Schwäche zugrunde gehen.

Seine Frau war durch alle diese Dinge gleichfalls um ihr ererbtes Gut gekommen und hatte vor Kummer bald zu kränkeln begonnen, nachdem sie nacheinander vier ihrer Kinder ums tägliche Brot hinausschicken mußte zu fremden Leuten, kaum, daß sie aus der Schule waren.

Nun hatte sie nur noch die Jüngste bei sich, die Eva; doch war auch diese längst nicht mehr das Nesthockerl und Liebkind und hatte viel unter der Wut des Vaters zu leiden, davor sie auch die Liebe der Mutter nicht bewahren konnte; denn nicht selten geschah es, daß der Alte sich auch an seinem siechen Weib vergriff, wenn es ihm in ausbrechendem mütterlichen Mitleid in den Arm fiel und über seine ungerechte Strenge gegen das Kind klagte.

So waren also ein paar trostlose Jahre für die Mutter Paulus und ihre Ev dahingegangen, und die gebrochene Frau hatte nur noch den einen Wunsch, ihr letztes Kind möchte auch noch irgendwo unter Dach kommen, damit sie keinen Kummer ins Grab mitnehmen müßte; denn daß nach ihrem Hingehen für das bleichsüchtige, müde Ding keine fröhliche Stunde daheim mehr schlagen würde, dessen war sie gewiß.

Eben trat das Mädchen scheu aus der Kammer und fragte, ob der Vater schon was zur Nacht gegessen hätte. Ein böser Blick streifte sie, und der Alte brummte: »I' brauch nix! – So lang ich dich noch da siech, hab ich so schon g'nug!« Und wandte sich wütend an seine Frau, warum das Endsfrauenzimmer noch immer daheim sei, ihr am Schurzzipfel und ihm an der Schüssel hinge! So eine kunnt doch lang schon ihr Brot selber suchen.

»Mach nur bald, daß d' mir aus die Augen gehst!«, schrie er, »sonst mach ich dir Füß! – Sind die andern auch draußen, nachher wirst du auch naus können!«

Die Mutter wagte eine Einwendung: Das Everl sei doch schon gut zu brauchen im Haus, und sie hätt' halt eine große Hilf an ihr; was sollt denn aus ihr werden, wenn sie das Mädel nimmer hätt'!

»Ins Krankenhaus muaßt halt!« erwiderte er rauh. »Die

Rumliegerei wird mir so schon lang z'wider! – Ich brauch ein g'sund's Weib in mein' Haus, – keine solche alte Spitalerin, wie du bist!«

Da dreht sich die Kranke leise weinend gegen die Wand und schwieg; seine Tochter aber, die Eva, stand im selben Augenblick mit brennrotem Kopf vor ihm und rief: »Jetz' glangts aber, Vater! – Ich glaub', du weißt am besten, wer d' Mutter so weit 'bracht hat, daß s' so daliegt!«

Ein Schlag ins Gesicht war seine Antwort. Eva wurde schneebleich und danach wie mit Blut übergossen und rief: »Ja – schlag nur zu! – Das ist deine ganze Kunst! – Mich kannst ja totschlagen, aber über d' Mutter sagst mir nix mehr, das leid i' net!...«

Weiter kam sie nicht; der Baumeister hatte sie mit beiden Fäusten gepackt und schüttelte sie, indes die Kranke aus dem Bett fuhr, vor dem sie ohne Besinnung zusammenbrach.

»Was leid'st du net, ha, ... Was willst mir du verbieten ... ha? – Wer hat da herinn was z'reden ... ha? – Wart, dir werd ich's weisen, wer daherinn Herr ist!«

Damit schlug er auf sie ein, riß sie bei den Haaren herum und stieß sie mit einem Fluch zum Haus hinaus, die Tür hinter ihr verriegelnd. – –

Eva richtete sich langsam auf, und nach und nach wich die Betäubung von ihr. Sie strich sich das zerzauste Haar glatt und ging zum Brunnen hinter das Haus, um ihr Gesicht zu waschen und zu kühlen, indes sich in ihrem Hirn der eine Gedanke festsetzte: Fort – fort aus dem Haus.

Sie gedachte selbst der Mutter nimmer und ging nach einer Weile festen Schritts hinaus auf die Straße und lief dahin, vorbei an den grünen Fensterläden und zugezogenen Vorhängen der Birkenauer Fiakerhäuser, durch die matt erleuchteten Gassen und Anlagen und blieb endlich vor dem Ufer der Isar keuchend stehen, indes eine Stimme in ihr schrie: Spring hinein!

Eine geraume Weile stand sie so, die brennenden Augen starr auf die silberig glitzernden Wasser gerichtet; endlich schüttelte sie ein Frost, sie blickte scheu um sich und wandte sich einer kleinen Insel zu, die dunkel aus den beiden Flußarmen ragte. Etliche niedere Häuslein standen hier, und aus einem Fenster drang helles Licht und warf seinen Schein auf einen niederen Bretterstoß, der vor dem Hause lag.

Sie setzte sich darauf und sah stumpf in das Licht, betrachtete gleichgültig die darin wandelnden Menschen und versank endlich in einen schweren Schlaf.

Noch ums Morgengrauen lag sie auf dieser harten Ruhestatt, als ein Wächter des Gesetzes den hingestreckten Körper fand, das Mädchen weckte und scharf nach ihrem Woher und Wohin fragte.

Eva fuhr erschrocken in die Höhe und vermeinte, daß es der Vater wär; da sie aber die Uniform des Polizisten ersah, sammelte sie rasch ihre Gedanken und sagte, daß sie einen weiten Weg gehabt hätt', kränklich sei und auf dem Platz hier ein wenig gerastet hätte; dabei müsse sie anscheinend eingeschlafen sein. »Was werden sich meine Leut' denken!« schloß sie; »da muß ich schon laufen, daß ich heimkomm!«

Und sie machte sich davon, ohne sich noch um den Schutzmann zu kümmern.

Eilig lief sie durch die Gassen und ging zu einer ihrer Schwestern, die als Hausmädchen in einem Gasthofe nahe dem Isartor diente, bat sie um ein ordentliches Gewand und erzählte ihr alles.

Die Schwester hörte sie aufmerksam an; als Eva aber geendet hatte, meinte sie: »Ja, mei' Liebe, da kann ich dir auch net helfen. – Das hättest dir leicht selber denken können, daß es dem Vater einmal zu dumm wird! – Alles was recht ist! Aber wenn wir vier Kinder in der Fremd sein müssen, dann kannst du's auch verkosten! Das hat uns schon lang gewurmt, daß die Mutter grad dich alleweil am

Rockzipfel g'halten hat, und wir haben schauen können, wie's Brot für Hunger geht! – I' kann dir net helfen und kann dir auch nix geb'n; ich hab' selber kein ordentliches G'wand für die Feiertag. – Arbeit nur, dann verdienst dir schon was!«

Und somit war die Schwester entlassen. Traurig machte sich Eva nun auf den Weg zu den andern Geschwistern: doch überall fand sie nur Vorwürfe und harte Reden, aber keine Hilfe.

»Da schau einer an! Das Nesthockerl!« hieß es. »Erst schauts zu, wie wir andern hinausgeworfen werden, indes sie schön mollig daheim bleibt, und jetzt, wo der Vater endlich gerecht ist und ein Einsehen hat, jetzt käm' sie zu uns zum Betteln! Freilich! Sonst nix mehr!«

Da kam ein verstockter Trotz über Eva. Und sie wandte ihre Schritte weg und fragte sich durch bis in die Gegend, da die alte Freundin ihrer Mutter wohnte; vielleicht wußte die Rat und hatte ein gutes Wort für sie.

Als Eva jetzt in der Marsstraße stand und den Blick über die lange Häuserreihe gehen ließ, mußte sie einen Augenblick nachsinnen.

»Numero fünf, mein ich, war's!« sagte sie halblaut für sich und war nach wenigen Schritten vor dem Hause und ging klopfenden Herzens die Stiege hinauf; denn sie fürchtete, es möchte ihr hier ähnlich ergehen wie bei den Geschwistern.

Auf den Türschildern suchte sie nach dem Namen »Zwerenz«, aber auf keinem fand sie ihn geschrieben.

So stand sie, unschlüssig an das Stiegengeländer gelehnt, vor der Tür im vierten Stock. Da trat eine alte hagere Frau heraus in Hut und Mantel, und als die das Mädchen so stehen sah, fragte sie: »Zu wem möchten S' denn, Fräulein?«

»Zur Frau Zwerenz«, entgegnete Eva und sah, wie ein Schoßhund, den die Alte auf dem Arme trug, neugierig seinen Kopf ihr entgegenstreckte.

»Zur Frau Zwerenz! Ja, mei liabs Kind, die is ja g'storb'n. Noch koane vierzehn Tag is', daß sie's eingrab'n hab'n. Sehng S' da über d' Stiegen is' s' nuntergangen, und auf oamal tuats an Pumperer und wia i' nausschau is' s' scho drunt g'legn auch und g'sagt hat s' nix mehr. Jessas, war dees a Aufregung für mi, wo mir der Herr Doktor allweil sagt, i muaß mi schonen z'wegn meine Nerven. – Was hätten S' denn no mögen von ihr, Fräulein?«

»Ah nix. Was ausz'richten hätt' i' g'habt von meiner Mutter«, entgegnete Eva und ging, mit einem kurzen Nicken des Kopfes die alte Frau grüßend, an ihr vorüber und die Stiege hinunter.

Drunten vor dem Haustor blieb sie eine Weile in Gedanken stehen und lief dann, ohne zu wissen, was nun beginnen, den Weg zurück.

Der führte sie über den Bahnhofplatz, und plötzlich stand sie staunend vor den prächtigen Schaufenstern eines Warenhauses. Da drängten sich elegante Frauen und vornehme Männer vor den ausgestellten Kostbarkeiten, andere traten, mit Paketen beladen, aus den Flügeltüren oder verschwanden dahinter und ließen sich von einem diensteifrigen Pförtner untertänig begrüßen, das Gepäck abnehmen und die spiegelnde Glastür zum Innenraum öffnen.

Eva stand mit weit aufgerissenen Augen vor all der Pracht, die sie Zeit ihres Lebens noch nie erblickt hatte; denn nur selten war sie mit der Mutter aus der Vorstadt mit den niederen Hütten und ärmlichen Kramerläden hinausgekommen. Höchstens, daß sie einmal eins oder das andere von den Geschwistern heimgesucht hatten; doch auch diese lebten und dienten alle bei einfachen Leuten außerhalb der Stadttore.

Und gemach wurde der Wunsch in ihr lebendig, gleich den andern einzutreten in den Palast und all die Herrlichkeiten zu beschauen, die es da drinnen gab. Verstohlen schlich sie ganz nahe an die große Flügeltür und schlüpfte hinter zwei alten Frauen scheu hinein; denn sie vermeinte, man würde sie in ihrem armseligen Gewand sogleich wieder zurückweisen. Doch bald stockte ihr Fuß, und sie starrte entzückt auf die tausend Dinge, die hier zur Schau gelegt waren. Langsam ging sie weiter, geblendet und verwirrt von der Menge und dem Glanz der Kostbarkeiten.

Sie trug in ihren Wünschen bald feine Schildpattkämme in ihrem rotblonden Haar, berauschte sich an dem Duft fremder Parfüme, trug seidene Strümpfe und Spitzen an der Wäsche und speiste allerhand feine Leckereien und Süßigkeiten. Sie stieg die breite Treppe empor und fand neue Ziele ihrer Wünsche; sie betrachtete und staunte und sah hungrig auf die Gäste in dem einladenden Speiseraum, die hier bei Kaffee oder Schokolade saßen und nicht das öde Gefühl der Leere in ihrem Magen hatten, wie sie.

Sie sah, wie einige unter ihnen die Köpfe nach ihr drehten und sie musterten, als hätte sie kein Recht mit einem solchen Gewand am Leibe in diesen Räumen zu sein. Sie spürte selber, daß die da in einer andern Welt lebten, zu der ihr der Eintritt nicht erlaubt war. So ging sie langsam wieder die Treppe hinunter und einem der Ausgänge zu. Dabei geriet sie zwischen die schönen glänzenden Stoffe, die verführerisch mit ihren Farben lockten und stand dann nach wenig Schritten inmitten der schimmernden Geschmeide und funkelnden Steine, die hier in großen Glaskästen und auf Tischen zur Schau lagen. Und sie dachte, wie ihr wohl diese Perlenschnur oder jenes Diadem stünde, – wie es wär, wenn sie plötzlich die Finger voll solcher blitzender Ringe hätte, oder jene Spange mit den vielen Steinen am Gürtel. Und auf einmal hielt sie eine Brosche in der Hand und ehe sie noch recht zur Besinnung kam, hatte schon eine andere Hand sie gepackt, und waren Leute da, die sich um sie drängten. Dann kam ein Herr in einem schwarzen Rock mit einem goldenen Zwicker auf der Nase und führte sie aus dem Kreise hinaus und fort in ein Zimmer zum Verhör.

»Was gibt's denn? Was hab'n s' denn?« gingen die Fragen aufgeregt durcheinander.

»Derwischt hams oane!«, sagte eine dicke Frau mit einer Mantille und einem Kapotthut mit roten Rosen und tat ganz wichtig, als hätte sie alles selber gesehen. – »A goldne Brosch hat s' g'stohl'n mit echte Brillanten«, setzte sie mit funkelnden Augen dazu, während es doch nur ein billiger Tand gewesen war und die Edelsteine aus Glas.

Die hielt jetzt der Herr mit dem schwarzen Rock in der Hand und sah dabei Eva durch den goldenen Zwicker an, die mit gesenkten Augen, das Antlitz von Blut übergossen, vor ihm stand. Abwechselnd blickte er auf die Brosche und auf das Mädchen und schüttelte den Kopf, wobei kaum merkbar ein Lächeln seine Mundwinkel bewegte. Und nachdem er sie so eine Weile betrachtet hatte, fragte er nur nach dem Namen und wo die Eltern wohnten.

Da senkte Eva den Kopf noch tiefer, und ihre Finger zupften an den Fäden, die vom Saum der Bluse hingen, während ihre Lippen fest geschlossen aufeinander lagen.

Als aber der Herr auf dieses hin in kühlem Tone sagte: »Ja, Fräulein, dann geh'n wir halt auf die Polizei. Dort werden Sie schon reden«, hob Eva ein wenig den Kopf und preßte kaum hörbar die Antwort heraus, so, als klebten ihr die Worte an der Zunge.

Sie sah, wie der Herr den Namen und die Straße in ein Büchlein schrieb, hörte noch mit halbem Ohr seine Ermahnungen und Warnung und wachte aus ihrer Betäubung erst wieder auf, da sie auf der Straße stand.

Einen Augenblick blieb sie stehen, als müsse sie einen Entschluß fassen; aber es fiel ihr nichts ein und so ging sie langsam, ohne irgend ein Ziel weiter.

Vor einem Gasthaus, daraus die Klänge einer Zither und Geige kamen und darin Bauern- und allerhand Stadtvolk saß hinter Bierkrügen und Brocken von Speck und Wurst, hemmte sie ihren Schritt und starrte gedankenlos in die lärmende und schwatzende Menge.

»Schöns Fräulein, was is'? Mögn S' net nei'geh'n mit mir?« tönte es plötzlich an ihr Ohr, und da sie umsah, erblickte sie neben sich einen jungen Burschen mit einem grünen Sammethütl, der sie anlachte.

Sie zuckte die Achseln, ihn mit einem fremden Blick betrachtend und ging, seiner Hand, die nach ihr griff, in einem Bogen ausweichend, ihres Weges weiter.

Über den Marienplatz und durchs Tal ging sie, bis sie wieder an die Isar kam. Dort wandte sie sich nach links und lief den Fluß entlang, bis sie an der Brücke stand, wo die grünen Wasser in Gischt und weißem Schaume in die Tiefe fallen. Dort sind unter Bäumen Bänke aufgestellt, auf deren eine sie sich setzte und dem Wasser zusah, wie es niederstürzte und brausend an ihr vorüberschoß.

Und wie sie so dasaß und das bedachte, was sie getan hatte und am Ende meinte, sie hätte nun selber ihr Leben zerstört, daß ein jeder mit Fingern auf sie weisen könne und niemand ihr mehr helfen würde in ihrer Not, kam langsam ein Gedanke in ihr herauf.

Einen Augenblick sah sie noch die Mutter vor sich und was die wohl sagen würde, wenn sie es erführe.

Aber sollte sie ihr so unter die Augen gehen als das, was sie nun war? Nein!

So trat sie denn an das Geländer, und nach wenig Augenblicken sahen die Leute, die rasch zusammenliefen, drunten im Wasser etwas Dunkles auftauchen und dahintreiben, fast wie ein Stück Holz, das alsbald wieder in dem Strudel versank. –

Am nächsten Tage brachten von diesem Vorgang die Morgenblätter ein paar Zeilen, die einer flüchtig überliest, weil es nicht wichtig ist, was da geschah.

Madam Bäuerin

Die Geschichte hebt an um die Zeit, da unser lieber Herr bereits seine Himmelfahrt getan, den Heiligen Geist gesendet und das Heu auf den Wiesen gut und dürr genug gemacht hat zum Heimführen.

Um diese Zeit haben die Weibsleute draußen auf dem Lande gemeiniglich ihre großen Wasch- und Putztage; denn nach altem Brauch und Herkommen räumt man noch vor Beginn der großen Ernte mit dem ganzen rußigen Nachlaß des Winters gründlich auf. Da weißelt und tüncht man Stuben und Kammern, Kuchel und Speis, Hausflöz und Stall, verschönt den ganzen Bauernhof und putzt ihn säuberlich heraus, auf daß der Segen Gottes um so lieber Einkehr darin halten möcht.

Und die Vürhänge und Polsterziechen, das Linnen und Bettzeug wird gewaschen und gebleicht, damit es wieder frisch und sauber ist und seine Schuldigkeit tut so lange, bis die Bäuerin das Kirchweihmehl in die Truhe siebt und das Schmalz ausgängt und siedet für Krapfen und Küchl.

Beim Schiermoser zu Berganger aber haben sie heut noch einen besonderen Grund zu solcher Stöberei und Arbeit: ihre langjährige Sommerfrischlerin, die verwitwete Frau Rechtsrätin Scheuflein, hat für die nächsten Tage ihre Ankunft gemeldet.

Nun sind ja im allgemeinen die Stadtleut keine absonderlich willkommenen Gäste auf dem Land. Aber so im besonderen macht doch manche Bäuerin eine Ausnahme und läßt ein paar von den Städtischen in ihren üppigen Flaumbetten schlafen. Freilich nur gegen gutes Entgelt. Denn umsonst ist der Tod, und der kostet das Leben. Und wenn sie auch darüber brummt, daß ihr die »verhungerten Stadterer den Schmalzhafen, die Mehltruhen und die Eierschüssel leer fressen«, so ist ihr das Geld, welches die Sommergäste bei ihr sitzen lassen, doch eine so willkommene Nebeneinnahme, daß sie willig für etliche Wochen auf ihren angestammten Groll gegen sie vergißt.

Denn der Hunger nach Profit ist bei jeder Bäuerin so groß, daß sie gern auf weiß Gott was alles verzichtet, wenn nur ihr Geldbeutel Nutzen davon hat.

Und dann ist doch auch noch die Nachbarin da; wenn die hörte, daß drüben beim Nachbarn Sommergäste abgewiesen wurden, so liefe sie ihnen sicherlich nach und böte ihnen die beste Stube des Hauses an, bloß um die andere zu ärgern! Darum schränkt man sich über Sommer ein, so gut man nur kann.

Das eheliche Schlafgemach wird zur Rumpelkammer, in der man alles aufstapelt, was sonst in den verschiedenen Kammern hing, lag und stand. Da türmen sich Pappschachteln mit Strohhüten, Pelzen, Atlaskränzen und Brautkronen; Totenkränze hängen neben Flachszöpfen und Kümmelbüscheln, Honighäfen stehen neben Schnapskrügeln und Spinnradeln, und zwischen Schüsseln mit Bienenwaben liegen Berge von Flickwäsche. Darunter aber sind die Schätze an Eiern und Schmalz verborgen, die man nicht jedem zeigen will, der ins Haus kommt.

Hat die Bäuerin Kinder, so liegen sie während dieser Zeit droben im Gret, auf dem Vorplatz neben der Stiege, immer zwei in einer mageren Betthaut. Und die alte Großmutter muß es sich auch noch gefallen lassen, daß man ihr eine zweite oder dritte Bettstelle in das Austragstüblein rückt, darin noch ein paar Söhne oder Töchter des Hauses ihre Schlafstatt einrichten.

Und dann werden die guten Stuben und Kammern gekehrt und geschruppt, von Spinnweben gesäubert und mit Rupfenplachen belegt.

Aber nur ein paar Monate lang hält die Bäuerin dies Leben aus.

Nur während der Zeit der Ernte, da sie selber entweder viel mit ihren Leuten auf dem Felde ist oder aber den ganzen Tag in Stall und Küche werkt und den Hof versorgt, indes die andern Weizen, Korn und Grummet einernten. In diesen Tagen hat sie nicht Derweil, die Stadtleut viel zu betrachten und sich über ihr Tun zu ärgern; im Herbst aber oder gar im Frühjahr, da ist sie anders. Da kann ihr kein Sterbensmensch auf Gottes Erdboden ungelegener ins Haus kommen, als so ein Stadtfrack! Und es kann kein Städter etwas Ungeschickteres tun, als sich in einem Bauernhof einzuquartieren, ehe die Erde und die Sonne ins Zeichen der Hundstage tritt.

Darum findet man auch heute die Schiermoserin greinend und brummend über den Unverstand der Stadtleut, die mitten unterm Heuen und Ausweißeln daherrumpeln, an dem endsgroßen Waschzuber stehend und eine Bettzieche um die andere reibend und schwenkend.

»Naa, naa. Wia i halt sag: lange Haar, kurzer Verstand, hoaßts. Und d' Stadtleut ham überhaupts koan, wähn i. Sinst kunntens oan net scho im Auswärts aufm Gnack hocka. Daß s' net glei scho auf Liachtmeß oder z' Weihnachtn in d' Sommerfrisch gehn! Jetz', kaam daß der Schnee weg is. Mitten unterm Heuen und Ausweißeln!«

Sie werkt und hantiert wütend weiter und kann nicht aufhören, über die Städter im allgemeinen und die Rechtsrätin Scheuflein im besonderen zu wettern.

Daneben an der Waschbank steht ihre jüngste Tochter, die Barbara, seift und bürstet grobe Hemden und singt dazu mit weinerlicher Stimme ein rührseliges Lied vom Herzverbittern und Vonmirgehn.

Und dazu schleppt eine Magd in zwei Eimern bald kaltes, bald heißes Wasser herbei und läßt geduldig ein Donnerwetter ums andere über sich ergehen, weil sie der Schiermoserin zu langsam, der Barbara aber zu schnell werkt, der einen das kalte und der anderen das heiße Wasser über die Füße gießt und endlich gar noch der alten Großmutter, die strickend und nörgelnd auf der Hausbank sitzt, den knallroten Wollknäuel mit ihrem klappernden Holzschuh mitten in eine trübe Wasserlache stößt.

Drinnen in der Wohnstube aber werkt der alte, taube Großvater, taucht den langgestielten, altmodischen Malerpinsel in die himmelblaue Kalkbrühe und streicht bedächtig Fleck um Fleck, bis zu guter Letzt die ganze Stube gleich dem sommerlichen Himmel draußen im schönsten Blau erstrahlt.

Danach trägt er seinen Farbkübel hinaus in die Kuchel, mischt ein Päcklein helles Gelb unter den blauen Kalk und beginnt sodann auch hier das Werk der Verschönerung.

Des Schiermosers zweite Tochter, die Mariedl, hantiert derweil in den fertigen Räumen frisch mit Schrubber und Besen, und der Ochsenbub zieht bedächtig rings an den getünchten Wänden mit dunkelbrauner Farbe breite Striche als Zierde und Abschluß und pfeift dazu den neuesten Gassenhauer.

So hat ein jedes im Haus seine Arbeit.

Draußen auf den Wiesen aber werkt der Schiermoser mit den Knechten und Dirnen. Die einen mähen, die andern wenden, und die dritten wiederum häufeln das trockene Heu und führen es heim.

Des Schiermosers einziger Sohn aber, der Franz, war zu Holzkirchen auf dem Viehmarkt und fährt nun gemächlich heimzu.

Langsam läßt er den Braunen über die bergige Straße hinauftraben und pfeift dazu die Melodie eines derben Landlers.

An der Wegkreuzung zwischen Straß und Au steht der Hof des Straßlerbauern.

Und hinter der Streuschupfe des Hofes steht die Nanndl, des Straßlerbauern Tochter, und schaut auf das herankommende Fuhrwerk des Schiermoserfranzl.

Denn die Nanndl wär in ihrer Seel nicht abgeneigt, einmal Schiermoserin zu werden.

Als daher der Franzl in ihre Nähe kommt, begrüßt sie ihn mit breitem Lachen und fragt: »He, du! Wo aus denn?«

«Hoamzua«, erwiderte der Franzl und will weiterfahren.

Aber die Nanndl fragt weiter: »Wo kimmst denn her?«

»Vo Holzkirch. Am Viehmarkt bin i gwen.«

Nun hält er doch sein Fuhrwerk an. Denn die Nanndl wird anzüglich.

»Hast dir nachher a saubers Stuck außagschaut?«

»Balst eppa a zwoahaxats moanst, nachher muaß i naa sagn!« erwidert er ihr schmunzelnd und steigt vom Wagen: »D' Holzkirchner Kaibeln san gar net darnach, daß oana an Fiduz drauf kriagn kunnt!«

»Ja no«, meint die Nanndl, »du bist aber aa glei a so a hoaklicher! Bis dir amal epps taugt...«

Sie lacht kokett.

Der Franzl faßt sie um die Hüften.

»Moanst, daß d' mir du net taugen tätst?« fragt er halblaut und sucht ihren Mund. Die Nanndl lacht laut und geziert auf.

»Du bist aber a Schlankl, du!«

Sie entwindet sich seinem Arm. »Ja ja. Zum Fürn-Narrn-Halten tät dir wohl jede taugn, gell! Aber zum Heiratn...«

»Geh, brummel net, Dirndl!« unterbricht der Tropf ihre Betrachtung und verschließt ihr den Mund auf eine Weis', daß sie das Weiterschwatzen von selber vergißt.

Dann lacht er belustigt auf, steigt auf sein Fuhrwerk und ruft: »Zum Fürn-Narrn-Haltn hast gsagt, gell! Zu epps andern taugts aa net, ös Weiberkittel übereinand! Hüa, Alter! Fahr zua!«

Und er fährt davon, indes die Nanndl dasteht und ihm mit einem Gemisch von Zorn und Sehnsucht nachschaut, bis er hinter den ersten Bäumen des nahen Waldes verschwunden ist.

Mit der Erkenntnis, daß alle Mannsbilder, besonders aber der Schiermoserfranzl lose Rüppel seien, geht sie endlich aufseufzend wieder zurück ins Haus zu ihrer Arbeit.

Der Franzl aber versetzt seinen Braunen in einen frischen Trab, rückt das Plüschhütl keck aufs linke Ohr und singt:

»Aber gell, du Blauaugete,
Gell, für di tauget i,
Gell, für di waar i recht,
Wann i di möcht!«

Des Schiermosers Franz ist gerade am Tage des heiligen Antonius fünfundzwanzig Jährlein alt geworden, hat außer seinem körperlichen Ebenmaß und seinem strohgelben Schnurrbart auch noch einen ebenso blonden Lockenkopf und dazu ganz dunkelbraune Augen.

Dies alles schätzen die Weiberleut der Umgegend an ihm.

Seine Kameraden aber und die Burschen der Gemeinde achten sein manniges Wesen und seine bäuerische Schlauheit, zählen auf sein gegebenes Wort und fürchten ihn in seinem Zorn. Was ihn aber besonders seinem Vater lieb und wert macht, ist seine Brauchbarkeit zu allem, was den Schiermoserhof und sein Gedeihen betrifft.

Soll ein Roß vertauscht oder eine Kuh gehandelt, ein Stadel gebaut oder Geld auf die Bank gelegt werden, der Franzl wird zuerst darüber gehört. Und hat er einmal eine Sache als gut und recht befunden, so dürfte der ganze übrige Schiermoserhof und ganz Berganger dazu dagegen sein; es würde doch nur so gemacht, wie der Franzl meinte, und nicht anders.

Denn erstlich hatte er die drei Jahre drinnen in der Residenz bei den schweren Reitern gedient und sich dabei so ausgezeichnet, daß man ihm die goldenen Borten des Unteroffiziers auf die königsblaue Reitermontur setzte, und dann war er ein ganzes Jahr auf einem wirklichen königlichen Gutshof gewesen als Oberschweizer.

Ein naher Verwandter hatte nämlich daselbst eine Verwalterstelle, und der gute Vetter wollte nun auch dem Franzl einen Einblick in den Betrieb einer solchen Wirtschaft geben, auf daß es ihm einmal droben in seinem Schiermoserhof zu Nutz und Frommen gereichen möchte.

Also hatte Franz doch allerhand gesehen, gehört und gelernt und konnte wohl ein Wörtlein mitreden, wenn es sein mußte.

Er tat dies auch zur rechten Zeit und brachte allmählich einen ziemlich neumodischen Zug in die väterliche Wirtschaft; allerdings sehr zum Verdruß seiner Mutter, die alles, was neu oder aus der Stadt war, haßte und verwarf, und nicht minder zum Ärger seiner Großeltern, der alten Schiermoserleut, die in allem Neumodischen eine Quelle von Unkosten, Verdruß und Unbehagen sahen und viel lieber an dem Althergebrachten und Gewohnten hingen.

Aber, wie gesagt, es half nichts, daß die drei anderer Meinung waren. Franzl hatte recht, auch wenn er einmal nicht ganz recht hatte, und sein Vater, der selber schon immer ein wenig zu den modischen Bauern und ihren Maschinen hielt, stand fest auf seiten seines Sohnes.

Wie war's doch gewesen damals, als der neue Motorpflug auf den Schiermoserhof kam und die Dreschmaschine?

Natürlich, der Franz hatte das Zeug beim Herrn Vetter droben im königlichen Gutshof gesehen, und sofort hieß es: »So a Motor muaß her und so a Maschin. Da hat ma grad mehr die halbate Arbat und dabei den doppelten Nutzen. Dees langweilige Drischeldreschen paßt mir eh scho lang nimmer. Den ganzen Winter wieder aufn Dreschbodn außegfriern! Mir waars recht!«

Wohl fuhr die Schiermoserin mit Himmel Kreuz und Laudon dazwischen und plärrte: »Nix da! So viel Geld außeschmeißen! Sinst nix mehr! Ös mit enkern neumodischen Graffel. So lang i no a offens Aug' hab, werd mit der

Drischel 'droschen, daß ihrs wißt! Bal i amal gstorbn bin, könnts vo mir aus mit den Dreschflegl toa was's mögts. Und an Motorpflug! Zu was mir an Motorpflug brauchen, möcht i wissen! Für was mir an Stall voll Roß' haben, möcht i wissen!...«

Was half's?

Umsonst war ihr Greinen.

Der Franzl hatte geredet, und der Alte reiste sofort zum Herrn Vetter, ließ sich die Neuheit zeigen und kam heim mit der Botschaft: »Auf d'Woch müaßts den neuen Motorpflug von der Bahn holn und die neue Dreschmaschin.«

Jawohl. So war's.

Und so ging's mit dem elektrischen Licht und mit der Gsottmaschine, mit der Zentrifuge und mit der Wasserleitung. Alles Neue, was irgendwo den Kopf in die Höhe streckte, mußte her.

Denn der Herr Sohn hatte geredet.

So war's, und so ist es auch heute noch; und gerade am Tag, da der Schreibebrief von der Frau Rechtsrätin Scheuflein mit der Botschaft kommt, daß sie, ihre Frau Schwägerin Adele und ihre Tochter Rosalie die Absicht hätten, nächsten Samstag wieder in Berganger und auf dem Schiermoserhof zu landen und daselbst den Sommer über zu verbleiben – gerade an dem Tag zeigt es sich wieder, daß Franz Schiermosers Wille der allein maßgebende ist und daß der ganze Hof nach seiner Pfeife zu tanzen hat, gehe es, wie es wolle.

Grad um die Abendessenszeit ist es.

Die Schiermoserin steht greinend und brummend in der Kuchel und kann erst die Nudelpfanne nicht finden und dann das Backschäuferl, darauf die Schmarrenschüssel nicht und zuletzt den Dreihax.

»Mit enkana Ausweißlerei und Umanandräumerei!« wettert sie, »dee Kuchl hätts leicht no to bis zum Kirta! Aber naa, ausg'weißelt muaß werd'n! Zwegn dene Stadtscheesen da! Mir moanat scho, der Kini kaam oder der Kaiser! Mir woaß's ja do, daß nix dahinter is hinter dera Rechtsrätin und ihrane Töchter! Und hinter der andern alten Schachtel aa net! Was aus der Stadt kemma is, hat no nia eppas taugt! No gar nia net!«

Und da ihr Mann, der Schiermoser, in die Kuchel kommt und sich dreinmischt, indem er meint: »No, grad gar so unrecht sans net, insane Sommerfrischler! Mir muaß scho d'Kirch beim Dorf lassen – sie ham alleweil schee zahlt!«, da fährt sie ihn giftig an: »Natürli! Er, der ganz G'scheite! Dees glaab i! Soll's net vielleicht no schuldi bleib'n aa! Is's no net Sach gnua, daß ma's geduldt, die Stadtg'sellschaft! Daß mir net amal mehr Herr is über sei Sach! Derf ma sich sei Haus voll anräuma lassen – und d' Betta z'sammliegn – und's Gras zertreten – und d'Sach ausschnüffeln...«

In diesem Augenblick treten der Großvater und die Großmutter in die Kuchel und die Alte weiß sogleich, um was es geht: »Und da hat's aa ganz recht, d' Wabn!« unterbricht sie ihre Tochter, die immer noch Wabn von ihr genannt wird. »I habs aa gar net mit deene Sommerfrischler! Daß s' guat zahln...no ja, dees is wahr. Aber Gaude hat mir aa grad gnua damit! Grad gnua, sag' i. Und alle Daama lang fragns di epps anders – und möchtns epps anders – und wissens epps anders! – Is 's eppa net wahr, Vata?« Sie schreit die letzten Worte ihrem tauben Eheherrn ins Ohr.

Und der Alte lacht mit seinem zahnlosen Mund, lacht übers ganze Gesicht und meint: »Ja, ja. Recht warm is gwen. Recht scheene Täg ham mir. Da trückert d' Sach guat!«

Und vergnügt zündet er seine Pfeife an.

Der Schiermoser aber wiederholt eigensinnig: »Mir muaß d' Kirch beim Dorf lassen! Gar so zwider is 's net, d' Frau Rechtsrat. Und wenn die andern Sommerfrischler hab'n, kinnan mir aa oa habn. Dees is koa Schand net. Dees g'hört zum Verschönerungsverein.«

Damit hat er's aber ganz und gar verdorben bei den zwei Weibsbildern, und er muß sich ein schönes Donnerwetter gefallen lassen.

»Zum Verschönerungsverein!« ruft die Schiermoserin giftig aus, und die Alte meint: »Weil's scho so schee san die Stadterer! Hint mager und vorn dürr! Und z'sammgricht wia d' Spatzenscheuchan! Da balst mir net gehst mit dera Verschönerung!«

»Und mit enkan neumodischem Glump überhaupts!« fängt die Wabn wieder an, »mit enkane Genossenschaften und Verein überanand! An Raifeisenverein ließ i mir ja no g'falln...aber...«

Franz Schiermoser tritt im selben Augenblick ein.

»Was is's mit'n Raifeisen?« fragt er.

»Ah nixen.«

Die Schiermoserin stößt wütend in dem Mehlschmarren herum, während sie es sagt.

Und die Alte geht schnell hinaus. Aber sie kommt sogleich wieder, denn die Neugier plagt sie doch zu stark.

Der Schiermoser aber sagt grad in dem Augenblick zu seinem Sohn: »A Kreiz is's halt mit dee Weiberleut. Auf amal paßt eahna d' Rechtsrätin nimmer.«

Worauf die Schiermoserin heftig erwidert: »Dee hat mir no nia net paßt! Daß ihr's wißt's!«

Da hält die Alte ihre Zeit für gekommen, auch dreinzureden. »No ja«, meinte sie, »mir tuat eahna ja nix wega. Aber mir hätt aa ohne Sommerfrischler auskemma kinna. Mir hätten durchaus gar koa braucht. Gar koa. Dessell sag' i.«

Und ihre Tochter fährt abermals giftig dazwischen: »I hab's no gar nia net mögn, die Stadtfrackn. I hab' mi alleweil gespreizt dagegen. Aber no, insaroana is ja der Garneamd! Insaroana hat ja daherin nix mehr zum Redn, seitdem daß der Herr Bua 's Mäu offa hat!...«

Bis hierher hat sie ihr Sohn ruhig reden lassen. Jetzt aber fährt er ihr doch wild ins Wort.

»Und jetzt glangt's nachher, sag' i! Und an Ruah möcht 'i hab'n! Und insane Sommerfrischler bleib'n da, solang sie's g'freut und bals da san, sans da. Verstanden! Und bals net a so g'macht werd da herin, wias recht und richti is, nachher geh' i! Auf der Stell geh' i! Nachher kinnts mit fremde Leut wirtschaften. Daß d'es woaßt.«

Das hilft.

Die Schiermoserin werkt mit brennrotem Kopf und klappert mit Tellern und Tiegeln, aber sie erwidert kein Wort mehr.

Und die Alte läuft eilends davon.

Der Schiermoser aber pfeift gellend durchs Haus und ruft die Leut zum Essen, indes der Franz ruhig, als wäre nichts gewesen, fragt: »Gibts a Milli oder an Tauch zum Schmarrn, Muatta?«

Darauf ihm die Schiermoserin bockig erwidert: »An Tauch. – Zweschbn.«

Und also ist es bestimmt, daß die Frau Rechtsrätin Scheuflein, ihre Tochter Rosalie und ihre Schwägerin Adele am nächsten Samstag zu Schiermosers aufs Land gehen.

Als der nun in Gott ruhende Rechtsrat Scheuflein dies zeitliche Dasein segnete, beweinten ihn eine trostlose Gattin, drei Töchter und eine Schwester; so konnte man es wenigstens am nächsten Tag im Abendblatt lesen.

Leider war dies aber auch schier alles, was er den kommenden Tagen als Vermächtnis hinterließ, obgleich es ganz anders hätte sein können.

Denn er stammte von Eltern her, die ihrerseits alle Vorbedingungen späterer Wohlhabenheit mit auf diese Erdenwelt brachten.

Seine Mutter war die einzige Tochter eines reichen Kauf- und Schiffsherrn zu Hamburg gewesen. Aber, wie es schon so geht im Leben: eines Tages sanken bei einem heftigen Seesturm drei seiner Frachtschiffe, als sie, beladen mit reichen Schätzen, dem heimatlichen Hafen zusegelten. Damit versank dem Alten leider der größte Teil seines Vermögens, und er nahm sich den Verlust so zu Herzen, daß er in ein hitziges Fieber fiel und kurze Zeit darauf starb.

Nach seinem Hinscheiden führte die kaum zwanzigjährige Tochter noch eine Weile die Geschäfte; allein sie wurde von den sogenannten Freunden des Hauses bald so sehr übervorteilt und betrogen, daß der Ruin unausbleiblich schien.

So blieb ihr nur die Wahl: entweder dienen oder heiraten. Dies letztere erschien ihr noch als das Glücklichere, um so mehr, als sich gerade in jenen Tagen ein tüchtiger, junger Rechtsanwalt aus Bayern um sie bewarb.

Dieser brachte den Rest der Schiffe und Waren vorteilhaft unter den Hammer und verlegte darnach seine Praxis in das alte Patrizierhaus seines Vaters zu München.

Bald hatte er sich einen glänzenden Namen gemacht und besaß nun ein so hohes Einkommen, daß nach seinem Abscheiden alle seine Kinder, acht an der Zahl, lachende Erben hätten werden können.

Aber leider: wenn einen der Teufel reitet, geht's ins Verderben.

Der kaum fünfzigjährige Mann wurde plötzlich von der fixen Idee gepackt, er müsse sich unbedingt um eine Staatsstellung bewerben; denn wenn er nun heut oder morgen stürbe, hätte ja seine Wittib mitsamt den Kindern nicht einen Pfennig Pension. Das Vermögen, welches er ihnen hinterließ, dachte er, würde bei einer Teilung durch neun sicherlich nicht ausreichend sein, um alle so zufrieden zu machen, wie er dies wünschte.

Diese närrische Idee nun brachte ihn dazu, daß er seine

glänzende Praxis aufgab und Amtsrichter wurde. Sein Einkommen verminderte sich allerdings dadurch auf ein Viertel des früheren; aber bei seinem Ehrgeiz konnte er es bald zum Gerichtsrat bringen.

Leider half auch dies nicht viel, denn das Unglück wollte, daß er noch dreißig Jahre lebte und also nach und nach alles zusetzte, was er als Rechtsanwalt verdient hatte.

So kam es, daß nach seinem Hingang die Witwe samt ihren Kindern in Verhältnissen dastand, die nicht gerade rosig genannt werden konnten.

Und als bald danach auch sie das Zeitliche gesegnet hatte, machte die Teilung des Erbgutes dem Rechtsrat Scheuflein und seinen sieben Geschwistern zwar viel Arbeit, aber wenig Freude.

Der Rechtsrat, als der Jüngste, heiratete sofort nach dem Heimgang seiner Eltern die Tochter eines gänzlich verarmten adligen Majors um ihrer schönen Augen willen.

Und da ihm das hübsche Mädchen außer einem Herzen voll warmer Zuneigung und einen Kopf voll überspannter Ideen nicht viel in die junge Ehe einbrachte, so wurde auch durch sie der Geldsäckel der Scheufleins nicht voller.

Seiner sonst glücklichen Ehe entsprossen drei Töchter, und so mußte sich nach seinem Wegscheiden die verwitwete Frau Rechtsrätin mit diesen und einer nicht allzu reichlichen Pension schlecht und recht durchbringen.

Von den sieben Geschwistern des Rechtsrats war das älteste ein Mädchen namens Adele.

Dieses Fräulein blieb unverheiratet und schloß sich ganz an den jüngsten Bruder, den Rechtsrat, an.

Und nach seinem Tode zog sie, in richtiger Erwägung und Einschätzung der Verhältnisse, ganz zur Schwägerin und half ihr mit dem wenigen, was sie ihr eigen nannte, rechtschaffen über die Misere des täglichen Lebens hinweg.

Dies war auch durchaus notwendig; denn die Rechtsrätin, infolge ihres Standesbewußtseins erhaben über jede

Berufsarbeit, hatte nicht das Zeug in sich, durch eigene Kraft ihren Kindern mehr als des Tages Notdurft zu bieten.

Und als ihre beiden größeren Töchter das Glück hatten, unter die Haube zu kommen, da wäre es der Witwe wohl schlechterdings unmöglich gewesen, ihnen nur eine einigermaßen standesgemäße Aussteuer mitzugeben, wenn nicht Fräulein Adele auch hier helfend eingegriffen und ihre Sparpfennige geopfert hätte.

Denn die beiden Mädchen wurden von Kavalieren geheiratet, die zwar ziemlich betagt, aber sehr vornehm und vermögend waren...

Also war nur mehr die jüngste, Rosalie, im Hause.

Aber auch um diese Tochter braucht die Rätin sich nicht viel zu sorgen; Tante Adele hat auch hier ein offenes Auge und ein gutes Herz für die Bedürfnisse des jungen Mädchens.

So kümmert sich also die Schwägerin fast mehr als die Mutter um das Wohl des Hauses und erntet dafür manches Dankeswort von der Rechtsrätin.

Trotz ihrer Dankbarkeit aber kann diese sich nicht recht erwärmen für Adele. Eine schier unüberbrückbare Kluft steht zwischen ihnen, und es gibt alle Augenblicke kleine Unstimmigkeiten und Reibereien unter ihnen.

Dies ist aber ganz natürlich; denn erstlich ist Fräulein Adele bürgerlich – absolut gut bürgerlich. Frau Rechtsrat Scheuflein aber ist Aristokratin vom Kopf bis zu den Zehen – trotz ihrer Armut.

Und Fräulein Adele ist keine Freundin des Adels, ganz besonders des verarmten; wie sie ja überhaupt alle sogenannten Titel ohne Mittel verabscheut und alle Vornehmtuerei verachtet.

Da ist es nun vor allem die Lebenshaltung der Rechtsrätin, die ihren Unwillen und Widerspruch fast täglich herausfordert.

Wie man als vermögenslose Witwe eine vornehme Wohnung im teuersten Stadtviertel bewohnen kann, das ist ihr ganz rätselhaft, und ebensowenig begreift sie, daß die Schwägerin immer noch einen Salon, ein Speisezimmer und ein »Boudoir« haben muß.

Schon das Wort Boudoir treibt ihr die Galle ins Blut und die Zornesröte auf die Wangen.

Daß man echtes Porzellan und gutes Silberzeug, feinen Damast und teures Kristall auf dem Eßtisch hat, ist ja auch in guten Bürgerkreisen Brauch und ein Zeichen behäbigen Reichtums.

Aber alles dies ist nur schön, wenn eben auch der Inhalt dieser Platten und Schüsseln ihrer Beschaffenheit entspricht.

Aber so, wie es bei der Rechtsrätin Brauch ist: außen hui und innen pfui – so hatten es die Scheufleins nie gehalten! Da gab es an den Wochentagen Suppe, Fleisch und Gemüse; an Sonntagen aber bog sich schier die Tischplatte unter der Last des schweren Bratens, all der Zutaten und der leckeren Nachspeisen.

Eben kommt die gute alte Dame wieder in die Küche und trifft Rosalie, die jüngste Tochter des seligen Rechtsrats, beim Kochen an.

Sie hebt den Deckel von einem dampfenden Hafen und zieht die Nase hoch: »Was gibt's denn heut wieder Grünes, Roserl? Das riecht ja wie meine Heublumenbäder!«

Ihre Nichte schält eben Kartoffeln und erwidert etwas verlegen: »Ach, du weißt ja, Tante Adele: nichts Besonderes. Mangoldspinat und Kartoffelschnitz.«

Und mit einem Seufzer fügt sie hinzu: »Wenn's doch endlich mal so weit wär', daß wir wieder zu Schiermosers gingen! In der Sommerfrische konnte man sich doch wenigstens satt essen um sein Geld!«

Die Tante nickt. Aber sie kann es doch nicht unterlassen, zu sagen: »Das könntet ihr auch hier ganz gut, wenn ihr nicht mit eurer überspannten Vornehmheit euch selbst und die anderen belügen würdet! Aber nein, da muß der ›Jourfix‹ her und müssen Seidenfähnchen her und die Loge im Theater muß auch her...Ach was! – Ich mag gar nimmer reden! Bei deiner Mutter ist ja doch Tauf und Chrisam verloren!«

Sie geht erregt aus der Küche.

Aber nachdem sie wieder etwas ruhiger geworden ist, fällt ihr der Seufzer ihrer Nichte wieder ein: »Wenn wir doch wieder bei Schiermosers wären!«

Natürlich! Das ist ja doch das einzige Glück, daß man den Schiermoserhof als Zuflucht hat! – Daß man sich jeden Sommer bei Milchschüsseln und Schmalztöpfen, bei Eiern und Nudeln wieder erholen kann von der Traurigkeit des armseligen Stadtwinters! Sofort wird sie mit der Schwägerin reden! – Sofort!

Und sie läuft augenblicklich hinüber in das Speisezimmer, wo die Rätin eben das Silberbesteck aus dem Schrank nimmt.

»Schwägerin!«

»Adele?«

»Ich hätt' eine Frage.«

Die Rätin setzt ihren goldenen Kneifer auf die etwas große Hakennase und schielt hinüber zur Standuhr.

»Wenn's nicht zu lange dauert, meine liebe Adele; – du weißt, das Essen wird bald auf den Tisch kommen!«

Doch das Fräulein Schwägerin macht eine wegwerfende Handbewegung und meint: »Ah was! Laß es kommen! Ist ohnehin bloß wieder das alte: Grünfutter mit Pomm de Terr! – Ich möcht' wissen, ob du eigentlich schon an die Sommerfrische gedacht hast? Ob du was Bestimmtes im Aug' hast?« Sie setzt sich gemächlich aufs Sofa.

Die Rechtsrätin nimmt den Kneifer wieder ab und seufzt.

»Nn...ja...das heißt...ich wollte eigentlich mit Rosalie nach Baden-Baden...oder sonst in ein Bad...du verstehst doch, Adele...«

Aber das Fräulein versteht durchaus nicht.

»Ins Bad!« ruft sie aus, »ins Bad müssen sie! – Jetzt möcht' ich bloß wissen, was die Rosel in einem Bad soll!«

»Gott, du weißt doch, Adele... Es ist doch nur, daß Rosalie...«

»Einen Mann kriegt! Natürlich! – Und dazu braucht's ein Bad. Ich sag' dir bloß, Schwägerin: sie sind auch in Bädern nicht zu dick gesät, die Dummen!«

»Adele!«

»Na ja, sei nur still! – Wenn einer, der von Haus aus schon was Besonderes ist – der es dann auch noch zu etwas Besserem gebracht hat – also zum Beispiel zu einem Konsul oder einem Attaché oder was dergleichen Herren mehr sind,...ich meine, so einer heiratet kein Fräulein Habenichts. Selbst wenn die Mama des Fräuleins eine ›von‹ Habenichts war!«

»Aber Adele! Ich verbitte mir dergleichen!«

»Ja, ja....Ich weiß schon, daß ich grob bin. Aber ich sehe, daß deine beiden andern Töchter mit ihrer vornehmen Heiraterei nicht gut gefahren sind...«

»Sind meine Schwiegersöhne nicht Kavaliere?«

Die Rechtsrätin steht wie eine Truthenne, der man ein Junges nehmen will, vor der Schwägerin.

Aber die läßt sich nicht so leicht einschüchtern.

»Jawohl, Kavaliere«, sagt sie, »das sind sie. Aber wenn ich ein junges, fesches Mädel wär', niemals würde ich mir so einen alten Gecken nehmen, wie deine beiden Herren Schwiegersöhne ein paar sind! Lieber die Frau eines hübschen Handwerkers oder eines jungen Bauern – als die Gemahlin eines solchen Barons!«

In diesem Augenblick kommt Rosalie mit den Tellern zur Tür herein und sieht, daß die Mutter ganz grün und gelb ist vor Zorn.

»Aber Mama!« ruft sie aus. »Aber Tante Adele! – Habt ihr euch schon wieder gezankt!«

»Leider ja«, erwidert die Tante, der es nun doch leid tut, daß sie sich hat fortreißen lassen von ihren Gefühlen.

»War's wieder meinetwegen?«

»Allerdings. Deine Mutter möchte dich in ein Bad bringen.«

Rosalie lacht.

»Ach ja! Die alte Leier! Einen Goldfisch oder ein Blaufelchen angeln!«

»Rosalie!«

Die Rätin schnappt nach Luft.

Aber ihre Tochter beruhigt sie: »Reg' dich doch nicht so auf, Mama! Was redest du denn immer vom Heiraten! Ich denk' doch noch gar nicht daran! – Ich bin doch erst dreiundzwanzig! – Und ich erspar' dir doch eine Köchin, ein Stubenmädel, eine Jungfer – eine Schneiderin...«

»Und wirst alt und grau dabei!« entgegnete ihr die alte Dame.

Aber die Tante mischt sich abermals ein.

»Alt und grau!« ruft sie; »daß ich nicht lach'! Also Rosel – verstehst – das eine sag' ich dir: bleib so, wie du bist. Und laß dir deinen Gaul nicht scheu machen! – Und jetzt schlagen wir zwei unsere Sommerfrische vor: Wir gehen wieder nach Berganger zum Schiermoser!«

Die Rätin wehrt ab: »Nach Berganger! – Ausgeschlossen! Wieder in dies Nest! In dieses ewige Einerlei und zu diesen Bauern!«

Aber Rosalie meint: »O Mama, ich finde, wir haben uns doch immer sehr wohl gefühlt bei Schiermosers, die Jahre her!«

Und Fräulein Adele fügt hinzu: »Jawohl. Und gut erholt haben wir uns auch immer. Und das ist doch schließlich der Endzweck einer Sommerfrische – nicht das Heiraten! – Warum soll man dem Mädel die Freude nicht machen, wenn sie gern zu den Leuten geht!«

Rosalie deckt verlegen und geschäftig den Tisch, indes

die beiden Damen sich immer weiter zanken wegen der Sommerfrische. Ihr ist nicht wohl zumut; denn sie haßt diese Auftritte.

Daher sagt sie auch jetzt einlenkend: »In Gottes Namen, Tante, gehen wir halt nicht nach Berganger, wenn Mama ein so großes Unglück darin sieht.«

»Das ist es auch!« ruft die Rätin und springt auf: »Oder nennst du es etwa Glück, wenn ich zusehen muß, wie ihr beide verbauert! Besonders Rosalie! Das Mädchen vergißt ja seine ganze Erziehung da draußen! Läuft mit dem Dienstvolk herum und mit diesem Sohn, dem Franz...«

Aber Tante Adele fällt ihr sogleich wieder gereizt ins Wort, und das Ende vom Liede ist, daß die Rätin schließlich doch ja und amen sagt und verspricht, daß sie mitreist nach Berganger.

»Na also!« sagt da die Tante: »Da kannst du ja Schiermosers gleich schreiben. Oder warte: ich mach's gleich selber...«

Sie holt eine Postkarte und den Bleistift und schreibt: »Liebe Schiermoserleut! Wir kommen nächsten Samstag. Gruß! Adele Scheuflein.«

»Soo«, sagt sie darauf zufrieden; »und jetzt bring in Gottes Namen deine verdammte Grünkost auf den Tisch, Roserl!« –

Es ist also nun bestimmt, daß die Frau Rätin samt Tochter und Schwägerin den Sommer abermals in Berganger verbringen wird.

Zwar versucht die alte Dame noch einige Male, ihre Zusage in ein Nein zu verwandeln, aber trotz Tränen und Bitten, Wutausbrüchen und Ohnmachten ist es ihr nicht möglich, Tante Adele von dem einmal gefaßten Entschluß abzubringen.

So bleibt ihr denn nichts weiter übrig, als etliche

Taschentücher zu zerreißen, ein paar Tassen zu zertrümmern und danach seufzend die Koffer zu packen.

Zwei Tage vor der Abreise aber gibt sie noch einen Abschiedstee für ihre beiden verheirateten Töchter, deren Gatten und einige Freunde des Hauses; freilich sehr zum Ärger der Schwägerin, die solcherlei Dinge als durchaus überflüssig verachtet.

»Man möcht schon wirklich meinen, eine Polarfahrt stünd uns bevor, so ein Getue hast du!«

So brummt sie, als sie die Einladungsbriefe der Rätin liest.

»Ich erfülle nur meine gesellschaftliche Pflicht!« entgegnet ihr diese spitz.

»Natürlich! Und vor lauter Pflichterfüllung vergißt du, daß zu solchen Dingen auch Geld notwendig ist! Diese Leute wollen doch auch bewirtet sein!«

»Werden sie auch!«

»Aha. Und womit, wenn man fragen darf?«

Die Rätin springt erregt auf. »Fängst du nun schon wieder an mit deinem trostlosen Schulmeisterkleinkram!«

Tante Adele steht schmunzelnd vor der kleinen, aufgeregten Frau.

»Allerdings. Denn dieser Abschiedstee droht wirklich trostlos zu werden!«

Die Rätin schleudert ihr einen wütenden Blick zu. »Wieso?«

»Weil zu einem solchen Tee etwas mehr gehört als Tassen, Tee und Wasser!«

»Und wer sagt dir, daß es das nicht gibt, was dazu gehört?«

»Euer Geldbeutel. Unsere Rosel bat mich bereits gestern um einen kleinen Haushaltungszuschuß.«

Dies ist allerdings bitter für die selbstbewußte Frau. Und für diesmal muß sie die Waffen strecken und um Gnade bitten.

»Was? Soviel haben wir schon wieder aufgebraucht! Ja, wie ist denn das nur möglich, liebe Adele?«

Die Schwägerin erwidert achselzuckend: »Kunststück! Deine paar Gräten und dazu die Preise! Was früher eine Gans kostete, das kostet heute schon ein Gericht aus Blumenkohl! Ich weiß nicht, was aus euch werden sollte, wenn nicht meine Kreuzer allemal wieder das Feuer im Herd anzünden würden, so oft's zu verlöschen droht...«

Die Rätin nickt.

»Ja, das ist wahr. Immer wieder bist du da. Immer wieder hilfst du. Aber warte es nur ab, liebe Adele; du erhältst alles wieder zurück. Alles, auf Heller und Pfennig. Laß mich nur machen. Wofür hab' ich denn reiche Schwiegersöhne!«

»Das frag' ich mich auch manchmal«, entgegnete ihr die Schwägerin ironisch, »denn viel Profit hast du noch nicht gehabt an ihnen!«

»Allerdings nicht. Aber das kam daher, weil ich nichts von ihnen wollte, liebe Adele. Ich habe nie etwas angenommen, sooft mir die beiden auch Hilfe anboten.« Sie spielt verlegen mit der Schnur ihres Kneifers, da sie die ungläubige Miene der Schwägerin sieht.

»Du kannst mir das schon glauben, liebe Adele! Soundso oft haben die Mädels gesagt: ›Mama, sollen wir dir was borgen?‹ – Es war ja nicht viel, was sie mir hätten leihen können...«

Tante Adele fährt erregt herum.

»Leihen! Hast jetzt nicht gesagt ›leihen‹? Die eigenen Töchter! Und dabei sitzt jede schön warm und weich im Flaum! – Liebe Schwägerin, ich will dir was sagen. Laß das mit deinen Schwiegersöhnen. Wir kommen auch ohne Hilfe von dieser Seite durchs Leben. Laß dir nicht hineinschauen in den Geldbeutel. Du schadest damit nicht nur dir, sondern auch den beiden Kindern. Diesmal muß ich dir schon recht geben: Lad' sie nur alle ein zu deinem Abschiedstee. Ich will ihnen schon zeigen, daß bei uns noch lange nicht Matthäi am letzten ist. Lieber heirat' ich selber noch in meinen alten Tagen einen Rothschild! Der Tee soll nichts zu wünschen übriglassen.«

Die Rätin ist gerührt.

»Du bist so gut, Adele. Aber, laß nur! Sobald Rosalie untergebracht ist, ersetze ich dir alles. Und ich hoffe, daß ich das Mädel bald unterbringe. Ich habe bereits zu dem Zweck Schritte getan. Die Angel ist ausgeworfen, und einer, glaube ich, hängt bereits. Ich meine den Assessor von Rödern. Er ist wohlhabend, hat eine sehr ehrenvolle Laufbahn vor sich, und, was die Hauptsache ist, er liebt Rosalie sehr. Also. Laß mich nur machen, liebe Adele! Daß Rosel nicht so lieblos gegen mich sein wird, wie ihre Schwestern, davon bin ich überzeugt. – Und sollte das mit dem Assessor nichts werden, so habe ich ja noch den Rittmeister, den Baron. Also. Daß ich dir einmal alles auf Heller und Pfennig gutmachen kann, das weiß ich bestimmt. Heute schon.«

Die Schwägerin wendete sich zum Gehen.

»Es ist schon recht. Ich weiß schon. Und das weiß ich auch, daß für unsere Rosel weder ein Rittmeister noch ein Assessor, noch sonst so ein geschniegelter Herr paßt. Daß die was anderes braucht. Was Kerniges, Bürgerliches oder so. Na ja, kommt Zeit, kommt Rat. Und auch der richtige Eheherr, hoff' ich. – Und jetzt geh' ich und back' einen Kuchen für die Teegesellschaft.«

Damit verläßt sie das Zimmer und läßt die Rätin verblüfft und gekränkt zurück.

Rosalie Scheuflein ist ein großes, gesundes und resolutes Mädchen und fesselt gar manchen Mann durch diese Tugenden wie auch durch ihr rassiges Gesicht und ihre stattliche Figur.

Trotzdem ist sie noch ohne geheime Wünsche und ohne

jenen Kummer, an dem andere dreiundzwanzigjährige Mädchen gemeiniglich leiden und der seinen Ursprung in der Liebe hat. Höchstens, daß sie sich manchmal den einen oder andern »Kavalier« vorstellt und nüchtern abwägt, was ihn ihr gefällig machen könnte und was ihn ihr lächerlich macht.

Die mißliche Vermögenslage ihrer Mutter verhindert sie auch, jene Orte aufzusuchen, an denen sonst junge Mädchen meist ihre Natürlichkeit und Anmut verlieren; nämlich Pensionate, Tanzschulen, Damenkränzchen und dergleichen mehr. Dagegen steht sie von früh bis spät in der Küche und werkt und kocht und sorgt für das Wohl ihrer Mutter und der Tante.

Sie findet nichts Beschämendes darin, daß sie nicht wie andere Mädchen ihres Standes Hände so weiß wie Alabaster und Fingernägel gleich einer Haremsdame hat; aber sie würde es als eine Schande erachten, wenn andere Hände als die eigenen die Federn ihres Bettes schüttelten oder die Stube fegten.

Eben ordnet sie die Wäsche für den Sommeraufenthalt zu Berganger in die Reisekörbe; da kommt Tante Adele in die Küche.

»Roserl! Hast net ein Viertelstünderl Zeit für mich?« ruft sie; »ich möcht gern mit dir ein bissel was zum Tee backen.«

Rosalie nickt.

»Einen Augenblick. Gleich habe ich's.«

Im Nu ist die Wäsche in den Körben und gleich darauf steht das Mädchen schon mit der Teigschüssel und dem Kochlöffel am Küchentisch.

»So, ich bin schon da, Tante!« meint sie. »Aber kannst du mir vielleicht sagen, mit was ich dieses Teezeugs machen soll? Das bissel Mehl und Butter und die paar Eier brauch ich morgen fürs Mittagessen. Wenn du mir jetzt das Zeugs verbrauchst, kann ich euch morgen nicht mehr füttern!«

Tante Adele schmunzelt.

»Schlimm, mein Mädel! Recht schlimm! Da muß ich denn doch nachschaun, ob sich nicht in einer Geldbeutelfalte noch irgend ein verkrüppelter Zwanz'ger findet. Die Mama muß doch ihren Abschiedstee kriegen und du deinen Hochzeiter!«

Rosalie runzelt die Stirn.

»Wieso? Ich versteh dich nicht, Tante!«

Adele erklärt es ihr näher.

»Soviel ich weiß, hat die Mama auch ein paar heiratslustige Angelgoldhechte geladen, und nun meint sie, daß bestimmt einer anbeißt, sobald er zwei Tassen Tee und ein Wurstbrot vertilgt hat. Ich fürcht' aber, daß wir unbedingt auch noch etliche Teebrezeln und einen Guglhupf mit Zibeben an die Angel binden müssen. Was sagst du dazu?«

Ihre Nichte steht mit hochrotem Kopf da. »Hör' doch auf mit deinen schlechten Witzen, Tante!» ruft sie ärgerlich; »du weißt genau, daß ich keinen mag von diesen Rittern!«

»Freilich weiß ich das!« lacht Adele; »aber deine Mama weiß es nicht. Will's nicht wissen. Die baut fest auf den Rittmeister und auf den Assessor! Da kannst halt nichts machen. Blaublütige Mütter denken halt so und wir simpeln Bürgergreteln denken anders.«

Rosalie rührt verlegen einen Teig an. »Ich weiß schon. Sie möcht halt, daß ich auch versorgt wär'und daß ich ihr dann ein bissel was zukommen ließe. Ich kann ihr aber nicht helfen. Ich heirat' noch nicht. Mir gefällt keiner. Vorläufig bleib ich noch bei euch.«

Damit ist die Unterhaltung ins Stocken gekommen, und die beiden rühren und kneten, kochen und backen und sorgen also, daß der Ruf des Hauses Scheuflein ein guter bleibe.

Die Rätin aber hat inzwischen eine Mantille aus Spitzen um die Schultern gelegt, setzt das vornehme englische

Hütchen auf und trägt nun die Einladungsbriefe, um das Porto zu sparen, selber zu den Adressaten. Eilig und scheu betritt sie überall das Haus, huscht vorsichtig die Treppen hinauf und wirft die Briefe in den Kasten oder steckt sie in den Türspalt. Klopfenden Herzens horcht sie danach, ob niemand die Stiegen heraufkommt, und eilt endlich, so schnell ihre alten Füße dies vermögen, wieder von dannen.

Bei ihren Töchtern ist es ihr bereits geglückt und beim Assessor gleichfalls. Beim Rittmeister aber öffnet sich gerade in dem Augenblick, da die Rätin das Brieflein in den Kasten stecken will, die Tür und heraus tritt eine elegante junge Dame, gefolgt vom Rittmeister, der eben frägt: »Hast alles, Schatz? Hast die Handschuh und den Schirm?«

Worauf die Dame sich lachend nach ihm umwendet und sagt: »Mhm. Das heißt: etwas hab' ich noch nicht; – den versprochenen Kuß...«

Bumms! Die Tür fliegt nochmal zu und dahinter ertönt Kichern und Lachen.

Wie gejagt rennt die Rätin die Stiegen hinab; um eine Hoffnung ärmer geht sie nach Hause. Frau Rittmeister wird sie wohl kaum werden, ihre Rosalie...

Daheim legt sie trüben Sinnes ihre Mantille ab, steckt sich die künstlichen weißen Lockentuffen frisch auf und holt sich eine Handarbeit aus dem Nähtisch.

Ob die Verhältnisse sich bei ihr wohl noch einmal bessern würden?...

Draußen in der Küche schlägt Rosalie eben einen Hefenteig fein, da schrillt die Klingel.

»Herrschaftseiten! Grad jetzt, wo ich auf und auf voller Mehl bin!« brummt das erhitzte Mädchen und schüttelt sich die wirren Haare aus der Stirn. »Geh Tante, magst nicht du aufmachen?«

Adele nickt und bindet schnell die Schürze ab.

»Ich mach' schon auf.«

Draußen aber an der Gangtür kommt sie in einige Verlegenheit.

Denn vor ihr steht, angetan mit Gehrock und weißen Handschuhen, in der Linken den Zylinder und in der Rechten einen Fliederstrauß, der Assessor, verbeugt sich fast bis zum Boden und frägt dann nach der Rechtsrätin.

Tante Adele wird schwül zumut.

Au weh zwick! denkt sie im stillen; das sieht ja schier aus wie eine Brautschau! Jetzt, fürcht' ich, geht's dem armen Mädel doch an den Kragen.

Laut aber sagt sie: »Gewiß, Herrr Assessor, meine Schwägerin ist z'Haus. Bitte, tretens doch näher!«

Und sie weist ihn mit einem Gemisch von Sorge und Unwillen im Gesicht in den Salon.

Die Rechtsrätin sitzt immer noch grübelnd am Fenster ihres Boudoirs, als die Schwägerin eintritt.

»Herrr von Rödern ist da.«

»Ach! Was der wohl will?«

Adele räuspert sich unwillig.

»'n Fliederbuschen hat er dabei«, sagt sie rauh; »wegen der Rosel wird's halt sein.«

Die Rätin springt auf.

»Was sagst du? Blumen hat er? – Du glaubst, er wollte wirklich? Mein Gott, das wär' ja wunderbar!«

Sie läuft aufgeregt und planlos hin und her.

»Sag', ich komme sofort! Im Augenblick komm ich! Nein! So ein Glück! So ein Glück!«

Die gute alte Dame ist ganz außer sich vor Freude. Kaum vermag sie ihren Spitzenschal um die Schultern zu legen und die Lorgnette gleichgültig in der Hand zu halten, während sie die Tür zum Salon öffnet.

Tante Adele aber schleicht betrübt über den Gang und tritt traurig in die Küche.

»Wer ist denn dagewesen, Tante?«

Sie überhört Rosels Frage scheinbar.

»Tante Adele! Wer war da, hab' ich gefragt!«

Die alte Dame hört nicht. Sie klappert mit den Hafendekkeln und Tiegeln und werkt mit hochrotem Kopf.

Rosalie weiß nicht, was sie von diesem Benehmen halten soll. Aber sie erhält bald Aufklärung, denn Tante Adele unterbricht plötzlich ihre Arbeit und sagt rauh: »Hör' jetzt auf mit deiner Arbeit, Rosel. Besuch ist da für dich.«

»Für mich? Ja, wer denn?«

Sie steht hilflos vor der alten Dame.

»Tante Adele! Du hast was! Sag', wer ist denn da?«

Da bricht's auch schon los, das Gewitter. »Ah, was! Dein Herr Zukünftiger! Der Herr Bräutigam! Deiner Frau Mama ihr letzter Strohhalm! Natürlich der Herr Assessor! Da möcht ich schon noch lang fragn! So geschmacklos kann ja bloß der sein, daß er einem auch noch das letzte Kind aus dem Hause holt!«

Sie bricht plötzlich in Tränen aus und bemerkt nicht, wie die Rätin unter der Tür steht und mit vor Rührung unterdrückter Stimme sagt: »Rosalie! Willst du nicht einen Augenblick zu uns in den Salon kommen? Zieh aber schnell das Hellseidene an! Ich habe dich eben verlobt.«

Mit diesen Worten verläßt die Rätin auch schon wieder die Küche und eilt in den Salon, wo der Herr Assessor eben entzückt ein Brustbild seiner Braut betrachtet.

Rosalie aber ist schier vom Schlag gerührt. Sprachlos starrt sie an die Tür, in der eben noch die Rätin stand.

Erst die Mahnung der Tante, sie müsse sich doch umziehen und schön machen für den Herrn Bräutigam, bringt sie wieder zu sich.

Und nun beginnt sie zu toben und zu stampfen, sich zu wehren und zu beschweren gegen diesen Überfall auf ihre Person, ihre Freiheit, ihr Leben!

Aber es nützt nichts.

Genau so erging es ja auch den Schwestern! Die wurden so wenig gefragt wie sie jetzt!

Die Mutter verhandelte hinter ihrem Rücken mit dem Bewerber, und erst, nachdem das »Geschäft« erledigt war, wurde mit viel Gefühl und Rührung dem »Engelchen« und »Täubchen« der Zukünftige in die Arme gedrückt.

»Aber ich, ich mag nicht! Ich sag' nein, und wenn mich die Mama aus dem Haus jagt!« ruft Rosalie ein ums andere Mal aus. »Ich laß mich nicht so mir nichts, dir nichts an einen hinketten! Ich mag ihn nicht, diesen Gecken!«

Schweren Herzens redet ihr die Tante zu; denn ihr ist ungut zumut.

Endlich ist das Mädchen angekleidet und folgt widerstrebend der sie führenden Tante, fest entschlossen, nein zu sagen.

Aber da sie die unendliche Freude der Mutter sieht, da sie den wohlgepflegten jungen Mann vor sich sieht, die herzlichen Worte seiner Werbung hört, da sinkt ihr Kopf immer tiefer, und endlich sagt sie leise: »Ja. Ich will versuchen zu denken, daß ich Ihre Verlobte bin. Der Mama zulieb.«

Adele ballt die Fäuste. Wie lange soll's wohl in der Welt noch so gehen, daß des Menschen Glück dem Geldsack, der Versorgung oder dem Egoismus anderer geopfert wird?

Sie bringt es nicht übers Herz, ihrem lieben Mädel irgendein leeres Wort des Glückwunsches zu sagen. Aber sie drückt dem blassen, nichts weniger als glücklich aussehenden Mädchen fest die Hand.

Die Rätin tupft sich mit dem winzigen Spitzentuch bald die Augen, bald die Nase und umarmt wiederholt das »liebe Kindchen«. Rosalie aber bittet, ob sie sich nicht wieder zurückziehen dürfe.

So will denn das Geschick, daß der Abschiedstee zugleich der Verlobungstee Rosaliens wird, zu dem sie sich selber den Verlobungskuchen gebacken hat.

Vor dem kleinen Bahnhof zu Glonn steht der altmodische schwere Landauer des Schiermosers, der Hochzeitswagen des Hofs seit mehr denn einem Menschenalter.

Er ist zwar unkommod und dem Franz nicht nobel genug; aber bis jetzt ist es diesem noch nie eingefallen, daß man ja einen neuen anschaffen könnte. – Heute zum erstenmal fällt es ihm schwer, die Sommergäste immer noch in der »wackligen Kalesche«, in dem »Rumpelkarren«, wie er die Kutsche im Herfahren immer wieder nannte, abzuholen.

»Sakra«, meint er am Bahnhof halblaut für sich, »die werdn sich aa denka: beim Schiermoserbauern hausens ruckwärts! Jetz hams alleweil no den alten Marterkarrn! – Aber i muaß gähend wirkli amal um an andern schaugn. I kenns selber ein.«

Damit breitet er eine Roßdecke über den brüchigen Ledersitz und zündet sich eine kurze Pfeife an.

Die beiden Rappen scharren schon ungeduldig; da ertönt das Signal, daß der Zug eben die letzte Spanne seiner Fahrt durchläuft.

Unwillkürlich zupft Franz Schiermoser seinen Rock zurecht, rückt das grüne Samthütl gerad und klopft die Pfeife aus; denn er weiß: Stadtdamen gegenüber hat man leider Gottes andere Saiten aufzuziehen wie gegen seinesgleichen.

Da biegt das Züglein auch schon um den Berg, rattert über die Brücke des Mühlbachs und fährt schließlich rauchend und prustend in den Bahnhof ein.

Franz rührt sich kaum vom Fleck.

Langsam gleitet sein Blick über alle hin, die durch das Gitter der Sperre drängen; nur mit einem kurzen Kopfnikken erwidert er den Gruß des einen oder andern Ankommenden.

Plötzlich aber durchfährt es ihn mit einem Ruck: die da drüben – die eben so flink aus dem Wagen springt und nun der alten Frau die Hand zur Hilfe reicht –, die ist es doch!

Die Rosel Scheuflein!

»Herrgott, is dees Madl sauber wordn!« fährt's ihm, ohne daß er's will, durch den Sinn.

Aber Rosalie läßt ihm nicht lang Zeit zu irgendwelchen Betrachtungen. Behend hilft sie nun auch der zweiten Dame, die Franz sogleich als die alte Rechtsrätin erkennt, aus dem Zug, überblickt rasch den Bahnhof und läuft mit dem Ruf: »Ach, da steht er ja schon, der Franzl!« lachend auf ihn zu.

Tante Adele gibt derweil schmunzelnd die Fahrkarten hin, nimmt der Rätin etliche Gepäckstücke ab und begrüßt sodann den Sohn des Schiermoserbauern aufs herzlichste.

Nur Frau Scheuflein bleibt kühl und verzieht keine Miene ihres Gesichts, als sie Franz flüchtig die Fingerspitzen reicht und kurz: »Guten Tag, Herr Schiermoser!« sagt.

Sie fühlt sich eben nicht behaglich bei den Bauern. Der Unterschied ist doch zu groß, und die Erziehung war auf ganz andere Dinge und Lebenszwecke gerichtet.

Für Rosalie aber bedeutet das Leben auf dem Lande wahrhaft eine Erholung. So wohl, wie da heraußen und besonders droben auf dem Schiermoserhof hat sie sich nirgends gefühlt.

Nirgends. – Auch nicht zu Hause.

Die Art dieser Leute hat etwas Glückbringendes. Sie ist bodenständig und stämmig, nicht kränkelnd und voller Empfindlichkeit.

Sie macht jeden, der sie versteht, zu einem festen und gesunden Menschen.

Aber um Bauernart zu verstehen, muß man den Bauernstand achten und schätzen.

Und Rosalie schätzt ihn. Und sie liebt das Landvolk. Besonders aber die Schiermoserleute.

Ist sie doch wie daheim in dem großen Bauernhof, in Haus und Stall, in Kuchel und Scheune!

Seit sieben Jahren ist sie nun jeden Sommer dort, und fühlt sich immer wieder wie ein Kind vom Haus!

Sie lebt mit und werkt mit, sie ißt mit und ruht mit – mit allen, die auf den Hof gehören. Sie spricht ihre derbe Sprache.

Sie hat gelernt, Sense und Rechen zu gebrauchen, Ochsen und Rösser zu lenken, Kälber zu tränken und selbst Kühe zu melken.

Sie lachte mit, wenn es gute Zeit gab – und sie hat mitgeseufzt und mitgebetet, wenn der Schauer schlug oder der Blitz zündete.

Und sie gilt als gleichberechtigt auf dem Hof.

Der Bauer teilt bei der Brotzeit seinen Ranken Brot mit ihr und reicht ihr seinen Krug: »Trink aa amal!«

Die Töchter gehen mit ihr zusammen zur Arbeit, zum Tanz und in die Kirche.

Die Alten im Haus nicken ihr wohlwollend zu, und das Dienstvolk freut sich, daß die feine Stadtjungfer keinen Stolz und keinen Dünkel kennt.

Die Bäuerin freilich, die hat kein gutes Wort für sie. Die verachtet alles, was hinter Stadtmauern geboren und erzogen wurde.

Für sie gilt nur das, was auf der heimischen Scholle wuchs.

Aber darin gleicht sie ja der Rätin. Die denkt über die Bauern ungefähr dasselbe.

Für sie sind die Landleute nicht viel mehr als ein notwendiges Übel – melkende Kühe –, arbeitende, essenschaffende Tiere, denen man ein gutes Gesicht zeigen muß, damit sie nicht aufhören zu werken und zu geben.

Darum fällt auch ihr Gruß dem Franz gegenüber so frostig aus.

Doch das schadet der allgemeinen Wiedersehensfreude gar nicht.

Franz fragt, Tante Adele fragt, und Rosalie erzählt und

fragt bunt durcheinander, ohne sich irgendwie um das mißbilligende Kopfschütteln und die zornigen Blicke der Mutter zu kümmern.

Schnell ist das Gepäck in der Kutsche untergebracht, und die beiden Damen nehmen auf den breiten, zusammengesessenen Polstern Platz.

Rosalie soll den Rücksitz einnehmen, aber sie meint lachend: »Franzl, i setz mi zu dir! I möcht sehn, ob i's Kutschieren net verlernt hab den Winter über!«

Und obgleich die Rätin über dieses beispiellose Betragen ihrer Tochter, die doch nun Braut ist, schier in Ohnmacht fällt, klettert das Mädchen doch lachend auf den Kutschersitz und ergreift die Zügel.

»Hüh, Rappeln!« Ein Schnalzen mit der Zunge, und dahin geht's in lustiger Fahrt durch den Marktflecken, hinaus in die blühende Landschaft, vorbei an jungen Saatfeldern, duftenden Heuwiesen und hinauf über die Anhöhe, Berganger zu.

»Und was macht der Vater, Franzl?« fragt Rosalie so mitten unterm Reden. »Is er noch alleweil gsund? Führt er's Regiment no so wie sonst? – Und wie geht's der Großmutter und 'm Großvater? – Und der Mutter? – Hats d' Stadtleut alleweil no so dick wie früher? Sinds ihr immer noch so zwider?«

Franz wird einen Augenblick verlegen.

»Mei' Frailn Roserl, dees woaßt scho: sie ist halt no oane vom alten Schlag, d' Muatta«, meint er dann, »sie woaß halt net anderscht. Und alle Tag älter und harber werds halt aa. Die alten Leut san alle mitanand a bißl z'wider und seltsam, wähn i.«

Dies letzte flüstert er ihr ganz leise ins Ohr, damit es die Rätin und die Schwägerin nicht hören.

Als das Fuhrwerk die Anhöhe erreicht hat und Rosalie Berganger mitsamt dem großmächtigen Schiermoserhof vor sich liegen sieht, da kann sie nicht anders: sie lacht laut vor Freude und ruft aus: »Herrgott, Franzl, du kannst dir gar net einbilden, wie i mi freu, daß i wieder da bin! Es is mir grad, als tät i heimfahren!«

Da streift sie ein langer Blick des jungen Bauern, und er denkt: »Schad, daß 's a Stadtmadl is. Dees waar a Bäuerin für mi gwen – oane nach dem neuen Schlag – a resche...«

Und er rückt ganz nahe an sie heran.

Rasselnd und polternd fährt das Fuhrwerk über den mit großen Feldsteinen gepflasterten Hof des Schiermoserbauern.

Franz pfeift gellend durch die Finger, springt vom Wagen und hebt Rosalie mit einem Scherzwort herab – von ihrem Sitz.

Dann öffnet er den Schlag und ist den Damen behilflich beim Aussteigen.

Dabei aber schielt er alle Augenblicke hinüber zur Haustüre, die gegen alle Gewohnheit verschlossen ist.

Nichts rührt sich.

Der ganze Hof scheint ausgestorben oder verlassen zu sein.

Nur die Rösser im Stall stampfen hier und da, die Kühe rasseln mit den Ketten, und die Säue stoßen quieksende Laute aus.

Kein Bauer, kein Knecht, keine Dirn und keine Tochter ist zu sehen.

Den scharfen Augen Rosaliens aber ist es nicht entgangen, daß sich sowohl drin in der Wohnstube wie auch droben im Austragstüberl der alten Großeltern die bunten Vorhänge ein wenig beiseitegeschoben haben und daß sich nun die Gesichter der Schiermoserin und ihrer Mutter ganz nahe an die Scheiben pressen, um die Ankommenden verstohlen betrachten zu können.

Franz hat abermals gepfiffen und entschuldigt sich nun bei den Gästen, daß er sie einen Augenblick hier allein lassen müsse.

»I geh grad schnell durchn Stall ins Haus und mach enk auf!« sagt er verlegen. »D'Muatta is leicht gar in Gottsdeanst ganga mit der Großmuatta. Und der Großvata hört ja nix. – Is 's enk recht, wenn i enk an Weidling voll Milli aufn Tisch bring und an Scherz Brot dazua? Werds leicht hungri sein auf d' Roas auffe!«

Die beiden alten Damen sind so sehr mit ihrem Gepäck beschäftigt, daß sie kaum darauf achten, daß man ihnen hier einen so kalten Willkomm bietet. Rosalie aber weiß Bescheid.

Doch ist sie nicht gewillt, sich zu ärgern oder sich die Zeit ihres Hierweilens durch irgendwelchen unliebsamen Zusammenstoß mit der Schiermoserin zu verbittern. Darum sagt sie mit dem freundlichsten Lächeln gegen die verschlossene Haustür hin: »Is scho recht, Franzl! Mach 's nur, wie d' moanst. Wir machen keine Ansprüch, dees woaßt ja. Aber, wenn der Vater oder d' Mutter hoamkommen, nachher sagst mir's. I hab ihnen was mitbracht.«

Und damit hilft sie auch schon das Gepäck auf die Hausbank schaffen, die Rosse ausschirren und den Wagen in die Schupfe schieben.

Der Schiermoser hat eben drunten in der Mooswiese mit seinen Leuten das letzte Heu zum Heimführen zusammengehäuft.

Nun geht er gemächlich heimzu.

Da findet er die Sommergäste vor der verschlossenen Haustür, und Franz sagt ihm zähneknirschend, daß von innen abgeschlossen und der Schlüssel abgezogen wär' und daß man weder hinein noch heraus könne.

Und die Rätin beginnt auch bereits über die Unhöflichkeit des Landvolks zu nörgeln.

Aber Tante Adele beeilt sich, dem Schiermoser zu versichern, daß man grad im Augenblick gekommen wär, daß es ja gar nicht eile und daß die Hausfrau wohl nicht allzulang ausbliebe.

»Oh, wir können leicht warten!« meint sie freundlich, »uns läuft der Tag alleweil nimmer davon! Setzen wir uns halt derweil alle mitanander auf d' Hausbank hin und erzähln wir uns, wie's gangen hat den Winter!«

Mit diesen Worten setzt sie sich bequem neben ihr Gepäck und lacht dem Schiermoser fröhlich und gutmütig ins Gesicht.

Und Rosalie hat bereits seine schwielige Hand ergriffen, schüttelt sie voller Übermut und sagt: »Ja Schiermoservater! Laß di grüaßen! Hast es do noch derwarten kinna, bis i kommen bin zum Helfa?«

Und sie zieht den Bauern auf die Bank neben sich.

»Alsdann; geh weiter und hock di a bissl her zu mir! Und erzähl mir epps vom Viech! Wie stehts im Stall? Was macht der Ochs, der Blaß? Und der Handige, der vorigs Jahr krumm ganga is? – Soo, der is gschlagn! Hat er viel Fleisch gebn? Hat'n der Metzger guat zahlt? Und was macht Breitmoserin? Gibts no alleweil so wenig Milli? Und 's Öchsl vom Windbichler? Werds was? Habts sonst aa epps aufgstellt? Hast guat verkaufa könna?«

Mit solchen Reden hat sie den guten Schiermoser sogleich umgarnt, und schon nach der zweiten Frage ist er so weit, daß er Red und Antwort steht, sich mit ihr unterhält und ihr sein Tun und Handeln, ja sogar seine Pläne und Wünsche offenbart.

Der Franzl steht eine Weile dabei und hört zu.

Mittendrin aber setzt er sich zu ihnen und schwatzt auf das lebhafteste mit.

Und wenn die Schiermoserin drin hinter dem Vorhang in ihrer Stube auch bebt vor Zorn, wenn sie gleich wettert über die Frechheit und Neugier der Stadtmamsell – sie kann es doch nicht ändern, daß die da draußen frei darauf vergessen, wo sie sind; daß sie Raum und Zeit für nichts achten, und daß die beiden Männer jeglichen Unterschied vergessen zwischen Art und Stand und das Maidl betrachten als eine ihresgleichen.

Die Rätin ist derweil verstimmt und gekränkt mit ihrer Schwägerin ums Haus gewandelt, hat sich sehr mißbilligend über den Duft des Misthaufens geäußert und schlägt nun gelangweilt mit dem Schirm etliche unreife Stachelbeeren vom Gesträuch am Gartenzaun.

Und dies ist endlich der Anlaß, daß die Schiermoserin wie ein gereizter Truthahn in die Höhe fährt und blaurot übers ganze Gesicht wird.

Daß sie den Hausschlüssel aus dem Rocksack zieht und die Tür aufschließt, in der Absicht, den Neuangekommenen daraufhin sogleich einen derben Willkommenslandler zu blasen!

Aber der ziemlich verrostete und vom Zahn der Zeit zernagte Hausschlüssel hindert sie daran mit aller Macht.

Denn er will durchaus nicht aufschließen, soviel sich die gute Bäuerin auch müht und plagt und dabei schilt und greint.

Und so bleibt ihr schließlich nichts übrig, als endlich das Fenster im Flöz zu öffnen und hinauszurufen: »Geh, macht oana auf draußt! Da is der Schlüssel. I hab zuagschbarrt ghabt, weil i a weng gschlaffa hab.«

Dies ist aber wiederum die Ursache, daß Rosalie sogleich die Hand und den Schlüssel der Bäuerin ergreift, daß sie eilends aufschließt und mit einem herzlichen, lustigen: »Grüaß di Gott, Schiermosermutter!« abermals ihre beiden Hände erfaßt und schüttelt.

Und sie schwatzt und erzählt, daß sie für jedes im Haus ein kleines Geschenk angefertigt hätte: für sie, die Schiermosermutter, ein Versehtuch, wie sie sich's schon so lange gewünscht hätt auf ihren Hausaltar; für ihn, den Bauern, einen gestrickten Leib für die grimmige Winterkälte, für die

Dirndln seidene Schlipse, für die Alten ein Halstuch und gestickte Pantoffeln und für den Franzl einen Beutel zum Tabak, auf daß er doch endlich einmal die alte Stärkeschachtel abdanken könnt, in der er ihn bislang noch herumtragen müßt!

Während sie noch so erzählt und schwatzt, tritt auch Tante Adele herzu und hinter ihr die Rätin.

Und auch sie begrüßen beide die Schiermoserin. Die Rätin freilich etwas frostig, die Tante aber dafür um so herzlicher.

Adele Scheuflein hat auch wirklich so viel Gewinnendes in ihrem ganzen Wesen, daß sie es fertigbringt, die Bäuerin so zu erheitern, daß diese wiederholt hell auflachen muß.

Damit ist also das Schlimmste überstanden und die Sommergäste haben Zutritt zu Haus und Hof.

Freilich, wegen der Versorgung mit Milch, Butter und Eiern droht abermals die Laune der Schiermoserin vom Guten ins Schlechte umzuschlagen, denn nichts kann sie mehr aus dem Häusl bringen, als diese »verflixte Bettlerei«, wie sie es nennt.

Und trotz der hohen Preise, die sie fordert, kann sie nicht anders: sie muß ihnen sagen, was sie denkt.

»Gell, da san enk d' Bauern no guat gnua, daß s' enk z' fressn gebn, enk Stadterer! Jetzt möchts enk wieder außafuattern, daß 's im Winter a weng vom Balg zehrn könnts!«

Aber sie geht doch und holt das Verlangte.

Die Rätin muß einen Augenblick ihr Riechfläschchen an die Nase halten, so sehr empört sie das »beispiellose Benehmen dieses Landvolks«.

Ihre Tochter aber und die Tante finden die Geschichte ganz natürlich und lustig, pflichten sogar der Schiermoserin noch bei und bringen sie dadurch wieder in eine versöhnlichere Stimmung.

Trotzdem hat der Schiermoser abends im Bett noch das Folgende von seinem Eheweib zu hören und es zu bestätigen: »Ausschaugn teans wie Vogelscheuchen, grea sans wia d' Jakobiäpfe im Mai, z'sammgricht sands wia dee Narrischn und habn teans gar nix. Koa Hoamatl, koa Viech und koa Sach und koa Geld. Wir müaßn eahne d' Steuern zahln und z'fressn gebn, und arbatn vom Gebetläuten in der Fruah bis in d' Nacht eine, damit daß sie in eahnana Stadt drinn faulenzen und umanand karressiern kinnan. A solcherne bal mir insa Bua amal daherbrächt – 's Kreiz taat i eahm abschlagn!...«

Der gute Schiermoser hat längst zu schnarchen begonnen; doch sie ist immer noch nicht zu End mit ihren Betrachtungen.

Bis ihr endlich selber langsam die Augen zufallen und sich die abgerissenen Sätze des Vaterunsers in ihr Selbstgespräch mengen; – bis sie hinübergegangen ist in die raum- und zeitlose Welt der Träume.

Die Rätin ist damit beschäftigt, ihre Sommerwohnung »menschenwürdig« zu gestalten, wie sie es nennt.

Ein Wust von Deckchen und Spitzen, von Bildchen, Photographien und Nippsachen liegt um sie herum, und ein Berg von Schlummerrollen und Sofakissen türmt sich auf dem Tische auf.

Eine Wolke von Wohlgerüchen strömt aus einem kleinen zerdrückten Körbchen, welches leider nur mehr die Scherben einiger Parfümflaschen und Hautcremdosen enthält.

Die Laune der alten Dame ist ganz unerträglich, und sowohl Tante Adele als auch Rosalie haben sich gleich nach dem Frühstück aus dem Staub gemacht und sie ihrem Schicksal überlassen.

Besonders Rosalie, die es herzlich satt hat, innerhalb einer Stunde etwa hundertmal zu hören: »Aber Rosalie! Du bist doch verlobt! Das schickt sich doch nicht für eine

Braut! Was soll denn dein Verlobter sagen, wenn er das und das und das erfährt...«

Unwillkürlich kommt Rosalie die Entgegnung auf die Lippen: »Na, so soll er's doch erfahren! Jetzt bin ich auf dem Land, und da leb ich so – und wenn ich wieder in der Stadt bin, leb ich wieder anders. Und mein Verlobter kann mir heut noch...«

Sie hält erschrocken inne und rennt mit hochrotem Kopf davon. Weh tun will sie der alten Dame, die so große Hoffnungen auf diese Heirat setzt, doch nicht.

Da räumt sie lieber das Feld.

Drunten beim Schiermoser ist bereits alles auf den Feldern und Wiesen bei der Arbeit.

Nur die alte Großmutter sitzt wie immer auf der Hausbank und strickt an ihrem ewigen Strumpf.

Und der Großvater steht unter der Stalltür und knüpft eine neue Geißelschnur an den Haselnußstecken, indem er halblaut vor sich hinschwatzt und murmelt.

Da kommt Rosalie im bäuerischen Leibchenrock und hemdärmelig aus dem Haus, bindet sich eine blaue härwene Schürze um und fragt: »Großmuatta, wo is der Schiermoser?«

»Warum fragst?« erwidert die Alte zwischen Unwillen und Mißtrauen.

»Weil i eahm helfa möcht«, erwidert Rosalie.

»Soo, soo. Was möchst eahm denn nachher helfa?«

»No mei, was i eahm halt helfen kann. Z'sammrechan, häufeln, owerfa...«

»Ja freili! Sinst nix mehr!« ruft da die Alte aus, »da kunnts weiter net zuageh! Moanst, daß dee ohne di nix z'wegn bringa? Dee brauchan di net! Aber scho gar net aa! Ha! Sie! d' Stadterin!«

Rosalie wird brennrot vor Zorn und Ärger über die »Stadterin«; und sie kann nicht anders, sie muß der Alten zur Antwort geben: »Ha, daß jetz die alten Weiber gar so zwider san!«

Dies ist aber nicht wohlgetan. Denn schon die Erwiderung der Großmutter: »O du Stadtschnappen, du zahnete!« zeigt ihr, daß sie sich hier einen Feind geschaffen hat trotz Pantoffeln und Halstüchlein.

Aber sie macht sich nicht allzuviel daraus.

Summend geht sie zum Großvater hin und schreit ihm ins Ohr: »Werd heunt eingführt, weilst d' Goaßl neu machst?«

Und der Alte erklärt ihr, ohne sie ganz verstanden zu haben: »A neue Schnur hab i ei'knüpft, weil der Franzl nachher glei eispannt. Z'erscht fahrns in Kleepoint und nachn Essen a fünf a sechs Fuada Heu.«

In diesem Augenblick kommt auch schon der kleine Ochsenbub gerannt und brüllt: »Eispanna sollst! Den kurzn Truchawagn und d' Ochsen! In Bruckmoser Klee hintre zum Franzl!«

Und damit rennt er hinein ins Haus und in die Kuchel, wo die Schiermoserin schwitzend vor dem Herd steht und Roggennudeln backt.

»Brotzeit!« schreit der Tropf, schneidet sich einen Ranken Brot ab, trinkt aus einer Schüssel voll abgeblasener Milch einen gehörigen Schluck und läuft danach hinaus in die Speisekammer um das Bier für die Knechte.

Rosalie hat derweil draußen dem Großvater geholfen, den Wagen aus der Schupfe zu schieben und die Ochsen einzuspannen.

Und sie nimmt die neue Geißel, stellt sich auf den Wagen und ruft ganz in der Art und im Ton des Franz Schiermoser: »Wühlöh, Alter! Geh, Handiger, geh! Hüah, hottöh!«

Der Großvater schaut ihr lachend nach.

Die Großmutter aber murmelt etwas von »frechen Stadtgesindel« und strickt dazu, daß die Nadeln klappern.

Inzwischen kommt der Ochsenbub beladen mit Bier und Brot aus dem Haus und denkt, er könne seine Last schön auf den Wagen tun und sich selber gut dazu. Derweil sieht er aber das Fuhrwerk schon drunten am Feldkreuz um die Ecke biegen und gegen den Bruckmoser Klee zu fahren.

Also bleibt ihm nichts anderes übrig, als schwerbepackt hinterdrein zu tappen und sich gleichfalls sein Teil zu denken über die Städtischen.

Rosalie ist's, als hätte sie niemals in ihrem Leben etwas anderes getan, als Ochsen geführt. Mit einem Gemisch von Abscheu und Angst denkt sie an die Zeit, da sie als Frau Assessor von Rödern drinnen in der Stadt ihre Tage wird verbringen müssen; da sie in vornehmen Badeorten wird herumstolzieren müssen; da sie nie mehr wird dies sorglose und unbekümmerte Leben führen, nie mehr so wie heute wird fröhlich lachen können.

Doch – noch sind ja die Tage gesunder Lust und fröhlichen Schaffens!

Noch kann sie ja lachen!

Noch ist sie ja ein freies Geschöpf unsers Herrgotts, das sich noch freuen darf über seinen Sonnenschein und an seiner Welt!

Eine große Lustigkeit überkommt sie, und sie begrüßt Franz, der mit einer Dirn den frisch gemähten Klee zum Auflegen häuft, sehr munter und herzlich.

»Gell, da schaust, Franzl!« ruft sie, indem sie vom Wagen springt, »auf den Ochsenbuben hast gar nimmer denkt ghabt!«

»Aber er is mir liaber wia der ander!« erwidert dieser lachend, »und wenn i a Stadtherr waar, nachher müaßt i no an schlechtn Witz macha: da möcht i aa a Ochs sei, bal i an solchen Knecht kriagat!«

Rosalie droht ihm mit der Geißel.

Dabei aber fährt ihr doch eine flammende Röte übers Gesicht; besonders, da Franz sie auf Ja und Nein bei den Hüften faßt, in die Höhe hebt und mit seltsamem Lachen wieder auf den Boden stellt.

»Du bist scho a sakrischs Luadamadl!« sagt er heiser, »du brachtest an Eiszapfa aa zum Siadn!«

In diesem Augenblick aber trifft ihn beißend ein Hieb mit der Geißel, Rosalie gebietet ihm wütend Schweigen und sagt rauh: »An Klee sollst auflegn!«

Da wendet er sich schnell und verlegen seiner Arbeit zu.

Nun sind es bereits vier Tage, daß die Rechtsrätin samt Tochter und Schwägerin auf dem Land ist.

Und da fällt es der alten Dame plötzlich auf, daß Rosaliens Verlobter immer noch nicht geschrieben hat.

Daher frägt sie am Nachmittag erst die Schwägerin und danach ihre Tochter: »Ist immer noch keine Post da? Daß der Assessor nicht schreibt!«

Worauf Rosalie mit großem Gleichmut erwidert: »Wahrscheinlich, weil er unsere Adress' nicht weiß.«

Die Rätin starrt sie erschrocken an.

»Ja, hast du ihm denn nicht gesagt...«

»Ich hab' ihm gar nichts gesagt!« entgegnet ihr das Mädchen, nun doch errötend.

Die Rätin wird immer erregter.

»Und du hast auch nicht geschrieben...?«

»Nein. Ich hab' keine Zeit gehabt.«

Rosalie ist nicht sehr wohl zumut. Doch verbirgt sie ihre Verlegenheit hinter einer großen Gereiztheit.

»Ich hab' überhaupt nicht so viel Zeit, als du glaubst, Mama!« ruft sie aus, »ich hab' doch wirklich jetzt was anders z'tun, als Liebesbrief zu schreibn! Ich denk', ich muß mich doch in erster Linie – erholen!«

Und damit läuft sie auch schon aus der Stube und hinunter in den Hof.

Des Schiermosers Franz spannt eben ein Fuhrwerk ein.

Rosalie greift sogleich helfend mit an.

»Wo fahrst denn hin, Franzl?«

»In d' Kumpfmühl ums Mehl«, erwidert ihr der Bursch freundlich, »bals di gfreut, derfst mit fahrn!«

»Ob's mi gfreut! Freili! Gern mag i!«

Und während droben die Rätin erbittert und verzweifelt über die Unart ihrer Tochter Tränen vergießt und sich danach hinsetzt, um dem Herrn Assessor einen mustergültigen Höflichkeits- und Komplimentierbrief zu schreiben, kutschiert Rosalie scherzend und lachend, ist voller Übermut und tut, als wär' sie die Großbäuerin von Gott weiß woher.

Erst drunten im Marktflecken fällt ihr ein, sie könnt am End doch schnell ihrem Verlobten ein paar Zeilen schreiben.

Darum sagt sie zum Franzl: »Du, i steig ab. I muaß gschwind was bsorgn. I komm darnach scho hintre in d' Mühl.«

Damit springt sie vom Wagen, geht auf die Post und schreibt folgende Karte: »Aus Berganger sendet freundlichen Gruß Rosalie Scheuflein.«

Danach macht sie sich zufrieden wieder auf den Weg nach der Kumpfmühle.

Dort bezahlt Franz eben das Mahlgeld, während ihm der Mühlbursche den Wagen mit schweren Säcken voll Brotmehl, Nudelmehl und Kleie belädt.

Die Müllerin steht schon eine Weile am Fenster und schaut neugierig hinaus auf die Straße, wer wohl das stämmige Weibsbild sein könnte, das da so rasch und rüstig des Wegs kommt.

Und da Rosalie ganz nahe am Haus ist, hält die Alte es nimmer aus auf ihrem Auslug.

Wie die Kreuzspinne aus ihrem Winkel fährt, kaum daß sie eine Fliege im Netz erblickt hat, so rennt auch sie jetzt hastig unter die Tür und starrt auf das Mädchen.

»Is jetz dees net...?«

In diesem Augenblick aber hat Franz seine Schuldigkeit beim Kumpfmüller bereinigt, dem Burschen sein Trinkgeld gegeben und ruft nun lachend Rosalie zu: »Guat derraten hast es, Roserl! Akrat mitanand san mir firti wordn! Jetz sitz auf, nachher fahrn mir hoam zua!«

Da die Kumpfmüllerin nun diese Worte vernimmt, schaut sie erst einen Augenblick drein, als hätte sie nicht recht gehört. Dann aber geht plötzlich ein verstehendes Leuchten über ihr ganzes Gesicht. Ein pfiffiges Lächeln weitet ihren zahnlosen Mund, und sie stößt ihren Eheherrn vertraulich in die Seite.

»He du! Hast es gsehgn? Der Schiermoserfranzl und d' Sommerfrischlerin! Es schlagn halt doch a diammalen aa die Kinder von de Großkopfatn aus der Art. Dees hätt si aa neamd traama lassn, daß der amal a Stadtscheesn auf'n Schiermoserhof bracht!«

Und diese Entdeckung prickelt ihr so in allen Gliedern und auf der Zunge, daß sie sogleich zur Huberbäuerin, ihrer Nachbarin, hinüberlaufen muß, um ihr die große Neuigkeit zu berichten.

Bei der Huberbäuerin aber sitzt gerade die alte Nähterin, die Kathl, auf der Stör, und mit ihr noch zwei schwatzhafte Nähmädchen als Helferinnen.

Und so kommt es, daß am andern Tag abends nach der Herz-Jesu-Andacht drunten in Glonn die Kathl der Kramerin und die Müllerin der Bäckerin und die Nähmädchen ihren Kameradinnen das Allerneueste mitteilen: »Wißts ihr's schon! Der Franzl vom Schiermoser...«

Und die Wimmerin und die Pfeifferin, die Hürblerin und die Strieglin, jede Bäuerin und jedes Häuslweib werden 's inne: »Der Franzl hat die Stadtmamsell, die Sommerfrischlerin, zu einem ›Gschpiel‹ erkoren!«

Wie es halt so oft bei den Weiberleuten ist, daß sie schon Regen spüren, noch ehe die Wolken kommen, und daß sie schon das Maul wetzen, noch bevor sie was zu reden wissen!

Die Heuernte ist vorbei; die Getreideernte beginnt.

Bei Schiermosers haben sie ein paar neue Knechte zum Mähen und ein paar Weiber aus dem Markt zur Hilfe beim Garbenbinden und Mandlmachen eingestellt.

Denn unser Herrgott hat gut Wetter werden lassen und schickt den Schnittern klare Nächte und dem Getreide heiße Tage.

Und die Zeit geht hin in harter Arbeit und kurzem, bleischweren Schlaf.

Das verspürt nun auch Rosalie, die sich seit einer Weile schon nicht mehr recht wohl fühlt auf dem Hof.

Aber es ist nicht allein des Tages Müh und die kurze Ruh, was sie aus dem Gleichgewicht gebracht hat; es ist nicht das ständige Schelten der Mutter über ihre Gleichgültigkeit gegen den Bräutigam und über ihr stetes Verweilen unter dem Bauernvolk; nein, etwas anderes nimmt dem Mädchen die Ruhe und Sicherheit.

Sie sieht auf Schritt und Tritt die Weiber verstohlen mit Fingern auf sie deuten, sie hört ein Tuscheln und Flüstern, sobald sie allein oder mit Franz die Stube oder die Scheune verläßt.

Dieses heimliche Reden hinter ihrem Rücken raubt ihr alle Lust zur Arbeit.

Und da eben wieder eine Woche zu End ist und der Sonntag kommt, da sagt sie zu Franz: »Du, Franzl, i muß dir was sagn. I bin net ganz gut beinand und kann enk auf d' Woch nimmer helfa. Und überhaupts muß i mi jetzt aa schee langsam um mei Aussteuer kümmern. I heirat doch im Winter!«

Dieser Augenblick ist es, der sie beide plötzlich sehend werden läßt.

Denn kaum hat sie das Wort gesagt, spürt sie ein Würgen in der Kehle, und etwas in ihr schreit und tobt: »Es wird ein Unglück – es geht schlecht aus! Denn er ist der Unrechte! Der Rechte ... Herrgott ... der steht ja ...«

Ja, ja. Er steht vor ihr.

Er weiß es selber.

Und daß sie für ihn die Rechte wär', das weiß er auch.

Minutenlang stehen beide wortlos da.

Franz ist der erste, der sich selber und ein paar Worte findet.

»Soo soo. Im Winter heiratst. Und net guat beinand bist, sagst. Nachher laß i di aber heunt net z' Fuaß in d' Kirch abegeh auf Glonn. Da is scho gscheidter, du fahrst. I spann dir dees kloane Scheesl ei!«

Rosalie schüttelt den Kopf.

»Naa, Franzl. I bleib dahoam heunt.«

In diesem Augenblick kommt Tante Adele die Stiege herab und sieht die beiden.

»Ja, was is's denn?« ruft sie aus, »was stehts denn da, als ob enk d' Henna 's Brot gnomma hättn?»

Rosalie versucht zu lächeln.

»Ah nix, Tante. I hab nur gsagt, daß i heut net mitgeh in d' Kirch.«

Und da sie das erstaunte Gesicht von Adele sieht, fügt sie schnell hinzu: »Weil i a bissl überarbeit't bin. Da wird mir der Weg z'weit.«

Worauf aber Franz sofort wiederholt: »Drum will i 's Wagl eispanna.«

Tante Adele nickt: »Freili!«

Aber Rosalie sagt nein und würde wohl auch ihren Willen durchsetzen, wenn nicht im selben Augenblick der Schiermoser aus dem Haus käme und sagte: »Was is's, Franzl? Eispanna! I muaß schaugn, daß i abe kimm auf Glonn! Markt is! Sinst kaaffan mir dee Bazi dees Besser' weg und lassen nix mehr übri wia lauter Schinderbratn!«

Und er beginnt sogleich mit Rosalie über den Roßhandel zu reden und schwatzt mit ihr, bis Franz das Fuhrwerk gerichtet hat.

Da sagt er: »So Bua. Jetz hock auf. Und du, Rosl, hockst di in d' Mitt, und i hab aa no Platz daherent.«

Damit schiebt er auch schon Rosalie zum Fuhrwerk, hebt sie halb hinauf und steigt auf.

Und Franzl tut, als wär' nichts geschehen, sagt Tante Adele Pfüagott und fährt weg.

Drunten in Glonn wurlt's von Menschen.

Denn es ist Jahrmarkt und Viehmarkt. Auf dem Platz vor der Kirche stehen die fliegenden Stände der Händler, der »Prater« für die Kinder und der Wagen der berühmten Turmseilkünstler.

Hinter dem Postwirtsgarten aber sind in langen Reihen Kühe, Ochsen und Pferde angekettet und harren gleich ihren Besitzern, die einen stumpfsinnig, die andern aufgeregt, auf ihre Liebhaber und Käufer.

Die Kirche ist übervoll, und der Pfarrer vermag sich kaum durchzuschieben durch die Menge, da er ihr den letzten Weichbrunn und Segen mit auf den Heimweg gibt.

In einem dichten Schwarm ergießt sich die Menge nun in den Gottesacker und hinaus auf den Marktplatz.

Laut lachend und stänkernd kommen als erste die Burschen; ernst und bedächtig reden die Männer. Verstohlen kichernd und zu den Burschen hinschielend die Maideln, in seidenen Gewändern prunkend und über die schlechten Zeiten jammernd die Bäuerinnen und ganz zuletzt, mit sich selber schwatzend, den Rosenkranz in den knöchernen Fingern, die Alten.

Und drunten beim Unterwirt dampfen die Lungenwürste und der Leberkäs, droben beim Oberwirt duften die Braten und Soßen, und drüben beim Posthalter rollt man einen Banzen um den andern auf den Ganter, und die Kellnerinnen rufen und schreien sich schier heiser: »Kriagst a Maß? Du aa oane? Ös zwee aa a Maß?«

Und hinten bei den Barren stehen die Bauern, greifen den Kühen an die Bäuche und den Ochsen an das Genick, schauen den Rössern ins Maul und befühlen ihre Fesseln und Hufe; indes vorne bei den Dultständen wiederum ein

Anpreisen und Einladen, ein Markten und Schimpfen durcheinanderschwirrt, daß man sein eigenes Wort kaum mehr hört.

Da plärrt die Lebzelterin: »An süaßen Honigzelten, an Lebzelten, a Busserl, a Platzerl hab i no! Einkaaft, einkaaft, gehts her und suachts enk was aus!«

Und de blecherne Geschirrfrau tut, als bete sie die Litanei von allen Heiligen: »Große Degerl, kloane Degerl, weiße Schüsserl, blaue Schüsserl, Milliweidling, Suppenseiher, Hafadeckel, Nudl-pfannen, was geht ab?«

Oder die tucherne Annemirl mit ihren Schätzen! »Scheene Schmieserl, feine Kragerl, guate Pfoad und warme Strümpf! Ausgsuacht Leutln! Spitzerln, Knöpf und Hosentrager! Litzerl, Banderl, Fingerhüat!«

Und droben auf dem hohen Turmseil wiegt sich im rosenfarbenen Trikot ein üppiges Mädchen mit Papierrosen in den dunklen Locken und veranlaßt manche Bäuerin und manche Dirn, dem mit lüsternen Augen und wässerigen Maul dastehenden Begleiter einen derben Rippenstoß zu geben und eine Predigt zu halten: »Daß d' fei hänga bleibst da drobn an dem Strick! Schaamst di net! Dees nackate Weibsbild da drobn gafft er o. Aber inseroaner is dees ganz Jahr der Aff...«

Und die alten Weiber bekreuzigen sich und klagen. »Bruader! Dees is aa so a Nazion! Da is der Antichrist nimmer weit, wenns jetz scho nackat in Himmel auffe steign!«

Die alte Schiermosermutter und ihre Tochter, die Schiermoserin, sind schon in aller Früh fort von daheim. Denn es ist so der Brauch bei ihnen, daß sie immer am Jahrmarktstag zum Tisch des Herrn gehen.

Und so findet man sie jetzt, da die meisten Leute erst anfangen, sich umzuschauen und einzukaufen, schon hochbepackt auf dem Weg zum Postwirt.

Denn dort hat der Schiermoser das Fuhrwerk eingestellt,

und die Bäuerin hätt' gern, daß etliches von dem Gekauften auf den Wagen kommt.

Unterwegs treffen die beiden eine entfernte Base, die sie sogleich mit den Worten begrüßt: »Aha, Basln, habts einkaaft fürn Hochzeiter! Wann is's denn scho? Leicht gar am Kirta?«

Die Schiermoserin vermeint nicht recht gehört zu haben.

»Was is's mitn Kirta?« frägt sie zurück.

»Wann daß d' Hochzat scho is, möcht i wissen!« wiederholt das Basl.

»Was für a Hochzeit?«

»No, dee vom Franz!«

Jetzt muß sie lachen, die Schiermoserin.

»Insan Franzl sei Hochzat? Was redst denn jetz da für an Schwefe daher! I glaab gar, du hast es nimmer ganz richti da dobn in dein Hirn!«

Die Base tut beleidigt.

»Geh, Herrschaftseitn! Teats do net gar so verstohln! Warum derf denn dees neamd wissen, daß er heirat't, der Franzl?«

Nun werden sie aber wirklich wild, die beiden Schiermoserinnen.

»Jetz schaugt nur oa Mensch dees narrisch Weibsbild o!« begehrt die Bäuerin auf, »die moant jetz akrat, sie kann oan derblecka! Aber da brennst di, mei Liabe! Da is's weit gfeit!«

Und die Alte meint: »Da müaßat do inseroane aa epps wissen, wenns a so waar! Mir müaßatns überhaupts ehanda wissen, wia der Bua selm. Und mir wissen vo koana Hochzeiterin gar nix. Überhaupts gar nix aa! Ham mir no net amal an Gedanka drauf ghabt!«

»Naa, gar nia net!« bestätigt die Junge, »weils der Bauer no lang net in Sinn hat, 's Übergebn! No lang net! Er net und i net!«

»Und weil si bei ins überhaupts oane schwaar tuat mitn

Einaheiratn!« fügt die Großmutter hinzu, »denn mir stehn net o auf a neue Bäuerin. Warum? Weil sie da is – und i da bin – und d' Deandln da sand.«

»Und solang als der Franzl net selm sagt: ›Jetz möcht i heiratn‹, so lang schaugn mir ins aa net um – um a Hochzeiterin!« sagt die Schiermoserin bestimmt.

Da wird das Baserl ganz nachdenklich, schüttelt den Kopf und meint: »Jetz da schaug her! Da bin i jetz ganz vürn Kopf gstößn! A so gehts, bal ma an Leutn epps glaabt!«

Die beiden horchen auf.

»Warum dees?«

Die Base ist entrüstet.

»Weils wahr aa is! Verzählt mir heunt d' Kramerzenz, daß der Franzl a so a sauberne Hochzeiterin hat – oane von der Stadt außa –, a ganz a bsunderne. Habs scho glei net recht glaabn wolln! Aber nachher hats d' Schneiderlies und d' Bäckin und d' Wagnerurschl aa für gwiß und wahrhafti gsagt; – no nachher hab i's halt do glaabn müassn!«

Die Schiermoserin vermeint in den Erdboden versinken zu müssen bei dieser Enthüllung.

Und die Großmutter hat kein Wort mehr vor Entsetzen. Sie bringt nur noch ein Quieksen und Glucksen heraus und ein in den höchsten Tönen der Entrüstung ausgestoßenes: »Aah! Aah!«

Worauf die Schiermoserin sich langsam erholt und in ein wütendes Schelten ausbricht über dies Geschwätz, über alle Stadtleut, über Scheufleins und besonders über Rosalie.

Und sie verabschiedet sich mit der Drohung: »Dem Gredats mach i a End, dees woaß i! Heut no muaß 's mir aus'n Haus, dee Stadtscheesn, die zsammzupfte!«

Während der Schiermoserin dieses widerfährt, hat ihr Eheherr drüben am Viehmarkt ein paar schöne Rösser erstanden und will sie eben einem seiner Knechte übergeben, daß er sie heimweise.

Da klopft ihm jemand auf die Schulter; und als er sich umwendet, steht der Dorfschreiner vor ihm.

»Is guat, daß i di triff, Schiermoser!« sagt er, »scho lang suach i di alleweil. I hätt epps für di.«

»Für mi?«

Der Bauer schüttelt ungläubig den Kopf.

»Was eppa?«

Der Schreiner tut vertraulich.

»A Einrichtung – a scheene, oachane mit zwoa Spiagel und an Spiaglkastn.«

Der Schiermoser starrt den Schreiner verständnislos an.

»A Einrichtung sagst? – I brauch koa Einrichtung. Mei Haus is eh eingricht. I brauch gar nix.«

»Daß du nix mehr brauchst, dees woaß ma a so. Zwegn deiner sag i's aa net. Aber zwegn dein' Buam, zwegn dein' Franzl.«

Der Schiermoser schüttelt den Kopf.

»Xaverl, da bist irr. Mei Franzl braucht aa koa Einrichtung.«

Jetzt wird er deutlicher, der Schreiner.

»Aa net, sagst? Nachher hat leicht s i e d' Möbel?«

»Wer, sie?«

»Jessas, jessas naa, konn dir der dumm fragn!« ruft nun der Schreiner ärgerlich aus: »Wer, sie! Wer anderscht als wia d' Hochzeiterin von deim' Buam!«

Der Schiermoser muß lachen.

»Wia hast jetz gsagt? D' Hochzeiterin vo mein' Buam hast gsagt? Mei liaber Xaverl, jetz glaab i's, daß dei Verstand a Loch hat. I woaß nix von ara Hochzeiterin.«

Dies ist dem Schreiner aber denn doch zu viel.

»Also, Schiermoser«, sagt er, » i will dir was sagn: Bal sie d' Sach von der Stadt außa bringt – oder bal eppa der Franzl gar hinei heirat in d' Stadt –, nachher woaß ma ja selm, daß's nix is mit meiner Einrichtung. – Aber, verstanden, zwegn dem brauchst oan du no lang net a so für an Narrn z' halten und so saudumm daherz'redn! Dees is ja scho epps Alts, daß dene Stadtmadamen 's Bauernsach hint und vorn net guat gnua is! Und daß enk d' Bauernweibsbilder net fein gnua san. Aber laugna brauchst es net, bals a so is!«

Der Schiermoser hat mit wachsendem Erstaunen zugehört. Plötzlich aber geht ihm die Wahrheit auf.

»Vo wem redst denn du?« fragt er heiser, obwohl er sich die Antwort bereits denken kann.

Doch diese letzte Frage erzürnt den guten Schreiner so sehr, daß er keine andere Antwort mehr darauf findet, als: »Jetz, da hört si aber do scho all's auf! A so a scheinheiliger Hansdampf!«

Worauf er giftig ausspeizt und den Bauern einfach stehen läßt.

Der Schiermoser aber vergißt frei, daß er ja Rösser gekauft hat und daß der Knecht dasteht und wartet.

Er starrt stumpfsinnig für sich hin und fragt sich selber zum soundsovielten Male: »Was hat jetz der gmoant? Daß insa Bua und d' Stadterin – d' Rosel... Ja, is denn der Tropf narrisch!«

Der Knecht reißt ihn aus seinem Grübeln und Sinnieren.

»Is sinst no epps z'toa, Bauer?«

»Naa«, sagt der Schiermoser und besinnt sich, daß ja die Rösser heim sollen.

»Naa. D' Ross' weis'st hoam und tuast es glei fuattern. Gib eahna aber den hintern Stand, daß s' net zum Fuchsen zuawekemman. Net daß sie si verbeißen.«

Eine Weile schaut er noch gedankenlos dem Gang der Rösser nach, dann wendet er sich langsam dem Postwirtsgarten zu.

»A Maß mag i!«

Das Bier ist nicht schlecht. Aber auch hier hat er bald allerhand Blicke auszuhalten, allerhand Fragen und verdruckte Reden anzuhören, die ihm rasch das Blut gallig machen.

Und so sagt er, da ihn die Kellnerin fragt: »Magst no a Maß, Schiermoser?« barsch: »Naa. I geh.«

Und macht sich verärgert auf den Weg zum Wagen.

Da findet er schon seine Bäuerin samt der Großmutter, blaurot im Gesicht wie zwei Biberhennen und auf ihn losfahrend wie die Hornissen.

»Mach, daß d' einspannst! Daß mir furtkemman von da!« sagt die Junge wild. »I glang jetz. I hab mir gnua ghört!«

Und die Alte fügt bissig bei: »Jetz habts es wenigstens mit enkane Sommerfrischler! Jetz wißts, was daß dee wolln.«

Der Schiermoser starrt gegen die Dultstände hin.

»Dees is a sauberne Gschicht. Wer hats enk denn verratn?«

Aber er hört nicht mehr auf die Antwort hin.

Denn sein Blick hat eben etwas aufgefangen.

Dort vorne, vor dem Stand des Goldschmiedes, da steht sein Sohn, der Franz, hat die Stadtjungfer bei der Hand und zeigt ihr mit dem zuckersüßesten Gesicht einen Ring! Wahrhaftig einen Ring! Der Lottersbub, der miserable!

Die Schiermoserin folgt unwillkürlich den Blicken ihres Eheherrn.

Da sieht auch sie die beiden. Und sie will augenblicklich hin und sie auseinandertreiben! Gleich auf der Stell!

Mit Müh und Not kann sie der besonnenere Bauer davon abbringen, durch einen Streit auf dem Markt die Schande auch noch öffentlich zu machen.

Aber nun drängt sie erst recht aufs Einspannen, die Bäuerin.

»I spann glei ei«, sagt er drauf: »jetz muaß i alleweil erst warten, bis s' da sand.«

»Zu was?«

»Noo, zum Hoamfahrn halt.«

Die Schiermoserin schnappt nach Luft.

»Was? Dees Weibsbild willst wieder aufsitzen lassen? Dee Stadtflugga? Dees waar ja glei recht! Ha! Und i als

Bäuerin durft laaffa! Naa, mei Liaber! Jetz tanz' ma amal anderscht uma! Jetz fahrn amal mir zwee! Da, Mutta, hock di nur auf! Und i hock mi aa auf. Und bals dir derbarmt, dees Weibsbild, nachher kannst eahm ja a Roß zum Hoamreitn kaaffa!«

Und damit schiebt sie erst die Alte auf den Wagen und setzt sich breit und vollgewichtig mit einem haßerfüllten Blick gegen die beiden nichtsahnenden Menschen auf den Sitz zur Rechten der Großmutter, noch ehe der Bauer das Roß aus dem Stall geholt und eingespannt hat.

Ja, sie läßt nicht einmal mehr ihn aufsitzen!

Gebieterisch greift sie nach den Zügeln, nimmt die Peitsche und fährt so scharf an, daß der Braune sich bäumt und die Großmutter laut aufkreischt: »Mariand Josix!«

Und mit fest aufeinandergepreßten Lippen fährt sie davon.

»Narrischer Teife!« murmelt der Schiermoser und schaut ihr nach, bis sie hinter den Häusern verschwunden ist.

Mißmutig wendet er sich danach zum Gehen, mit den Blicken die beiden suchend, die ihm heute den Tag also verdorben haben.

Aber weder Franz noch Rosalie sind mehr zu sehen.

Und so macht er sich verärgert auf den Heimweg, scheltend über die Leut, über seine eheliche Hausfrau, über die Alte und über die beiden. Was er nur getrieben hat, der Malefizbub, daß die Leut so reden können?

Langsam setzt er einen Rohrstiefel vor den andern, stößt mit dem weichselbaumernen Gehstecken die Steine weg, die ihm in der Bahn liegen, und schaut sinnierend grad vor sich hin auf den Boden.

So kommt er auf die Höhe des Berges.

Da sieht er, wie die Nanndl vom Straßlerbauern mit seinem Sohn, dem Franz, eifrig auf ihn einredend, langsam hinter einem sauberen Fuhrwerk hergeht.

Das frisch lackierte Lederdach der Chaise ist aufgespannt, und so sieht er nicht, wessen Fuhrwerk es ist und wer es lenkt.

Aber daß die Nanndl etwas sehr Gewichtiges mit seinem Sohn verhandelt, das sieht er.

Denn sie redet schier mit dem ganzen Körper!

Und zu guter Letzt schlingt sie gar ihre beiden Arme auf offener Straße um seinen Hals und hängt sich an ihn!

Der Schiermoser pfeift durch die Zähne und wendet sich ab.

Er muß lachen.

»Also a so steht dee Sach mit dem Tropf!« sagt er zu sich selber, »o die Rindviecher da drunt am Markt! Wenns jetz dees wieder sehng kunnten, nachher hoaßets do morgn ganz gwiß: der Schiermoserfranzl und d' Straßlernanndl ham si mitanand versprocha. Und dabei is sicherli an dera Gschicht so weng epps Wahrs wia an der andern!«

Er lacht belustigt vor sich hin.

Oh, er kennt doch seinen Sohn! Der ist doch nicht aus der Art geschlagen!

»Der werds jetz naher anderscht macha, als wia's i gmacht hab als a junga!« murmelt er. »Bal oana a guater Schmied is, nachher legt er si alleweil z'erscht a drei – a vier Probiereisen ins Feuer, bis er dees fünfte oder sechste amal wirkli schwoaßt! Und nachher is's oft no z'fruah! Recht hat er, der Franzl!«

Langsam dreht er sich wieder den beiden zu und sieht nun, wie das Fuhrwerk vor dem Hof des Straßlerbauern hält, wie die Rosel absteigt und sich bei der Nanndl bedankt, und wie sie danach lachend und schwatzend mit dem Franzl zu Fuß weitergeht, indes die Nanndl noch eine Weile wie angenagelt am Fleck stehenbleibt, die Fäuste ballt und schließlich dem Gaul etliche derbe Schläge in die Weichen versetzt, sodaß er erschreckt auffährt und scheut.

Und wenn nicht der Schiermoser grad rechtzeitig hinkäme zum Anhalten, könnte es wohl leicht geschehen, daß ihr das Roß noch vor der Stalltür durchginge!

So aber verläuft die Geschichte noch gut und der Schiermoser weist ihr das zitternde Pferd in den Hof, indem er sagt: »Daß d' gar so grob bist, Nanndl! Was hat er dir denn to, mein Franzl, daß d' an solchen Gift hast auf eahm?«

Die Nanndl lacht ein verlegenes, geziertes Lachen.

»Ja freili! Grob wer i nachher sei! Wenn oan der Häuter aufn Hax auffe tritt!«

»Was für a Häuter?« fragt der Alte verschmitzt, »hoaßt er eppa Franzl?«

»Ah geh, hör auf mit dein Gredats!« erwidert ihm die Nanndl zwischen Lachen und Zorn. »I woaß's gar net, was d' willst mit dein' Franzl!«

»I scho«, meint der Bauer und schickt sich zum Gehen an. »I woaß's guat, was i will mit eahm. Und jetz pfüate Good.«

»Du woaßt es freili, du alter Lapp!« murmelt die Nanndl verbissen. »Nix woaßt! Wennst aber wissen tatst, was i will mit dein' Franzl...«

In tiefes Sinnieren versunken, spannt sie das Roß aus und weist es in den Stall.

Der Schiermoser aber trabt jetzt wieder ganz munter seine Straße dahin.

Also die Nanndl hätt ein Aug auf den Buben!

»Mei, dees ko ma si ja amal a Zeitl überdenka!« meint er für sich. »Und wenn si koa Besserne net findt, nachher is dee aa recht. I schatz s' alleweil auf a dreiß'gtausad Mark, d' Nanndl.«

Er schaut den Weg geradeaus. Dort, ganz vorn an der Marterlsäule geht er, der Bub.

Und hat die Rosel wahrhaftig um den Leib gefaßt.

So ein Hallodri!

Sogar der Stadtjungfer verdreht er den Kopf!

Ist übrigens schad, daß sie eine Städtische ist, die Rosl.

So ein riegelsames und tüchtiges Weibsbild muß es nimmer geben landauf und landab!

Weiß der Teufel, wenn sie von den Bauern herstammen tät ... er wär gar nicht so sehr dawider, daß der Franzl und sie ...

Aber sie stammt ja von dieser alten Stadtmadam her!

Und hat sicherlich keinen Pfennig Geld!

Nein sicherlich nicht.

Aber sonst ist sie ein Weibsbild, wie man sich nur grad eins wünschen kann!

Und beim Zeug! In der Arbeit! Am Feld und im Stall, im Haus und mit den Rössern!

»Und gstellt! Sakramentisch guat gstellt!« lobt er, der Alte. »Die hat net grad Holz bei der Hütten! Da is Reiser aa hiebei!«

Er wird ordentlich jung bei dem Gedanken; und sein Tritt wird immer rascher.

So kommt es, daß er die beiden vorne beim Wegkreuz einholt.

Franzl ist einen Augenblick verlegen, da der Alte plötzlich neben ihm hergeht; eine brennende Röte fährt ihm übers Gesicht.

Rosalie aber ist vergnügt und ganz anders wie am Morgen.

»Gehts scho hoam?« fragt der Alte wohlwollend.

»Ja«, erwidert ihm Rosalie; »ma hat allemal glei wieder gnua an dera Gaude.«

Und mit einem leisen Lachen fügt sie bei: »Mir gehts mit der Pratermusik und mit dera ganzen Gaude grad wia mitn Kinderschroa: a Zeitl kann i's hörn und nachher nimmer.«

Der Schiermoser schielt sie betrachtend an.

Sakra, is scho a mentisch mannigs Weibsbild! denkt er. Laut aber sagt er: »Da derfst aber nachher net ans Heiratn denka, balst's Kinderschroa net hörn kannst!«

»Ja no; mit dee eigna Kinder is dees wieder epps anders«, erwidert Rosalie, verlegen werdend.

»A so moanst. Werd eppa a so nimma recht lang osteh, bis d'aa ans Heiratn denkst?«

Franz horcht auf. Was hat er denn, der Vater?

Aber Rosalie geht plötzlich ganz ernsthaft auf die Frage des Alten ein und sagt ohne weiteres: »Ende November wird wohl mei Hochzeit sein.«

Jetzt ist es am Schiermoser, aufzuhorchen.

»Was? Du heiratst im November?«

»Ja. D' Mutter meint halt, je ehnder, desto besser.«

»Heiratst oan vo der Stadt?«

Rosalie verzieht den Mund zu einem bitteren ironischen Lächeln.

»Natürli an Stadtherrn! Was moanst denn Vater! Für an Bauernburschen is doch unseroane nix! Dees werd enk ja in der Schul scho predigt, daß d' Stadtmadeln nix taugn!«

Franz fährt erregt auf.

»Red net so grob daher, sag i!«

Und auch der Alte widerspricht ihr.

»Dees is net wahr, Rosl. Dees kimmt ganz drauf o. Bal oana a solcherne kriagn ko, wiast du oane bist, nachher derf er si d' Finger abschlecka, bis zu de Ellabogn hintre! Jawoi! I wollt, mei Franzl bracht mir amal a so a richtigs Leut eina, wias du oans bist!«

Rosalie ist glühend rot geworden. Das sieht ja beinahe aus, als ob's dem Schiermoser gar nicht unrecht wär', wenn sie statt ihres Assessors den Franzl als Eheherrn wollte!

Schade, daß man schon bei der Haustür angelangt ist!

Wer weiß, ob nicht doch noch das Schicksal...

»Wahrhafti kimmt er mit dem Weibsbild daher!« plärrt in dem Augenblick drinnen im Haus die Schiermoserin. »Is no net gnua, daß d' Leut redn über dee Schand – naa, er, der alt Latierl muaß aa no selber mittappen! Aber i hilf enk scho. Allsamm mitanand hilf i enk! Dir und dem Rotzer und dera Stadtscheesn! Und der alten Schmuserin da drobn erscht recht! Heunt no müaßns mir ausn Haus! Heunt no!«

»Ja, was is denn jetz dees...?«

Die drei sind wie vom Donner gerührt über diese Begrüßung.

Aber die Schiermoserin gibt ihnen Gelegenheit, sich zu sammeln.

Mit einem wilden Scheltwort schlägt sie die Haustür zu und stößt den Riegel vor.

Rosalie ist die erste, die sich fassen kann.

»I moan, die Ursach von dem Wetter kenn i!« sagt sie. »I kann mirs denken, wo der Wind herwaaht! Da is z' Glonn am Markt was ganga! Da hat jemand falsch eingsagt!«

Der Schiermoser ist ärgerlich. »Ah freili! Dees narrisch Weibsbild! Freili hams ihr falsch eingsagt! Und sie, 's Rindvieh, 's alte, glaabt alls. I möcht nur grad wissen, wers aufbracht hat dees saudumme Gredats!«

»Was für a Gredats?« fragt Franz, dem die Zornröte auf dem Gesicht brennt.

Der Alte wehrt verächtlich ab. »Ah was! Is ja net wert, daß mans nachsagt! Is ja die hellichte Dummheit, was die Charfreitaratschena drunt verzähln!«

Franz will es ungestüm wissen.

»Was is nachher dees?«

Der Schiermoser muß lachen.

»Daß du und d' Rosel mitanand versprocha seids! Daß's bald Hochzat machts!«

Franz wird einen Augenblick ganz kreidebleich. Dann schießt ihm abermals brennende Röte ins Gesicht.

»Ja ... und...?«

Er schaut unsicher auf Rosalie.

Die steht gleich ihm mit heißem, brennrotem Kopf da.

»Und ... was wirds lang ›und‹ sein!« sagt sie rauh. »Ös wißts es ja, daß i scho oan hab, an Hochzeiter! Da gibts koa Und und koa Aber. Bloß dei Muatta sollt net's Troad scho dreschn, bevors g'maaht is, moan i.«

Damit geht sie an die Stalltür, öffnet das Gitter davor, läuft rasch hindurch und hinein ins Haus, hinauf zur Rätin.

Die alte Dame liegt auf dem Sofa in Weinkrämpfen, und Tante Adele bemüht sich, ihr Linderung zu verschaffen.

»Es ist ein Skandal!« wimmert die Rätin. »Es ist unerhört! Wenn das der Assessor erfährt!«

»Na ja, dann erfährt er's halt«, entgegnet Adele gleichmütig. »Übrigens erfährt er's sicher nicht. Wer soll's ihm denn sagen? Und rauskommen tut der sicher nicht nach Berganger. Davor sind wir sicher.«

Die Rätin schluchzt wie ein Kind.

»Daß ich eine solche Schande erleben muß! Läuft mir das Mädchen als Braut Tag für Tag mit diesem Burschen herum, läßt sich von ihm duzen und tut, als wäre sie seine ... seine ... seine Magd ... oder ... seine Geliebte! Die Schande! Das Unglück!«

Rosalie steht schon eine Weile an der Tür. Jetzt tritt sie vor.

»Ja, was gibt's denn? Was ist eine Schand? Was ist ein Unglück? Daß ich drunten mithelfe? Daß ich gut auskomm mit dem Vater und mit den Kindern? Daß ich ein bissl Lieb empfinde für den Franzl? Mein Gott, Mama! So arg ist doch das Unglück nicht! Was ist denn dabei? Und außerdem ist mir der Franzl viel, viel wertvoller und lieber als mancher Stadtherr!«

Die Rätin schreit auf.

Aber Tante Adele drückt ihr eine kalte Kompresse aufs Herz.

»Na, na, na, Schwägerin! Nur nicht gleich so aufgeregt! Nur Ruhe, Ruhe! Ich muß schon auch sagen: ein gar so großes Unglück wär' es sicher nicht, wenn Rosalie statt ihres adligen Verlobten den feschen, reschen Burschen...«

»Um Gottes willen! Adele! Kein Wort weiter!« ruft die Rätin und vergißt ihren Herzkrampf. »Meine Tochter und ein Bauer! Mein Gott! Wenn das meine armen Eltern erlebt hätten!«

»Dann wärns um vieles leichter gstorbn, glaub ich«, entgegnete ihr Adele lächelnd, »denn dann hättens doch wenigstens die Hoffnung mit ins Grab genommen, daß es dem Mädel sein Lebtag nicht schlecht geht.«

Die alte Dame hält sich die Ohren zu.

»Mein Gott, mein Gott! Was redest du! Die Schande! Die Schande!«

»Schande!« sagt Adele verächtlich; »Schande. I weiß net, was mehr Schand is: wenn die Rosel als die Frau Gemahlin eines leichtsinnigen Adligen Schulden machen müßt, oder wenn sie als angesehene Bäuerin über fünf, sechs Knecht und über grad so viel Mägd 's Regiment führn könnt! – Ich will ja dein'm Assessor gwiß nix weg tun. Aber, wie gsagt: wenn der Fall eintreten tät, daß der Franzl die Rosel...«

»Niemals!« ruft die Rätin in höchster Erregung. »Niemals! Solange ich ein offenes Auge habe, gilt unsere Tradition!«

Rosalie steht wie mit Purpur übergossen da und weiß keine Antwort, keine Gegenrede, keinen Trost für die Mutter ... für sich selber...

Und Tante Adele ist plötzlich so grausam gegen die alte Dame; so ohne jegliches Mitleid und Verständnis für ihre Gefühle! Sie lacht!

Lacht, daß ihre altmodischen Ringellocken über den Ohren erzittern, und sie ruft: »Tradition! Sag' doch gleich Ahnenstolz! – Und das gute Ding, die Rosel, soll wohl dem ganzen Klimbim auch noch Weihrauch streun und ihr Glück opfern? Nein, meine liebe Schwägerin, das gibt's nicht! Solang ich leb', nicht. Ich weiß genau, was dein Mann, mein Bruder, Gott hab ihn selig, aufm Todbett gsagt hat zu mir: ›Adele‹, hat er gsagt, ›Adele, gib mir aufs Roserl acht! Schau mir auf die Kleine! Laß mir keine Marionette draus machen. Keine Jammerliesl! Sorg du, daß was Gscheits draus wird aus ihr! Und aus den andern! Schaug, daß jede ihr Glück macht‹, hat er gsagt. Bsonders d' Roserl. Also. Bsonders d' Roserl. Was willst denn eigentlich? Was kommen muß, kommt ja doch. Und der ihr aufgsetzt is, den kriegts.«

Aber die Rätin will nichts hören. »Nein, nein, nein!« ruft sie ein übers andere Mal aus, »und ich dulde es ganz einfach nicht! Rosalie ist die Braut des Assessors, heiratet den Assessor und reist im übrigen am Mittwoch mit mir ab! Soo. Wir wollen sehen, wer hier zu reden hat. Das fehlte mir noch! Meine Tochter mit einem Bauern...«

Sie steht energisch auf und will an die Tür.

Aber mit einem Schmerzensruf sinkt sie wieder aufs Sofa zurück. Ihre Gicht!

Schon die ganzen Tage her hatte sie Schmerzen gehabt. Aber jetzt auf einmal überfällt sie das Leiden mit Gewalt. Und so bleibt ihr nichts anderes übrig, als gebieterisch zu sagen: »Geht! Ich will allein sein!«, und darnach wieder weiterzuweinen.

Also verlassen die beiden das Zimmer; Adele vergnügt und selbstzufrieden, Rosalie gedrückt und elend.

Denn sie weiß selber am besten, wie es um sie steht.

Was die Schiermoserin einmal im Kopf hat, das muß sie auch ausführen.

Und da sie einen großmächtigen Zorn auf ihre Sommerfrischler, einen tiefen Groll über die Rätin und ihre Tochter im Herzen hat, so muß sie demselben Luft machen.

Gleich auf der Stelle.

Es nützt gar nichts, daß Franz und der Bauer ebenfalls durch den Stall ins Haus gegangen sind und nun der »narrischen Alten« die Leviten lesen; sie macht die alte Rätin nun einmal verantwortlich für allen Ärger, ist davon überzeugt, daß sie ihre Tochter bloß zu dem Zweck nach Berganger gebracht hat, um sie zur Schiermoserin zu machen, und sie muß derselben sagen, was sie sich über sie denkt.

Also rennt sie geradeswegs hinauf zur Rätin und steht unversehens mitten in deren Stube.

Die alte Dame liegt immer noch leise weinend auf dem Sofa.

»I hab epps z' redn mit enk!« sagt da die Schiermoserin.

Die Rätin fährt in die Höhe: »Frau Schiermoser?!«

Die Bäuerin schluckt ihr wildes Herzklopfen hinunter.

»I frag enk, obs ös koan andern Hochzeiter nimmer gfunden habts für enka Deandl als wia mein Buam?«

»Waas? Was sagen Sie?«

»Obs ös koan andern nimmer gfunden habts zum Heiratn für enka Rosl als wia mein Buam, hab i gfragt!«

Sie steht da, die Bäuerin, wie ein Posaunenengel des Letzten Gerichts.

»Was sagen Sie da? Meine Tochter und Ihr Sohn sollten...? Ja, aber das ist ja gerade die Ursache...«

»Was für a Ursach is dös?« fährt ihr die Schiermoserin wild dazwischen. »Dees is überhaupts koa Ursach net! Habts mi verstanden? Überhaupts koane! Indem daß i dees ganz oafach net geduld! Indem daß dees a Niedertracht is! Dees is der Dank dafür, daß ma enk herfuattert den ganzen Sommer über; daß 's oan 's Haus ausschnuffelts und den eigna Buam seine Leut abspensti machts! Eingfadlt habts 'hn, und enka hoamtuckischs Madl, enka Rosl, wollts eahm ohänga als Bäuerin! Aber oha! I bin scho aa no da! I schiab enk an Riegl für die Tür! Dees glaab i! Dees waar freili a gmaahte Wiesen für enk! A reicher Bauerbua und a scheena Hof! Naa, mei Liabe! Da werd nix draus. Da schaugts enk nur wo anderscht um. A anderne Muatta hat aa a liabs Kind. Aber mir zwee ham ausdischbetiert mitanand. Es is mir liaber, ös schaugts enk wo anderscht um zwegn der Sommerfrischn. Bei mir is koa Platz nimmer für enk, daß ihrs wißts.«

Sie setzt nicht ein einziges Mal ab in ihrer Rede; sie sieht nicht das Entsetzen, die starre Verwunderung der Rätin; sie läßt sie auch nicht zu Wort kommen, da die alte Dame ihr versichern will, sie sei unschuldig an dem Verbrechen, dessen man sie hier zeihe!

»Aber, liebe Frau, ich bin doch selbst ganz der Ansicht, daß es ausgeschlossen ist, daß meine Rosalie...«

»Dees is mir ganz Wurscht, was daß ös für a Ansichts habts. I sag enk grad so viel und net mehra: solang i a offens Aug hab, kriagt mir der Hof koa anderne Bäuerin als wia dee, dee, wo mir paßt. Und es is mir liaber, ös verschwindts bald wieder. Soo. Gredt hab i.«

Und damit ist sie auch wieder draußen.

Die Rätin ist so entsetzt und vor den Kopf geschlagen, daß sie sich überhaupt erst besinnen muß, wo sie ist und was eben war.

Erst allmählich formt sich in ihr das Chaos zu einem Ganzen.

Also, diese verrückte Person, diese Schiermoserin, glaubt tatsächlich, daß sie, die Rechtsrätin Scheuflein, ihre Tochter an diesen Sohn, diesen Klotz, diesen Bauern verschachern wollte!

Sie muß trotz Gicht und Ärger lächeln.

»So was kann nur einem Bauerngehirn einfallen! Aber...«

Sie wird wieder ernst.

»Das kommt davon, weil dies leichtfertige Mädel Tag für Tag bei dem Burschen steckt! Ihm am Ende gar den Kopf verdreht! Schauderhaft! Wenn das der Assessor wüßte...!«

Sie beginnt trotz ihrer Schmerzen in der Stube auf und ab zu humpeln.

»Das hat man nun davon. Am besten ist es, wir reisen so rasch als nur irgend möglich ab. Dann wird gleich Ruhe sein.«

Bei diesem Gedanken wird auch sie selber wieder ruhiger, erinnert sich ihrer Gicht und legt sich seufzend wieder aufs Sofa.

Indes die Schiermoserin drunten in der Kuchel werkt wie ein Gockel, der eben seinen Gegner flügellahm gemacht hat.

Andern Tags. Es mag so gegen drei Uhr morgens sein.

Die Schiermoserin steht sonntäglich angekleidet in ihrer ehelichen Schlafkammer und überrascht ihren Gemahl mit dem Morgengruß: »He du! Daß d' es woaßt, i fahr heunt auf Reisertal ume. – Werds scho firti werdn ohne mi. Habts ja a so die ganz Gscheite da – enka Stadtmadam!«

Der Schiermoser vermeint, er hätte nicht recht gehört, dreht sich ein paarmal hin und her, wischt sich mit der Hand über die Augen und sagt: »Jetz hat mir traamt, glaab i.«

Aber die Bäuerin läßt ihn nicht aus den Zähnen.

»Daß i auf Reisertal umefahr, hab i gsagt!« wiederholt sie. »Da braucht dir gar nixn z'traama! Und bals enk hungert, werd enk d' Stadtfrailein scho aufwartn! Schmeckt enk a so nimmer recht, bal i koch!«

Jetzt wird er allmählich munter, ihr Eheherr.

Und er beginnt langsam mitzudenken mit ihrer Rede.

Aber es fällt ihm keine Gegenrede ein; bloß das Wort »Rindviech« kreist in seinem Hirn herum und plagt ihn so lange, bis er es endlich laut und gewichtig ausspricht: »Rindviech!«

Und nachdem er es ausgesprochen hat, kann er weiterdenken und sich zur Frage aufraffen: »Zu was muaßt jetz du mitten in der Arnt auf Reisertal? Mitten an ein' hellichten Werktag?«

Es wird ihm aber nur der kurze Bescheid: »Halt aa. Weils mi gfreut.«

Und so muß er sich mit der Tatsache abfinden, daß heute einmal ohne Schiermoserin hausgehalten werden soll.

Er tut's auch, sagt gähnend: »Ja no; balst moanst, du muaßt, nachher fahrst halt. I halt di net auf!«, steht langsam auf und zieht sich gemächlich an.

Dann geht er hinüber zur Schlafkammer seines Sohnes und berichtet ihm die Neuigkeit mit den Worten: »Dei Muata muaß auf Reisertal heunt. Sie moant, ob d' Rosl net kocht. Eppan sagst es eahm. Du konnst besser umspringa mit dene Stadtleut.«

Franz ist zwar nicht wenig erstaunt, zu hören, daß seine Mutter unter der Erntezeit und noch dazu an einem Werktag fortfährt; weil aber der Reisertaler ein sehr guter Freund der Schiermoserischen ist, und besonders die Weiberleut immer Leid und Freud miteinander trugen, so denkt er weiter nichts dabei und erwidert bloß: »I werds ihr sagn, der Rosel.«

Da es aber erst gegen vier Uhr morgens ist, wird ihm der Weg zur Schlafstube der Sommergäste doch hübsch sauer, und er überlegt, ob er nicht lieber eine von den Mägden daheim lassen soll, damit sie koche und melke und sich ums Haus kümmere.

Die Schiermoserin ist derweil drunten in das kleine Gäuwägerl gestiegen, hat sich von einem Knecht die Zügel reichen lassen und treibt nun den alten Schimmel zur Fahrt an: »Wüah! Ziag o, Alter! Werst wohl d' Schiermoserin vo Berganger no vom Fleck bringa!«

Im selben Augenblick öffnet sich in der Kammer der Großmutter ein Fenster, und die Alte streckt ihren mit einem geblümten Tuch umwickelten Kopf aus demselben: »Ja, was is's denn?«

»A nixn!« tönt's abweisend zurück.

»Wo fahrst denn hi?«

»Zum Reisertal.«

»Ja, warum denn dös?«

»Weils Zeit zum Zuabaun ... bevor a Unkraut wachst auf insan Acka!«

Die Alte horcht auf.

»Moanst du dee ander?«

Sie deutet mit dem Kopf nach der Seite, wo die Sommergäste wohnen.

Die Schiermoserin nickt hastig: »Mhm. – Es kimmt ma a so vür, als wenn anorts wo a kloans Feuer auskemma waar.

Und da muaß i eppan hol'n zum Löschen, bevor's z'groß werd.«

»Du moanst oane vom Reisertaler...?«

Die Schiermoserin schlägt dem Gaul die Peitsche über die Schenkel.

»Vielleicht ... Wern mir's scho sehgn ... Wüah, sag i, alter Teifi...«

Und dahin ist sie.

Die Großmutter schaut ihr noch einen Augenblick sinnierend nach und schließt danach das Fenster, indem sie murmelt: »I hab mir's ja glei denkt! – Epps Guats ham die gar nia net im Sinn, dee Stadterer. – Aber auf insern Hof, da spitzens umasinst. – Da san mir aa no da und ham a Wörtl zu reden.«

Und mit dem Seufzer: »Ha, daß denn der Franzl gar so dumm is!« legt sie sich nochmals aufs Bett.

Franz hat inzwischen immer überlegt, ob er nicht doch lieber eine Magd zum Melken kommandieren soll; da hört er die Tür der Schlafkammer Rosaliens knarren.

Im Augenblick ist er draußen und steht vor dem verlegen lächelnden Mädchen, das fix und fertig angekleidet ist und leise sagt: »Dei' Muatta is furtg'fahrn, und da denk i, es könnt net schaden, wenn i a bissl dazuhilf zur Arbeit. – Wer melcht denn?«

In Franz gärt's und wurlt's: Herrgott ist das ein Maidl! – Wär das eine Bäuerin! ...

»I hab mir denkt, d' Nanndl oder d' Lies werd scho melcha«, lügt er vor Verlegenheit, denn er weiß, daß keine von den Weibsbildern, weder von den Töchtern noch von den Mägden, gern melkt.

Aber Rosalie sagt fest: »Dees braucht's net. Nehmt's es nur mit aufs Feld naus, alle. Bloß zum Füattern soll oans dableiben.«

Und so bleibt ihm nichts anderes übrig, als mühsam die

übermächtigen, närrischen Gefühle zu unterdrücken und heiser zu murmeln: »Is scho recht.«

Da sie aber so flink über die Stiege hinabtrippelt, packt's ihn aufs neue, und er ist mit ein paar Sprüngen bei ihr.

»I bleib selber da zum Füattern!» sagt er, und mit einem Gesicht, als hätte er eben zwölf Bauern unter den Tisch geschlagen, geht er in den Stall, gefolgt von Rosalie.

Und so beginnt die Rechtsratstochter diesen Tag gleich einer jungen Bäuerin mit schwerer Arbeit.

Aber nicht lange währt es, da kann Franzl sich nimmer bezwingen.

Mittendrin, während sie draußen in der Speis'kammer den Rahm und die Milch verwahrt, ist er bei ihr.

»Rosel!«

»Franzl?«

»I muaß dir epps sagn!«

»Was möchtst denn?«

Sie muß achthaben, daß sie nichts aus den Schüsseln danebengießt.

Aber der Bursch weiß sich immer zu helfen.

Auf Ja und Nein hat er ihr die große Kanne aus der Hand gerissen, hat Rosel wild und fest in seine Arme gepreßt und in närrisch auflodernder Leidenschaft geküßt – ein, zwei, drei, ungezählte Male.

Und er nennt sie seine Bäuerin, sein liebstes Weib.

Faßt sie mit seinen Armen und trägt sie hinein in die Stube: ... »Rosel ... Madl ... mei Madl ...« Rosalie ist wie betäubt, wie von einem Traum umfangen.

Plötzlich aber besinnt sie sich – erwacht.

»Franzl! Ums Christi Willen! Bist denn du narrisch wordn. I ... und ... du! – Dees gibt a Unglück, Bua! Denk an dei Muatta und denk an die mei ... und ... denk ... daß i ja scho oan ... versprocha bin ...«

Mit einem wilden Aufweinen stößt sie ihn von sich und rennt davon – hinaus in die Tenne – hinauf in den Heuboden.

Aber der Bursch ist rasch hinter ihr und läßt sie nimmer aus den Händen.

Und sein Werben um sie wird immer heißer, seine Stimme immer leiser, seine Arme umschließen das erbebende Mädchen, und er hört nicht auf, zu bitten und zu betteln, bis endlich der Widerstand Rosaliens gebrochen, bis sie damit einverstanden ist, ihm anzugehören als sein liebes Weib, seine Bäuerin.

Und da die beiden endlich daran denken, ihr Tagwerk in Haus und Hof wieder aufzunehmen, da lacht ihr Mund und lachen ihre Augen.

Rosalie aber vermeint, die Sonne wär' nie schöner aufgegangen als an diesem Morgen, da der Franzl mitten unterm Füttern einen langen Juchzer ausstößt und sie danach lachend seine Madam Bäuerin nennt.

Und sie denkt, es möcht wohl gut sein, mit dem kernfrischen Burschen hier zu hausen als das, was er sie lachend eben nannte: als Madam Schiermoserin von Berganger.

Unterdessen steigt der Tag höher, und die Schiermoserin ist bald am Ziel ihrer Fahrt.

Vor dem stattlichen Hof des Reisertaler Einödbauern hält sie den Schimmel an, steigt bedächtig und sittsam ab und führt danach das Roß gegen die Stalltür.

Da tritt auch schon der Reisertaler aus dem Haus und unterdrückt mit Gewalt seine Verwunderung und Wißbegier wegen des unverhofften Besuches.

Aber die Schiermoserin entwickelt System.

»Grüaß di Good, Vetter!« sagt sie aufgeräumt und klar wie ein frischer Bergbach; »gell, wunderst di, daß i so unvermoant daherkimm! – Aber, woaßt, a paar Kirtasäu möcht ma uns zügln, und da will i di frag'n, obst uns net a paar Fakei hast oder woaßt.«

Und sie schirrt dabei den Schimmel aus, als ob es selbstverständlich wäre, daß hier Mensch und Vieh eine freie Gaststätte bekommen können zu jeder Stund, – führt ihn in den Stall an einen leeren Roßstand und wendet sich wieder an den ihr folgenden Bauern: »Sakra – aber sauber hast dein Stall beinand! – Scho so sauber, daß's a wahre Freud is! Dees scheene Viech! Und so foast oans wias ander! – Hast no tragade aa dabei?«

Sie tritt hinter die lange Reihe wohlgenährter, gleichfarbiger Kühe.

»Aha. Jawoi. – Vo dera werst eppa bald's Kaibe kriagn, ha? – und die da tragt aa nimmer lang, wähn i. – Aha. Bis in a vierzeha Täg sagst. Aha. – Und enkan Bummel habt's aa no alleweil. Aber die zwo Ochsen, moan i, san neu, gell?«

Der Reisertaler gibt ihr bereitwillig auf alle Fragen Antwort.

Ist er doch selber ganz vernarrt in sein Vieh! Gilt er doch rings umher im ganzen Gau als der reichste und beste Bauer, dessen Stall und Scheune als ein Muster bekannt sind weit und breit! Während sie nun so schwatzen, kommen sie auch zurück zu den Schweinen, und die Schiermoserin beeilt sich, dem »lieben Vetter« nochmals ihre Bitte wegen der Ferkel vorzutragen.

Da geht die Stalltür, die nach dem Hausflöz führt, hastig auf, und herein kommen nacheinander unter lauten Ausrufen der Verwunderung und Freude die alte Reisertalerin, ihre älteste Tochter und ihre jüngste.

Ihre mittlere ist bereits seit Jahresfrist irgendwo in der Nähe eine schwere Bäuerin.

»Ja Basl! Was für a Wind hat denn di heunt zu ins herg'waaht? Werd do – wie Gott will – a guata sei?«

Sie sind sehr fromm, die Reisertalerischen.

Die Schiermoserin begrüßt jede einzelne sehr umständlich und herzlich, bewundert das gute Aussehen aller, sagt ihnen so viel Lob und so viel Hübsches, daß jede sich selbst wie ein gottbegnadetes höheres Wesen vorkommen würde, wenn sie es aufmerksam anhören und überdenken wollten – und berichtet auch ihnen endlich den Zweck ihres Herkommens.

Dabei läßt sie es willig geschehen, daß man sie aus dem Stall führt und in die Eßstube geleitet, und daß man ihr eine Schale guten Kaffees vorsetzt nebst einem frischgebackenen Hefenkranz.

Und sie lobt das gute Gebäck und fragt, wer es zuweg gebracht hätte.

Die Reisertalerin senkt demütig die Augen: »Gell, schmeckt er dir, der Kranz? Insa Marai hat'n bacha. Ja, ja. Sie kocht überhaupt recht guat, insa Marai.«

Und abermals senkt sich ihr Blick nach einem kurzen, frommen Augenaufschlag; denn sie hat dies so in der Gewohnheit. War sie doch lange Jahre Mesnerin gewesen in der Wallfahrtskirche Unserer Frau vom Reisertal und hat dabei gelernt, wie man die Lider heben und senken muß, um dem lieben Herrgott wohlgefällig und dem Herrn Pfarrer angenehm zu sein.

Der Schiermoserin freilich erscheint es im stillen höchst überspannt und sogar recht dumm, daß die Base, wie man sie kurz nennt, sogar dann so heilig dreinschaut, wenn sie von ihren Hühnern und Säuen erzählt, und daß sie jetzt kein Blaukraut mehr pflanzt, weil ihr auch heuer wieder die Deixelsraupen alles, Butz und Stiel, zusammengefressen haben.

Auch die eine von den Töchtern hat schon dies fromme Senken und Heben des Blickes; die Schiermoserin schließt daraus, daß wahrscheinlich jetzt sie in Diensten Unserer Lieben Frau steht und gewiß viel eher zu einer Nonne als zu einer Bäuerin taugt.

Sie betrachtet also um so aufmerksamer die jüngste, das Marai.

Denn sie will nicht nur ein paar Ferkel für die Kirchweih, die gute Schiermoserin, sondern auch eine Hochzeiterin für den Franzl.

Bevor ihn dieses Weibsbild – diese Stadtmamsell – noch ganz kopfscheu macht!

Bei dem Gedanken an Rosalie steigt plötzlich wieder die ganze Abneigung und Verachtung gegen alles Städtische und ganz besonders gegen ihre Sommergäste in ihr auf.

Und sie kann nicht anders, sie muß anfangen, davon zu reden und sich bitter über sie zu beklagen.

Ganz allgemein beginnt sie. Aber sie redet sich immer mehr in ihren Zorn hinein und wird zu guter Letzt so ausfallend gegen die Tochter der Rätin, daß die Reisertalerin samt ihren Töchtern gar bald weiß, woher der Wind weht.

Nun ist es aber schon längst der stille Wunsch der Reisertalerin, der Franzl möcht einmal um eine oder die andere anhalten von ihren Mädchen.

Da käm ihnen so eine Stadtdocke grade recht! Schau, schau! Um den Schiermoserhof tät sich so ein landfremdes Frauenzimmer bewerben wollen! Sonst nichts mehr?

Der Reisertalerin wird ganz warm bei dem Gedanken daran.

Sie vergißt ganz, ihre Augen zu senken und kann es im Sitzen kaum mehr erleiden.

»Geh, Schiermoserbasl!« sagt sie aufstehend, »i hätt a kloane Frag an di! Magst net amal a bißl mit mi in d' Höch auffe geh?«

G'rad will die Schiermoserin, nachdem sie ihren Kaffee bedachtsam ausgelöffelt und mit dem letzten Kuchenbrokken die Brösel sauber zusammengelesen und mitgegessen hat, dem Basl vollends ihr Herz ausschütten und daran anknüpfend ein wenig auf den Busch klopfen wegen einer Verbindung ihres Sohnes mit dem Marai – da kommt die Bitte der Reisertalerin.

Herrvergeltsgott, denkt da die gute Schiermoserin. Es steht guat um mein Habern! I moan, i mach heunt no a paar Hochzatleut!

Und sie folgt bereitwillig der andern über die Stiege hinauf, bewundert die Sauberkeit des Hauses, den Blütenreichtum der Blumenstöcke und die Pracht der Einrichtung in der Künikammer.

»Schee hast es beinand, dei Sach!« sagt sie immer wieder; »wirkli schee, des muaß mir sag'n. – I wollt, i kriagat amal a Schwiegertochter eina ins Haus, die ihra Sach a so beinand hätt wie du und deine Dirndln!«

Die Reisertalerin lächelt ihr frömmstes, demütigstes Lächeln.

»Mei, derfst dir ja grad oane außasuacha, die wo a so is«, meint sie; »waar oft a diam oane froh, bals in an scheen' Hof eine kaam...«

»Ja ja. Dessell scho ...« entgegnet die Schiermoserin. »Aber so sauber, wie's ös enka Zeugl beinand habt's, a so find't man's nimmer landauf und landab. Woaßt – so a deinige Tochter ... wie eppa dei Marai ... woaßt – dees war scho ehander eppas. Da wüßt ma halt, daß ma sei Sach nemad unrechten net gaab ... Gar bei enkana Marai...«

Die Reisertalerin senkt ihre Augen immer tiefer und hebt sie danach, wie wenn sie etwas suchen wollte, was droben in der Weißdecke verborgen ist.

Und dazu seufzt sie: »Ja no. A bravs Deandl is's ja aa, insa Marai. Und schiach is's aa net. Und notig dran is's wieder net. – Der wo dee amal kriagt, der derf unsern Herrgott alle Tag auf dee Knia danka...«

Die Schiermoserin hat ihr bei jedem Satz Beifall zugenickt; da aber die Base den letzten ausspricht, zuckt sie doch zusammen. Ihr Sohn, der Franz, müßt sich auf den Knien...

Wegen des Reisertalergelds! – Und wegen dieser Aussteuer!

Oder etwa wegen des Frauenzimmers, der Marai!

Wahrhaftig, die Schiermoserin fühlt sich beinahe versucht, der Reisertalerin eine grobe Antwort zu geben!

Beinahe.

Denn zum Glück fällt ihr bei dem Gedanken »Frauenzimmer« eine andere ein.

Die Rechtsratstochter!

Dieses andere Frauenzimmer!

Nein, bevor sie ihrem Sohne die läßt, schluckt sie lieber die bittre Pille dieser Betschwester hinab.

Sie bindet sich nervös das seidene Kopftuch fester und streicht sich die Haare über den Ohren mit dem angefeuchteten Finger zurück. Dann schluckt sie ein paarmal und fragt danach interessiert: »Habts eppa scho oan auf der Seitn für sie?«

Die Reisertalerin tut plötzlich unwissend.

»Was, ›oan‹?«

»No – an Hochzeiter!«

»Für wen?«

Die Schiermoserin muß ans Fenster treten, so sehr ärgert sie diese Frage.

Trotzdem antwortet sie sehr sanft: »Na, für enka Marai moan i!«

Die Reisertalerin lacht ein mitleidiges Lachen.

»Ja so. Für dee. Ah mei! Grad gnua kunnt' ma habn! – Ja – mehra wia gnua! – Aber an jeden mag ma net. – Und bal oana oft no so viel Geld und Sach hätt! – Mir denkan ins alleweil: es hat no Zeit. Dee kimmt no leicht wo zuawe. Werd scho amal der Rechte kemma ...«

Jetzt wendet sich die Schiermoserin wieder der Base zu.

»Woaßt, Basl – i wissat dir scho den Rechten!« meint sie.

Aber die Reisertalerin hört schlecht.

»Wenns heunt net is, is's vielleicht morgn oder übermorgn«, fährt sie langsam im Tone absoluter Gleichgültigkeit fort; »wia i sag: es hat ja no Zeit damit.«

Die Schiermoserin kennt sich aus. Von der Seite ist ein Angriff aussichtslos.

Darum pflichtet sie plötzlich der andern ganz ernsthaft bei.

»Da hast aber aa recht!« meint sie; »sie is ja no jung, enka Marai. Ja, ja. Ganz recht hast. I sag aa alleweil a so zu insan Franzl. Es pressiert net. Gar net. – Aber no, amal muaß's schließli do sei. – Und bal dees mit der Resl vom Burgermoaster vo Frauenreut a so furtgeht, nachher moan i scho, daß's bald amal eppas werdn kunnt. D' Sach is schee, Geld is aa grad gnug da – und sie is ja nur sauber! Nur sauber! – Und ganz narrisch auf eahm. Woaßt, ganz narrisch! – Aber ... insa liabe Zeit! I schwatz da und schwatz – und muaß do wieder hoam zu meiner Arbat! – Geh, sags eahm, an Vetter, daß er mir glei a paar Fackei einpackt in a Kirm oder in an Sack! I nimms do lieber glei selber mit hoam! Nachher hab i s' dahoam.«

Und sie richtet sich plötzlich so geschäftig zum Gehen, daß die Reisertalerin kaum mehr Zeit findet, die Schränke und Schubladen wieder abzuschließen.

Sie ist heftig erschrocken, da die Schiermoserin so mittendrin die Geschichte mit der Bürgermeisterstochter erwähnt; und nun, da die Base auch noch so schnell vom Gehen spricht und so eilig tut, wird ihr ganz übel vor Angst.

Es wird doch nicht die ganze Handelschaft in die Brüche gehen wegen ihres Geredes.

Sie könnte sich die Zunge abbeißen vor Zorn über sich selber.

Und sie nimmt den sanftesten Ton zur Hilfe, da sie sagt: »Ja, was waar denn jetz dees, Basl! Werst do net scho davonlaufa! Daß's dir denn auf amal gar so pressiert? – Es werd di do net am End eppas g'ärgert habn?«

Aber die Schiermoserin lacht bloß lustig, beteuert, daß sie sich gewiß über nichts geärgert hätte, bedankt sich nochmals für alles und schickt sich wirklich zum Gehen an.

Damit aber hat sie das erreicht, was sie wollte: die Reisertalerin sieht im selben Augenblick, wo ihr der Hochzeiter für ihre Tochter sozusagen noch unter den Fingern weggezogen wird, erst ein, was er wert ist.

Und sie beginnt, um ihn zu kämpfen mit den Waffen, die ihr gegeben sind.

Also gibt sie sich scheinbar damit zufrieden, daß die Schiermoserin wieder einspannen läßt.

Aber sie flüstert im Vorbeigehen ihrer Tochter Marai zu: »Leg dei Feirta'gwand o und fahr mit!« und dann geht sie zu ihrem Bauern in den Stall, läßt ihn die Ferkel aussuchen und in einen Korb stecken und versäumt dabei nicht, ihn flüsternd von ihrem Hoffen, ihrer Furcht und ihren Plänen zu unterrichten.

Die Schiermoserin hat derweil noch mit der älteren Tochter eine kleine Abschiedsunterhaltung gepflogen, ihren Schimmel eingespannt und tritt nun in den Stall, um nach den Ferkeln zu schauen.

Da bringt ihr der Reisertaler schon den Korb, zeigt ihr die beiden feisten Tierchen und wünscht ihr alles Glück dazu, indem er meint: »Und zwegn der Zahlung werdn mir scho einig, der Schiermoser und i. I brauch so an Saamawoaz a paar Zenten. Da werdn mir nachher scho gleich mitanand.«

Die Schiermoserin gibt sich nach dem üblichen Sträuben damit zufrieden und verabschiedet sich von ihm.

Die Reisertalerin aber eilt noch geschwind in den Hühnerstall und bringt der Base in der Schürze zwölf Bruteier als Aufmerksamkeit.

»Du kannst mir nachher gelegentli amal a paar von deine Schopfhenna gebn«, meint sie. »Und d' Marai kann vo mir aus mit dir umafahrn, daß dir mit dee Fakei nix passiert. Werd dir scho recht sei. Dei Franzl kanns ja morgn wieder umabringa, bal er Zeit hat.«

Aha! Der Weizen blüht schon!

Die Schiermoserin reibt sich in Gedanken schon die Hände. Aber sie versichert doch, daß sie auch allein ganz gut zurecht gekommen wär'. Da aber das Marai sich so schön angezogen hätt' und schon so lieb wär' und sie begleiten wollt', so hätt' sie natürlich nichts dawider! Im Gegenteil! Es wär' ihr eine Ehr', daß sie dem Marai ihr armseliges Hauswesen zeigen dürft' und ihre paar Habseligkeiten.

Und nach den gebräuchlichen schönen Redensarten, die bei Bauern ebenso gepflogen werden wie bei den Stadtleuten, nimmt sie endlich Abschied und fährt mit Marai und den Säulein davon, im Herzen frohlockend über das gewonnene Spiel.

Und sie denkt: Jetz kanns geh', wie's mag; insa Sach steht auf an guten Grund. Jetz legn mir zu insane Taler a paar Sackl voll Reisertaler – und 'm Buam gebn mir a saubere Bäuerin ... und dera Stadtgsellschaft gebn mir an Fußtritt..

Bei diesem letzten Gedanken stampft sie unwillkürlich mit dem Fuß auf, und ihre Peitsche saust klatschend dem Schimmel über den Rücken, so daß er unwillig einen Sprung macht.

Danach aber setzt er sich in einen gemütlichen Trab und bringt die beiden Weiberleut, die sich bald aufs beste unterhalten, rasch und sicher heim nach Berganger und an die Stätte, die dem Marai eben vorbestimmt wurde als Heimat und irdisches Paradies.

Es ist gerade um die Vesperzeit, als die Schiermoserin mit ihrem Fuhrwerk und ihrer Begleiterin daheim anlangt.

Ihr Sohn, der Franz, steht eben mit Rosalie unter der Haustür und lacht und scherzt und bettelt um eine kleine Gunst, als der Schimmel gemächlich in den Hof trabt.

Da will der Bursch eilends hin und seiner Mutter beim Ausspannen helfen, aber auf halbem Wege bleibt er stehen und starrt in den Wagen, indem er murmelt: »Jessas, d' Marai! Was möcht denn die da?«

Doch die Schiermoserin läßt ihm nicht viel Zeit zum Sinnieren. Sie schwatzt ihm mit schier unnatürlicher Lebhaftigkeit von den Ferkeln vor, von ihrem Besuch und von Marai.

Indes Rosalie einen unsicheren Blick auf die Reisertalertochter wirft und danach eilends wieder ins Haus geht und sich eine Arbeit sucht.

Draußen sagt grad der Franzl ein wenig hölzern: »Soo, hast ins aa a mal hoamgsuacht, Marai?«

Worauf ihm seine Mutter ins Wort fällt: »Dees siechst ja! – Red't der Bua no dumm daher! Hilf ihr liaber a bissl aus'm Wagl außa! Stehst da wie a hölzerner Wandheiliger und rührst di net!«

Das Marai lacht hell und geziert und meint dann: »Laß nur, Franzl, i kimm scho allaons aa abe aufn Bodn. Hinab gehts leichter, wia herauf!«

Die Schiermoserin tut wichtig: »Ja, ja, a diam scho! Aber a so a bravs Madl, wia du, braucht net von abekemma z'redn! Dees kimmt, solang's lebt, alleweil no besser auffe! Gar, bals eahm oan nimmt, der wo rechtschaffa is! An bravn Mo und an richtign Bauern. – Der nachher aa no so viel goldene und silberne Pflasterstoa auf der Seiten hat, daß er, wenn's grad nöti is, a paar Löcher zuamacha kann, durch die der Hof eppa aberutschen kunnt.«

Ihr Sohn hat derweil das Marai ruhig allein aus dem Wagen steigen lassen; nun sagt er bloß kurz: »Weibergwasch!« und weist danach den Schimmel in den Stall.

Die alte Großmutter las eben droben in ihrer Kammer still in ihrem Andachtsbuch.

Da sie aber ihre Tochter kommen hört, steht sie so rasch, als es ihre alten Knochen erlauben, auf und begibt sich hinab zu ihr und der »Hochzeiterin«.

Schöne Reden kreuzen sich wieder, die Schiermoserin gießt dem Marai ein Glas Met ein, und die Alte kann das schöne Haar, das frische Rot des Gesichts und das hübsche

Blau des Gewandes von dem Maidl nicht genug bewundern.

Bald ist das Gespräch da, wo man es haben will, und man begibt sich hinauf in das obere Stockwerk des Hauses.

Nur der, den's eigentlich angeht, und der, dem's recht sein muß, daß eine Reisetalertochter Schiermoserin wird – die beiden sind nicht da.

Der Bauer selber ist mit seinen Leuten auf dem Feld; Franz hat sich lautlos aus dem Stall davongemacht und sitzt nun hinter dem Holzschupfen, wo er etwas am Sattelzeug der Rösser flickt.

So kommt es, daß die Schiermoserin mit ihrer Mutter ganz allein für die Unterhaltung Marais sorgen muß und daß sie nicht Zeit hat oder auch gar nicht daran denkt, für die Leute zu kochen.

Die Schiermosertöchter sind gleich den andern auf dem Felde, und es möchte wahrscheinlich übel aussehen mit der Abendsuppe für Mensch und Vieh, wenn nicht Rosalie, trotz ihres seltsam unruhigen Gemüts, für den Rest des Tages die Bäuerin machte.

So aber versorgt sie wieder den Stall, trägt die Eier ab, sperrt die Hühner ein und richtet danach den Mehlschmarren und den Apfeltauch.

Ihre Mutter, die Rätin, liegt derweil droben in ihrer Stube schwer gichtkrank und wird von Tante Adele gepflegt.

Das heißt, die Schwägerin braucht alle ihr zu Gebote stehenden Mittel, um die Rätin davon zu überzeugen, daß doch alles in der Welt so kommen würde, wie es eben vorbestimmt wäre.

Man könne höchstens im Fall, daß es sich um irgendein Glück drehe, dies Glück ein wenig korrigieren. Und dies tue sie auch, fügt sie in bestimmtem Tone bei, trotz aller Zustände und allen Sträubens der Schwägerin!

Mittlerweile wird es unversehens Abend.

Das Gesinde kommt hungrig heim, setzt sich an den Tisch, und der Schiermoser pfeift seinem Eheweib und Franz zum Essen.

Rosalie trägt wie mittags selber das Essen auf und sagt genau, wie sie es gewohnt ist von der Schiermoserin: »Vater, tua bet'n, ogricht is.«

Und da die Bäuerin endlich daran denkt, daß es Essenszeit ist – da sie sich durch den Pfiff des Bauern plötzlich wieder in die Wirklichkeit des Alltags versetzt sieht, nachdem sie sich den ganzen Tag in ihre ehrgeizigen Pläne hineingesponnen hatte –, da findet sie drunten in der Eßstube bereits alles einträchtig beieinander sitzend, mit vollen Backen essend und sich lustig unterhaltend.

Und Franz, für den sie eben die Hochzeiterin zur Tür hereinbringt, sitzt lachend neben der Stadtjungfer und tut, als wär' er seit Jahr und Tag mit ihr verheiratet!

Und er selber, der Schiermoser – er sitzt zur Rechten dieses Weibsbildes, lobt ihre Kochkunst, ihre Tüchtigkeit und sagt vor dem ganzen Gesinde: »Guat hast dei Sach' g'macht, Bäuerin! Da brauch' ma die Alt' gar nimmer, balst du alleweil dableibst!«

So eine Niedertracht!

Wie mag's dem Marai zumut sein!

Aber die läßt sich nichts anmerken.

»Aha, eßt's scho«, sagt sie bloß, »bals erlaubt is, nachher gehn mir aa a weng zuawa.«

Und damit geht sie mit der Schiermoserin, die vor Wut ganz blaurot im Gesicht wird und gar keine Worte mehr findet, in die Stube.

Rosalie beeilt sich, noch zwei Löffel aus der Tischlade zu nehmen und sagt: »Ruckts z'samm da drent und laßts mich aa hin, daß sich der B'such und d' Bäuerin auf eahnan Platz hinsetz'n können!«

Aber Franz befiehlt ihr ganz energisch: »Du bleibst, wost bist!« und läßt sie nicht von seiner Seite.

Der Schiermoser dreht sich halb um auf seinem Sitz, schaut auf die Reisertalertochter und sagt: »Ja, was is dees? D' Marai! – Hock di nur zuawa, Marai. Is scho no a Platz auf der Bank!«

Auf die Bank zu dem Dienstvolk läßt er sie sitzen!

Die Schiermoserin droht der Schlag zu treffen.

Und sie kann nicht anders, sie muß sich dreinmischen: »Freili! Auf d' Bank! Nix da! D' Marai sitzt si neben 'n Franzl, daß d' es woaßt! D' Sommerfrischlerin g'hört a so net an Tisch her!«

Leider hat ihre Rede gar keinen Erfolg, außer diesen, daß Franz erwidert: »Wer kocht hat, ißt aa mit. Und wen i neben meiner sitzen lass', der sitzt neben meiner. – Gell, Marai, du hast scho Platz da, neb'n der Liesl!«

Freilich hat sie dort auch Platz!

Mit süßsaurem Lächeln beteuert sie es.

Aber gutmachen kann er diesen Fehler nie mehr.

Niemals!

Und wenn sie zehnmal Schiermoserin werden sollte!

Nachtragen wird sie es ihm, solange er lebt, daß er sie einer Städtischen zulieb auf den Gesindeplatz genötigt hat – g'rad an dem Tag, an dem sie gekommen war, sich und ihre Geldsäcke ihm anzutragen!

Dasselbe denkt auch die Bäuerin.

Und es ist ihr unmöglich, auch nur einen Bissen zu genießen, schon weil es die da gekocht hat!

Daß der Alte auch noch mittut bei der Lumperei!

Aber gnade Gott!

Dem würde sie es heut' abend schon hinsagen!

Der erhält seinen Landler!

Der Rüpel! Der Tropf, der alte!

»Geh weiter, Marai!« sagt sie sehr freundlich zu ihr, »geh mit mir ausse, nachher koch' ma ins selber epps. Werd' z'erscht recht epps G'scheits sei, was die z'sammkocht ham.«

Doch leider geht es ihr auch mit dieser Rede nicht sonderlich gut.

Denn einstimmig wird ihr von allen, ja sogar von den Töchtern, versichert, daß man noch nie einen so guten Schmarren gegessen hätte – und dann will Marai plötzlich »gern« da sitzen bleiben, nimmt den Löffel zur Hand und versucht die Kunst dieser Person, die alle miteinander rein verhext hat!

Ja, Marai betrachtet es plötzlich als eine heilige Mission, Franz wieder aus dem Bann dieses Weibsbildes zu erlösen!

Und sie beginnt damit sofort, indem sie sagt: »No – hoaklig seids ös net! Bei ins dahoam essat ma an solchen Schmarrn net! Bei ins werd er scho besser g'macht! – Wer hat 'hn denn kocht?«

Jetzt wird es wohl kommen, das, was ihr und der Schiermoserin Musik in den Ohren ist!

Aber nein, es kommt nicht!

Denn Franz sagt ganz kurz und sachlich: »Dees is gleich, wer 'hn kocht hat. Ins schmeckt er. Wie daß 'hn ös kochts, dees is uns gleich.«

Und der Schiermoser ißt gerade jetzt, als hätte er schon seit drei Tagen nichts mehr gehabt und sagt dabei: »I woaß 's net, mir schmeckt er recht guat. Recht guat. Wahr is's!«

Freilich, Rosalie fühlt sich nicht wohl in dieser Stunde.

Aber ringsum sieht sie Mienen, die ihr wohlgewogen zulächeln – sie spürt den Druck der Finger des Jungen und hört den Lobspruch des Alten – da weicht ihr unbehagliches Gefühl doch wieder einem angenehmeren.

Immerhin ist sie froh, als der Bauer seinen Löffel ans Tischtuch wischt, das Zeichen zum Aufstehen gibt und das Tischgebet hersagt.

Das Geschirr trägt sie nicht mehr hinaus.

Sie bittet Barbara, die eine Tochter, darum und begibt sich sogleich hinauf in ihre Stube.

Nun erst wird es dem Mädchen schwer ums Herz. Dazu macht sich doch eine große Müdigkeit und Abspannung bemerkbar, so daß sie sich kurzerhand entschließt, zu Bett zu gehen.

Und also sucht sie ihr Lager auf und gibt keine Antwort mehr, als Franz nach einer Weile unter ihrem Fenster steht und ruft: »Roserl! Roserl! Geh no a weng außa! – I muaß dir was sag'n!«

Aber sie weint ihre ersten heißen Tränen in die Kissen des Schiermoserbettes.

Nachdem an diesem Abend das Gesinde Feierabend gemacht und auch der Schiermoser sich auf die Hausbank gesetzt hat, tritt die Reisertalertochter hinter der Schiermoserin aus der Kuchel und vors Haus.

Und die Hausfrau nötigt sie, doch neben dem Bauern auf der Bank Platz zu nehmen, bis der Franzl mit seinem Tagwerk fertig wär' und auch käme.

Aber Marai äußert plötzlich sehr bestimmt den Wunsch, sie möchte doch lieber heute noch nach Haus.

»I woaß, d' Muatta braucht mi«, sagt sie, »und da is mir do net extra guat wo anderst. Und dees, was d' mir zoag'n hast woll'n, dees hast mir zoagt. Sinst ham mir ja nix mehr z' redn mitanand, denk i. Zweg'n dee Fakai kannst ja mit'n Vatan selber aushandeln.«

»Aber um Gott's willen!« ruft da die Schiermoserin erschrocken aus, »heut no hoamfahr'n! Kimmst ja in de stockfinster Nacht eini! Naa, naa! Bleib nur bei ins über Nacht! Jetz hab i dir dei Bett scho aufdeckt. Und morg'n früah muaß i dir epps sag'n, was dir a Freud macht. Woaßt, heunt san d' Mannsbilder müad und d' Weibsbilder z'wider. Aber morgen is a jed's frisch und lusti, da kinnts enk nachher aa a weng unterhalten mitanand!«

So und auf ähnliche Weise sucht sie Marai zum Bleiben zu überreden.

Sie stößt ihren Eheherrn wütend in die Seite und flüstert ihm zu: »Alsdann, zwiderns Mannsbild! Red halt aa mit, wennst siechst, daß s' extra da is, d' Marai!«

Der Schiermoser zündet sich die Pfeife an.

»I hab koan Fiduz drauf, heunt auf d'Nacht.«

»Aber so viel kunntst do sagn, obs dir recht is oder net!«

»Mir is alls recht, was an Buam recht is. Bal er die rechte gfunden hat, nachher werd ers scho sagn. Nachher kann i allweil no mei Meinigung dazua äußern, obs mir paßt oder net.«

Damit bläst er dicke Wolken vor sich hin und schaut geradeaus.

Die Schiermoserin zittert vor Zorn.

Mit süßen Worten nötigt sie Marai, doch noch ein wenig auf der Bank Platz zu nehmen, bis der Franzl mit seiner Arbeit fertig wär'.

Aber das Marai hat kein Verlangen danach, sondern besteht auf ihrem Wunsch: sie möchte wieder heim.

Nun soll sie doch wenigstens der Franz heimbringen, denkt die Schiermoserin, der es zumut ist, als stünde sie vor einem Abgrund, in dem all ihre Hoffnungen und Wünsche begraben liegen.

Und sie rennt im ganzen Hof herum, ihn zu suchen.

Aber als sie ihn endlich in seiner Kammer im Bett findet, kann sie vor Verdruß und Zorn nicht einmal mehr sagen, was sie sagen wollte.

Und so geht sie voller Bitternis zum Hans, ihrem Knecht, und bittet ihn, daß er das Marai gegen eine Extramaß noch nach Reisertal hinüberbringe.

Der murmelt zwar etwas vom Leut und Viech zusammenschinden, sagt, daß er aber erst morgen früh wieder zurückkäme und richtet dann scheltend und greinend das Fuhrwerk.

Der Abschied ist sehr kühl und frostig, und das Marai schaut nicht einmal zurück, als sie, neben dem Knecht sitzend, dahinfährt.

Kaum ist sie aber außer Seh- und Hörweite, da bricht das Wetter bei der Schiermoserin los.

»So. Jetz is's dahi. Ös Lackln, ös abscheuliche! – Jetz habt's enka Bäuerin. Jetz kinnt's mit enkan Stadtdrak'n weiterhausen vo mir aus!«

Da rührt sich der Schiermoser zum erstenmal, seit er auf der Bank sitzt und sagt: »Dees war dees g'fahrlicher no lang net! D' Rosl waar mir liaber wie woaß Good was für oane von heraußt. Lieber als wie die Betschwestern vo Reisertal amal g'wiß!«

Die Schiermoserin tut, als drohte ihr der gache Tod.

»Insa heilig's Kreiz! Versündten tuat er si aa no! – Hast scho recht! Tua nur a so weiter, so gottlos und so modisch! Werst es scho sehgn, wia weit daß d' kimmst!«

Der Schiermoser muß lachen.

»I woaß gar net, was d' hast auf amal!« sagt er, »fahrt's mittendrin dahi um a Schwieger und woaß gar net, ob der Bua 's Heirat'n im Sinn hat – nachher bringt's dees bigotte Weibsbild daher – und z'letzt redt's vom Versündten! – Und derweil 's dees tuat, versaamt's d' Hauptsach'!«

Er muß wieder lachen.

Da wird sie stutzig.

»Was für a Hauptsach'«, fragt sie gespannt.

Der Bauer schmunzelt: »Siechst, Alte«, sagt er, »daß d' koane von dee ganz G'scheiten bist, dees hab' i lang g'wißt. Aber daß d' insan Buam behüat'n möchtst vor der Rosl und dabei laßt d' die zwee den ganzen Tag alloa mitanand arbat'n ... daß d' so dumm wärst, dees hab i do net g'moant.«

Die Schiermoserin muß sich setzen und reißt die Augen sperrangelweit auf.

»Warum ... wieso ... is eppa was g'schehgn?...« fragt sie voller Angst.

Aber ihr Eheherr bleibt ganz ruhig.

»Was wird g'schehgn sein!« meint er, »weiter gar nix is g'schehgn, als daß die zwee handeloans san. Daß d' dein'm Buam zwanz'g Hochzeiterinnen bringa kannst – er wird dir a jede abweisen. – Weil er sein eigna Kopf auf hat...«

Seine Wabn unterbricht ihn voller Aufregung: »Ja, und du? – du schaugst zua und laßt den Kerl werken, wie er mag! – Du rührst di gar net, wenn er die Stadtflugga nimmt!«

Der Schiermoser bleibt immer noch ganz ruhig.

»Was soll i mi da lang rühr'n? Bal der was will, nachher will er's. Und was er will, dees is epps Rechts. Was er tuat, hat Hand und Fuaß. – Und wenn i's sag', wie i mir's denk: mir g'fallt's, dees Weibsbild. Daß 's wenig Geld hat... no ja ... deessell is ja z'wider. – Aber sinst is s' mir lieber wie a jede zehn Stund im Umkreis!«

Die Bäuerin meint, nicht recht zu hören.

»Ja ... dees kaam ja grad außa ... als wia wennst du selber dabei waarst bei dem Handel...«

»I bin net dawider, bal i's aufrichti sag'...«

»Alter!«

»Ja no ... es muaß net alleweil nach dem alten Schlag geh'. – Es derf aa amal epps Neumodisch's aufkemma. Heirat'n d' Bauernweibsbilder Stadtherrn – warum soll a Bauernbursch net aa amal a Stadtfrailein heirat'n. – Gar a so a richtigs, ordentlichs und saubers Leut!«

Allmählich ist es der Schiermoserin möglich, das, was in ihr tobt und rast, in Worte zu kleiden.

»A so is's dir!« ruft sie aus, »a solchana bist du word'n! – Du hilfst zu dera Stadtbruat! – Und du willst es hab'n, daß insa Sach' in dene eahnane Klauen kimmt! – Mei Liaba! Dei Sach kannst geb'n, wemst magst. Aber dees mei ... dees bleibt mir in meiner Hand. Daß d' es woaßt. Und mei Geld kriagts mir aa net, dees Weibsbild. Heunt no will i 's z'ruckhab'n! Heunt no!«

Sie kocht vor Zorn.

Aber der Schiermoser ist, als wär' er von Holz, so ruhig.

»Dees kannst macha, wiast willst«, sagt er gelassen, »dee paar tausad Markl machen eahm's Kraut aa nimmer fetter. Der langt mit dem, was i eahm derhaust hab'...«

»Er! – Er hat's derhaust! – Und i nachher? – Und mei Arbat? – Und dees, was i verdeant hab' von dee Sommerfrischler?...«

Aber damit hat sie sich eine Schlinge gedreht.

»Aha!« erwidert ihr der Bauer, »d' Sommerfrischler! Da zählen's auf amal mit! – Eahna Geld hast eing'schob'n. Wenn's aa a Stadtgeld g'wen is. Aber i sag dir was: dees mit dein Geld kannst macha, wiast magst. – Und der Franzl kann toa, was er mag – und i geh jetz in mei Bett. – Und bal er mir an Hof bald abnimmt, der Bua, is's mir ganz recht. – I bin so gutding alt und müad. – Guate Nacht.«

Damit verschwindet er im Haus und läßt die Schiermoserin in ihrer Wut und ihrem Schmerz allein.

Diese kommt sich vor wie eine, die einen schweren Traum träumt.

Sie versucht immer wieder, das Ganze von sich abzuweisen.

Aber es geht nicht. Es ist schon so, wie es ist.

Sie ist verraten und verkauft von ihren eigenen Leuten.

Ihre Töchter kommen ihr in den Sinn.

Wenn sie wenigstens die auf ihrer Seite hat! Wenn die diesem Weibsbild die Hölle heiß machen!

Jawohl. Ihre Töchter werden keine Städtische dulden auf ihrem Heimatl!

Sie springt auf und läuft eilends hinauf in die Dirndlkammer.

Die beiden Maidln schlafen schon.

Aber die Schiermoserin hat keine Ruhe, sie muß es ihnen noch heute beibringen, daß sie tun, was sie ihnen rät.

Drum weckt sie beide nochmal auf, indem sie jede fest rüttelt.

»Mariedl! ... Bawettei! – ... Geh, lust's a weng auf! – He da! – Ös zwee! ... I hab' epps zu red'n mit enk! Merkt's a weng auf, alle zwee!«

Mit vieler Müh' bringt sie die beiden aus dem ersten Schlaf.

Die Barbara ist am ehesten munter und fragt erschreckt: »Muatta! – Was gibt's? – Was is passiert?«

Die Schiermoserin bricht in Tränen aus.

»Was werd passiert sein! – Insa Hoamatl g'hört nimmer ins! ... Insa scheens Sach' geht dahin!...«

Die Barbara reibt sich schlaftrunken die Augen. »Ha sagst? Was is dees?«

Und die Mariedl sagt aus dem Traum heraus: »Wo geht er hin?«

Aber die Schiermoserin ist nun mittendrin in ihrem Unglück und Verdruß und jammert und klagt so laut, daß ihre beiden Töchter aus dem Bett springen und endlich etwas Bestimmtes wissen wollen.

Denn ihre Mutter redet vom Judas in der Familie, der seine angestammte Heimat verschachert, von der Niedertracht dieser Stadtjungfer, die den Franzl schlau eingefädelt hat, und daß sie, die Schiermoserin, auf und davon gehe, denn die Schand könne sie nicht verwinden ihr Lebtag!

»Was für a Schand?« fragen die Töchter gleichzeitig.

Diese Frage steigert den Zorn und den Schmerz ihrer Mutter noch um vieles.

»Was für a Schand! – Fragen tät i aa no! – Is dees eppa koa Schand, bal oan der Bua so a Weibsbild ins Haus einabringt?«

Aber ihre Töchter finden gar nicht, daß die Schande so groß sei, ja, die Barbara meint sogar, sie würde ganz gern einen Stadtherrn heiraten, wenn einer käm'. Dies dreckige Bauernleben mit seiner ewigen schweren Arbeit wär' ihr schon lange zuwider!

Und die Mariedl gähnt und schlüpft wieder ins Bett, indem sie brummt: »Z'weg'n dem hätt'st ins net extra aus'n Schlaf reiß'n braucha! Laß s' halt heirat'n, dee zwo, bals anand gern hab'n. I heirat aa amal grad den, den i mag.«

Und damit dreht sie sich gegen die Wand, gähnt noch einmal und schläft wieder weiter.

Die Barbara sucht noch die Mutter zu beruhigen. »Jetz geh nur ins Bett, Muatta!« meint sie, »no san s' net verheirat'. Wer woaß's, ob er 's überhaupts ernst moant damit. Und wenn, nachher is 's aa net weit g'feit. Sie is a riegelsam's Leut', dees wo guat einapaßt zu ins, und mir ham 's gern. Liaber wia jede andere...«

Der Schiermoserin steht der Verstand fast still.

Also, alle sind sie zusammengeschworen!

Alle helfen sie zu dieser Stadtbrut!

Aber sie weiß schon, was sie tut!

Sie wird ihnen schon zeigen, wie sie über die Sache denkt.

Und sie geht hinüber in die Schlafkammer ihrer Mutter.

Da sitzen denn die beiden Frauen die halbe Nacht beisammen und beraten gleich Feldherren vor einer Schlacht.

Und am andern Morgen erscheint ein Maurer, richtet ein kleines Austraghäuschen, das seit Jahren neben dem Schiermoserhof steht, wieder zusammen und weißelt es sauber herunter.

Denn die Schiermoserin und ihre Mutter wollen keine Gemeinschaft mehr mit den Ihren.

Sie verlassen das Haus.

Der Friede ist also aus dem Schiermoserhof gewichen. Oder vielmehr: der Unfriede.

Die Bäuerin und die Alte sind mit Sack und Pack aus dem Hof und ins Austraghäus'l gezogen.

Denn die Schiermoserin hat den Schwur getan: lieber ließe sie sich scheiden, als daß sie mit dem Weibsbild auch nur eine Stunde die Herrschaft teilen würde.

Nun ist es zwar noch lange nicht so weit zwischen Franz und Rosalie.

Wenn auch der Tag, an dem die Rechtsratstochter als Schiermoserin hantierte, bestimmend für die Wünsche und

Pläne beider wurde, so hat doch Franz bis heute noch nicht das erlösende Wort gesprochen. Und Rosalie kann trotz aller Liebesbeweise nicht recht froh werden.

Je mehr sie über die Dinge nachdenkt, desto stärker drängt sich ihr die Erkenntnis auf, daß Franz sie doch eigentlich niemals heiraten könne.

Denn, wenn auch der Bauer und seine Töchter ihr wohlgeneigt sind, so empfindet sie doch im Innern eine gewisse Wesensfremdheit zwischen ihr und ihnen.

Der offene Haß aber, mit dem die Schiermoserin und ihre Mutter sie nun Tag für Tag verfolgen, und der Umstand, daß sie die Ursache des Zerwürfnisses der Familie ist, machen sie ganz traurig und bekümmert.

Wenn auch der Bauer augenblicklich über sein Weib noch lacht und das Ganze als eine verrückte Laune betrachtet, so kann doch jede Stunde auch bei ihm die Erkenntnis kommen, daß ein Stadtmädel keine Frau für den Sohn eines Schiermoserbauern ist.

Und ist erst der Alte so weit, so würden wohl die Töchter nur zu bald aus derselben Trompete blasen wie er und die Bäuerin.

Und sie bedenkt, daß sie unter solchen Umständen trotz ihrer Zuneigung für den lieben Burschen wohl nie ganz glücklich werden könne.

Ob dann ein richtiges Heimatsgefühl in ihr aufkommen würde?

Ganz gewiß nicht.

Und so beschließt sie in ihrem Innern, den Ratschlägen der Tante Adele nicht zu folgen, sondern auf ihre Mutter zu hören und dem Antrag ein entschiedenes Nein entgegenzusetzen, wenn's auch weh tut.

Daher läßt sie der Schiermoserin etwa eine Woche nach dem Zerwürfnis durch eine Magd sagen, die Bäuerin möge nur wieder zu den Ihren kommen, sie und ihre Mutter verließen in vier Tagen das Haus.

Sie kocht auch nicht mehr, sondern überläßt den Haushalt den Töchtern, die freilich wenig Freude darüber empfinden und lieber draußen bei der Dreschmaschine werken, lachen und scherzen möchten.

Tante Adele ist über diesen plötzlichen Entschluß ihrer Nichte ganz trostlos.

Für sie gab es keinen anderen Gedanken mehr, als daß die beiden Menschenkinder bald ein glückliches Paar würden und daß sie mit ihnen dann eine Heimat hätte, in der sie sich wohl fühlt.

Anders die Rätin.

Die beeilt sich sogleich, unter Tränen der Erlösung und Freude ihre Sachen zu packen und sich für die Abreise zu rüsten.

Denn sie litt jeden Tag noch mehr unter der Befürchtung, ihr Kind an diese Leute verlieren zu müssen.

Ja, sie hatte sich im Laufe der Zeit in einen richtigen Groll gegen Rosalie und die Schwägerin hineingewühlt, hatte sich ganz abgeschlossen von ihnen und blieb nur noch, weil die Befürchtung, ihre Tochter möchte in ihrer Abwesenheit sofort dem Burschen ihr Jawort geben, sie nicht abreisen ließ.

Obgleich Tante Adele bei jedem Wortgefecht, bei jeder Gelegenheit sagte: »Du kannst ja gehen, wenn du nicht gern hier bist, Schwägerin! Ich und Rosel werden aber bleiben! Wir fühlen uns recht wohl hier.«

Und nun muß sie selbst abreisen, diese schreckliche Adele! Die Rätin vergißt vor Freude einen Augenblick, wie unlieb ihr die Schwägerin gerade in den letzten Wochen wurde, als sie so offen für Rosalie warb, beim Bauern – bei den Töchtern – bei Franz.

Und nun kommt doch alles anders – so wie sie selbst es wünscht! Nun wird doch der Assessor ihr Schwiegersohn werden!

Sie denkt gar nicht mehr an die Beschwerden des Packens

und schafft und werkt den ganzen Tag, so daß sich endlich am Abend Koffer und Körbe in ihrer Stube türmen.

Und da sie sich am Ende todmüde aufs Bett legt, vergißt sie ganz, wie sonst zu husten und zu klagen über das ungesunde Klima dieser Gegend, sondern sie schläft mit einem zufriedenen Lächeln ein und träumt von einer goldenen Zukunft im Hause ihres vornehmen Schwiegersohnes.

Tante Adele hat ihren Morgenspaziergang gemacht und ist dabei auch an das Land gekommen, auf dem der Schiermoser Frühkartoffeln ausackert.

In den tiefen Furchen, die der Pflug schneidet, raufen sich Stare und Raben um die Engerlinge und Würmer.

Langsam lenkt der Schiermoser den Ochsen und sein Wühst und Hott hallt weithin über die Flur.

Fräulein Adele steht betrachtend am oberen Rande des Ackers und wartet, bis der Bauer in ihre Nähe kommt. Dann beginnt sie folgende Unterhaltung:

»Jetzt wirst es bald haben, Schiermoser?«

»Ja, jetz wer i's bald habn«, erwidert der Bauer.

»Zwoa Biefel hast no, gell?«

»Ja, zwee hans no.«

»Hast a no alleweil hübsch viel Arbeit in deine alten Tag, gell?«

»No ja. Freili wohl.«

»Werst froh sein, balst amal ausrasten kannst.«

»Ja. Scho. Aber da is no weit hin, wähn i.«

»Mei, wenn amal der Franzl heirat'...«

»Wenn er amal...«

»Daß 's net sein kunnt, Schiermoser! Mittendrin amal!«

Der Bauer lacht schier mitleidig.

»Da siecht ma 's wieder!« sagt er; »A so reden halt d' Stadtleut. Weil die koan Begriff net ham, wia daß ma bei uns heraußt heirat.«

Fräulein Adele ist verwundert.

»Wia werd nachher bei enk heraußt gheirat't? Da wird's halt aa a so gehn, daß'n Buam oane gfallt, und daß er sagt: die möcht i!«

»Naa, ganz gwiß net!« erwidert ihr der Schiermoser; »Denn so an Lackl gfallet gar oft oane, die mir gar nia gfalln kunnt als Schwieger.«

»Aha!« sagt Adele; »dees versteh i scho. Wenn er aber jetzt oane bracht, die dir selber recht guat gfalln tat ... sagn mir amal ... oana wia zum Beispiel ... unser Roserl?...«

Den Schiermoser reißt es schier herum.

Aber ein Bauer läßt sich nicht gern in die Karten schauen.

Besonders nicht, wenn es so heikle Dinge betrifft wie das, was die Stadtmadam da eben fragt!

»Mei, dees konn ma net so für gwiß sagn«, meint er, »ob er grad a solcherne bringt oder a anderne ... He Teife, bollischer! Gehst net umme da, auf dein Platz, wost hinghörst! ... Dees hat no Zeit, moan i! Jetz soll er zerscht amal arbatn, der Bua! – Hüa, Alter, Wühst eina, sag i! Wühst!«

Und während er eine neue Furche umackert, sagt er halblaut für sich hin: »Wirst es derwarten kinna. Dees muaß er mir scho selber sagn, der Tropf! Sinst is mir oane vom Straßler oder vom Reisertaler aa net unrecht. Wenn i mi jetz glei dro gwohnt hab an dees Luadermadl!...«

Tante Adele aber ist nicht unzufrieden mit sich selber. Wenigstens hat sie so viel erfahren, daß keine andere als Schiermoserin vorbestimmt ist.

Und daß ihm Rosalie nicht gerade zuwider ist, dem Bauern.

Dieses zu wissen ist ihr genug!

Franz Schiermoser weiß sich weder zu raten noch zu helfen.

Die Liebe zu Rosalie plagt ihn Tag und Nacht und macht den Wunsch nach ihrem Besitz in ihm immer größer.

Anderseits aber ist ihm das Leben im Haus unter den obwaltenden Umständen schier unerträglich.

Daß die Mutter Rosalie als Schiermoserin nicht gelten läßt, findet er ja noch verständlich, daß sie in ihrem Haß aber so weit ging, das Haus zu verlassen und so die Augen der ganzen Nachbarschaft auf sich zu richten – daß sie den Hof durch ihr Tun ins Gerede der Leute brachte, das empört ihn und macht ihn bitter.

Und er kämpft einen harten Kampf mit sich selber, ob er gegen Rosalie nicht doch lieber die Reisertalertochter eintauschen soll.

Aber je länger er darüber nachdenkt, desto unmöglicher erscheint ihm ein Leben ohne das muntere, tüchtige Stadtmaidl, und schließlich faßt er den Entschluß, mit dem Vater ein ernstes Wort zu reden.

Und so sucht er ihn gerade an dem Morgen, da Rosalie der Schiermoserin sagen läßt, daß sie den Hof verlasse, in der Scheune auf und beginnt: »Vata, i hätt epps z' red'n mit dir!«

Der Alte putzt eben die Maschine nach dem Dreschen und erwidert, ohne seinen Sohn anzusehen: »Muaßt es halt sag'n!«

Franz stellt sich ganz nahe zu ihm: »Heirat'n möcht i.«

Der Schiermoser läßt auch jetzt noch keinen Blick von seiner Arbeit.

»Heiratn möchst? – Jetz schaugt mir oana den Tropf an! – Heiratn möcht er!«

Er zieht mit großer Aufmerksamkeit eine Schraube der Maschine an.

»Vo mir aus kannst scho heiratn«, meint er dann; »i red dir da net viel ein.«

Und mit einem Lächeln fügt er hinzu: »I hab 's, Herrvergeltsgott, hinter mir. I brauch mir die Arbat nimmer aufz'toa.«

Franz untersucht nun gleichfalls verschiedene Teile der Maschine.

»Amal muaß 's ja do sein«, meint er dabei; »du wirst aa net in alle Ewigkeit rackern und schinaggln wolln!«

Der Schiermoser greift nach der Ölkanne.

»No ja. Bis jetz ham mir's no alleweil dermacha könna. Und a Zeitlang kunnt i 's aa no weiter dermacha. Aber balst lieber du werklst...«

Er ölt etliche Maschinenteile.

Franz wird's schwer, dem Alten seine Entschlüsse mitzuteilen.

Er sucht nach geeigneten Worten.

Daß der Vater die Sache gar so leicht nimmt!

Gewiß ist ihm nicht Ernst damit! Besonders, wenn er hören wird, welche die Seine wird!

Und er bringt vorsichtig die Rede auf Rosalie.

»I will di net außeschiabn aus 'm Hof, Vata«, meint er. »I bin froh, daß d' no da bist. Aber i moan, wenn halt a sauberne Bäuerin mitwerkeln tat... oane wie d' Roserl... a so a richtigs, rieglsams Weibsbild... verstehst...«

Ja, ja! Der Schiermoser versteht ihn gut, seinen Sohn! Aber er hat seinen Spaß an der Bedrängnis des Buben. Darum schweigt er ganz still und läßt ihn weiterzappeln.

»Woaßt, Vata, i moan halt, es waar besser, bal a junge Hand da herinn regiern tät. Aber dee Weibsbilder da umanand mögen ja allsamm nix mehr toa! Die möcht'n si ja grad in Geldhaufa einesetz'n und zuagschaugn, wia d' Deanstbot'n arbatn! – Woaßt, da waar halt oane wia d' Roserl do scho besser! Die mag do arbat'n! Die hat do a Freid am Sach...«

»Und an dir aa, wähn i!« fährts dem Schiermoser heraus.

Und da er schon einmal angefangen hat zu reden, so fügt er auch gleich no hinzu: »No ja – i hab nix dawider, wannst es amal net a so machst, wia die andern. I gar net. Aber sie – d' Muatta!...«

Franzl schiebt nachdenklich den Hut tief ins Gesicht und kratzt sich hinterm Ohr.

»Ja ja ... d' Muatta ... i woaß 's scho...«

»Daß die net nachgibt, dees kannst dir denka!«

»Ja no ... bals siecht, daß 's do nix hilft...«

»Naa, dees tuat 's net. Nachgeb'n tuat die gar nia net. Dera ihren Dickschädel kenn i.«

»Aber du kunnst do mit ihr drüber redn!«

»I? Mit deiner Muatta? – Naa, mei Liaba. Dei Muatta kenn i besser. Und die Alt aa. Und solang die Alt schürt, werd dei Muatta net kalt. Und solang die hoaß auf d' Stadtleut is, kannst nix macha. Dessell sag i.«

Franz geht unruhig in der Scheune auf und ab.

»Und i kann ihr amal net helfa: i muaß d' Roserl heiratn. I mag koa anderne.«

Der Alte schmunzelt.

»I hab's a so gwißt. Du müßtest net a Junga von der Altn sein. Da is oans so bockstarri und eignsinni wia dees ander. – Aber wia i sag: heirat's nur, dei Rosl. I red dir nix ei. Bloß mit ihrana Verwandtschaft laß mir mein Fried. Mit dene überspannten Weibsbilder überanand. Denn die machen bloß Unfriedn eina ins Haus...«

»Und hängen an der Schüssel dro«, ergänzt Franz zustimmend; »na, na. Dees Kreiz tät i mir scho z'erscht net auf.

Aber daß d' Muatta gar so bockboanig is, dees is mir scho recht zwider. Zwegn dee Leut scho. Weil sich a jeds gähend s' Mäu zreißn wird über ins.«

Aber der Schiermoser macht eine wegwerfende Handbewegung.

»Ah, was! D' Leit muaß ma redn lassen und d' Hund kehlzen, hoaßt's. Bal sie sich gnug gredt habn, nachher werdn's scho wieder aufhörn. Und die Alt soll bocka, so lang, bis's Hörndl kriagt. D' Hauptsach is, daß si bei dir nixn feit.«

Franz lacht.

»Naa, Vater. Da feit si nixn bei mir! Daß d' Roserl net naa sagt, dessell woaß i – und daß mir zwee guat mitanand auskemman, dessell woaß i aa.«

»Und sie – d' Rechtsrätin? – Moanst daß die aa net naa sagt?«

Franz macht eine wegwerfende Handbewegung.

»Die sagt mir guat naa! Auf die paßt ja do neamd auf! D' Rosel net und die alt Fraıln net, und i erscht recht net. Die braucht ja net außa z' geh' zu ins Bauern, bal mir ihr net gfalln! Die kann ja zu ihrane andern Töchter geh'. Mir jammern ihr net nach!«

Plötzlich fällt ihm aber ein, daß ja Rosalie schon einen Hochzeiter hat, drinnen in der Stadt. Doch diese Erkenntnis betrübt ihn nicht weiter.

»Mit dem andern Stadtfrackn da drinn z' Münka werdn mir scho firti werdn«, sagt er zuversichtlich; »der muaß ganz oafach verzichten, bal i da bin.«

Der alte Schiermoser nickt.

»Werd z'erscht koa gscheiter net sei; sinst tat 's Madl besser nache darnach«, meint er, »mir woaß 's ja. Anorts wo a Angstellter halt oder a Beamter oder so epps. Mit dem werst leicht firti. Und mit der Alten aa. Die derf froh sein, daß mir ihra Tochta herlassen auf insan Hof.«

»Dees glaab i aa. Und sie derf ja grad geh', bals ihr net paßt...«

Der Schiermoser nickt.

»Jawoi. Aber redn muaßt doch mit ihr; zwegn an Heiratgut und zwegn an Kucheiwagn. A wengl a Sach und a Gwand und a Geld soll's einabringa, moan i. Ganz umasinst bist mir nachher do scho net feil! Du net und mei Hof net!«

Der Junge sagt es zu: »Freili red i damit Vatta«, erwidert er; »herschenka tua i auf koan Fall epps. Bals a net viel is, was s' kriegt; a bissl was is's doch. – Und zwegn die Leut is 's a besser, bals epps hat. Dees hoaßt: auf d' Leut paß i net auf. Aber redn tua i do mit der Alten. Oder mit der Frailn. Die versteht mi besser.«

Damit rückt er auch schon sein Hütl zurecht und geht hinüber ins Wohnhaus, um Rosel oder ihre Mutter zu treffen; denn er möchte auch das eigene Eisen schmieden, solange es warm ist.

Tante Adele sitzt unterdessen schier verzweifelt in der Wohnstube und schreibt die Adressen für das Gepäck; denn nun soll es wirklich Ernst werden mit der Abreise. Rosalie selber wünscht es.

Die alte Dame grübelt vergebens darüber nach, wie denn dies möglich sein kann; die beiden Kinder, Franz und die Rosel, waren doch stets voller Lust und Liebe gewesen, und man konnte sich wirklich mit dem Gedanken vertraut machen, daß es bald zu einem Verspruch käme!

Was ist nur in das Mädel gefahren?

Riegelt sich das dumme Kind in ihr Zimmer ein, läßt die ganze Wirtschaft drunten stehen und liegen und überrascht einen mit der Mitteilung: »Morgen abend reisen wir!«

Natürlich ist das Wasser auf die Mühle der Frau Mama!

Nun glaubt sie wohl, ihre Pläne durchführen zu können!

Aber weit gefehlt!

Klarheit soll sein um sie!

Sie will sofort wissen, was los ist.

Gleich auf der Stelle.

Sie geht eilends an die Kammertür ihrer Nichte: »Roserl! – Roserl!«

Die erstickte Stimme des Mädchens erwidert leise: »Tante?«

»Ich möcht' was reden mit dir, Roserl.«

»Ich kann jetzt nichts reden, Tante. Vielleicht später.«

Man hört leises Weinen durch die Tür.

Die Tante ist voller Zorn und Mitleid – voller Neugier und Entschlossenheit.

»Roserl, ich muß dich bitten, daß du mir gleich aufmachst!«

Sie wartet eine kleine Weile.

Drinnen wird das Weinen mühsam unterdrückt.

Über die Stiege herauf aber kommt Franz.

Die Tante winkt ihm Schweigen zu und bedeutet ihm, er möge zu ihr treten. Dann wiederholt sie abermals: »Roserl, bitte, mach' mir sofort auf, wenn du nicht willst, daß ich dir ernstlich bös werd' und nicht mehr nach München mitgehe!«

Das hilft.

Langsam wird der Schlüssel umgedreht, und Tante Adele öffnet die Tür ein wenig.

Rosel steht am Waschtisch und ist bemüht, die Spuren der Tränen vom Gesicht zu entfernen.

Da zieht die Dame ganz unbemerkt Franz hinter sich ins Zimmer und schließt die Tür ab.

Durch das Geräusch des Schlüsselumdrehens aber wird Rosalie erst aufmerksam und schaut sich fragend um – und sieht sich Franz gegenüber, den sie doch nimmer treffen wollte und nimmer sehen!

Und der Bursch steht da und tut, als könnt' er nicht bis fünf zählen.

Ganz voller Verlegenheit ist er, und seine Augen hängen an ihr wie an einem Heiligenbild!

Und die Tante lächelt ihr feines Lächeln und sagt dann: »Soo. Also beisammen hätt ich euch nun. Und jetzt will ich wissen, was es gegeben hat, daß mir das Mädl nicht mehr hierbleiben will! Weißt du es, Franz?«

Sie wendet sich absichtlich zuerst an den Burschen; denn sie vermutet von ihm die Wahrheit zu hören, da sich so ein ungeschniegelter und etwas schwerfälliger Bauer doch sicher nicht so rasch herauswinden und – reden kann wie zum Beispiel ihre Nichte, die Rosel!

Aber was sie da erfährt, ist dergestalt, daß sie sich setzen muß!

Denn Franz sagt ihr ganz kurz und bündig: »Geben hats gar nix, Frailein. Aber geben tuats bald was. Und zwar a Hochzeit. I heirat d' Roserl, bals Eahna net unrecht is. Der Vater is net dawider, sagt er. Und d' Muatta muaß si halt damit abfinden. Und d' Roserl wird aa net naa sag'n, denk i. Was moanst, Roserl?«

Rosalie ist bleich geworden und wieder brennrot.

Also da ist sie schon, die Frage! Ganz klipp und klar.

Und ebenso klar wird ihre Antwort sein: Nein Franz!

Sie würgt an dem Wort.

Aber es will nicht über ihre Lippen!

Da steht der Bub und sucht nach ihrer Hand – zieht sie ganz nahe an sich und schlingt seinen Arm um ihre Hüften und fragt nochmals leise mit zärtlicher Stimme: »Was sagst, Roserl? Magst mei liebe Schiermoserin werd'n? – Magst mi als dein Buam? – Geh, sag halt a Wörtl!«

Wie soll da ein Nein herauskommen!

Rosalie spürt, wie sie ein Zittern befällt, wie alle ihre Vorsätze gleich einem Kartenhaus zusammenfallen, und sie kann's nicht ändern: ihre Augen, ihr Mund, ihre Hände – sie sagen ja!

»Ja, Franzl. In Gottsnam. Recht is's ja net. Aber i kann net anders. Bei dir is mei Hoamatl. Bei dir ganz alloa.«

Tante Adele sitzt still und mit weitgeöffneten Augen auf ihrem Stuhl.

Das Glück hat sie sich nicht geträumt, heute! – Aber – Gott sei Dank – die Hauptsach' ist, daß sie sich gefunden haben, die beiden!

Sie faltet unwillkürlich die Hände und murmelt einen Segenswunsch.

Und sie erhebt sich zufrieden und schließt die Tür auf, um hinüberzugehen zu ihrer Schwägerin und ihr die Verlobung ihrer Tochter mitzuteilen.

»So schonend, als möglich!« meinte sie lächelnd; »denn wenn deine Mutter ihren Assessor so sang- und klanglos in die Versenkung fahren sieht, wird sie wohl die Kränke kriegen.«

Sie nickt Franz freundlich zu, indem sie seine Hände schüttelt, küßt Rosalie mit mütterlicher Zärtlichkeit auf die Wangen und geht.

Und Franz nimmt Rosel bei der Hand und geht mit ihr zum Vater, um ihm das liebe Bräutl vorzustellen und sein »G'segn dirs Gott« zu hören.

Tante Adele öffnet nicht ohne Herzklopfen die Tür zum Zimmer der Schwägerin. Ein wenig erfaßt sie doch die Angst, da sie sich die Szene ausmalt, die wohl folgen wird, wenn die Rätin von der Verlobung ihrer Rosalie hört. Daher geht sie ziemlich gedrückt und zögernd gleich einem Kinde, das einen schlimmen Streich gemacht hat und sich nun seine Strafe dafür holen soll.

Ganz lautlos schließt sie die Tür hinter sich und wirft einen unsicheren Blick durch die Stube.

Aber sogleich verfliegt ihre Beklemmung, denn die Rätin sitzt friedlich schlafend inmitten ihrer Körbe und Pakete, ihrer Koffer und Sofakissen. Und sie gewährt einen so erheiternden Anblick, daß Adele unwillkürlich ein leises Lachen ankommt.

Zugleich aber empfindet sie eine kleine Schadenfreude darüber, daß die Schwägerin, die gerade in den letzten Tagen der Hochmut und Dünkel selber war, nunmehr so hübsch von ihrem Thronsessel herabgesetzt und auf den Boden rauher Wirklichkeit gestellt werden soll.

Und aus dieser Freude heraus kann sie die alte Dame nicht mehr schlafen lassen, sie muß etwas tun, um sie aus ihrem Schlummer zu schrecken.

Daher stößt sie schmunzelnd in scheinbarer Unachtsamkeit einen niederen Hocker um, auf dem allerhand Fläschchen und Gläser stehen, und wartet auf die Wirkung.

Diese ist dem Einschlag des Blitzes gleich: die Rätin fährt mit einem lauten Schrei in die Höhe, ist einen Augenblick wie betäubt und wimmert dann wie ein erschrecktes Kind: »Was war das? Was ist passiert? Hilf mir doch, Adele! Was ist mit mir geschehen?«

Erst allmählich, da sie das spitzbübische Lächeln der Schwägerin bemerkt, weicht der Schreck, und sie wirft einen suchenden Blick in der Stube herum.

Da, ein neuer Aufschrei.

»Adele! Um Himmels willen! Meine Tropfen! Und die Hautcreme! Und das Kölnische Wasser! Das liegt ja alles auf dem Boden! Um Gott! Und das Bitterwasser fließt ja aus! Was hast du bloß gemacht!«

Sie steht gar nicht erst lange auf, sondern kriecht auf allen vieren, um alle Fläschchen zu retten und die Scherben aufzulesen.

Dazu jammert sie laut über das Unheil und redet sich in einen ordentlichen Zorn auf die Schwägerin hinein.

Diese hat sich immer noch schmunzelnd auf einen Stuhl gesetzt und denkt: Jetzt ist die Stimmung günstig; jetzt lassen wir die Bombe platzen!

Und gerade, als die Rätin den verstreuten Puder mit zwei Glasscherben sorgsam zusammenstreift und wieder in die Büchse faßt, sagt sie: »Ich hab eine Neuigkeit, Schwägerin!«

Die aber hört kaum vor Grimm und Ärger. Eben schickt sie sich an, ein paar Stäubchen aus dem Puder zu blasen.

Da fährt Adele fort: »Unsere Roserl wird nicht den Assessor heiraten. Sie hat sich eben hier verlobt...«

Weiter kommt sie nicht mit ihrer Neuigkeit, denn die Rätin hat vor Schreck so stark in den Puder geblasen, daß sie aussieht wie ein Mühlknecht, was Adele so sehr zum

Lachen bringt, daß sie momentan nicht mehr sprechen kann.

Ihre Schwägerin aber ringt nach Luft: »Waa ... as sagst du da ... Adele...?«

»Daß Roserl sich eben hier verlobt hat, liebe Schwägerin!«

»Das ist doch Unsinn! Rosalie ist doch längst verlobt!«

Aha. Jetzt kann's losgehen! denkt sich Adele nicht ohne Bosheit. Und sehr laut und bestimmt wiederholt sie noch einmal: »Es ist, wie ich dir sagte: Rosalie hat sich hier verlobt.«

Die Rätin rappelt sich vom Boden auf und versucht, eine hoheitsvolle Haltung einzunehmen.

»Das glaube ich nicht!« sagt sie, »davon hätte mich meine Tochter bestimmt vorher verständigt!«

Adele schmunzelt.

»Und wenn deine Tochter einmal ausnahmsweise dich nicht verständigt hätte?«

»Dann würde ich einfach entschieden nein sagen!« braust die alte Dame auf; »und wenn's ein Prinz wäre!«

»Das ist er gar nicht einmal!«, fährt's Adele heraus, »nicht einmal ein Assessor!«

Die Rätin wird unsicher.

»Du willst doch nicht etwa sagen, liebe Adele, daß meine Rosalie...«

»Sich mit Franz Schiermoser soeben verlobt hat!« ergänzt diese lachend; »und zwar ganz ohne alle Zermonien!«

Die Wirkung ihrer Worte ist furchtbar.

Die Rätin stößt einen heiseren Schrei aus, ihre Arme fuchteln wild in der Luft herum, und dann bricht ein wahrer Sturm der Entrüstung, des Schmerzes und Zornes los.

Sie zertrümmert ein Glas ums andere, ein Parfümfläschchen ums andere, rauft sich das Haar und rennt wie toll geworden in der Stube hin und her.

»Das ist eine Infamie!« ruft sie aus, »das ist eine himmelschreiende Infamie! – Mit diesem Bauern hat sie sich ... Ohne Rücksichten! – Ohne Grundsätze! – Ohne Stolz und Standesgefühl! – Das ist hahnebüchen! – Das ist einfach unglaublich! – Aber daraus wird mir nichts! Und wenn ich mich auf den Kopf stellen sollte...«

»Was du aber gescheiter bleiben läßt!« meint Tante Adele nicht ohne Spott. »Denn es würde erstlich deiner Frisur schaden und zweitens sich doch gar nicht schicken ... für eine Dame von Stand...«

Sie muß sich ducken, denn eine Blumenvase kommt geflogen.

Und die Rätin tobt wie eine gereizte Tigerin.

Aber mittendrin schaut sie in den Spiegel und besieht sich.

Und der Anblick ihres mehlbestäubten, halb aufgelösten Ichs bringt ihr plötzlich wieder ihre gute Erziehung in Erinnerung.

Sie entfernt hastig den Puder vom Gesicht, ordnet das wirre Haar, bürstet das Kleid ab und sagt dann mit theatralischer Geste: »Ich reise sofort ab. Ich sage mich los von euch. Ich werde das ungeratene Ding schon strafen. Ich enterbe sie.«

Leider übt auch dies keine Wirkung auf die lächelnde Schwägerin aus. Adele meint nur, wo nichts ist, hätte auch der Kaiser das Recht verloren, zu erben.

Worauf die Rätin schluchzend das Taschentuch an die Augen führt, den unglücklichen Assessor beklagt, ihren Reisemantel anzieht, den englischen Hut mit dem Schleier aufsetzt und sich danach trotz Gicht und Altersschwäche auf den Weg zur Bahn macht.

Tante Adele läßt sie ruhig gehen, lacht leise in sich hinein und murmelt: »Das wär gscheh'n. Das ist leichter gegangen, als ich gehofft hab. – Jetzt geht's hinter sie selber – hinter die Schiermoserin.«

Hinten im Austraghäusl des Schiermoserhofs sitzt die Bäuerin wie eine Kreuzspinne am Fenster und lauert hinter den geblumten Kattunvorhängen, damit ihr nichts auskommt, was vorn im Hof geschieht.

Und so bleibt ihr nicht verborgen, daß ihr Franz Hand in Hand mit dem Stadtfräulein nach der Tenne geht, wo sie ihren Schiermoser an einem Treibriemen herumhantieren sieht.

Lachen und Scherzen dringt zu ihr hinüber und hinein in ihre stille Kammer, darin nur ein paar Herbstfliegen summen und die alte Uhr ihr steifes Ticktack hackt.

Sie ist zusehends alt geworden, die gute Schiermoserin.

Die Trennung von den Ihren, dies tatenlose, hinbrütende Leben taugt ihr nicht und macht sie ganz krank und serbend.

Das Brüllen ihrer Kühe, das Blöken der Kälber, das Gackern der Hennen schneidet ihr tief ins Herz und macht ihr ein Heimweh nach dem Hof und Stall, nach Kuchel und Speis', nach dem gewohnten Tun und Schaffen, daß sie oft vermeint, sie müsse aufspringen und hinüberrennen zu ihren Leuten – zu ihrem Vieh.

Aber da ist ihr Bauernstolz – ihr Bauernschädel, ihr eigensinniger und halsstarriger.

Und der läßt es nicht zu, daß sie nachgibt.

Lieber bis zum letzten Schnaufer und Seufzer hier am Fenster hocken und Trübsal blasen, als mit der da drüben in einem Haus zusammenleben! denkt sie.

Und ihre Mutter bestärkt sie noch täglich und stündlich in ihrem Starrsinn und Haß.

Der alte taube Vater freilich mag nichts wissen von Zank und Streit, von Hader und Verdruß.

Auf ihn hört man aber nicht.

Und um des lieben Friedens willen tut er scheinbar, wie die beiden wollen.

Im geheimen aber geht er noch oft hinüber in Stall und

Tenne, ins Haus und in die Stadel und bastelt und hantiert wie sonst.

Und da er taub ist, so trägt er weder seinem Weib und seiner Tochter etwas zu, noch denen vorn im Hof. Für ihn ist die Welt schön und gut, so wie sie gerade ist, und er begreift nicht, daß die Leut' darin nicht Platz haben.

Er liebt Mensch und Vieh und kennt auch nicht den Unterschied zwischen Stadt und Land, denn er kam nie aus seinem Heimatgau hinaus.

Alle aber, die ihm innerhalb desselben in den Weg traten, begrüßte er mit fröhlichem Gruß.

Denn er hörte nicht den Gegengruß, klang der nun kalt oder warm, herzlich oder abweisend, spöttisch oder teilnehmend.

Und so hat er auch für Rosalie jedesmal ein Scherzwort, ein freundliches Lachen, ein wohlwollendes Kopfnicken.

Danach macht er sich zufrieden wieder davon.

Die Schiermoserin hat derweil von ihrem Fenster aus die Rätin reisefertig aus dem Haus gehen sehen, und sie sucht vergebens nach einer Lösung dieses Rätsels.

Denn etwas Besonderes muß da wohl vorgefallen sein, daß sie so mittendrin davonläuft!

Aber was?

Am Ende ist die Junge bloß zum Pfüatgottsagen mit dem Buben in die Tenne?

Sie wollten ja doch morgen schon reisen, sagt die Barbara.

Vielleicht wird doch das Haus bald wieder rein von dieser Stadtbrut, von dieser ganz gefährlichen!

Da kommt auch das alte Fräulein aus der Haustür.

Aber … die geht ja auf das Austraghäusl zu!

Die wird doch nicht gar zu ihr wollen?

Die Schiermoserin rückt unruhig auf ihrem Sessel hin und her und reckt sich schier den Hals aus vor lauter Schauen. Wahrhaftig! Die kommt pfeilgerade ins Haus herein!

Was sie wohl will von ihr?

Die Stimme gehorcht ihr kaum, da sie auf das Klopfen eine Antwort geben will. Aber sie strafft sich unwillkürlich zur Höhe und sitzt kerzengerade, als die Tür langsam und knarrend aufgeht und Tante Adele mit einem lebhaften: »Ja, grüaß di Good, Schiermoserin!« in die Kammer tritt.

Rauh erwidert sie bloß ein kurzes: »'ß Good aa.«

Dann wartet sie mit krampfhaft zurückgedämmter Neugier auf das, was kommt.

Und Tante Adele läßt sich nicht lange bitten, die redet frei von selber und sagt, was sie auf der Leber hat.

Und da sie die Gesinnung der Schiermoserin kennt, so beschränkt sie sich dabei auf das Notwendigste.

»Also, Schiermoserin«, sagt sie, »daß i dir's z'wissen mach: unser Roserl und euer Franzl hab'n in sechs Wochen Hochzeit. – Sie kriegt sechzehntausend Mark bar's Geld und ihre Aussteuer. Außerdem laß i ihr an sauber'n Kuchelwag'n zuaricht'n. Balst gern z'sammhaus'st mit ihr, is's uns recht – wenn net, nachher machts aa nix. Nachher wirds alloa aa firti drent. Soo und jetz hab i no unser Schuldigkeit für d' Sommerfrisch' zu bereinigen und nachher geh' i wieder.«

Damit legt sie ein paar Banknoten auf den Tisch, läßt die Schiermoserin in einer sprachlosen Betäubung und Wut zurück und geht langsam die Stiege hinab und hinüber zum Bauern in die Tenne, um auch ihm zu sagen, daß Rosalie nicht das arme Maidl wär', für das man sie etwa halte.

Und am Abend dieses Tages, nachdem sie noch alles für die Abreise zurecht gemacht hat, legt sie sich zufrieden in ihre Kissen zurück und murmelt: »Soo. Das Nest hätt'n wir gerichtet. Hoffentlich sitzen sie gut, die zwei!«

Der Tag, an dem sich dies alles zugetragen hat, ist der Freitag vor Kirchweih.

Kirchweih! Bauernkirta!

Schon am Kirchweihsamstag beginnen die Vorbereitungen zu diesem Fest, dem üppigsten und größten des ganzen Jahres.

Und so ist auch auf dem Schiermoserhof am andern Tag Rüsttag für die Kirchweih.

Und wenn es die Schiermoserin bis dahin nicht bedauert hätte, daß sie Haus und Hof verlassen, an diesem Tag hält sie's kaum aus an ihrem Fensterplatz.

Schon früh um vier Uhr schlurft die Barbara in den Hühnerstall und hinüber zu den Gänsen.

Ein kurzes, aufgeregtes Geschrei und Gegacker – dann kommt die Tochter wieder zum Vorschein. In der einen Hand zwei Hühner mit durchschnittenen Hälsen, in der andern eine schwere Gans.

Und dann tritt der Schiermoser aus dem Haus, gefolgt von seinem Sohn, dem Franz, und Rosalie, deren werktätige Hilfe sich der Bauer für das Fest erbeten hatte.

Die Tenne wird geöffnet, ein großer Tisch, der Backtrog voll heißen Wassers und eine Schüssel voll Pech stehen bereit.

Der Schiermoser zieht die quieksende, schreiende Kirchweihsau aus dem Stall.

Die Schiermoserin zerrt und reißt an ihrem Schürzenband – an dem Vorhang – an ihrem Rosenkranz.

»Was? Dees Weibsbild derf statt meiner mithelfa beim Abstecha? Sie derf's Bluat rührn vom Schiermoser seiner Kirtasau? Naa, i halts nimma aus... i muaß abe...«

Schon ist sie an der Tür.

Aber da dringt schon der kurze Schrei des Tieres, der dumpfe Schlag des Holzschlegels und das Rufen des Schiermosers an ihr Ohr.

Und die Alte kommt eben in dem Augenblick die Stiege

herab und sagt: »Hast es gsehgn, Rosina! Sie muaß mithelfa! Dees kinnan guate Kirtawürscht werdn, bals dee Stadtgoaß macht. Macht nix. Die sollns nur einkenna, was a rechte Bäuerin is und was koane.«

Jawohl. Recht hat sie, die Großmutter. Die sollens nur einsehen! Jetzt, heut und morgen wird sich's ja zeigen, was sie taugt auf einem Bauernhof, die Städterin.

Und sie setzt sich mit dem wildklopfenden Herzen wieder an ihren Platz.

Aber drüben auf dem Hof geht alles seinen Gang.

Das Schwein wird geschlachtet, gebrüht, geputzt und zerteilt; es hängt, schön mit leinenen Tüchern bedeckt gegen die Fliegen, luftig in der Tenne, und die Mägde sind schon beim Putzen und Zurichten der Ingeweide.

Und nach diesem werden die Leberwürste und die Leberknödel, der Blutpressack und die Milzwurst bereitet, und schließlich geht's an das große Putzen und Aufwaschen.

Denn nun heißt's, die Kirtanudeln und Krapfen backen, und dazu muß die Kuchel rein und sauber sein.

Den Nudelteig hat inzwischen schon des Schiermosers zweite Tochter, die Mariedl, abgeschlagen und als kleine Kräpflein auf die mehlbestäubten Bretter gereiht.

Nun schürt sie das Feuer zur lustigen Flamme, die Barbara schleppt die großen Nudelpfannen und Schmalzhäfen herbei, und Rosalie stellt die bemalten Schüsseln, in denen die Krapfen auf den Tisch kommen, zurecht.

Es geht wirklich und wahrhaftig, ohne daß eines aus dem Haus herüber käme zu ihr, der Schiermoserin, und bittet: »Geh, Bäuerin, hilf uns; Kirta is!«

Sie werden wirklich fertig ohne Bäuerin.

Ein unendlicher Grimm und eine trostlose Bitterkeit kriecht in der Schiermoserin herauf. Es würgt in ihrem Hals und schüttelt sie in hartem Weinen.

Und drüben im Hof geht der Tag seinen Gang in hurtigem Schaffen, gewürzt mit Lachen und Scherzen, mit Essen und Trinken.

Denn Franz hat bereits das erste Faß mit Kirtabier im Hausflöz auf die Bank gestellt und angezapft.

Und nachmittags um drei, da ringsum die Kirchenglokken das Fest einläuten, da tönt aus dem Haus der erste Juchschrei, die Zither erklingt und ein lustiges Singen und Jodeln hebt an.

Und dann hört man das Stampfen der tanzenden Burschen und das Lachen der Dirnen.

Gegen Abend kommen dann die jüngeren Leute aus der Nachbarschaft in den Heimgarten.

Der Schiermoser trägt die beiden Hälften der Kirchweihsau in die Kuchel und Franz richtet in der Tenne die große »Kettenhutsche« her.

Dazu schleppen die Nachbarburschen eine Menge schwerer Kuhketten herbei. Diese werden schaukelartig an den mächtigen Querbalken der Tenne befestigt; die eine beim vorderen Tor und die andere beim rückwärtigen. Und diese beiden Kettenschaukeln werden nun verbunden durch zwei aufeinandergelegte, leichtlich sieben bis acht Meter lange Bretterladen aus gutem Eichenholz.

Das Aufmachen der Kirchweihhutsche ist eine Ehrensache bei den Bauernburschen; denn da oft bis zu fünfzehn Personen auf derselben sitzen und schaukeln, muß sie sehr gewissenhaft gekettet und befestigt sein.

Nach dem festlichen Abendessen wird dann die Hutsche ausprobiert von sämtlichen Burschen und Mädchen des Hofes.

Und so kommt es, daß die Schiermoserin und ihre Mutter noch spätabends das Rasseln der Ketten und das Knarren der Bretter, das Scherzen der Burschen und das Kreischen der Maidln hören müssen und keine Ruhe finden und keinen Schlaf bis tief in die Nacht.

Kirchweihsonntag.

Der dämmernde Morgen wird begrüßt von dem festlichen Geläute der Glocken ringsum; es rufen die alten, tiefen der großen Pfarrkirchen ernst und feierlich, und es klingen die kleinen Glöcklein der Kapellen hell und silbern hinaus in die Täler und hinauf an den Hügeln, schwingen und singen droben auf den Höhen und erfüllen die Luft mit ihrem vom Windhauch getragenen Ton wie ein Lied vom Himmel.

Droben auf den Bergen ringsum stehen die Böller und schicken krachend und donnernd ihren Ruf hinaus ins Gau: »Auf! Kirchweih ist!«

Und ihr Krachen bricht sich an den Wäldern und Höhen, wird zum rollenden Donner und erzittert endlich als vielstimmiges Echo an den Fenstern der Bauernhöfe ringsumher.

Da wird's lebendig in den Häusern.

Der Bauer bindet das buntseidene Halstüchl sorgfältiger, zieht das samtene Gilet mit den silbernen Knöpfen an und bürstet lange an dem schweren wattierten Kirchenrock herum.

Die Bäuerin prangt im seidenen Gewand mit perlenbesetztem Fürtuch; sie hat das Haar gestrählt und pomadisiert und trägt eine feierlich-andächtige Miene zur Schau.

Der alte Großvater nimmt den langen tuchernen Festtagsrock aus dem Kasten, zieht die glänzenden Kanonenstiefel über die engen Lederhosen und zählt die Kreuzer zum Biergeld in seinem altmodischen Zugbeutel.

Die Burschen und Knechte stehen lachend und stänkernd in der kurzen Wichs unter der Haustür, richten den Flaum am Hut, horchen auf die Sackuhr, ob sie geht, und probieren die Schärfe des Messers, ehe sie es im hinteren Hosensack verschwinden lassen.

Die Töchter und Mägde aber schwatzen und kichern, richten zum drittenmal das Haarnest und zum viertenmal die Halsbarbe, zupfen an den Röcken und glätten die Schürzen, behängen den Hals mit Ketten und bestecken den Spenzer mit Broschen und Nadeln.

Und endlich versammeln sich alle drinnen in der großen Stube; die Bäuerin breitet das schwere linnene Festtagstafeltuch auf dem Eßtisch aus, die Tochter oder die Oberdirn stellt die Krapfenschüssel drauf und die Kucheldirn trägt die Kaffeesuppe herein.

Der Bauer betet den Morgengruß und bittet den himmlischen Vater um seinen Segen für Speis' und Trank, und dann beginnt die Kirchweih: zum Morgenimbiß Krapfen, Küchelń und Kirchweihbrot mit Kaffee, Brennsuppe und Leberwürsten.

Nach der Kirche beim Postwirt oder beim Oberwirt, beim Unter- oder beim alten Wirt die Kirtamaß für den Heimweg.

Und daheim der Festtagsschmaus!

Die Mannsbilder ziehen schon vor dem Essen die Joppe aus und setzen sich hemdärmelig um den Tisch.

Und dann geht's in schöner Ordnung und nach altem Brauch und Herkommen: erst kommt die Schüssel mit dem Kraut und den Blutwürsten; dann das Voressen. Darnach die Fleischsuppe mit den Leberknödeln, das Rindfleisch und die roten Rannen.

Nun füllt der Hausvater die Bierkrüge.

Die Bäuerin aber trägt weiter auf: den schweinernen Braten und die Kirchweihgans, die gebackene Milzwurst und den gedämpften Gockel.

Die Weiberleut beginnen langsam zu seufzen, und die Mannsbilder knöpfen bedächtig die Knöpfe des Gilets und der Hose auf.

Aber der Hausherr hilft abermals nach mit frischem guten Trunk.

Und so geht das Essen seinen Gang weiter: nach dem Gockel kommt das Kälberne auf den Tisch und nach diesem die Apfelküchel, die roggernen Schmalznudeln und die weizernen Kirchweihkrapfen.

Den Dankgott betet die Bäuerin meistens für sich allein. Denn die anderen Glieder des Hauses sind ernst und schweigend hinausgegangen – in den Stall – in den Hof hinter das Haus.

Eine gute Kaffeesuppe aber bringt wieder Munterkeit und wirkt befreiend. Man lacht wieder, scherzt, stänkert und ist endlich in der Stimmung, die zum Kirtatag gehört.

Der eine nimmt die Zither zur Hand und der andere die Harmonika, der Oberknecht faßt die Unterdirn um die Mitte, hebt sie juchzend in die Höh, und bald ist alles im Wirbel des Tanzes und im Trubel der Lust des Tages.

Und was nicht Essen und Trinken, nicht Tanzen und Singen zuweg brachten, das erreicht die Hutsche.

Kreischend und lachend sitzen die Weiberleut auf dem langen Brett; ein paar stämmige Burschen stehen an den Enden der Hutsche auf dem äußersten Rand und umklammern mit ihren Fäusten die langen Ketten.

Der Musikantenlippel spielt auf der Ziehharmonika einen Marsch, und die Burschen beginnen langsam die Schaukel zu treten.

Erst ganz bedächtig, die Haltbarkeit nochmals überprüfend, bewegen sie die Hutsche; aber bald werden sie kühner, erhitzen sich an dem Juchzen der Burschen und an dem Kreischen der Maidln und werken nun mit voller Kraft.

Hei! Da flattern die Röcke und zappeln die Beine!

Da bittet manch herrische und anhabische Dirn den sonst so verhaßten Bewerber um Gnade!

Da kommt ein Rausch über alle, die noch jung sind und Blut haben in ihren Adern!

Das ist die Stunde, von der man noch kichernd und verstohlen spricht, wenn längst die Kirchweih vorüber und der Winter in die Bauernhöfe eingezogen ist.

Wenn die Jugend beisammensitzt in der Spinnstube, und die Alten sich erwärmen auf der langen Ofenbank.

Wie überall an diesem Tag, so ist es auch auf dem Schiermoserhof.

Ein Kirchweihtag voller Lust und Genuß, voller Freud und Ausgelassenheit.

Rosalie ist auch heute die Seele des Ganzen – die Bäuerin.

Sie läuft und schafft, kocht und werkt, hat die Händ voller Arbeit und das Herz voller Lust.

Und Tante Adele hilft getreulich mit beim Kochen und Backen, beim Essen und Trinken, beim Lachen und Lustigsein.

So kommt's, daß die gute Schiermoserin samt ihrer alten Mutter vergebens der Stunde des Tages harren, da eine oder die andere von den Töchtern gelaufen kommt, um zu betteln: »Geh, Muatta, hilf! Der ganze Kirtatag is beim Teife, balst net kimmst. Dees Stadtweiberts hat uns den ganzen Kirta verhunzt!«

Nein. Nichts dergleichen rührt sich.

Nur das Gansdirndl bringt gegen Mittag die Botschaft, es wär' alles fertig, und wenn die Schiermoserin Lust hätt, herüberzukommen zu einem kleinen Schmaus...

Daß unser Herrgott sie davor bewahre!

So gern sie etwas verkosten möchte von den Gerichten, die dieses Weibsbild zubereitet hat!

Sie kann's überwinden!

Und mit Verachtung auf den Lippen, Groll in den Augen und bitterem Weh im Herzen setzt sie sich einsam an ihren Tisch und würgt hinunter, was vom Tag vorher noch da ist: ein harter Knödl und ein wenig Kraut.

Danach kleidet sie sich festlich an und geht hinab nach Glonn zum Rosenkranz und zur Vesper.

Indes der Schiermoser, ihr Eheherr, wie ein Junger daheim durchs Haus läuft, lacht, scherzt, mit keinem Gedanken sich seines trutzigen Eheweibs erinnert und zu guter Letzt Rosalie sogar um einen Tanz angeht, indem er sagt: »I muaß wissen, obst aa a so a riegelsame Tanzerin bist wia a Bäuerin!«

Im Herzen aber denkt er: eine bessere Hochzeiterin hätt er nicht finden können, der Franzl, und wenn er suchen wollt zwanzig Stunden im Umkreis. Bei diesem Kegelscheiben hat sein Bub den besten Wurf getan!

Assessor von Rödern wundert sich schon seit geraumer Zeit, daß seine Braut so gar nichts mehr von sich hören läßt.

Außer ein paar nichtssagenden Kartengrüßen hat er von Rosalie nichts erhalten, was ihn irgendwie ihrer Zuneigung hätte versichern können.

Die Rätin allerdings schrieb fleißig.

Aber ihre Briefe sind stets von einer schwulstigen Schönrederei, von einer so unangenehm geschraubten Art, so gedrechselt und so gewunden, daß er sich am End nicht mehr darin zurechtfinden kann.

Was nützen ihm all die Redensarten der Mutter, wenn die Tochter nicht jene Worte findet, die man als Verlobter doch schließlich beanspruchen kann!

Ist er denn nun eigentlich Bräutigam oder ist er's nicht?

Er will sich Klarheit schaffen. – Sofort.

Und so findet ihn der leuchtende, schier sommerliche Oktobersonntag, an dem bei den Bauern Kirchweih ist, auf dem Weg nach Berganger.

Er hat noch einen Freund dazu eingeladen, und sie wollen zugleich eine kleine Wanderung durch den Herbst mit dieser Reise verbinden.

Es ist bald um die Stunde des Abendessens.

Die Lust und der Trubel des Kirchweihtags ist aufs höchste gestiegen; der dritte – vierte Banzen wird angezapft, und die Kirchweihschaukel beginnt zu quieksen und zu knarren bei jedem Schwung.

Franz Schiermoser hat mit dem Oberknecht das Treten der Hutsche übernommen.

Und Rosalie sitzt nun gleich den Töchtern und den andern Mädchen auf dem Brett, lachend und voller Übermut.

Da kommen zwei Wanderer des Wegs, schauen verwundert auf die Szene und nähern sich langsam, angezogen von dem Lärmen und Lachen und der Musik, der Tenne.

In diesem Augenblick gibt Franz Schiermoser das Zeichen zum Halten.

Die Burschen springen hinzu, halten die Schaukel an und bemächtigen sich der schreienden Dirnen.

Und auch Franz springt herunter vom Brett, hilft Rosalie herab, wirbelt sie etliche Male im Kreis herum und hebt sie danach juchzend in die Höhe.

Draußen vor dem Tor steht der Assessor mit seinem Freunde.

»Indianerfreuden!« sagt dieser mitleidig; »Sie sind doch noch Wilde, diese Bauern!«

Der Assessor will antworten.

Da erkennt er Rosalie.

Sieht, wie Franz Schiermoser sie in den Armen hält, küßt, mit ihr tanzt, sie wegführt!

Da wendet er sich schweigend ab und folgt dem Freunde.

Etliche Tage später empfängt Rosalie einen Brief, der weiter nichts enthält als die Worte: »Ich betrachte unsere Verlobung als gelöst. von Rödern.«

»Na also!« sagt Tante Adele; »es geht doch alles, wie es gehen soll. Morgen fahren wir zurück in die Stadt und rüsten den Brautwagen!«

Franz Schiermoser ist also Hochzeiter und ist sehr zufrieden und glücklich darüber.

Denn er sagt sich, daß er mit Rosalie niemals verspielt haben wird.

Und was die Leut' sagen werden, das bekümmert ihn nicht.

Er mischt sich auch nirgends drein.

Sollte aber wirklich einer den Mund allzuweit auftun

über die Sache, so würde er ihm denselben schon schließen auf eine Art und Weise, daß er eine Zeitlang Gott und die Welt vergißt.

Und so beginnt er gemeinsam mit seinem Vater und dem Alten das Haus für die neue Bäuerin zu richten und zu verjüngen.

Denn alte Wänd' und morsche Böden taugen nicht für ein junges Leut' und ein frisches Blut.

Rosalie aber sitzt derweilen drinnen in der Stadt und näht und stickt und probiert dies und das, läuft mit Tante Adele von Laden zu Laden und treibt die Handwerksleute zur Eile an.

Ihre Mutter, die Rätin, ist mit Sack und Pack abgereist zu einer von ihren verheirateten Töchtern, um sich dort auszuweinen über die unglaubliche Kränkung, die ihr durch Rosaliens Heirat zugefügt wurde.

Sie tut wirklich, als wollte sie jedes Band zwischen sich und ihrer Tochter zerreißen.

Tante Adele freilich meint, das geschehe alles bloß, um nach außen hin »Eindruck zu schinden« als unglückliche Mutter; im Innern sei sie ganz gewiß zu Tode froh, daß ihre Tochter einen Bauernhof im Wert von mindestens achtzigtausend Mark und leichtlich an die zwanzigtausend Mark bares Geld erheiratet.

Und sie ärgert sich bei dem Gedanken, daß es die Rätin doch nun so gut haben könnte, wenn sie nicht so ein hochmütiges Frauenzimmer wär'!

Sie selber opfert willig ihre ganzen Ersparnisse, ihre Zeit und ihre Ruhe für das Bräutl; »denn«, meint sie, »wenn ich mich nicht kümmere um das Mädl, wer soll's denn tun? – Sie wird ihre alte Tante schon nicht vergessen, die Rosl.«

Das hat Rosalie auch gar nicht im Sinn.

Vielmehr hat sie sich bereits von ihrem Hochzeiter ausgebeten, daß Adele jeden Sommer als Gast auf dem Schiermoserhof weilen darf.

Und Franz fand nichts Unbilliges an der Bitte und meinte: »Dees kannst halten, wie d' magst, Roserl.«

Also wird fröhlich der Tag genützt und die Stunde, auf daß alles gut und recht wird zur Hochzeit.

Schon seit Menschengedenken pflegen die Bauersleute den Brauch, daß sie um die stille Zeit des Advents keine laute Hochzeit machen.

Ja, manche sagen sogar, man solle zwischen Kathrein und Heiligdreikönig überhaupt nicht heiraten, denn die um dieselbige Zeit geschlossenen Ehen schlügen gar oft zum Unglück aus.

Ob der Volksglaube dabei an das Walten böser und unholder Mächte gemahnt, oder ob er dem Unsegen religiöse Ursachen und Wirkungen zugrunde legt, darüber denkt kaum einer nach; aber tatsächlich müssen schon zwingende Beweggründe vorhanden sein, daß sich ein versprochenes Paar in den Wochen des Advents einsegnen läßt.

So etwan, daß die Hochzeiterin nicht mehr weit hin hat, bis sie eine Wiege neben das Ehebett stellen muß.

Oder daß ein Hochzeiter gar geschwind ein goldenes Bremsscheit braucht, um den rollenden Bankerottskarren noch schnell aufzuhalten, ehe er ihm sein ganzes Heimatl über den Haufen fährt.

Aber daß einer bloß um der Ehe selber willen in der stillen Zeit heiratet, das ist gegen Brauch und Herkommen und fordert das Gerede der Leute heraus.

Und so darf es Franz Schiermoser nicht wundernehmen, wenn heut, am dritten Sonntag im Advent, ganz Berganger und die Leute der umliegenden Orte des Kirchspiels von ihm reden, die Köpfe schütteln und ihren Unkenruf ertönen lassen.

Denn heute hat nach der sonntäglichen Predigt der hochwürdige Herr gewiß und wahrhaftig ganz laut und deutlich von der Kanzel herab verkündigt: »Zum heiligen Stand der Ehe haben sich versprochen der ehr- und tugendsame Jüngling Franz Schiermoser, Schiermoserbauernssohn dahier, und die tugendhafte Jungfrau Rosalie Scheuflein, Rechtsratstochter aus München. Erstes Aufgebot.«

So.

Gewiß und wahr auch noch!

Wie ein Ruck geht's durch die ganze fromme Gemeinde.

Wie hat das geheißen? – Scheuflein! – Rechtsratstochter! – Und aus München! Ja, heiratet der jetzt wirklich die Städtische? – Die Sommerfrischlerin? – Die Tochter von der alten hochmütigen Stadtmadam, von der Adligen?

Vorbei ist's mit aller Andacht und Sammlung; ein Flüstern und Murmeln geht durch die Reihen der Betenden – Ellenbogen stoßen sich, und die Blicke aller suchen die Kirchenstühle des Schiermoserhofs.

Aber weder bei den Mannsleuten noch bei den weiblichen Angehörigen des Hofes bewegt sich ein Mundwinkel, ein Auge – eine Miene.

Starr geradeaus schaut der Alte und sein Sohn, demütig gesenkt sind die Blicke der Großmutter, der Bäuerin, der Töchter und Mägde.

Und die Hochzeiterin selber ist gar nicht zu sehen.

Sie kniet hinter dem barocken Gitter über dem Hochaltar neben den frommen Frauen der Mädchenschule und blickt hinunter zu Franz.

Manchmal schielt eine von den armen Schulschwestern zu ihr hin – sonst bleibt sie ganz unbemerkt – bis nach der Kirche.

Da können es die Weibsleut der Gemeinde kaum erwarten, bis der Herr Pfarrer endlich sein *Ite, missa est* gesungen und seinen Weihbrunn über sie gesprengt hat; sie rennen aus der Kirche wie die Geißen aus dem Stall und fangen draußen an zu schnattern wie eine Herde Gänse.

Hei, da geht's!

»Ja, was is denn jetz dös? Was hat jetz der hochwürdig Herr da verkünd't? Der Schiermoserfranzl heirat't! Jetz in der adventinga Zeit! Und a Stadtmadam heirat't er! – Ja hat jetz oana so epps aa scho g'hört!«

So ist die Red der einen.

Die Gegenred der anderen aber ist die: »Ja Narr, ja Narr! So epps muaß der alt Schiermoser no auf seine alten Tag derleben und sie! – Heirat't der Bua a Stadtfrailein! – Ja ja. Bals die Leut gar z'guat geht, nachher werdens übermütig! – Nachher taugt eahna das rechte und guate Sach nimmer. – Nachher müassens auf d' Himmelsloater steign! – Aber insa Herrgott laßt d' Baam net bis in Himmel wachsen! Der find't seine Leut scho! Und dee aa!«

Und eine Alte meint: »Jetz in heilinga Advent! Da hat er g'wiß epps ang'fangt, der Franzl! Gleichsehng tuats eahm scho, dem Hallodri! Is alleweil scho a solchener gwen!«

Worauf wieder eine andere jammernd ihre Meinung zum besten gibt: »Es is nur grad schad um den schön'n Bauernhof! Denn lang werds net dauern, nachher schwimmt er dahinab. Wia wird denn a Stadterin an Bauernhof dahaltn kinna! Wia wird denn a solchene fertig werdn!«

Aber die Reisertalerin sagt mit ihrem frömmsten Augenaufschlag: »Ah! Net fertig werdn, moanst, tuats! Die wird g'wiß und sicherlich fertig! Mit'm Haus und mit'n Hof und mit'n Sach! Und mit eahm selber aa – mit dem Deppn! – Aber es g'hört eahm net anderscht. Eahm net und die Altn aa net! Die hättn a anderne Hochzeiterin aa no findn kinna als wia so a Stadtflugga. Gibt rechtschaffene Bauerndeandln grad g'nua da umanand!«

So geht das Mühlrad bei den Weibsleuten.

Und bei den Männern?

Oh! Mög' keiner sagen, daß die still wären über diese Heirat! Die haben's genau so notwendig wie die Weiber!

Nur daß sie nicht auf der Straße stehenbleiben wie diese,

sondern den Postwirt und den obern Wirt, den Huber- und den Unterwirt heimsuchen.

Und auch sie haben Erbarmnis mit dem schönen Hof und fragen, wer wohl unter dieser neuen Herrschaft das Essen koche und den Stall richte und die Erdäpfel stecke und einernte?

Und der Nachbar des Schiermoser läßt auch seine Meinung laut werden: »Mir kann si leicht denka, wia's kemma werd: Heut werdns mei Alte holn zum Brotbacka und zum Butterausrührn – und morgn mi zum Kaibeziahng. Denn die Stadtmadam mit ihrane seidigen Nerven fallt ja gwiß und sicherlich augenblickli in d' Ohnmacht und kriagt d' Kränk, bal a Kuah kalbet! O mei, o mei. Der arme Franzl. Aber wem net z'raten is, dem is aa net z'helfa.«

»Ja ja.«

Und dabei ist aus dem Alten kein Sterbenswörtl darüber herauszukriegen, wie er über die Heirat seines Sohnes denkt!

Er schmunzelt nur, trinkt gemach seine Halbe Bier, raucht seine Sonntagszigarre und macht sich danach wieder auf den Weg hinüber zum Pfarrhof, wo sein Sohn und Rosalie das Stuhlfest feiern.

Derweil stehen bei der Leitnerkramerin so an die zehn Bäuerinnen und hecheln das Brautpaar so gründlich durch, daß auch nicht ein guter Faden an ihm hängen bleibt.

Und sie ärgern sich furchtbar, daß sie nichts Gewisses über diese Heirat wissen.

Nicht einmal Barbara Schiermoser kann mit einer Auskunft dienen!

Sie kauft nur etliche Meter himmelblaues Atlasband zum Ausputz für ihr Festgewand, sagt Grüß Gott und Adjes und geht wieder.

Dies ist natürlich ein neuer Anlaß zum Reden!

Und die alte Krautschneiderzenz meint: »Jetz i wenn Schiermoserin wär, i täts halt ganz oafach net gedulden! I saget halt ganz oafach naa, und der Handel wär aus und vorbei!«

Aber die Nachbarin des Schiermoser erwidert: »Moanst? Gell! Da hast aber falsch geraten! Deswegen is der Handel no lang net aus! I woaß ganz gwiß, daß sie, d' Bäuerin, naa gsagt hat. Und hat doch nix gholfa. Gar nix. Bloß daß sie selber und die Altn ins Austraghäusl zogn san. Aber er und die Junga tean, was s' mögn.«

Das ist allerdings eine sehr interessante Neuigkeit, wenn man sie glauben darf.

Grad kommt die Schiermoserin selber in den Kramerladen und verlangt ein Päcklein Mandelkaffee und ein Pfund Zucker.

Doch auch sie geht nicht aus sich heraus.

Auf alle noch so spitzfindigen Fragen hat sie bloß ein »Ja«, »Nein«, oder: »Dees werdn mir scho sehgn.«

Und auf die boshafte Frage der alten Schleiferin, ob sie eine rechte Freude habe über die Heirat ihres Buben, erwidert sie ebenso boshaft: »No, bal er mir a deinige Tochter daherbracht hätt, würd i kaam an Kreizsprung gmacht habn! Und im übrigen is dees mei Sach, ob i a Freud hab oder net!«

Damit hat sie auch schon ihren Zucker und ihren Mandelkaffee in die endsgroße Rocktasche gesteckt, den Regenschirm genommen und die Ladentür geöffnet.

Sie muß aber doch noch unter der Tür ihr Gewand hochschürzen, obgleich es weder Regen noch Schnee draußen hat.

Denn grad, als sie auf die Straße treten will, gehen Franz und Rosalie lachend und scherzend am Laden vorbei, begleitet vom Schiermoserbauern.

Erst als die drei beim Postwirt das neue, schöne Fuhrwerk einspannen und samt den Schiermosertöchtern darin Platz nehmen, macht sie sich auf den Heimweg.

Die Gemeinde aber hat dadurch aufs neue erwünschten Stoff zur Unterhaltung und Wasser auf ihre Teufelsmühlen erhalten.

Die Hochzeit und der goldene Tag des jungen Schiermoserpaares sind vorüber.

Es war ein einfaches, stilles Heiraten, ohne Prunk und Lärm, ohne Gevatterschaft und Wirtshaus.

Aber es war trotz alledem ein schöner, heiterer Tag, und die Schiermoserin samt ihrer Mutter barsten schier vor Wut und Verdruß, da sie von ihrem Fenster aus zusehen mußten, wie sich der ganze Hof freute und vergnügte, wie die Knechte die Zither traktierten und die Paare lustig in der Stube herumwirbelten.

Der alte Großvater war trotz seiner Taubheit auch dabei und konnte danach die halbe Nacht nicht aufhören, die Schönheit dieser Hochzeit zu loben und zu preisen, so daß die Alte endlich ganz außer Rand und Band geriet, ihm alles, was auf ihrem Nachttischchen lag, an den Kopf warf und schrie: »Staad bist mir jetz guatwillig, Tropf, elendiger! I will nix wissen von dera Sippschaft!«

Worauf der gute Alte ganz verwundert den Kopf schüttelte, die Zudecke über das Gesicht zog und einschlief.

Rosalie ist also jetzt Schiermoserin – oder, wie das Dienstvolk sie nennt: Madam Bäuerin.

Nicht etwa aus Spott oder sonst einem üblen Grund wird sie so genannt.

Nein.

Sie sah am Tag ihrer Hochzeit in dem schneeweißen Seidengewand und dem feinen Schleier so gut und vornehm aus, daß der Schiermoser mittendrin das Glas erhob und zu den Versammelten sagte: »Buam und Deandln, i sag enk dös: a schönerne Frau und a liaberne Bäuerin kriagt koaner mehr, als insa Franzl. Drum sag i enk: stößts mit mir o auf a glücklichs Lebn und auf an guatn Gsund von insana liabn Madam Bäuerin! Sie soll lebn!«

Damit war das Wort geprägt, und wenn nun ein Knecht oder eine Magd etwas fragt oder berichtet, verlangt oder erbittet, so beginnt ein jedes seine Red' mit diesem Wort: »Madam, i tät fragn ... Madam, i muaß sagn.«

Und seltsam, Rosalie und Franz empfinden diese Anrede weder unrecht noch verletzend.

Das Wort kommt aus gutem Gemüt und begegnet wieder gutem.

So geschiehts, daß sowohl der alte Schiermoser wie auch Franz selber dem Dienstvolk gegenüber nicht von der Schiermoserin oder von der Bäuerin reden, sondern nur von der Madam.

Daher kommts, daß auch drüben im Kirchdorf und drunten im Markt die Geschäftsfrauen und Handwerker diese Anrede gebrauchen.

Freilich, so harmlos und ohne Ränke, wie auf dem Schiermoserhof, ist es wohl kaum gemeint, wenn die Bäkkerin in einem Ton, so süß wie ihre Zuckerbrezeln, sagt: »Recht guatn Tag, Madam Schiermoserin! Was geht ab, was darfs sein?«

Oder wenn die Postwirtin sich erst die feiste Hand an die Küchenschürze wischt, ehe sie dieselbe Rosalie darreicht mit den Worten: »Jessas, d' Madam Schiermoser! A kloans bisserl, Madam! – Muaß grad no gschwindse meine Finger a weng abwischn, bevor i Eahna guatn Tag sag, Madam! Soo ... I hab halt die Ehr, Madam Schiermoser; i hab die Ehr...«

Doch macht sich Rosalie nur wenig daraus.

Sie ist so zufrieden und glücklich als Bäuerin und als ihres Franzen Hausfrau, daß sie nur auf ihn hört und auf dessen Vater.

Freilich tut sie sich nicht allzuleicht in ihrem neuen Stand; sie, das Stadtmädl, weiß halt doch nicht so in allem bäuerischen Brauch und Tun Bescheid.

Da ihr aber die Schwägerinnen und das Dienstvolk getreu zur Seite stehen, arbeitet sie sich rasch ein und merkt gut auf bei allem, was ihr neu ist.

So leben die beiden jungen Leute glücklich in ihrem Heimatl, und mit ihnen freut sich jeden Abend auf den nächsten Tag ihr Vater, der Schiermoser.

Nur sie, die Schiermoserin, will nicht teilhaftig werden des Glückes ihres Sohnes.

Wie eine Nachteule verkriecht sie sich in ihrem Häusl, lebt einsam und trüb dahin und hofft auf ein baldiges Abscheiden gleich einer alten, müden Spitalerin.

Aber sie muß leben.

Ein untätiges, freudloses Leben; noch verdüstert von schwarzen Gedanken der Rachsucht und des schwergekränkten Bauernstolzes.

Und sie bohrt sich immer tiefer hinein in ihren Groll und Haß, schließt sich auch von der übrigen Welt ganz ab und geht zu guter Letzt nicht einmal mehr in die Kirche.

Die alte Großmutter liegt schon seit Wochen krank danieder.

Aber während sie früher selbst bei schweren Leiden das Bett haßte und sich so schnell als möglich wieder aufraffte, liegt sie jetzt still und ergeben und seufzt ein übers andere Mal: »Es is nix mehr auf der Welt, bal der Mensch alt und unnütz wird. Die Jungen ham koa Religion und koa Sittsamkeit nimmer, die kümmern sich um koan Brauch und um koa Ehr … ah was … dees beste wär, man könnt d' Augen zuamacha und nimmer auftoa in alle Ewigkeit!«

Und da eines Tages ihren alten tauben Eheherrn der Schlag trifft und man ihn hinausträgt zum Hoftor, da bricht sie ganz und gar zusammen, und kaum einen Monat danach muß die Schiermoserin auch ihre Ewigkeitstruhe mit den Blumenstöcken des Austraghäusls schmücken und sie hinabgeleiten zum Gottesacker.

Da wird es ganz seltsam still und leer in ihr.

So still und leer wie in dem Häusl.

Und sie wird mürbe und klein, verzagt und lebensmüde in dieser Einsamkeit.

Und ihr Morgengebet gleicht ihrer Abendandacht und klingt aus in die Bitte: »Herrgott im Himmel, erlöse mich von dem Übel meines Daseins. Amen.«

Ein Jahr ist um seit der Hochzeit des jungen Schiermoser und seiner Rosalie.

Und da es wieder um die Zeit ist, in der man für die Weihnacht das Kletzenbrot backt und die Krippe in der Hauskapelle aufstellt, da spannt der Schiermoser eines Morgens in großer Eil das Füchsl vor das Gaiwägerl und fährt wie der Teufel hinaus zum Tor und hinab nach Glonn zur Kindlfrau.

Denn Rosl, die Madam, will sich dazu richten, ihrem Franz ein kleines lebendiges Christkindlein in die altehrwürdige Bauernwiege zu legen.

Das ganze Haus ist in Aufregung; am meisten aber zieht's den jungen Bauern an den Nervensträngen.

Denn draußen im Stall liegt die Blaß im Kalben, und der Rappe tobt an einer schweren Kolik.

Und nun kommt Barbara, des Bauern Schwester, und schreit: »Schnell! Gschwind! Einspanna! D' Steckareiterin holn! Insa Madam richt' si!«

Der Schreck! Die Freude! Die Angst!

Hei, da schwirren die Befehle!

»Hans, kümmer dich ums Rappel! – Lies und Sepp, ös bleibts mir bei der Blaß! Der Bua und d' Nandl solln enk helfa, bal 's Kaibai kimmt! – Vata, geh, balst du glei zu der Kindlin fahrn tätst? Eppan kunntst glei a Flascherl Wein für d' Rosl mitnehma und an Met! – Bawettei, geh, kümmer dich um sie! – Und d' Mariedl kann in der Kuchel Wasser hitzen und 's Essen richten!«

Und während alles rennt und läuft, werkt und sorgt, zieht droben in der Kammer die junge Bäuerin die Vorhänge zu, schiebt die Wiege zu ihres Bettes Füßen und steckt ein winziges Hemdlein in die Ärmelchen eines gestrickten Jäckleins.

Barbara kniet vor dem alten Sesselofen und schürt ein schweres Holzscheit ums andere hinein und tröstet dazwischen mit lieben Worten die leise jammernde und betende Schwägerin.

Eine, zwei Stunden gehen um.

Drunten im Hof und Stall rennen und laufen Knechte und Mägde, werkt der Tierarzt und brüllt das Vieh – in der Kuchel kocht das Wasser und dampft der Kindelbraten – und droben hält Franz seine liebe Bäuerin im Arm und schaut leichtlich hundertmal aus dem Fenster, ob der Vater noch nicht bald mit der Kindlin käm.

Drüben im Austraghäusl aber steht die Schiermoserin hinter dem Vorhang und starrt auf die Straße hinaus, wo sie ihren Schiermoser vorhin mit dem Fuhrwerk dahinstürmen sah.

Was mag nur los sein drüben im Hof?

Ein seltsamer Druck legt sich ihr auf die Brust.

Sie will ihn abschütteln.

»Werd scho epps sei!« sucht sie sich selbst zu beruhigen. »Was gehts denn mi an! – I ghör nimmer zu dene.«

Aber da hört sie den Rappen schlagen, toben und wiehernd stöhnen. Sie sieht den Tierarzt kommen und gehen – sie hört, wie ein Knecht den Nachbar ruft.

»Ah was! – Dees geht mi nixn o. – Werd scho was sein. Was kümmerts mi?«

In diesem Augenblick fährt der Schiermoser in den Hof; und neben ihm sitzt die alte Steckenreiterin, die schon ihren Franz und die Barbara und die Mariedl geholt hatte damals, als sie noch selber glückliche Schiermoserbäuerin war.

Also gibt unser Herrgott dieser Ehe doch seinen Segen?

Es kommt wieder ein kleines Reislein aus dem Schiermoserstamm?

Die Alte greift sich an die Kehle.

Wie hart sie sich doch heute schnauft!

Sie öffnet das Fenster.

Aber da dringt das Schreien der Knechte und Mägde, das Brüllen der Kuh zu ihr in die Kammer.

Sie schlägt das Fenster wieder zu.

Doch sie hat keine Ruhe.

Wieder muß sie mehr Luft haben.

Sie wankt mit bebenden Knien hinaus vors Haus.

Da dringt der jammernde Schrei ihrer Schwiegertochter zu ihr.

Sie hält sich die Ohren zu.

Ihr Sohn, der Franz, stürmt die Stiege herab und hinunter in den Stall.

Aber gleich darauf rennt er schon wieder ins Haus, und man hört ihn befehlen: »'s Badwasser herrichten! Und warme Windln! – Habts an Trank für d' Blaß?«

Also wirklich kehrt der Segen Gottes ein in Haus und Stall ihres Hofs.

Und sie steht da unter ihrer Haustür, gleich einer Fremden, Ausgestoßenen!

Ein hartes Weinen kommt sie an.

Aber sie würgt es hinab und bekämpft die weiche Regung ihres Gemüts.

Der Rappe liegt ermattet, aber gerettet auf seiner Strohschütte.

Und vorn bei den Kühen steht die Blaß und schaut besorgt nach ihrem Kälblein, das eigensinnig immer wieder aufzustehen versucht, obgleich es seine Vorderbeine noch nicht tragen.

Da schleicht sich eine Gestalt scheu in den Stall.

Die Schiermoserin.

Und sie geht langsam von Kuh zu Kuh, von Ochs zu Ochs, streichelt die Rösser und tätschelt die Kälber und geht endlich leise und zaghaft hinüber ins Wohnhaus.

Droben in der Kammer kämpfen Furcht und Hoffnung, Schmerz und Trost ihren harten Strauß.

Der Schiermoser und sein Sohn rennen planlos durchs Haus; da schleicht die alte Bäuerin zur Stiege hinauf.

Die beiden Männer durchfährt der nämliche Schreck.

Und sie stoßen beide zugleich die Frage hervor: »Was möcht'st?«

Franz aber ist mit zwei, drei Schritten bei ihr.

»Muatta! – Balst epps möcht'st – kimm morgn! – Sie kann di net braucha jetz! Sie soll koan Verdruß habn!«

In diesem Augenblick mischt sich droben ein feines kreischendes Stimmlein in das Weinen der jungen Schiermoserin.

Und die Barbara ruft voller Freud durchs Haus: »An Buam ham mir!«

Da vergißt Franz auf die Mutter – und der Schiermoser auf sein Weib – und sie rennen hinauf und hinein in die Kammer, wo sie in ihrer derben, unbeholfenen Art sich Mühe geben, zart zu dem Kindlein zu sein und zu seiner Mutter, wo sie die Stimme zu einem heiseren Flüstern senken und mit dem Ärmel immer wieder über die Augen wischen, damit man nicht sehen möcht, was sie bewegt.

Drunten in der Kuchel aber hat die Schiermoserin ihrer Tochter den Kochlöffel aus der Hand genommen und sagt: »Geh auffe und schaug dir's Büaberl o. I koch scho weiter.«

Und am Christtag, da die Taufe des jüngsten Schiermoserreisleins stattfindet, da sitzt sie in ihrem größten Festtagsstaat in der neuen Kutsche, trägt selber das Büblein auf dem Prunkkissen zum Taufkessel und zeigt der staunenden Gemeinde ihr freudestrahlendes Gesicht.

Und da das alte Jahr zur Neige geht und das neue sich zum Kommen schickt, da nimmt sie ihre Schwiegertochter bei der Hand und sagt: »Wenn's dir recht is, Rosl, nachher mach i Kindsdirn. Und bals dir sonst dick eingeht mit der Arbeit, nachher sagst es.«

Indem sie noch redet, kommt der alte Schiermoser dazu und ruft: »Jetz da schaug her! Jetz is richtig no aus dera Dreifaltigkeit a Dreieinigkeit wordn! Was a solches Christkindl doch alles zwegn bringt. Aber in Gottsnam! D' Hauptsach is, daß i wieder an Schlafkamerad hab und der Hof an Stammhalter, für dees ander werd nachher der Bua scho sorgn und sei Madam.«

Und die junge Schiermoserin sagt fröhlich: »Amen, Vater.«

Briefe

An Ludwig Thoma

Geschrieben
in eile bei Nächt-
dlicher Weille

beim Scheine
des lichts
Vergißmeinnicht!

München den
4ten Febr. 1913

Lieber Freind!

Theile Dir mit, das Du geschrieben hast, es heißt Akrügola das ist das buch u. die Gschicht das ist die wahlfahrt. lieber Freund, indem daß keinen solchenen Heulingen Raso in Andecks nicht mer gibt indem das schon Einer in dem schenen Wahlfahrts-Ort Grafrat ist, der hülft wir leibschähn und wir die galenstein, aber in Andecks ist grad der +++ *Heulige berg* Und die liebe Frau. indem das Dich das Zendrum so nicht mögn weilstas Ynen a so gmugt hast die gengan alle jar wallfahrten zun +++ Heulingen berg Andecks und zun Heulingen Raso und auf Alnöding. Bald es diese einmahl under die augen kimt dan sagen *Sie der Thoma is ein lung Schibell* denn es is gar nichts *Wahr.*

Bitschen schdreichs aus

Es grüsst Dich

Deine
teiere landsmeninn
Leni Christ
bei den Handschuster

Entschuldige die schlechte Schrief und das papir
aber es war schon zu!

An die Redaktion der Süddeutschen Monatshefte

München, den 23. 2. 13
Wilhelm Düllstr. 5/II

Redaktion der Süddeutschen Monatshefte, hier.

Sehr geehrter Herr Doktor!
Herr Professor Kerschensteiner war seinerzeit so liebenswürdig, mein geringes Können bei Ihnen in helles Licht zu rücken.

Dies ermuntert mich, Ihnen heute eine meiner »Lausdirndlgeschichten« zur geneigten Prüfung zu übersenden. Vielleicht erscheint sie Ihnen geeignet für Ihre geschätzte Zeitschrift.

Mit vorzüglicher Hochachtung
Ihre
ganz ergebene
Lena Christ

An die Redaktion der Süddeutschen Monatshefte

Wilhelm Düllstraße 5/II
München, 21. 7. 13

Redaktion der Süddeutschen Monatshefte.

Sehr geehrter Herr Doktor,
beiliegend erlaube ich mir, Ihnen eine Geschichte zum Abdruck zu übersenden.

In der Hoffnung, daß sie Ihnen geeignet erscheine, bin ich

mit vorzüglicher Hochachtung
Ihre
ganz ergebene
Frau Lena Christ

An die Deutsche Schillerstiftung

München, Pilarstrasse 2.
6. Juli 1914.

An das Generalsekretariat der Schillerstiftung, Weimar.

Sehr geehrter Herr Professor,
Herr Doktor Erich Petzet, München, empfahl mir, mich mit einem Gesuche um gütige Unterstützung an die Hauptstiftung nach Weimar zu wenden, da die hiesige Zweigstiftung leider nicht in der Lage sei, mir mit einem größeren Geldbetrage beizustehen.

Auf Grund meiner, von der berufenen Kritik als vorzüglich anerkannten Lcistungen wage ich nun, an Sie, sehr geehrter Herr Professor, mit der ergebensten Bitte heranzutreten, mir in meiner gegenwärtigen mißlichen Lage Ihre Hilfe nicht versagen zu wollen. Ich habe zwei Kinder zu ernähren, für die ich keinerlei Alimente von dem schuldbar geschiedenen Ehemann erhalte; außerdem bin ich seit Jahren lungen- und herzleidend und einer größeren Notlage nicht mehr gewachsen.

Sie würden mir durch eine gütige Hilfe auch die Vollendung eines neuen Werkes mit ermöglichen und mir damit den Weg zu einem größeren Erfolg ebnen.

Ich sende anbei auch meine beiden Romane zur geneigten Prüfung und wäre Ihnen für gütige Befürwortung meines Gesuches herzlich dankbar.

Mit dem Ausdruck der vorzüglichsten Hochachtung bin ich

Ihre

ganz ergebene
Frau Lena Christ.

An Georg Hirth

z. Zt. Lindach, Post Glonn bei Grafing
31. 7. 14

Sehr verehrter Herr Doktor!
Soeben komme ich von meinem Verleger Albert Langen und habe die Mitteilung, dass es recht schlimm steht. Langen schließt seinen Verlag für unbestimmte Zeit, zahlt auch weder Vorschüsse noch sonst Gelder aus, die erst später verrechnet werden können. So und so viele Herren gehen in den Krieg. Man hat mir noch hundert Mark gegeben als letztes Geld für auf unbestimmte Zeit. Auch mein Mann konnte keinen Pfennig mehr bekommen und wir sind brotlos.

Sie dürfen mir also nicht zürnen, Herr Doktor, wenn ich an Sie die inständige Bitte richte, uns, wenn Ihnen dies irgend möglich ist, in den Münchner Neuesten Nachrichten einen kleinen Posten zu vermitteln. Eventuell bloß für meinen Mann, der der Sohn des Redakteurs und des ehemaligen Generalsekretärs der nationalliberalen Partei, Dr. Ernst Jerusalem ist. Mein Mann studierte: Geschichte, Kultur und Kunstgeschichte und ist der englischen, französischen und italienischen Sprache mächtig. Ferner ist er im Korrekturlesen gut bewandert.

Selbstverständlich gilt dieser Brief nur im Fall dringenden Bedarfs und bei wirklicher Vakanz eines Postens und soll nichts weniger als eine Belästigung Ihrer verehrten Person bedeuten. Da ich aber überzeugt bin, daß Sie für strebsame Leute ein fühlendes Herz haben, nahm ich mir den Mut zu diesen Zeilen.

Mit Ausdruck der Verehrung und vorzüglicher
Hochachtung

Ihre
ganz ergebene
Frau Lena Christ-Jerusalem

NB: Sollte natürlich der Krieg auf Deutschland übergreifen, wird sich mein Mann, obgleich er nicht gedient hat, für den Fall, dass er keinen guten Verdienst findet, freiwillig stellen.

An die Deutsche Schillerstiftung

München, Pilarstr. 2, 28. 9. 14.

An die Verwaltung der Deutschen Schiller-Stiftung, Weimar

Sehr geehrter Herr Geheimrat,
nehmen Sie für Ihre mir zugewendete gütige Hilfeleistung den herzlichsten Dank.
Die Gabe war besonders in der herrschenden harten Zeit eine große Wohltat für mich.

Mit ganz vorzüglicher Hochachtung
Ihre
ergebenste
Frau Lena Christ

An Hans Ludwig Held

München, Pilarstr. 2, 5. 7. 15

Lieber, verehrter Herr Held!
Aber, aber! Nun haben Sie wieder Mühe, Schererei, Bettelei! – Und alles bloß, weil ich Hornochs – oder sonst Rindviecherl – wieder so damisch ja gesagt hab.
Lieber Herr Held, schaun S', ich mach Ihnen immer wieder so einen Haufen Gaudi ins Haus!
Lassen S' Ihnen doch endlich amal den Buckel nauf steign von

Ihren
Sie im übrigen sehr gern mögenden
Jerusalemern

An Hans Ludwig Held

Lindach, 15. 7. 1915

Lieber, verehrter Herr Held,
eben kam ein Fleissbillett über 30 m[ark] zu mir geflogen, das also auf Ihr Konto: Güte gebucht sein soll. Mein Dank folgt gelegentlich in auffallend gescheerter Art und Weise. Bis dahin herzlichen Dank und Gruß Ihre

Lena Christ

»Eine Christliche Familie auf dem Lande«,
eine Zeichnung von Lena Christ auf der Rückseite ihrer Karte an Hans Ludwig Held vom 15. 7. 1915 (Abb. 1).

An Erich Petzet

München, 4. Dez. 1915

Herrn Doktor Erich Petzet, Hier

Sehr verehrter Herr Doktor!

Heute komme ich mit einer großen Bitte zu Ihnen; ich bräuchte etliche Werke über München um 1860 bis 1870. Die Kaution von 20 MK kann ich aber nur sehr schwer aufbringen; zum Hingehen in die Bibliothek bin ich noch viel zu elend, – ich soll ja noch nicht einmal aufstehen! – Kurz – ich weiß mir keinen Rat in der Sache.

Es soll nämlich ein heiterer Roman aus Alt-München entstehen, dessen Grundrisse schon in mir fest sind, und der schon von vorn herein angenommen ist von A. Langen.

Nun dachte ich so: Wenn Sie vielleicht, verehrter Herr Doktor, mir das eine oder andere Buch auswählen und bereit legen wollten; erwünscht wären mir halt Werke, die Kulturgeschichtliches, gesellschaftliche Sitten, Stadtbeschreibungen u. dergl. enthalten, auch besonders alte Zeitungen.

Leider kann sie auch weder ich noch mein Mann abholen. Das ist doch ein Kreuz!

Kanns vielleicht die Post befördern?

Für Güte, Rat und Tat wäre von Herzen dankbar

Ihre Sie

ganz ergeben begrüßende

Lena Christ Jerusalem

An Erich Petzet

Lindach, 25. August 1916

Sehr verehrter Herr Doktor,
also, ich sitze grad unter einem Apfelbaum und schreib an meinem Roman »Die Rumplhanni«; da kommt der Postbot und bringt mir – ein Sommerchristkindl von Weimar. Nun haben Sie in Ihrer Güte und Freundlichkeit halt wieder Fürsprache für mich arme Schreiberseel eingelegt, daß ich keine Not zu leiden brauche! Diesmal hab ich 200 MK im Juni erhalten und 100 MK heute. Wie gut ist so was herzunehmen!

Mein Mann war Offiziersaspirant in Freising und hat sich dort eine schwere Herzneurose geholt. Nun ist er zeitlich garnisonsdiensttauglich und macht in seiner Kompagnie zu Landshut den Kreuzlschreiber.

Und der Krieg wird halt noch nicht gar!

Nun etwas sehr Komisches, Herr Doktor: ein gewisser Herold, Schriftsteller und Mitarbeiter der Neuesten, hat gegen mich Anzeige erstattet wegen Plagiats! – Er behauptet, ich hätte ihm die 3 Geschichten: »Haben Sie's gehört«, »Die Nachuntersuchung« und »Die Lebensretter« gestohlen, hat mich überall schlecht gemacht und meinem Verleger gegenüber behauptet: eine große Anzahl seiner Ideen seien in meinen »Bayern« verarbeitet und »verballhornt«, daß jedem Soldaten das Herz wehtun könnte, – das Lob der »Hamburger Nachrichten« im 3. Band träfe nur in Bezug auf »*Ab*schriftstellerei« zu, – kurz, er ergeht sich in ganz groben Beleidigungen gegen mich. Dabei kenn ich weder diesen Herrn noch eines seiner Werke, geschweige denn seine Ideen! Ich habe natürlich bereits den Schaden verspürt, sowohl in den »Neuesten« als auch in der »Augsburger Abendzeitung«.

Herr Hauptmann und Rechtsanwalt Butterfaß hat sich kostenlos zur Vertretung und Verteidigung meines Rechts bereiterklärt. Aber ich brauche doch allerhand Zeugen und Sachverständige, die dem Gericht beweisen, daß ich nicht nötig habe, von Herrn Herold abzuschreiben. Scenen und Witze, die wochenlang in aller Leute Munde waren, stellt der Mann heute als sein geistiges Eigentum hin! Ich habe natürlich Gottlob noch die Quellen, aus denen die 3 Geschichten stammen! Alles mündliche Überlieferungen von Soldaten, resp. von einem Kunstmaler!

Auf was man sich alles gefaßt machen muß, wenn man ein bißl aus seinem Häusl herauskriecht!

Nun, es wird schon alles so gehen, wie es gerecht ist.

Ich habe ja wirklich bei meinen [sic] »Bayern« auch oft Zeitungsnotizen zu Hilfe nehmen müssen. Aber da es sich dabei bloß um Tatsachen handelt, also, mein Werk eine Art von Nachschlagebuch für spätere Zeiten ist, welches erzählt: so und so wars bei den Bayern im Weltkrieg, so würde ich auch heute noch ruhig mich der Zeitungen bedienen, wenn es gälte, ein Geschehnis festzuhalten.

Doch – fertig damit. Seien Sie herzlich gegrüßt und nehmen Sie innigen Dank von

Ihrer
ganz ergebenen Frau Lena Christ

Zum Fall Trombetta

An Adolf Müller

München, 3. Nov. 1915

Sehr geehrter Herr!
Als Schriftstellerin und Verfasserin des Werkes »Unsere Bayern anno 14« habe ich mir zur Aufgabe gemacht, auch die Schicksale unserer in den Kasernen und Notkasernen untergebrachten Soldaten ein wenig zu erforschen. Dabei habe ich in der Notkaserne »Elisabethenschule« etwas sehr befremdliches gesehen: In diesem Quartier ist ein großer Teil des I. Ersatzbatallions vom Königl. II. Infant. Reg. untergebracht. Die III. und die IV. Kompagnie sind sozusagen Wand an Wand. Was wäre also natürlicher, als dass Körperschaften, die unter einem Dach sind, auch eine gemeinsame Handhabung von Recht und Pflicht hätte[n]. Doch: Die Mannschaften der III. Kompagnie unter Hauptmann Wegert schlafen, soweit verheiratete Leute in Betracht kommen, alle zuhause bei der Familie, treten morgens $7.^{15}$ zum Dienst respekt. Unterricht an, haben Mittags von 12–½4 Uhr Ruhepause und gehen um 6½ Uhr wieder nachhause. – Die Mannschaften der IV. Kompanie unter Rittmeister Trombetta schlafen in der Kaserne, stehen um 5 h auf, treten um 6 h zum Unterricht an, haben Dienst bis 12 h, Ruhepause bis 2 h, Dienst bis 6½ und dann --- Erlaubnis, bis 9 Uhr abends auswärts zu sein. Um 9 Uhr Einpassieren oder Strafe. Will einer Erlaubnis bis 10 h, folgt Krach und erst recht keine Genehmigung. – Und das geschieht an Männern mit 38–40 Jahren. Und unter einem Dach paart sich Anständigkeit mit grausamer Willkür und Härte. Man hat mir im Quartier gesagt: »O,

Trombetta ist schon berüchtigt wegen seiner Härte! Er wird nur noch der ›Zuchthausdirektor‹ genannt und man hat schon zahlreiche Klagen über ihn ans Kriegsministerium abgehen lassen; doch alles erfolglos.«

Ich habe hier trocken Zustände wiedergegeben, wie sie in England wohl kaum schlimmer sein könnten. Und dafür sollen unsere Leute hinaus ziehen – ihr Blut, ihr Leben hinopfern, dass sie, während sie den ›Ehrenrock des Königs‹ tragen, auch noch wie die Sträflinge und Ehrverlustigen behandelt werden von Leuten, denen es gesünder wäre, wenn sie erst einmal die Gebote der Menschlichkeit erlernten, ehe sie darangehen, vielen Hunderten von braven Leuten allen Patriotismus und alle Freude am Militärleben gewaltsam zu ertöten. Vielleicht können Sie, verehrter Herr, im Landtag die Sache ein wenig belichten, wofür Ihnen im Namen aller unterdrückten Vaterlandskämpfer dankte [*Textlücke*].

An Rittmeister Trombetta

[5. 1. 1916]

Sehr Geehrter Herr Rittmeister,

mein Mann wünschte gestern von mir Aufklärung wegen eines Briefes, den ich an Sie oder über Sie geschrieben hätte.

Dazu habe ich Folgendes zu bemerken:
ich habe in den ersten Tagen des November wohl über ihre werte Person in Verbindung mit Verhältnissen, die damals in der Elisabethenschule herrschten, an eine Stelle geschrieben. Dieser Brief wurde aber bereits Anfang Dezember durch einen zweiten anulliert, in welchem ich Ihrer werten Person volle Rechtfertigung zuteil werden liess. Dieser zweite Brief wäre überdies noch viel eher von mir geschrieben worden, hätte nicht meine schwere Erkrankung – (ich lag auf den Tod da) – dieses verhindert.

Es ist wohl möglich, dass ich infolge heftiger Erregung und auch dadurch, dass ich gerade in jenen Tagen erfuhr, dass meine drei Brüder innerhalb 10 Tagen gefallen sind, in der Wahl meiner Ausdrücke das gesetzte Maß überschritt; und ich bitte Sie deshalben noch heute höflich um Entschuldigung.

Was den sonstigen tatsächlichen Inhalt jenes Schreibens betrifft, so bin ich jederzeit bereit, mich mit Ihnen darüber mündlich auseinanderzusetzen, falls Sie dies wünschen.

Hinzufügen muss ich noch, dass ich es zum mindesten seltsam finde, dass man Ihnen zwar das Schreiben, in dem Sie angegriffen werden, zustellte, das zweite aber, in dem ich Sie wieder zu rechtfertigen versuche, zurückhielt.

Wie hätte ich, wäre ich nicht inzwischen von meinem ersten Standpunkt abgekommen, Ihnen zum Jahreswechsel meine Bücher senden können!

Mögen Sie nun die Angelegenheit behandeln wie Sie wollen, ich bitte Sie bloß, zu gestatten, dass ich bin

Ihre
in Hochachtung ergebene
Frau Lena Christ-Jerusalem

An die Kgl. Staatsanwaltschaft

München, am 1. 4. 16

An die
Kgl. Staatsanwaltschaft
München II

Betreff: In Sachen gegen mich wegen Beleidigung (Lena Christ-Jerusalem)

Meinem vor dem Ermittlungsrichter wiedergegebenen Protokoll in der Beleidigungssache Rittmeister Trombetta gegen mich habe ich, um die Angelegenheit weiter zu erläutern und den Vorwurf böswilliger Absicht von mir fernzuhalten, noch das Folgende anzugeben:

Bei Anbruch des Krieges begann ich, Taten und Begebnisse, das Leben und Treiben, die Größen und Schwächen unserer Bayern aufzuzeichnen und versuchte, in den Kriegsbändchen »Unsere Bayern anno 14« sie getreu nach dem Leben wiederzugeben, einmal zur Erbauung und Erheiterung unserer Soldaten, dann aber auch, um denen, die daheimblieben, eine Erinnerung an diesen denkwürdigen Krieg zu hinterlassen, soweit ich mit meiner Kraft dies möglich machen konnte.

Zu diesem Zweck mußte ich alles studieren und beobachten: die Stimmung in Stadt und Land, bei Zivil und Militär. Ich mußte unsern Truppen in ihre Quartiere folgen, auf die Bahnhöfe, auf ihre Übungsplätze; ich machte Felddienst- und Nachtübungen mit, – kurz, – ich lebte sozusagen mit den Soldaten.

Meine anliegenden Kriegsbücher, die nur eine Vorarbeit zu dem gleichnamigen großen vaterländischen Werk sind, das ich bei Ende dieses Krieges herausbringe, mögen der Kgl. Staatsanwaltschaft ein getreues Bild von meinem Wirken geben.

Daß ich unter dem vielen Zusammensein mit dem Militär in Kasernen, Kantinen, bei Übungen und so weiter, sowie auch in Lazaretten ein warmes Interesse für alles, was mit unsern Braven zusammenhängt, haben mußte, brauche ich wohl gar nicht zu sagen. Ich lebte mit, ich litt mit.

Ihre Majestäten, unser König und Königin, sowie Seine Kgl. Hoheit Kronprinz Rupprecht gaben auch wiederholt ihrer Freude, ja sogar ihrem Dank dafür Ausdruck, daß ich es unternommen habe, unsern Bayern durch mein Werk ein Denkmal zu setzen. Dem schloß sich auch Seine Majestät der deutsche Kaiser an.

Ich habe auch durch Ihre Majestäten eine Einladung

Seiner Kgl. Hoheit des Kronprinzen Rupprecht zu einer Reise in die Etappen und an die II. Front übermittelt erhalten, der ich aber leider infolge meines schweren Herz- und Nervenleidens bis jetzt nicht nachkommen konnte.

Über sonstige Urteile aus Militär- und literarischen Kreisen über meine Tätigkeit mögen der Kgl. Staatsanwaltschaft die beiliegenden Artikel und Briefe berichten. Nach dem Gesagten mag es klar sein, daß ich mich in etwas berechtigt glaubte, Mißstände, wo solche herrschten, beseitigen zu helfen, unsern Soldaten, – besonders den älteren Landwehrleuten, die ohnehin durch Hintlassen von Haus, Geschäft und Familie nicht mehr dieselbe Begeisterung aufbringen konnten wie die jungen, ledigen, – ihr Loos ein wenig zu erleichtern; sei es nun durch Überreichung von Liebesgaben, durch Schenkung von Büchern, durch helfendes Eingreifen in privaten Familiensachen, durch Abschaffung und Milderung unguter Verhältnisse.

Wenn ich mich also an die Abgeordneten wandte, so geschah dies nur aus dem Grund, weil ich mir sagte: »In einer Zeit, wo jeder mehr oder minder kriegsmüde ist, darf man nicht auch noch den letzten Rest von Begeisterung und Tatendrang gewaltsam unterdrücken, – man muß vielmehr alles tun, um jeden einzelnen zu einem verläßigen Verteidiger unseres Reiches zu machen. Denn mit schlechten, mißmutigen, von Widerspruchsgeist erfüllten Soldaten können wir keinen Sieg erhoffen. Wer, wie ich, Gelegenheit hat, so überall die Volksstimmung zu beobachten, der muß sagen: das, was jetzt noch an Reserven im Volk vorhanden ist, ist von Natur aus nicht mehr vollwertig. Aber es kann schließlich genau so gut zu vollwertigen Streitern erzogen werden, wie die bereits im Kampf erprobten, wenn man es mit viel Geduld und viel Liebe anpackt.

Die seinerzeitigen Verhältnisse in der Elisabethenschule erschienen mir nicht geeignet, den Leuten Liebe zum Soldatenstand einzuflößen; ja, die Stimmung unter denselben war derart, daß man nicht das Beste erwarten konnte. Ich führe einen Zeugen an, der mir das eben Gesagte eidlich bestätigen kann: der Gastwirt vom Elisabethenhof, Georg Bergler, sagt aus, daß in seinem Lokal die Leute der 4. Kompagnie mit der größten Erbitterung von Kompagnieführer Trombetta redeten und daß der Ausdruck »Zuchthausdirektor« noch einer der mildesten war, die man hörte.

Aus der 4. Kompagnie selbst kann ich nur noch etliche als Zeugen für die damals herrschende Mißtstimmung und Erbitterung benennen, da fast alle schon im Felde stehen. [...]

An das Kgl. Landgericht

München, Kugelmüllerstrasse 78g
11. XII. 16

An das Kgl. Landgericht München I
Anz. Verz. Ziffer IV. 30./16.
Tagebuch No/ 949/16

Betreff: Beleidigungssache gegen mich.

Das Kgl. Landgericht München I wird von Unterzeichneter höflichst ersucht, das Hauptverfahren gegen mich wegen Beleidigung des Herrn Rittmeisters Trombetta noch hinauszuschieben, bis es mir möglich ist, die für mich unerlässlichen Zeugen, die zur Zeit sämtlich im Felde sind, beizubringen. In der Anklageschrift heisst es u. a.: »(...) sie muss auch zugeben, dass sie nicht in der Lage ist, für die gegen Trombetta erhobenen Vorwürfe den Wahrheitsbeweis zu führen (...)« – Da ich gewillt bin, den Wahrheitsbeweis für die mitgeteilten Tatsachen zu führen, sind mir die bereits in meinem Schreiben an die Kgl. Staatsanwaltschaft benannten Zeugen unumgänglich notwendig. Ich bitte nochmals, meinem Ersuchen stattzugeben.

Ferner bitte ich um Ladung des Redakteurs Müller, der auch den von mir an ihn gerichteten II. Brief, in welchem ich zu meinem ersten Brief Stellung nahm, in Händen hat.

Da in der Anklageschrift auch gesagt wird: »(...) Wenn sie nun behauptet, dass in der betreffenden Kompagnie tatsächlich einige Zeit lang Misstände geherrscht hätten und zwar durch Verschulden eines Untergebenen Trombettas, des Feldwebel Stecher (...)«, so muss ich erwähnen, dass ich bereits dem Herrn Untersuchungsrichter zu Protokoll gab: Stecher sagte, dass er auf ausdrücklichen Befehl des Herrn Rittmeisters keine Erlaubnis über 9 h abends gewähre, habe auch damals schon die Zeugen für diese Angabe benannt. Daher sind mir auch für diesen Punkt die Zeugen [...] absolut unerlässlich, befinden sich aber an der Front zum Teil beim Kgl. bayr. II. Inf. Reg. und zum Teil beim Kgl. bayr. II. Landwehrinf. Reg. – Zeuge Riedner ist in Brüssel bei der Presseabteilung des Generalgouvernements.

Ich wiederhole nochmals, dass ich die Absicht, Herrn Rittmeister Trombetta zu beleidigen, nicht im entferntesten hatte. Alle meine späteren Schriftstücke bestätigen dies auch, besonders aber der Brief, den ich an Redakteur Müller schrieb, worin ich zu dem beanstandeten Schreiben Stellung nahm.

Eine Eröffnung des Hauptverfahrens gegen mich ohne diese Zeugen würde mir jede Verteidigung und Rechtfertigung unmöglich machen.

Mit dem Ausdruck vorzüglichster Hochachtung
Frau Magdal. Jerusalem
(Lena Christ)

* * *

An Annette Thoma

Landshut, den 25. 7. 17

Sehr verehrte gnädige Frau,

endlich komme ich dazu, Ihnen für Ihren liebenswürdigen Brief zu danken und Ihnen zu sagen, dass ich mich von Herzen darüber freue. Es kommt ja nicht so sehr darauf an, was man jemanden sagt, – nicht wahr –, sondern *wie*. Und da haben mir Ihre lieben Zeilen doch recht wohl getan. Um so mehr, als ich durchaus nicht die beneidenswerte Persönlichkeit bin, für die mich die meisten Leut halten.

Nun, liebe gnädige Frau: Der Ton Ihres Briefes bestimmt mich, Ihnen was zu sagen, was ich nur ganz selten sag: Ich würde mich sehr freuen, wenn ich Sie persönlich kennen lernte, trotz meiner gewissen Weltfremdheit. Ich möchte gern zu Ihnen kommen. Und da Ihre Einladung so nett ist, werde ich sie einfach annehmen. Ich besuche nämlich Sandmeiers Mitte August und muss auch in Übersee meine Aufwartung machen; da komm ich also ganz einfach auch zu Ihnen. Sehr nett wärs gewesen, wenn die Sandmeierischen mich begleiten möchten.

Also verehrte gnädige Frau, ich habe den 15. August im Auge; doch werde ich Ihnen auf alle Fälle noch Bescheid sagen.

Und nun nochmals vielen Dank und herzliche Empfehlungen!

Ihre

Frau Lena Christ

An die Deutsche Schiller-Stiftung

Landshut, Jodoksplatz 601/II
26. Juli 1917

An die Schillerstiftung in Weimar

Sehr geehrter Herr!
Herr Dr. Petzet empfahl mir, ich möchte doch mein letztes Werk, »Die Rumplhanni« gelegentlich an die Schillerstiftung nach Weimar senden; daher gestatte ich mir, beiliegend dieses – mein letztes Werk – in Ihre Hände zu legen.

Zugleich würde ich aber auch die bescheidene Bitte an Sie, verehrter Herr, richten, ob Sie nicht ermöglichen könnten, dass die Stiftung mir wieder ein wenig an die Hand geht mit einer gütigen Unterstützung.

Meine kleinere Tochter ist seit vielen Monaten schwer lungenkrank, mein Mann ist schon 2 Jahre Soldat mit 33 Pfennigen Tagessold und ich ringe mich recht schwer durch, um so mehr, als mein schweres Herz-Klappenleiden mich oft wochenlang am Arbeiten behindert.

Bei meinem Verleger liegt gerade ein Band mit Bauerngeschichten zur Prüfung; das Honorar ist leider schon als Vorschuss draufgegangen.

Nun möchte ich meinen Altmünchner Roman vollenden; die leidigen Geldsorgen aber hindern mich am freien, glücklichen Schaffen.

Vielleicht ist es Ihnen möglich, mir das Sorgenpäcklein ein wenig zu erleichtern. Sie würden damit zu großem Dank verpflichten

Ihre
ganz ergebene
Frau Lena Christ

An Annette Thoma

31. 8. 17

Meine lieben, verehrten Leut,

hier sind die Stiefel und ein paar wichtige Hausfrauenkleinigkeiten.

Ich werde am Montag über acht Tag anschwirren, ein Trumm Suppenhenn und sonst noch einen z'Essen mitbringen und dann eine Woche recht brav sitzen, dass das Bildl schön wird. Ich denk Euer in Liebe und bin

Eure getreue

Lena Christ

An Annette Thoma

Landshut, den 10. 9. 17

Meine liebe und verehrte Frau Annette,

das ist ja eine ganz graisliche Sache mit dem bösen Finger!

Der arme Herr Emil! Was muss er Schmerzen gehabt haben!

Unsern traurigen Operateur, meinen Peter, habens derweil auch hübsch hergenommen; der liegt schon 10 Tag im Lazarett und wurde operiert an seinem Ellenbogen. Nun eitert die Geschichte und er kann wohl etliche Wochen damit zu tun haben.

Es darf halt net ausgehen!

Unsere Kinder haben wir jetzt hier in Landshut. Ich bin ziemlich deprimiert und kann gar nicht arbeiten, obgleich es so notwendig wäre – teils dieserhalb – teils ausserdem. – Aber grad weil es sein müsste, gehts nicht, und das macht einen immer noch kleiner.

Ich fühl mich auch gar nicht wohl und hab wieder allerhand Herzgeschichten.

Na ja – eins ist bedingt durchs andere. Es wird schon nicht alleweil auf eine Seiten hängen.

Ich freu mich schon auf Riedering und auf Euch.

Darf ich vielleicht meine jüngere Tochter mitbringen? Die Lebensmittel tät ich schon auch mitnehmen für sie. – Aber nur, wenn sie Ihnen nicht lästig fällt, denn sie ist sehr lustig und lebhaft von Temperament!

Bitte, schreibens mir ganz ehrlich drüber, liebe Frau Thoma!

Und nun recht gute Besserung
Eahm selber
und Ihnen viel Grüsse

von Ihrer
Lena

An Annette Thoma

28. I. 18

Meine lieben Riederingerleut!

Mein lieber Peter ist heut an die Front gekommen. Ich bin recht traurig und ganz mit den Nerven herunter; aber grad kommt mir Ihr lieber letzter Brief in die Händ und da muss ich Sie herzlich grüssen.

So rasch wird von mir nichts neues erscheinen; der Verlag hat kein Papier.

Ich bin auch einerseits froh, obgleich ichs gut brauchen könnt.

Dass aber der Finger Ihres Herrn Gemahl solche Geschichten macht! Das ist ja scheusslich.

Sandmeiers warten auch lange auf einen Brief von mir. Aber nun bin ich schon wieder ganz am Hund mit meiner Kraft.

Leben Sie wohl, meine Lieben!

Ihre
Frau Lena Christ

An Annette Thoma

Landshut, 8. 2. 18.

Meine liebe Frau Annette,

grad sitz ich am Schreibtisch und denk, jetzt könntest eigentlich einmal all denen schreiben, die du lieb hast; – da kommt Ihr lieber Brief!

Also frisch drauf los. Ich les leider so manches zwischen Ihren Zeilen, so was – ich weiss nicht – müds – abgehetztes; nun sind Sie halt auch so ein armer geplagter Wurm, wie ich einer war, gelt! Aber, wissens, ich denk mir ganz einfach mittendrinn: jetz glangts. Jetz mag ich nimmer traurig sein. Da tät man ja ganz grausli und alt werdn! Und's Herrli tät dann eine alte Schachtel finden, wenn er dereinst mit dem »deitschen Siegeslorbeer« heimwerzzieht! Nein. Jetz sollens einmal Ruh geben, die Malefiznerven. Zwar hab ich alleweil noch den verflixten Datterich, aber ich werd schon wieder.

Wissens, dass ich ganz heimtückisch immer denke, ich fahr jetzt einmal mittendrinn auf den Göttersberg und komm dann auch auf ein paar Stunden zu Ihnen?

Ich habe Zeitlang nach allen lieben Menschen, die ich kenne.

Bitte, sagens dies aber meinem Freund Sandmeier nicht, sonst wird er eitel. – Oder auch nicht, und dann denkt er sich: »Landshuter Schneegans!«

Wenns doch mit Herrn Emil wieder besser wird! Gott lob, dass so ein Prachtkerl von einem Doktor existiert! Ich will doch auch einmal hinschauen.

Vorläufig sitz ich also in Landshut. Im Mai so was fang ich dann an, südlichere Gegenden heimzusuchen: zum Beispiel Lindach, Glonn, Birkenstein, Rottach, Riedering, Göttersberg, Übersee...

Großartiges Programm gels! Und ich hoffe, dass ich bald wieder schreiben kann.

So ist das ganze Leben leer und öd.

Das wäre fein, wenn Sie einmal kämen! Aber bitte, vorher einmal anmelden.

Und jetzt viel viel Grüsse an Klein und Gross – an Sie alle

von Ihrer

Lena-Christ-Kindl.

An Erich Petzet

Landshut, 3. 3. 18

Sehr verehrter, lieber Herr Doktor,
nun bemühe ich mich seit Wochen vergebens, irgend was Gutes, Preiswertes zu finden, was ich Ihnen senden könnte, verbunden mit dem herzlichsten Dank für Ihre Güte. Aber leider haben anscheinend alle Bäuerinnen angeblich nur lauter »legende« Hennen im Stall. Doch werden ja bald wieder die fetten Bruthennen kommen und dann hoffe ich schon, was zu finden. Am Besten wäre ja allerdings Butter oder Schmalz. Da ich aber seit 14 Tagen an einer schweren fiebrigen Kehlkopfentzündung (im Rückfall) krank + heiser liege, so muß ich halt um Geduld bitten und sende derweil bloß dankbare und ergebene Grüße als

Ihre

Frau Lena Christ Jerusalem

An Erich Petzet

Landshut, 14. 3. 18

Sehr verehrter lieber Herr Doktor,
bitte, nehmen Sie das beiliegende Viech als eine kleine Dankesgabe gnädig an und denkens halt: die schlechten Hennen san net schöner – und einem geschenkten Gaul...

Guten Appetit! Ihre Frau Lena Christ

An die Deutsche Schillerstiftung

Landshut a/Isar, Maximilianstrasse 8/I.
am 24. März 1918.

An die Deutsche Schillerstiftung, Weimar.

Hochverehrter Herr Doktor,

schon wiederholt hat mich Ihre großherzige Stiftung mit einer gütigen Zuwendung unterstützt und vor der schlimmsten Not bewahrt.

Schwere Krankheiten und der Umstand, dass mein Mann im Felde steht und mir mein Los als Mutter, Frau und Schriftstellerin in nichts erleichtern kann, zwingen mich auch heute, Sie zu bitten, mir doch wieder Ihre so wertvolle Hilfe angedeihen zu lassen.

Ich bin eben dabei, meinen neuesten Roman aus Altmünchen zu vollenden. Wie dankbar wäre ich Ihnen, wenn Sie mir dazu durch eine gütige Überweisung einer Unterstützung helfen wollten; meine große Notlage drückt mich furchtbar nieder.

Um geneigte Prüfung und Befürwortung dieser meiner Bitte ersucht höflichst

Ihre
ganz ergebene
Frau Lena Christ.

An Peter Jerusalem (Benedix)

[Im März 1918]

Das ist so ziemlich das Alpha und Omega meines Denkens [. . .]. Und wenn der Krieg noch lang dauert, dann werd ich ein Opfer desselben. Das weiß ich bestimmt. Ich war nur durch Dich was und bin nix mehr, seit ich Dich nicht mehr hab. Ich bin haltlos, kraftlos und lebenslos. Mein ganzes Dasein und Tagwerk ist wie ein Traum – ein Traumzustand, in dem ich mechanisch das und jenes unternehme, Dummheiten mach, gscheite Ideen hab, Gemütsempfindungen hab –, aber mein eigentliches Leben ist wie in einem Sarg verschlossen, und nur Du kannst es wieder zum Leben bringen …

An die Deutsche Schillerstiftung

Landshut, Maximilianstr. 8/II
30. XII. 18.

An die Schillerstiftung Weimar

Hochgeehrter Herr Doktor,
zum Beschluss des Jahres muss ich noch mit einer grossen Bitte an Sie herantreten. Meine Familie und ich befinden uns in sehr drückender Notlage. Mein Gatte ist eben aus dem Feld zurück und hat als Schriftsteller nichts als seine Armut und den guten Willen, viel zu verdienen. Meine Töchter sind wegen Lungenkrankheit aus dem Institut entlassen worden und nun habe ich die Pensionsrechnung von 623 Mk zu entrichten. Ich selber liege noch an den Folgen der Grippe und Lungenentzündung. Dazu die Teuerung. Unsere Not ist sehr gross. Können Sie mir ein wenig helfen?

Sehr dankbar wäre Ihnen dafür
Ihre
ganz ergebene
Frau Lena Christ

An Peter Jerusalem (Benedix)

[Ende Januar 1919]

.... Nach einer durchweinten Nacht bin ich soweit gefaßt, daß ich Dir wenigstens schreiben kann. Bitte, nimm mir meine Nervosität nicht übel auf. Ich bin so elend beisammen, so zermürbt, daß ich halt nicht mehr kann. Denn daß Ihr mir bald beide verloren seid, Du und der Bub, daß auch das Glück sich allmählich von mir wenden wird, das weiß ich bestimmt. Ich falle eben doch dem Schicksal anheim, welches mir meine Mutter gewünscht hat. Ganz bestimmt. Ich will heute zum Arzt gehen. Und darnach vielleicht zu einem Psychiater, damit ich weiß, was mit mir los ist, und wie man mir helfen kann. Denn so darfs nicht weitergehn. Im Kino fing ich an zu heulen, wollte zu Dir und verdarb natürlich den andern den Abend. Und wenn ich bei Dir bin, verderb ich Dir die Tage. Und mir hab ich das Leben verdorben. Es wird wohl Schicksal sein. Denn daß auch Deine Gegenwart nichts mehr machen kann, daß ich trotz all Deiner Mühe nicht mehr zur Höhe komme und raus aus dem Irrsinn, das ist bedenklich. Aber es gibt noch eine Hoffnung, den Arzt. Vielleicht kann mir doch noch geholfen werden...

An die Deutsche Schillerstiftung

München 19, Winthirstr. 41/4 19. 2. 19

Deutsche Schillerstiftung
Vorort Weimar.

Hochverehrter Herr Professor,
meine überaus bedrängte Lage und die Verpflichtung, für meine beiden Töchter die Klosterrechnung im Betrag von über 600 Mk zu zahlen, zwingen mich, Sie um Ihre geneigte Befürwortung meines Gesuches vom Dezember herzlich zu bitten. Herr Dr. Petzet riet mir, ich sollte mich vertrauensvoll an Sie, verehrter Herr Professor wenden. Vielleicht kann mir doch Hilfe zuteil werden, damit ich in Ruhe mein neues Buch vollenden kann. Monatelanges Siechtum brachte mich beinahe an den Bettelstab. Bitte, verehrter Herr Professor, nehmen Sie mir diesen Notschrei nicht übel!

Mit den ergebensten Empfehlungen bin ich
Ihre
dankschuldige
Frau Lena Christ

An Ernst Toller

München, Winthierstr. 41[4]
10. 4. 19

Sehr geehrter Herr Toller!
In Anbetracht dessen, dass jetzt endlich etwas für die armen Leute geschieht, komme ich mit meiner Bitte vertrauensvoll zu Ihnen. Ich bin eine arme Schriftstellerin, mein Mann ist seit seiner Rückkehr aus dem Felde, wo er zuletzt als Unteroffizier war, erwerbslos. Wir wissen nicht, wo wir

für uns und die zwei Kinder noch das Geld zum Leben hernehmen sollen. Da ich lungenkrank bin, so kann ich nicht grobe Arbeit verrichten. Ausserdem gilt ja auch in der Räte-Republik, wie ich sehe, der wirkliche Künstler etwas. Und dass Sie es mit einer anerkannten Schriftstellerin zu tun haben, mag Ihnen der Umstand beweisen, dass meine Bücher teilweise Auflagen bis zu 30 Tausend erlebten. Leider ohne dass ich dafür solche Honorare erhalten hätte wie Ludwig Thoma, Ganghofer und so weiter. Natürlich denen schmeisst man es nach und uns drückt man es ab. Ich habe drei große Arbeiten angefangen; bitte, helfen Sie mir durch Ihre Hilfe in barer Unterstützung zur Vollendung! Ich bin aus dem Volk als lediges Kind einer Köchin und schreibe fürs Volk. Hauptsächlich Bauerngeschichten.

Sollten Sie meinen Arbeiten Interesse entgegenbringen, so bin ich gern bereit, Ihnen dieselben zu überreichen.–
Zur Zeit habe ich fast 600 Mk Schulden und gar keine Einnahme. Ich muss alle Tage etwas von meinen sauer erworbenen Sachen verkaufen. Bitte unterstützen Sie mich durch eine einmalige größere Summe oder durch ein Monatsgeld, damit ich wieder aufschnaufen kann.

Im Voraus dankend, bin ich
Ihre
ergebene

Frau Magdalena Jerusalem
genannt Lena Christ.
Winthierstr. 41/4

Ich bitte aber inständig, meine Bitte nicht in der Zeitung zu veröffentlichen!

An Hermann Mook

München, 20. Juli 1919

Lieber verehrter Herr Mook
anbei ein kleines Andenken an die Lena Christ. Vielleicht überaschen wollt natürlich sagen über-raschen wir Sie einmal in der nächsten Zeit.

Herzlich
Ihre ergebene
Frau Lena Christ

An die Deutsche Schillerstiftung

München, Tizianstrasse 35
24. 12. 19

An die deutsche Schillerstiftung, Weimar.

Hochverehrter Herr Professor,
als Ihre Stiftung mir anfangs dieses Jahres in so liebenswürdiger Weise mit 500 Mk aus meiner Notlage half, versprach ich die Überreichung meines neuesten Buches, sobald es erschienen wäre. Nun ist es da und ich beeile mich, es Ihnen mit den ergebensten Empfehlungen zu überreichen.

Leider zwingt mich meine grosse Notlage, sowie die monatelange schwere Tuberkulosekrankheit meiner Tochter Sie abermals um Hilfe zu bitten. Herr Dr. Petzet empfahl mir, dieses zu tun. Wenn Sie daher Ihre Stiftung veranlassen könnten, mir mit einer meiner traurigen Lage entsprechenden Summe unter die Arme zu greifen, so würden Sie damit zu herzlichem Dank verpflichten

Ihre
ganz ergebene
Frau Lena Christ

An Erich Petzet

München, 2. 1. 1920

Sehr verehrter Herr Doktor,
bitte nehmen Sie mein wärmstes Vergeltsgott für Ihre Spende! Nach Weimar habe ich geschrieben. Der Spediteur wartet bis 1. Februar mit dem Rest. Es wird schon wieder ebener Weg werden.

Zur Jahreswende wünsche ich Ihnen und Ihrer werten Familie von Herzen alles Gute und bleibe stets

Ihre
dankbare
Frau Lena Christ.

An die Deutsche Schillerstiftung

München, 17. 2. 20

An die deutsche Schillerstiftung
Weimar.

Hochverehrter Herr Doktor,
vor etwa zwei Monaten waren Sie so liebenswürdig, mir in Verbindung mit einer Überweisung von 300 Mk die gleiche Summe nach etlichen Wochen – allerdings ungewiss – in Aussicht zu stellen.

Da ich in grosser Bedrängnis bin, bitte ich herzlich um Ihre geneigte Fürsprache.

Innigen Dank im Voraus!
Mit dem Ausdruck der vorzüglichsten Hochachtung
Ihre ganz ergebene
Frau Lena Christ

An die Deutsche Schillerstiftung

München, am 13. Mai 1920

An die Deutsche Schillerstiftung
in Weimar

Hochverehrter Herr Professor,
für die mir in so liebenswürdiger Weise überreichten 600 Mk sage ich Ihnen meinen wärmsten Dank und bitte, denselben auch den übrigen Herren gütigst übermitteln zu wollen. Für die Nicht-Nennung meines Namens unter den Unterstützten wäre ich Ihnen sehr dankbar.

Mit dem Ausdruck vorzüglichster Hochachtung
bin ich
Ihre ganz ergebene
Frau Lena Christ-Jerusalem

An Richard Scheid

München, 26. 5. 20. Bauerstr. 40/0

Sehr geehrter Herr Scheid,
leider muss ich Ihnen mitteilen, dass mir die Futterer-Bildgeschichte recht zuwider wird, seit ich mit dem Professor darüber gesprochen habe. Futterer ist erstens ein ausgesprochen rabiater Gegner unserer Partei: Er fragte mich sofort, ob ich U. S. P. sei, und ich bin überzeugt, dass er sobald er das Bild in die Finger bekommt, nicht nur sagt, er habe niemals einen Rotgardisten gemalt, sondern dass er uns gewiss das schöne Bild vernichtet, wozu er ja, sobald er sagt, es ist falsch, berechtigt ist. Es kann ja auch sein, dass ich selbst angeschmiert wurde, ich glaube aber viel eher, dass dies nicht der Fall ist. Was raten Sie mir nun, verehrter Herr Scheid? Soll ich es der Frau zurückgeben mit der

Begründung, es ist falsch? Soll man es Futterer geben und es vernichten lassen? Soll man es unsigniert reproduzieren? Kann man das Signum, das der Maler selbst als nicht von ihm stammend bezeichnet, ohne Risiko entfernen? Ich möchte nicht gern in einen Saustall geraten, und Futterer drohte mir schon mit Prozess.

Ich bitte Sie als unsern Parteivorstand, mir als einer armen Schriftstellerin doch einen kameradschaftlichen guten Rat zu geben.

Mit ergebensten Empfehlungen
Ihre Lena Christ

An Richard Scheid

München, 27. 5. 20

Mein lieber verehrter Herr Scheid!
Eben komme ich von Hausers. Das Frauerl war nicht daheim, dagegen der eine Sohn. Seine Mitteilungen sind allerdings verblüffend. Er sagte, als ich ihm die Sache genau mit all ihren Folgen darlegte: »Um Gottes willen gnä' Frau, tuns uns das nicht an! Der Futterer hat das Bildl wirklich nicht gemalt. Das hat eine sehr bekannte Schwabinger Malerin gemacht von meinem toten Bruder. Ich hab in dem Bierstüberl von der Brennessel alleweil die pfundigen Sprüch vom Futterer gehört, dass seine Bildl so hoch im Preis sind und da hat mich der Teufel geritten. Ich hab mir ein Bild vom Futterer in der Gallerie angschaut und hab dann seinen Namen mit viel Genauigkeit hingmalt. Der Name von der Malerin war nicht drauf. Ich bitt Sie gnä' Frau, bewahren Sie mich vor der Entdeckung und vor dem Zuchthaus! Meiner Mutter zulieb!«–
Ich gab dem Mann das Wort, lieber Herr Scheid. Ich fechte die Sache den Leuten zulieb auch ganz allein aus, falls Sie

Bedenken tragen, auf Risiko des »Kampf« das Signum entfernen zu lassen. Ich kann arme Leute, die nur aus Not gehandelt haben und sonst so gute, ja gebildete Leute sind, nicht ins Elend bringen.

Da soll lieber mein Rücken herhalten. Ich erwarte Ihren kurzen Bescheid; ich bin infolge des Schrecks über die Nachricht augenblicklich wieder von meinem lieben Herzübel und Erbrechen befallen worden. Das hätte ich nicht erwartet. Ich hätte dem Herrn »königlichen Professor« gern die Kleinigkeit gegönnt.

Das wichtigste ist, dass der Futterer nicht erfährt, wer es war. Darum nenne ich auch Ihnen gegenüber die genauen Namen nicht. Soll es ruhig über mich hergehen; die Leute erbarmen mir.

Herzlichst

Ihre

Lena Christ

Abschiedsbriefe

An Heinrich Dietz

[29. 6. 1920]

Mein geliebter Sohn, ich muß gehen. Man hetzt mich zu Tod. Mach mir das Kind glücklich und gedenke der Worte, die ich Dir sagte. Hab Dank für all Deine Liebe, Dein Verstehen, Deinen Takt. Leb wohl und nimm meinen innigsten Segenswunsch zusammen mit meinem liebsten Kind. Deine Mutter Lena Christ.

An Erich Petzet

München, 29. 6. 20

An Herrn Dr. Erich Petzet

Hochverehrter Herr Doktor,
wenn Sie diese Zeilen lesen, bin ich nicht mehr. Ich habe gefehlt und muss die befleckte Ehre mit meinem Leben abwaschen. Haben Sie Dank für alles und wenn Sie können, tun Sie etwas für meinen unglücklichen Mann.

Vielleicht kann ihm die deutsche Schillerstiftung ein bisschen helfen. Denken Sie nicht schlecht von mir, setzen Sie sich bitte, mit meinem Mann einmal in Verbindung und nehmen Sie nochmals für alles meinen letzten Dank.

Ihre

Frau Lena Christ

An Ludwig Thoma

München Bauerstrasse 40/0.
29. 6. 20

Herrn Dr. Ludwig Thoma

Sehr verehrter Herr Doktor,
wenn Sie diese Zeilen lesen, bin ich nicht mehr am Leben. Ich habe meinen Fehltritt freiwillig mit dem Opfer meines Lebens gesühnt, damit die Ehre meiner Kinder bewahrt bleibt. Bitte, bewahren Sie der Frau, die gleich Ihnen Bauerntum studierte, liebte und beschrieb, ein gutes Andenken. Und wenn Sie können helfen Sie zwei armen Kindern zulieb zur Ehrenrettung durch ein Wort an die, die mich verstehen.

Leben Sie wohl verehrter Gönner!
Ihre unglückliche Lena Christ

An Hermann Nepomuck Kerschensteiner

München, den 29. Juni 1920

Hochverehrter Herr Professor,
wenn diese Zeilen in Ihre Hände kommen, ist mein Leben ausgelöscht. Ich bin freiwillig gegangen und danke Ihnen noch in der letzten Stunde für Ihr Wohlwollen und Ihre oftmalige Hilfe.

Eine letzte Bitte habe ich noch: bitte nehmen Sie sich ein wenig meiner unglücklichen Tochter Alicerl an, damit sie es leicht hat mit ihrem Leiden und ihrer etwas morschen Seele. Sie kann nichts für ihr Wesen. Sie stammt ja von gleichem Blut und Fleisch wie ich unglückseliges Menschenkind. Helfen Sie ihr ein wenig fort in dieser Welt und betrachten Sie im übrigen meinen Schritt als Ehrenrettung für meine Angehörigen und meinen Namen. Denken und reden Sie nicht schlecht von mir.

Leben Sie wohl, haben Sie Dank für alles.

Ihre

Lena Christ Jerusalem

An einen Unbekannten

Mein teurer Freund! Wenn Sie diese Zeilen erhalten bin ich nicht mehr. Ich kann nicht anders. Die Hetze war zu groß – ich muß weichen. Betrachten Sie meinen Tod als Ehrenrettung für den Namen Lena Christ mit den Augen eines Offiziers. Und gewähren Sie mir eine letzte Bitte: Helfen Sie meinen Kindern für die erste Zeit, wenn es Ihnen möglich ist, pekuniär etwas vorwärts. Es sind noch mehr Gönner am Werk ... von Ihrer unglücklichen Lena Christ
Reden Sie gut von mir

Anhang

DRUCKNACHWEISE UND KOMMENTARE

Die Dramen

Die eigentliche Bewährungsprobe war für den Dichter im 19. Jahrhundert noch immer das Drama; anerkannte Prosaautoren des Realismus – wie Gottfried Keller, Theodor Fontane, aber auch Otto Ludwig und schließlich sogar noch Thomas Mann – mühten sich immer wieder um den ihnen versagten Bühnenerfolg, und dies gewiß nicht nur, weil der Theaterruhm besonders einträglich war. Seit dem Ende des Jahrhunderts herrscht dieses ehrgeizige Streben nach dem Drama auch im Gebiet der Heimatkunst. Spätestens seit den Erfolgen Ludwig Anzengrubers (1839–1889) mit Stücken wie *Der Pfarrer von Kirchfeld* (1871), einem liberalen Tendenzstück im ländlichen Milieu, *Der Meineidbauer* (1871), *Die Kreuzelschreiber* (1872) und *Der G'wissenswurm* (1874) war im Süden des deutschen Sprachgebietes das romantisierende ›Volksstück‹, wie es im Münchner Volkstheater im Geist eines Pocci, Schwind und anderer Nachfahren der Münchner Spätromantik gepflegt wurde, durch ein ›realistisch‹-bäuerliches Schauspiel verdrängt worden. Ganghofers *Herrgottschnitzer von Ammergau* (1880) erschien dem älteren Berthold Auerbach, der einst die ›Dorfgeschichten‹ in Mode gebracht hatte, »ganz naturalistisch«; freilich fährt Ganghofer, dessen Memoiren 1908 diesen Brief Auerbachs zitieren, resigniert fort: »Vor dreißig Jahren nahm man ihn als naturalistisch, heute wird er unter die Schmachtlappen eingereiht« (S. 131f.).

Ein zeitgemäßes Volkstheater war – und blieb – eine zentrale Forderung der literarischen Moderne in München. Um 1890 jedenfalls schien der Sieg des »naturalistischen Prinzips« überfällig; Otto Julius Bierbaum, einer der Wortführer der ›Münchner Moderne‹, wollte jene »krachledernen Komödien der bekannten Art« ausrotten und fragte herausfordernd: »Ist keiner da, der für Oberbaiern sein kann, was Gerhart Hauptmann für Schlesien, Max Halbe für Westpreußen ist?« Gegenläufig zur anspruchsvollen Literarisierung des ›Volkes‹ schritt freilich die Trivialisierung und touristische Vermarktung des Volkstümlichen stetig fort; im Kampf gegen diese Tendenz entwarf sich Josef Ruederer, ohne sich mit seinen Stücken die Bühnen erobern zu können, das Rollenbild eines kritischen Volksdramatikers: »Die Komödie der krachledernen Hosen«, so lautet das bittere Resümee in einer autobiographischen Skizze von 1913, »bleibt in Permanenz; man spielt sie am Abhang der Alpen jahraus, jahrein, auch wenn keine Bauern da oben stehen. Hier erscheint, bengalisch beleuchtet, erhabene Sentimentalität«, und alles tue mit, »was in München den Ton angibt, was jedes Jahr Ausstellungen arrangiert, Plakate anklebt, Zimmer vermietet, Theater dirigiert oder offiziell in Kunst macht« (S. 308).

Dem ernsten Volksstück wandte sich nach Dialektsatiren für die Bühne schließlich Ruederers erfolgreicher Nachfolger und Konkurrent, Ludwig Thoma, mit *Maria Magdalena* (1912) zu und versetzte die Themen der Hochliteratur ins bäuerliche Milieu. Thoma arbeitete – von 1910 an – eng mit Michael Denggs Bauern-Theater zusammen. Dank dem naturalistischen Echtheitsdogma hatte inzwischen das zeitgemäße Volksstück in besonderen Schauspielertruppen auch die geeigneten Interpreten gefunden – voran die von Konrad Dreher 1891 gegründeten »Schlierseer Bauernkomödianten«, in deren Spiel Bierbaum die »Offenbarungen einer großen, echten, natürlichen Kunst« spürte. Auch Lena Christs Einakter *Der goldene Strumpf* wurde von dieser Truppe aufgeführt.

Peter Benedix zwar behauptete – getreu seinem Bild von der unbewußten, medialen Dichterin –, daß Lena Christ für das Drama »zuwenig [...] mitbrachte, um so weniger, als sie als Erzählerin eine reine Naturbegabung war, allem Problematischen fern« (S. 156). Spätestens seit dem Kriegsausbruch versuchte sie dennoch, im breitgefächerten Spektrum des Volkstheaters ihren Platz zu finden. Als Dramenstoff bot sich zunächst die Geschichte der Rumplhanni an (vgl. Bd. II, S. 369). Das *Rumplhanni*-Drama, von dem Benedix berichtet, ist zwar niemals bekannt geworden; vielleicht handelte es sich jedoch um eine Vorstufe zu dem Stück *Der Hochzeiter,* das Ende 1916, Anfang 1917 entworfen wurde. In dessen erster Fassung treten noch die Rumplhanni und die Rumplwabn auf; erst in der Reinschrift, die wohl im Frühjahr 1919 entstand, werden diese Namen in »Lamplfanny« und »Lamplwabn« umgeändert. Die Verwicklung um den Staudenschneiderhof läuft im Roman allerdings auf die Hochzeit des Erben mit der Haushälterin hinaus. Zu diesem Werkkomplex, der wohl nach dem Erfolg der Kriegsbücher und der *Rumplhanni* konzipiert wurde, zählt jedenfalls – wie ein Notizbuch im Nachlaß belegt – außerdem ein Einakter *Der goldene Strumpf* sowie eine frühe Fassung der *Madam Bäuerin.* Die Niederschrift des *Hochzeiters* in diesem Notizbuch steht – mit zahlreichen Korrekturen – insgesamt in Handlungsgang und Dialogführung der Endfassung bereits sehr nahe. In sie eingeschaltet ist nicht nur eine Episode – die Begegnung des Schiermoser Franz mit der Nandl –, die in Lena Christs letztem Roman wiederkehrt, sondern auch ein szenischer Dialog, der offenbar als Exposition zu dem Drama *Der goldene Strumpf* gehört. Dieses »Bauernstück« (Benedix, S. 154) war in Landshut entstanden und wurde am 15. Oktober 1917 am dortigen Stadttheater uraufgeführt; ebenfalls am 15. Oktober fand am Deutschen Theater in München eine geschlossene Aufführung als Benefizvorstellung für Xaver Terofal statt; vom 15. bis zum 17. Oktober gab Terofals Schlierseer Bauerntheater dieses »Spiel für jedermann« auch in öffentlicher Abendvorstellung im Deutschen Theater.

Die – in jenem Notizbuch überlieferte – Eröffnungsszene zeigte Bauer und Bäuerin »am Tisch; eine Laterne mit einer Kerze darin leuchtet ihnen. Der Bauer rechnet mit der Kreide auf dem Tisch, was er in den letzten Monaten verdient hat.« Die umständlich beredete Bilanz fällt rundum erfreulich aus:

Er: Bleibn ins ja do no bei dreitausad Mark über.
Sie: Und geht ins aa sunst net schlecht.
Er: Gwiß net. San mir alleweil no gsund und lusti, ham mir gnua z'Essen und z'Trinka...
Sie: Und insan guatn Schlaf, bal mir ins niederlegn. Aber was mir jatz mit dene dreitausad Mark toa solln, des kümmert mi schon!
Er: Des kümmert mi gar net. I laß's halt im Kasten drinn. Des liegt mir guat! Is ja a so des ganze Goldgeld aa no dabei.

Dieses in einem »goldenen Strumpf« gehortete Geld entzieht der Bauer egoistisch seinem kämpfenden Volk. Der Einakter greift das brisante Thema vom materiellen Land-Stadt-Gefälle, dem wachsenden Wohlstand der Bauern in der Kriegsnot, auf, ordnet sich damit einem Text wie den *Zwei Seiten* (vgl. S. 165 dieses Bandes) oder auch der *Madam Bäuerin* (vgl. S. 437) zu und war offenbar thematisch eng mit gleichzeitigen Erzählungen Lena Christs – wie *Der tote Schatz* – verwandt; es handelte sich laut dem Bericht der *Landshuter Zeitung* (Nr. 242; 18. 10. 1917) um »ein Tendenzstück, das auf die Kriegsanleihe hinausläuft« – »und von dem sich«, wie es weiter heißt, »die hier anwesende Militärschriftstellerin Lena Christ in ihrer Eigenschaft als Autorin mehr versprochen hatte«. Sie hatte dem Bühnenstück analog zu den Erzählungen eine Vision als Wendepunkt gegeben, und trotz der Kriegsverdrossenheit der Bevölkerung soll freilich diese »in dem Stücke zum lebenden Bild gestaltete Traumszene mit einem porträtähnlichen Hindenburg [...] ihre Wirkung« nicht verfehlt haben (ebd.). Insgesamt wird Benedix' Urteil, dieses Stück habe keinen »besonderen künstlerischen Wert« gehabt (S. 155), nicht revidiert werden müssen.

Auf die Bühne gelangt war – unter geändertem Titel – auch Lena Christs »Münchner Komödie« *Millionäre,* deren Datierung nicht überliefert ist. Vom Text hat sich nur ein Fragment erhalten. »Den von der Pineggertruppe seinerzeit aufgeführten Einakter *Baumeister Zacherl* von Lena Christ habe ich leider nicht mehr. Pinegger hat mir den Text nicht zurückgeschickt«; so berichtet Peter Benedix am 18. Juni 1951 in einem Brief (an Grete Anders). Die Münchner Bauspekulation als Sinnbild der Münchner Kunst ist seit Michael Georg Conrads *Was die Isar rauscht* (1888), Ruederers »Münchner Satire« *Auf drehbarer Bühne* (1901), Heinrich Manns *Die Jagd nach Liebe* (1903) ein Thema der literarischen Moderne in dieser Stadt; in seinem Romanfragment *Münchnerinnen* (1923) wird es Ludwig Thoma aufgreifen, nun als Sinnbild eines Städtertums, das alles Naturhafte – auch die Frau – korrumpiert und zerstört. – Das Unwesen der Spekulation hatte die bürgerliche Existenz Lena Christs in ihrer ersten Ehe vollends vernichtet (vgl. Bd. I, S. 238); in die Erzählung *Trauerspiel des Alltags* bringt dieses Motiv denn auch die tragische Note, während es im Bühnenstück schwankhaft aufgefaßt ist. Das Stück ist – mit seiner Verwechslungsintrige um das bewährte Schwankmotiv vom betrogenen Betrüger – handwerklich solid als Repertoirestück für das Volkstheater gearbeitet. Auch *Der Hochzeiter* ist »als Bauernschwank konzipiert« (Adler, S. 22); die herrschsüchtige Wirtschafterin etwa ist einer der »feststehenden Typen des österreichisch-bayerischen Volksstückes« (Adler, S. 11). Anders als in *Die Millionäre* aber verzichtet Lena Christ hier auf den gattungsspezifischen komischen Schluß und wendet das Thema vom ›betrogenen Betrüger‹ nahezu ins Tragische.

S. 11 Der Hochzeiter. Bauernkomödie
Druckvorlage: Handschrift in der Bayerischen Staatsbibliothek, cgm 8193.

S. 43 Millionäre. Eine Münchner Komödie in einem Aufzug
Druckvorlage: Typoskript im Nachlaß.

Bauern. Bayerische Geschichten

Zuerst erschienen im Paul List Verlag, Leipzig 1919 (auch als zweiter Band der Sammlung »Die Bücherlese«). – Peter Benedix berichtet, daß der Verlag Albert Langen die Herausgabe dieses Bandes, in dem Lena Christ »ihre verschiedenen, in Zeitungen und Zeitschriften erschienenen Bauerngeschichten« gesammelt hatte, nicht übernehmen wollte. Lena Christ wechselte zum Paul List Verlag in Leipzig, der das Buch im Dezember 1919 vorlegte. Das Titelblatt (vgl. Abb. 2) stammte von Paul Neu (1881–1940).

Etliche der *Bauern*-Erzählungen gehen, wie Benedix berichtet, auf Erlebnisse während der Sommerfrische im Dorf Lindach zurück, etwa die »dichterisch wertvolle Geschichte *Der Guldensack,* die [...] im Sommer 1916 in Lindach entstand und von ihr auf dem alten Kanapee unten in der Wohnstube geschrieben wurde [...]. Sie setzte sich hin, und als sie nach Verlauf einer guten Stunde wieder aufstand, war die Geschichte fertig und ging ohne die geringste Änderung in Druck, um kurz darauf in einer Zeitung zu erscheinen.« (S. 133) Zu dem Weiler gehörten

Paul Neus Umschlag der Erstausgabe von Lena Christs *Bauern* (Abb. 2).

Paul Neus Titelblatt der Erstausgabe von Lena Christs *Bauern* (Abb. 3).

> zwei Häuslein, von Gemeindearmen bewohnt. Das eine beherbergte die alte Grundin, die dort mit ihrem graubärtigen Mann und einem Wolfsspitz hauste; in dem andern schräg gegenüber saß ein Hafenbinder oder Pfannenflicker mit seiner Frau. Die alte Grundin war eine Beerensammlerin und lebte mit ihrem Mann vom Verkauf dieser Waldfrüchte. Sie ist das Urbild der alten Schleiferlis, die in der Erzählung *Henn um Henn – Hahn um Hahn* die führende Rolle spielt. [...] Auch andere Erzählungen dieses Bandes fußen auf Erlebnissen in Lindach, so die Hundegeschichte *Lord* und die in ihrer elementaren Wucht bedeutendere, wesentlich wertvollere Geschichte *Schauer*. (S. 126f.)

Die Veröffentlichung löste in der Presse nur ein geringes Echo aus. Nach Lena Christs Tod resumierte die Zeitschrift *Hochland,* die keinem ihrer Werke etwas abgewinnen konnte (vgl. Bd. I, S. 667), die Autorin habe weder ihr Leben meistern können, noch sei sie ein »eigentlich schöpferisches Talent« gewesen; die Stücke seien »nach der Schablone, sicher voller Unlust geschrieben« (18,I, 1920/21, S. 254f.). – Zunächst wurden sie als »bayerische Genrebildchen« gewürdigt (Charles Hünerberg in: *Die schöne Literatur,* 1920, Nr. 14, Sp. 155). Heinz Michaelis lobte den Band im *Literarischen Echo* (22, 1920, Sp. 1505) als Beitrag zur Heimatliteratur: »In seiner ganzen Bodenständigkeit, seiner Fülle und seiner Kargheit, seiner Treuherzigkeit und seiner Verschlagenheit wird der bayrische Bauer modelliert.« Ähnlich variierte eine kurze Anzeige von G. Hartberg in der Zeitschrift *Donauland* (3, 1919/20, S. 1112) die Gemeinplätze der Heimatkunstbewegung:

> Ein Buch über Bauern und Volkstum; Meisterstücke in bayrischem Dialekt vom zarten Stimmungsbild und heiligem Ernst zum derben Schwank voll lachenden Humors gleich geraten in urwüchsiger Kraft, Wahrheit, Echtheit. Ein Buch der Gesundung und Erstarkung für die der Landluft Entwöhnten, köstlich in seiner Vielseitigkeit des Schauens und Schilderns.

S. 53 Die Freier
Aus: *Bauern* S. 3–24

S. 64 Die Scheidung
Aus: *Bauern* S. 25–36

S. 69 Die blaue Krugel
Aus: *Bauern* S. 37–48

S. 74 Die Hochzeiterinnen
Aus: *Bauern* S. 49–60. – Auch in: *Jugend* 24, 1919, S. 246.

S. 79 Der Guldensack
Aus: *Bauern* S. 61–74. – Zuerst in: *MNN,* Nr. 416, 19. 8. 1917.

S. 85 Der Schatz des Toten
Aus: *Bauern* S. 75–84

S. 89 Henn um Henn – Hahn um Hahn
Aus: *Bauern* S. 85–102. – Zuerst in: *MNN,* Nr. 396, 5. 8. 1916.

S. 98 Die närrische Zeit
Aus: *Bauern* S. 103–112. – Zuerst u. d. T. *Der erste Mai im Einödhof* in: *MNN,* 4. 5. 1916.

S. 102 Die Erbschaft
Aus: *Bauern* S. 113–132. – Zuerst in: *Jugend* 21, 1916, S. 1048, 1050, 1052.

S. 111 Lord
Aus: *Bauern* S. 133–156

S. 123 Der Steinriegerbauer
Aus: *Bauern* S. 157–168

S. 128 Der Räuber Blasius
Aus: *Bauern* S. 169–182

S. 135 Das neue Hausregiment
Aus: *Bauern* S. 183–200. – Zuerst in: *MNN,* Nr. 174, 7. 4. 1918.

S. 144 Die Ostereier der Reiserbuben
Aus: *Bauern* S. 201–210. – Zuerst in: *MNN,* Nr. 176, 7. 4. 1917.

S. 148 Der Dorfdummerl
Aus: *Bauern* S. 211–222

S. 154 Schauer
Aus: *Bauern* S. 223–234

S. 159 Feierabend
Aus: *Bauern* S. 235–242. – Zuerst in: *MNN,* Nr. 295, 10. 6. 1916.

Verstreut veröffentlichte und nachgelassene Prosa

S. 165 Die zwei Seiten
Druckvorlage: Eigenhändige Handschrift; Bayerische Staatsbibliothek, cgm 8466.

S. 168 Das Schweinchen
Aus: *Jugend* 22, 1917, S. 647–650 [18. August].

S. 175 Iwan
Aus: *MNN*, Nr. 520, 14. 10. 1917.

S. 180 Der tote Schatz
Aus: *MNN* (General-Anzeiger), Nr. 636, 16. 12. 1917.

S. 184 Der Traum
Aus: *MNN*, Nr. 398, 25. 9. 1920.

S. 188 Frau Susannas Christabend
Aus: *MNN*, Nr. 651, 24. 12. 1917.

S. 193 Trauerspiel des Alltags
Aus: Die Einkehr (Unterhaltungs-Beilage der *MNN*), Nr. 82, 25. 10. 1925.
Der Text folgt dem von Peter Benedix veranstalteten Erstdruck. Im Nachlaß Lena Christs hatte sich ein Romanfragment *Eva* erhalten (15 S.; mit blauem Kopierstift geschrieben). Aus dieser Handschrift stammt – mit kleinen Korrekturen von Benedix – der Text bis zur Diebstahlepisode im Warenhaus (S. 202). Den Schluß der veröffentlichten Fassung konzipierte Benedix auf der letzten Seite der Handschrift. In einer Skizze *Die Begegnung* (*MNN*, Nr. 4, 3./4. 1. 1920) hatte er das Thema bereits variiert.

Lena Christ hingegen hatte das lockende Warenparadies nur als Schauplatz für eine andere Versuchung ihrer ›Eva‹ gewählt:

> Da durchfuhr sie ein freudiger Schreck: Dort am Fenster saß ja die Roth Lisl – ihre beste Spielkameradin. Zwar hatten sie sich leichtlich an die drei Jahre nicht mehr gesehen, da die Lisl rasch nacheinander ihre beiden Eltern verloren hatte und nun zu Verwandten in ein anderes Stadtviertel kam; doch wollte Eva nicht ohne Gruß an ihr vorbeigehen. Also lief sie eilends auf sie zu und streckte ihr die Hand hin: »Lisl! Ja Grüß di Gott, Lisl!«

Zwar ist Lisl »so was ähnlichs« wie der verjagten Eva »passiert«. Doch präsentiert sie sich inzwischen als »eine modisch gekleidete schwarzhaarige Dame von etwa achtzehn Jahren«, denn sie hat sich als Modell – und offenbar auch Geliebte – eines Malers etabliert; sie nimmt sich Evas an und führt sie in ihre Kreise ein: »Ich werde dich vorstellen als Fräulein Eva Schmid oder Bauer, – damit dich dein Alter nicht findet, falls er dich etwa wieder zurückhaben möchte. – Du kommst direkt aus Wien.« Mit Bleistift – also wahrscheinlich von Benedix – ist diese Herkunft umgeändert in »Berlin« und damit die Tendenz noch verdeutlicht; offenbar sollte im weiteren Verlauf des Textes – analog zu dem säkularisierten Erzählmodell im *Mathias Bichler* (vgl. S. 424 dieses Bandes) – die Verstrickung Evas im schönen Schein eines wurzellosen, ›verberlinerten‹ Kunstbetriebes in München erzählt werden; die Verwaiste hätte damit vollends die Mitgift der ›Heimat‹ verspielt und die Welt ihrer Mutter, das ärmliche ›alte München‹, gegen eine gleisnerische internatioanle Halbwelt eingetauscht. Das Motiv der Verkleidung und des Identitätsverlustes aus dem *Mathias Bichler* wird noch durchgeführt; das Motiv der sexuellen Verführung ist deutlich vorbereitet:

> Am Nachmittag mußte diese [Lisl] zu ihrem Maler und ließ Eva derweil in ihrem Salon, öffnete ihren Kleiderschrank und sagte: »Schau dir einmal die Sachen an; kannst auch dies und das anprobieren, ob's dir paßt. Und putz dich ein bißl auf, – heut abend führ ich dich ins Kasino! – Also – Servus!« Nun saß das Mädchen verwirrt und betäubt vor dem Spiegel und fragte sich immer wieder: ja, bin ichs denn wirklich selber! – Ist denn das wirklich alles Wahrheit?

Bei der Begegnung der herausgeputzten Eva mit dem Maler und Akademieprofessor, dem sie von Lisl zugeführt wird, bricht das Fragment ab.

Madam Bäuerin

Zuerst erschienen im Paul List Verlag, Leipzig 1920. – Pläne zu dem Roman reichen offenbar bis ins Jahr 1917 zurück (vgl. oben S. 378). Nach dem Zeugnis von Peter Benedix (S. 169) soll er freilich erst im Frühjahr 1918 begonnen worden sein. Bei seiner Heimkehr im November 1918 fand Benedix das Manuskript »fertig auf dem Schreibtisch« (S. 177). Die Handschrift zeigte, daß der Roman auch diesmal nicht »in einem Wurf geschrieben ist. Die einzelnen Kapitel sind häufig umgearbeitet und teilweise im Stenogramm geschrieben« (von Gugel, S. 31).

Auch dieses Buch konnte nicht im Langen Verlag erscheinen. Von dem Pauschalhonorar, das der Paul List Verlag der Autorin auszahlte, hatte sich Benedix einen Teil ausbedungen (vgl. ebd., S. 200). Eine Mitwirkung an dem Werk reklamiert er freilich nicht; »im Eingang und vor allem im Ausgang der Geschichte« spüre man zwar noch das Talent der Erzählerin; doch habe sie sich »in der Schilderung bürgerlicher Kreise auf ein Gebiet begeben, in dem sie nicht zu Hause war«, und sei denn auch »auf das Niveau eines durchschnittlichen Unterhaltungsromanes hinuntergesunken« (S. 199f.). Anscheinend blieb Lena Christs letzte Buchveröffentlichung fast völlig unbeachtet. Im Jahr 1934 jedoch, angesichts einer – auch von Benedix betriebenen – völkisch-volkstümelnden Rezeption, mahnte Bernt von Heiseler (*MNN,* Nr. 135, 20./21. 5. 1934), »ein Buch wie dies« – obschon es »gar nicht das beste unter den Werken der Lena Christ« sei – gehöre »zu den ganz dringenden Erfordernissen unseres Tages«, denn es korrigiere »eine gewisse, üppig ins Kraut geschossene ›Blut und Boden‹-Literatur«: »Da werden keine ›wiegenden Hüften‹ und ›kraftstrotzenden Schenkel‹, keine ›dampfenden Schollen‹ und ›erdhaften Gerüche‹ aufgeboten, um die Stimmung des ländlichen Lebens zu erzeugen; wir stehen gleich mitten darin, alles hat einen Atem und eine Farbe, alles ist wahr und wir wissen vom ersten Wort an, daß da nicht ein schlechtes Filmpersonal sich als ›Buam‹ und ›Dirndl‹ aufgeschminkt hat, sondern daß jedes das ist, was es vorstellt – Gott sei Dank! [...] Es ist ein Glück, daß wir einige Muster der echten ländlichen Dichtung haben, die wir jener Pseudo-Bodenständigkeit entgegenstellen können.«

Zu den Briefen

S. 339 An Ludwig Thoma; 4. 2. 1913
Druckvorlage: Stadtbibliothek München, Handschriftenabteilung.
Über das Verhältnis Lena Christs zu Ludwig Thoma vgl. Bd. I, S. 638, 648, dazu S. 365 u. 414 dieses Bandes. – Der Brief ahmt den Ton des ›Josef Filser‹ nach, jener von Thoma erfundenen Spottfigur eines Abgeordneten der katholischen Zentrumspartei – ein Spiel mit dem Dialekt, das Lena Christ offenbar unabhängig von der zielbewußten Satire faszinierte.

Die Wallfahrtskirche St. Rasso in Grafrath wurde 1686–1694 von dem Vorarlberger Baumeister Michael Thumb errichtet; die Wallfahrt zu den Gebeinen des hl. Rasso, Graf von Dießen, ist jedoch seit dem 14. Jahrhundert bezeugt. Um 1130 hatten sich die Grafen von Dießen auf dem Berg Andechs angesiedelt; die Wallfahrtskirche dort bewahrt tatsächlich nicht die Reliquien des hl. Rasso, sondern – nach der Legende – jene Reliquien, die er im 10. Jahrhundert aus dem Heiligen Land geborgen hatte. Insofern läßt Ludwig Thoma den Hofbauer in jener Geschichte »Die Wallfahrt« aus seiner ersten Buchveröffentlichung *Agricola* (1897), auf die sich Lena Christ bezieht, tatsächlich zu Unrecht nach Andechs zum hl. Rasso pilgern.

S. 340 An die Redaktion der *Süddeutschen Monatshefte;* 23. 2. 1913
Druckvorlage: Bayerische Staatsbibliothek, Handschriftenabteilung, Hübscheriana.
Die Redaktion der *Süddeutschen Monatshefte* (vgl. Bd. I, S. 647) besorgte damals Arthur Hübscher (1897–1985); einen Beitrag von Lena Christ brachte die Zeitschrift nicht.

S. 340 An die Redaktion der *Süddeutschen Monatshefte;* 21. 7. 1913
Druckvorlage: Bayerische Staatsbibliothek, Handschriftenabteilung, Hübscheriana.

S. 341 An die Deutsche Schillerstiftung; 6. 7. 1914
Druckvorlage: Goethe- und Schiller-Archiv, Weimar (Akte Lena Christ).
Die Deutsche Schillerstiftung (gegründet 1859) hatte sich die Unterstützung bedürftiger Autoren zur Aufgabe gemacht. Geleitet wurde sie, als Lena Christ ihr Gesuch stellte, von Oskar Walzel (1864–1944). Eine einmalige Hilfe in Höhe von 300,– Mark wurde Lena Christ am 18. August zuerkannt. Die Stellungnahme des Generalsekretärs Oskar Butte vom 22. Juli lautete:

> Gutachtlich. Die von dem Herrn Vorsitzenden der Münchner Zweigstiftung an die Hauptstiftung gewiesene, aber nicht besonders empfohlene Münchner Schriftstellerin Frau Lena Christ legt zwei Romane vor, die weniger durch ihren Inhalt als durch die volkstümliche, echt bajuwarische Darstellung interessieren. Es geht aus den ohne Jahresangabe herausgegebenen Büchern leider nicht hervor, welches von den beiden das zuerst entstandene ist; sollte der Roman *Erinnerungen einer Überflüssigen* der zweite aus der Feder der Verfasserin sein, so würde ein recht bedenklicher Niedergang ihrer Kunst und ein Sich-Hinwenden zur Sensation festzustellen sein, die eine Unterstützung aus der Schillerstiftung nicht gerechtfertigt erscheinen liesse. Denn in diesem Romane, der wohl viel Autobiographisches enthält, wird die Entwicklung eines Mädchens aus dem Volke in vielfach allzubrutaler und stimmungsmacherischer Weise geschildert. Wenn aber dieser, auch in der Form noch recht ungefüge biographische Roman der erste der [gestrichen: schriftstellernden] Frau Christ ist, was mir aus inneren Gründen wahrscheinlich erscheint, so bedeutet ihre andere Romandichtung *Mathias Bichler* einen entschiedenen Fortschritt in ihrer Darstellungskunst und ein Reiferwerden der Verfasserin für edlere Stoffe und Formen. Der Lebensgang eines ebenfalls aus den Unterschichten des bayerischen Volkes stammenden Holzschnitzers, der es schliesslich zu einem achtungswerten Künstlertum bringt, ist hier in harmonisch und spannungsvoll fortlaufender Darstellung recht frisch geschildert. Auf diesen

> Roman hin, der als ein schätzenswerter Beitrag zu der Volksliteratur besseren Stils angesehen werden muss, würde ich die schwer um ihr Leben kämpfende Schriftstellerin zu einer Berücksichtigung durch unsere Stiftung unbedenklich empfehlen können (vielleicht mit einer einmaligen Gabe von 300 M).

Peter Benedix (S. 98 f.) läßt die Unterstützung überraschend eintreffen, so daß sie durch den Kriegsausbruch motiviert erscheint:

> Am andern Morgen aber geschah ein Wunder. Da läutete die Türglocke, und als ich öffnete, stand jener beliebte Mann mit der Posttasche draußen und hielt in der Hand eine Anweisung über dreihundert Mark. Ich unterschrieb, gab den geringen Inhalt meiner Börse als Trinkgeld und stürmte mit der Anweisung in die Küche, wo ich sie wie ein Siegesfähnlein flattern ließ.
>
> »Was is denn?« fragte die Dichterin und Köchin, mit dem Abspülen des Frühstücksgeschirrs beschäftigt.
>
> »Rat!« rief ich. »Rat!«
>
> »Ja mei, a Geld halt!«
>
> »Jaja, aber wieviel?«
>
> »Zehn Mark!« erwiderte sie, unfaßbar bescheiden geworden.
>
> »Nein, nein, fehlgeschossen! Dreihundert!« Und mit dem letzten Wort hielt ich ihr die Anweisung unter die Nase.
>
> Sprachlos stellte sie die Tasse, die sie in der Hand hielt, auf den Herd, und dann führten wir einen Negertanz auf.
>
> Das Geld war von der Schillerstiftung gekommen, auf Veranlassung des Leiters der Münchner Zweigstelle, des Staatsbibliothekars Dr. Petzet, mit dem ich persönlich bekannt war. Bei einem meiner Besuche in genannter Bücherei war er mir kurz zuvor begegnet und hatte sich nach unserm Ergehen erkundigt. Wahrheitsgemäß berichtete ich ihm, daß diese Kriegszeiten auch für uns etwas schwierig seien, da alles stocke, Vorschläge und Angebote von Verlegern abgelehnt oder zurückgestellt würden und von den Büchern meiner Frau weder die »Erinnerungen« noch der »Mathias Bichler« irgendeinen nennenswerten Erfolg hätten. Da er aber beide Bücher sehr schätzte, hielt er geheime Zwiesprache mit den Herren der Stiftung in Weimar, worauf dort einer zur Post ging und uns die frohe Botschaft ins Haus schickte.

Tatsächlich hatte Petzet (vgl. unten S. 392) am 6. August eine Stellungnahme zu den Akten gegeben:

> Mit der Bewilligung von 300 M durchaus einverstanden. Ich bemerke zu dem Gutachten unseres Herrn Generalsekretärs, daß in der Tat die »Erinnerungen einer Überflüssigen« das erste Buch der Schriftstellerin u. durchaus autobiographischen Inhalts sind. Zu dem Gesuch selbst

»Der Kommunist in seinem Häusl«, eine Zeichnung Lena Christs aus dem Jahre 1920 (Abb. 4).

aber muß ich ergänzend hinzufügen, daß Frau Lena Christ seit etwa einem Jahre wieder verheiratet ist mit dem Schriftsteller Peter Jerusalem, der zwar in diesem Jahre ebenfalls in starke Bedrängnis geraten ist, unter normalen Verhältnissen aber ausreichenden, wenn auch bescheidenen Verdienst hat. Die Münchner Zweigstiftung hat an Frau Lena Christ in diesem Jahre einmal 50 u. einmal 75 M, zusammen also 125 M angewiesen.

Die Deutsche Schillerstiftung hat Lena Christ zuverlässig, bis in das letzte Notjahr hinein, gefördert.

S. 342 An Georg Hirth; 31. 7. 1914
Druckvorlage: Bayerische Staatsbibliothek, Handschriftenabteilung.
Georg Hirth (1841–1916), der Verleger der *Münchner Neuesten Nachrichten* sowie Begründer und Verleger der *Jugend,* war um die Jahrhundertwende der führende »Kunstagitator« Münchens (Segieth) und eine der Stützen der nationalliberalen Richtung in der Politik. – Der Langen Verlag, in dem Lena Christs Bücher erschienen, wurde von Korfiz Holm geleitet (vgl. Bd. I, S. 674); daß »mit Kriegsbeginn alles, was mit Literatur zusammenhing, ins Stocken geraten« war, wird bei Benedix (S. 91) bestätigt.

S. 343 An die Deutsche Schillerstiftung; 28. 9. 1914
Druckvorlage: Goethe- und Schiller-Archiv, Weimar (Akte Lena Christ).
Vgl. den Kommentar zu dem Gesuch vom 6. Juli 1914.

S. 343 An Hans Ludwig Held; 5. 7. 1915
Druckvorlage: Stadtbibliothek München, Handschriftenabteilung.
Hans Ludwig Held (1885–1954) hatte 1911 seine Stellung im Mittleren Verwaltungsdienst der königlichen Haupt- und Residenzstadt München quittiert, um als freier Schriftsteller in »eine Phase stürmischer Aktivität« einzutreten: »Er gibt Zeitschriften heraus« – Beiträge von Lena Christ erscheinen in seiner *Kritischen Rundschau* (vgl. Bd. II, S. 349) –, »veröffentlicht Schriften zum Buddhismus, schreibt Balladen und Chansons und gründet zusammen mit Thomas Mann, Frank Wedekind und anderen den *Schutzverband deutscher Schriftsteller«* (Krauss, S. 5); zu seinem Freundeskreis zählt auch das Ehepaar Christ/Jerusalem. Spiritistische Sitzungen mit Lena Christ, ähnlich jenen, von denen Peter Benedix (S. 180–184) berichtet, fanden unter Helds Anleitung statt. – Während der Revolution von 1918/19 wurde Held als Vertreter der auf der äußersten Linken angesiedelten *Unabhängigen Sozialdemokratischen Partei* (USP), der auch Lena Christ angehörte (vgl. Abb. 4), in den Stadtrat gewählt. Von 1920 bis 1933 und nach 1945 prägte er in wechselnden Ämtern die Münchner Kulturpolitik. Peter Benedix hatte ihm für vielfältige Unterstützung zu danken und

überließ ihm als Gegengabe die Handschriften aus Lena Christs Nachlaß, die heute in der Handschriftenabteilung der Stadtbibliothek München verwahrt werden.

S. 344 An Hans Ludwig Held; Lindach, 15. 7. 1915
Druckvorlage: Stadtbibliothek München, Handschriftenabteilung.

S. 345 An Erich Petzet; 4. 12. 1915
Druckvorlage: Bayerische Staatsbibliothek, Handschriftenabteilung, Petzetiana.
Erich Petzet (1870–1928) promovierte 1892, trat 1894 in die Bibliothekarslaufbahn bei der Bayerischen Staatsbibliothek ein; er wirkte dort zuletzt als Oberbibliotheksrat. Er gab die historisch-kritische Ausgabe der Werke August von Platens (1910) heraus, sowie Briefwechsel Paul Heyses. Lena Christ hatte ihm Unterstützungen aus dem Fond der Schillerstiftung in Weimar zu danken (vgl. zum Gesuch vom 6. Juli 1914); am 11. Juli 1915 hatte Petzet neuerlich mit Erfolg eine Gabe von 300 Mark für Lena Christ beantragt und dabei auf die beiden soweit erschienenen Bändchen *Unsere Bayern* verwiesen, die »sicher zu den besseren Erzeugnissen der Kriegsliteratur« gehörten. – Zum ›Altmünchner‹-Roman *Kaspar Glück* vgl. Bd. I, S. 668.

S. 346f. An Erich Petzet; 25. 8. 1916
Druckvorlage: Bayerische Staatsbibliothek, Handschriftenabteilung, Petzetiana.
Um eine neuerliche Gabe der Schillerstiftung hatte Peter Benedix kurz vor dem Truppentransport an die Vogesen-Front in einem Brief vom 6. Juni – »ohne Wissen meiner Frau« – bei Petzet angehalten (Akte Lena Christ der Schillerstiftung).
Nachweise zu der Auseinandersetzung mit dem Journalisten Herold konnten nicht ermittelt werden.

Zum »Fall Trombetta«
Zu dem Beleidigungsprozeß, den Rittmeister Trombetta gegen Lena Christ anstrengte, vgl. Bd. II, S. 358f.
Druckvorlage der vier folgenden Briefe: Staatsarchiv München.

S. 348f. An Adolf Müller; 3. 11. 1915
Der Brief wurde auf einem im Querformat einmal gefalteten DIN A 4 Bogen geschrieben; an der rechten unteren Seite ist ein schmaler Streifen abgeschnitten, so daß die Unterschrift auf der Rückseite entfällt.

S. 349f. An Rittmeister Trombetta; 5. 1. 1916

S. 350f. An die Kgl. Staatsanwaltschaft München II; 1. 4. 1916
In der schriftlichen Stellungnahme folgen noch Namen und Angaben zu den Zeugen.

S. 353f. An das Kgl. Landgericht München I; 11. 12. 1916

S. 355 An Annette Thoma; 25. 7. 1917
Druckvorlage: Handschrift in Privatbesitz.
Annette Thoma, geb. Schenk (1886–1974), verheiratet mit dem Maler Emil Thoma (1869–1948), der mit Ludwig Thoma entfernt verwandt war, hatte nach der Lektüre der *Rumplhanni* an Lena Christ geschrieben und sie nach Riedering am Simssee eingeladen; im August suchten – wohl anläßlich eines Ausflugs zur Familie Sandmeier im etwa fünfzehn Kilometer südöstlich gelegenen Weiler Göttersberg – Peter Benedix und Lena Christ die Familie Thoma in Riedering auf: »›Kommt jetzt wirklich 's Christkindl zu uns?‹ fragte unsere sechsjährige Älteste, als wir die beiden erwarteten« (Thoma, S. 136). Aus diesem ersten Besuch bei den ›Riederingern‹ entstand eine Freundschaft, die bis ins Jahr 1918 währte: »Lena Christ faszinierte schon beim ersten Händedruck. Ein typisch bairischbäuerliches Gesicht, klassisch geformt, durchgeistigt«; Emil Thoma hatte ihr Porträt malen wollen; da er sich seine Hand schwer verletzte, kam es nicht zur Ausführung. »Auffallend war«, so fährt Annette Thoma in ihren Erinnerungen an Lena Christ (ebd.) fort, »im Zusammenhang mit ihrer schlichten Natürlichkeit die Sicherheit im Urteil und eine klare Ausdrucksweise, ob man über diesen unseligen, schon fast aussichtslosen Krieg sprach, von der Verknappung der Nahrungsmittel und das, was man mühsam erhamsterte, ob sie sich zu den Bildern meines Mannes äußerte oder ein Urteil über Literarisches abgab.«

S. 356 An die Deutsche Schillerstiftung; 26. 7. 1917
Druckvorlage: Goethe- und Schiller-Archiv, Weimar (Akte Lena Christ).
Zum »Altmünchner Roman« vgl. den Kommentar der *Kaspar Glück*-Fragmente (Bd. I, S. 668). – Bereits am 7. Juni hatte Peter Benedix bei Petzet um weitere Hilfe gebeten; obschon dieser die *Rumplhanni* »nicht so hoch schätzte«, hatte er sich am 10. Juni in einem Schreiben nach Weimar dieses Hilfegesuch zu eigen gemacht; Benedix hatte er zur Einsendung eines Belegexemplares geraten. Obgleich das Buch nicht in Weimar eintraf, wurden neuerlich 300 Mark bewilligt.

S. 357 An Annette Thoma; 31. 8. 1917
Druckvorlage: Handschrift in Privatbesitz.

S. 357f. An Annette Thoma; 10. 9. 1917
Druckvorlage: Handschrift in Privatbesitz.

S. 358 An Annette Thoma; 28. 1. 1918
Druckvorlage: Handschrift in Privatbesitz.

S. 359f. An Annette Thoma; 8. 2. 1918
Druckvorlage: Handschrift in Privatbesitz.

S. 360 An Erich Petzet; 3. 3. 1918
Druckvorlage: Bayerische Staatsbibliothek, Handschriftenabteilung, Petzetiana.

S. 360 An Erich Petzet; 14. 3. 1918
Druckvorlage: Bayerische Staatsbibliothek, Handschriftenabteilung, Petzetiana.

S. 361 An die Deutsche Schillerstiftung; 24. 3. 1918
Druckvorlage: Goethe- und Schiller-Archiv, Weimar (Akte Lena Christ).
Das Gutachten des seit 1917 amtierenden Generalsekretärs Werner Deetjen (1877–1939) befürwortete am 27. April 1918 eine Gabe von 500 Mark an Lena Christ, da ihre »Erzählung *Die Rumplhanni* [...] zum Besten, was auf dem Gebiete der Dialektliteratur in den letzten Jahren geschaffen worden ist«, gehöre.

S. 361 f. An Peter Jerusalem (Benedix); [Im März 1918]
Druckvorlage: Benedix, S. 168 f.

S. 362 An die Deutsche Schillerstiftung; 30. 12. 1918
Druckvorlage: Goethe- und Schiller-Archiv, Weimar (Akte Lena Christ).
Ende Januar 1919 wurde eine Gabe von 500,– M bewilligt.

S. 363 An Peter Jerusalem (Benedix); [Ende Januar 1919]
Druckvorlage: Benedix, S. 191 f.
Vgl. zur Verfluchung durch die Mutter Bd. I, S. 209.

S. 364 An die Deutsche Schillerstiftung; 19. 2. 1919
Druckvorlage: Goethe- und Schiller-Archiv, Weimar (Akte Lena Christ).

S. 364 f. An Ernst Toller; 10. 4. 1919
Druckvorlage: Staatsarchiv München, Strafakte Toller.
Erstveröffentlichung: *Der Fall Toller. Kommentar und Materialien,* hg. v. Wolfgang Frühwald u. John M. Spalek, München: Hanser 1979, S. 52 f.
Der Schriftsteller Ernst Toller (1893–1939) wurde im März 1919 – nach der Ermordung seines Lehrers und Freundes Kurt Eisner – Vorsitzender der bayerischen USP. Als am 6./7. April durch den Revolutionären Zentralrat in München die Räterepublik ausgerufen wurde, bestimmte man Toller zum Vorsitzenden des Zentralrates. Lena Christs Brief wurde nach der Zerschlagung der Räterepublik bei der Fahndung nach Toller im Mai/Juni 1919 im Ministerium für soziale Fürsorge entdeckt und zu den Polizeiakten Tollers gelegt. Ihre Hoffnung auf Unterstützung dürfte durch die Künstlerdebatte im provisorischen Nationalrat am 3. Januar 1919 geweckt worden sein; damals hatte Kurt Eisner erklärt, »daß ein wirklicher Staatsmann, eine wirkliche Regierung zu niemand ein stärkeres inneres Verhältnis haben sollte als zu den Künstlern, seinen Berufsgenossen« (zit. n. *Der Fall Toller,* S. 48).

S. 366 An Hermann Mook; 20. 7. 1919
Druckvorlage: Stadtbibliothek München, Handschriftenabteilung.
Der Adressat war Kunsthändler in München.

S. 366 An die Deutsche Schillerstiftung; 24. 12. 1919
Druckvorlage: Goethe- und Schiller-Archiv, Weimar (Akte Lena Christ).
Am 26. Dezember bekräftigte Erich Petzet in einem Schreiben nach Weimar, »daß *möglichst rasche* Hilfe not tut«: »Schon sind ihr Möbel gepfändet worden – heutzutage unersetzliche Dinge – u. die Krankenhauspflege des einen Kindes ist, wenn keine Zahlung erfolgen kann, in Frage gestellt.« Von den beantragten 600 Mark wurden 300 bewilligt.

S. 367 An Erich Petzet; 2. 1. 1920
Druckvorlage: Bayerische Staatsbibliothek, Handschriftenabteilung, Petzetiana.

S. 367 An die Deutsche Schillerstiftung; 17. 2. 1920
Druckvorlage: Goethe- und Schiller-Archiv, Weimar (Akte Lena Christ).
Obschon das von Petzet unterstützte Gesuch Lena Christs vom Dezember 1919 sogleich von Werner Deetjen befürwortet worden war, verzögerte sich die Genehmigung erheblich, so daß im Mai – über die Sofortzahlung vom Jahresanfang hinaus – offenbar nochmals der gesamte Betrag von 600 Mark angewiesen wurde.

S. 368 An die Deutsche Schillerstiftung; 13. 5. 1920
Druckvorlage: Goethe- und Schiller-Archiv; Weimar (Akte Lena Christ).

S. 368 f. An Richard Scheid; 26. 5. 1920
Druckvorlage: Stadtbibliothek München, Handschriftenabteilung.
Erstveröffentlichung: von Gugel, S. 32 (Auszug).
Der Literat Richard Scheid (1876–1962) hatte u. a. 1901 das »Jahrbuch für lyrische Wortkunst« *Avalun* herausgegeben; zu den Beiträgern zählten Heinrich Lautensack und Rainer Maria Rilke. Von 1911 bis 1919 war er Gemeindebevollmächtigter im Münchner Rathaus, dann USP-Stadtrat bis November 1920; im Februar 1919 amtierte er für kurze Zeit als »provisorischer Minister für militärische Angelegenheiten«. Als sich Lena Christ an ihn wendet, ist er für das Feuilleton des *Kampf. Südbairische Tageszeitung der Unabhängigen Sozialdemokratie* verantwortlich; die Zeitung hatte offenbar mit Vermittlung Lena Christs ein Gemälde vorstellen wollen, das einen Rotgardisten zeigte – in der nachrevolutionären Zeit ein brisantes Sujet. Angeblich stammte das Bild von Joseph Futterer. Futterer (1871–1930) hatte sich als Autodidakt einen geachteten Rang im Münchner Kunstleben erarbeitet: Er »ging nicht mit als der Impressionismus ›Mode‹ wurde«, heißt es in einer Würdigung von 1921, »und ist heute doch in höherem aber zugleich in unbewußtem Sinne Impressionist als viele, die sich so nennen. Der Expressionismus machte ihn nicht irre« (Wolf, S. 3). 1915 wurde Futterer zum Akademieprofessor ernannt. An die bizarren Züge Futterers erinnert sich Martha Feuchtwanger (Emigrée Life, S. 308f.) auf die Frage nach der Münchner Maler-Bohème in der Kriegszeit:

> Yes, there was one painter [Futterer] who was not so young anymore and always starving, and all of a sudden he had a great succes because he had adopted this new procedure of the expressionists, using thick strokes of paint, what is called the *spachtel* technique. He painted some portraits this way. [...] He became very rich all of a sudden because his portraits were the big fashion. He rented a studio, also in Schwabing, very near to the Siegestor, and he was very proud of his new studio in an elegant house. There was even an elevator there, because he had to have his studio on the roof, for the light, the north light. For the first time in his life he had a telephone, and he was so pleased that in the evening he wanted to use it. But he had not many friends who had a telephone. So he took at random some numbers, and there was an answer, „Hello, City Morgue." He was superstitious and ran away, and for days he did not go into his studio anymore.

Martha Feuchtwanger berichtet dann noch eine kuriose Anekdote um die verwechselte Unterschrift eines Porträts, das Futterer von Lion Feuchtwanger gemalt hatte.

S. 369 f. An Richard Scheid; 27. 5. 1920
Druckvorlage: Stadtbibliothek München, Handschriftenabteilung.
Erstveröffentlichung: von Gugel, S. 33 (Auszug).

[Abschiedsbriefe]
Lena Christ hatte – vor allem aus Sorge um ihre Kinder – vor ihrem Selbstmord eine Anzahl von Abschiedsbriefen geschrieben; einige davon, etwa der an Korfiz Holm (vgl. Goepfert, S. 9) sind verschollen.

S. 371 An Heinrich Dietz; [29. 6. 1920]
Erstveröffentlichung und Druckvorlage: Goepfert, S. 137.
Heinrich Dietz war der Verlobte von Lena Christs ältester Tochter.

S. 371 An Erich Petzet; 29. 6. 1920
Druckvorlage: Bayerische Staatsbibliothek, Handschriftenabteilung, Petzetiana.

S. 372 An Ludwig Thoma; 29. 6. 1920
Druckvorlage: Stadtbibliothek München, Handschriftenabteilung.
Erstveröffentlichung: Goepfert, S. 138 (Faksimile).

S. 372 f. An Hermann Nepomuck Kerschensteiner; 29. 6. 1920
Druckvorlage: Bayerische Staatsbibliothek, Handschriftenabteilung.
Obschon eine Namensanrede fehlt, muß als Empfänger der Arzt Kerschensteiner angenommen werden (vgl. zu seiner Rolle in Lena Christs Leben Bd. I, S. 640). Die jüngere Tochter, Alexandra (1906–1933), die stets mit besonderer Sorge umhegt worden war, »kam nach Lena Christs Tod auf Anweisung des Vormundes, Dr. Beckstein, in das städtische Waisenhaus« (Goepfert, S. 137).

S. 373 An einen Unbekannten; [29. 6. 1920]
Druckvorlage: Hartung & Carl; Auktionskatalog Nr. 37, 1982, S. 289.

WORT- UND SACHERKLÄRUNGEN

Lena Christ hatte ihrem Erzählungsband *Bauern* (S. 243 f.) Worterklärungen beigegeben; sie wurden hier übernommen und mit einem Stern (*) kenntlich gemacht. Diese wie die neu hinzugefügten Wort- und Sacherklärungen wollen nur Hilfen zum unmittelbaren Verständnis leisten.

angeln – stechen
anhabisch – ungestüm, böse, rechthaberisch
*anorts – irgendwo
Armeleutkuh – Ziege
aufspahnln – Späne schneiden und aufschichten
*Auswärts – Frühling
*bal – sobald, wenn
Banz – Faß
Barasol (Parasol) – Schirm
Barben (vgl.: Halsbarbe)
Baresch – Tuch, Stoffart (frz. barège)
Bavesen – Mehlspeise, mit Pflaumenmus gefüllt
Bettzieche – Bettüberzug
Blonden – geklöppelte oder gehäkelte Spitzen
Boazn – kleines, schlecht geführtes Gasthaus
*bollisch – widerspenstig
*Brenten – Krautfaß
Cul de Paris – ›Pariser Gesäß‹; in der Damenmode gegen Ende des 19. Jahrhunderts Bezeichnung für ein Polster, das unterhalb der Taille unter dem Kleid getragen wurde
*dadrießln – erdrosseln
*dappi – dumm
*Daxen – Tannenzweige
*derblecken – verspotten
*dergarma – erdrosseln
*dergrawt – verschimmelt
*dermergln – erwürgen
Docke – Puppe
Dollen – (Fisch)
Dotschen – Trampel
*Dreikiniwasser – Dreikönigswasser
*drentn – drüben
*Ehehalten – Dienstboten [Das Wort geht zurück auf das althochdeutsche ›e‹ oder ›ewe‹ – Vertrag; ›Ehehalten‹ sind also vertragsgemäß dienende Hausgenossen.]

*enk – euch
*eppa – etwa
*eppas – etwas
*feit – fehlt
Fidong – franz.: Fi donc; auch in Thomas *Lausbubengeschichten*
Fiduz – Zutrauen, Glauben
*Firmgödin – Firmpatin
*Flöz – Hausflur
Fluggen – liederliches Mädchen
Flugs – Phlox
*fretten, sich – sich kümmerlich durchbringen
Fürta – Schürze
Gadern – Gatter im Weidezaun
Gaiwägerl – Handwagen
*gähend – jäh
*geit – gibt
*Gesott – Häcksel
*g'feit – gefehlt
Gilet – Stoffweste unter dem Trachtenanzug (französisches Lehnwort)
Ginghangvorhänge – Vorhänge aus gestreiftem Baumwollstoff
*Goaßl, Geißel – Peitsche
*g'raacht – geraucht – ergrimmt
*Grand – Ärger, auch Trog
*grandeln – schimpfen
*grantig – erzürnt
Gret – Antritt, Stufe
*grohnen – brummen
*gschlündt – geschluckt
grüabig – gemütlich, behaglich
*gutding – reichlich
*gwen – gewesen
*Haar – Flachs
*härwen – grobleinen
Halsbarbe – Halskrause
hantig – scharf, bitter, feindselig
*Hax – Bein
Heimgarten – ›Trauliche Zusammenkunft mit Nachbarn oder Freunden‹ (Schmeller)
Heißen – Füllen
*hintreraama – hinterräumen
Imp – Biene
Irchtag/Irtag – Dienstag

*Kaibe – Kalb
Karfiol – Blumenkohl
*kehlzen – bellen, husten
Keuchen – Kerker
*Kini – König
*Kinihasen – Kaninchen
Kirm – Rückentragekorb
klieben – Holz spalten
krigeln – schwindsüchtig husten
*knerren – klagend winseln
Krandln – Hirschgeweih
Krautbentn – breites Faß zum Krautstampfen
kreisten – stöhnen, jammern
Kriadaboden – die schräge Auffahrt zur Tenne
Kronawitta – Wacholder (Magenbitter)
*Kuchel – Küche
Kumpfmühl – Getreidemühle
*Lackl – Flegel
*Lalln – dummes Frauenzimmer
lauig – schlapp, fade
Leiber – das Kgl.-bayerische Leibregiment
Leilach – Leintuch
Leitwayla – Leitseil
Loadschwanz – Jammerlappen
Loder – Nichtsnutz
*luren – lauern
*lusen – lauschen
*Mäu – Maul
Mandl – Heumandl; ›Figur‹, zu der das Heu zum Trocknen geschichtet wird
*mentisch – sakramentisch
*Mischling – gemischtes Getreide
*Mo – Mann
mockig – dick, derb
*Molln – schwerfälliges Frauenzimmer
Mühlkoppen – kleiner Fisch mit großem Kopf
*na – danach
*neamd – niemand
*Oar – Eier
Oarsülot – Eiersalat
Pemsel – Pinsel
Pfinztag – Donnerstag

*Pfreimd – Pfründe
*pfüate – behüt' dich (Gott)
pitschiert – mit Siegel versehen
*Raffel – böses Weib
*Ranker – altes, mageres Vieh
Ranna/Rannen – Rote Rüben
Rauchmantel – Pelzmantel
Regerazion – Rekreation, Erholung
Riegelhaube – kleine, silberne oder goldene, bei Trauer auch schwarze oder dunkelblaue Haube; nach rückwärts geteilt
*riegeln – regen
*riegelsam – regsam
Schaube – Schürze
Schawer – Arbeitsschürze
schelchen – schief, krumm einhergehen
Schwerhaufen – Maulwurfshügel
Scheps – das billige Nachbier
*schiach – häßlich, übel
*schiergeln – schielen
*schinakln – sich schinden
*Schmalz – Kraft
Schmisettlein – frz. Chemisette; Vorhemd, Hemdbrust
Schmuser – der ländliche Gelegenheitsmacher, Vermittler, Agent, Makler
*Schupfe – Schuppen
Schwaige – Viehhof
*sechana – solcher
*Sechter – Seiheimer
*serben – siechen
spaizen – spucken
Spagatt – Bindfaden
Sparrigankerl/Sparrifankerl – Teufel
Speibtrücherl – Spucknapf
*Spenzer – Jacke
*staad – still
Steckklufen – Stecknadeln
*stinken – ergrimmt sein
Stör/Steer (auf die Stör kommen) – Arbeit eines Handwerkers im Haus des Kunden gegen Kost und Lohn; ursprünglich: ›Störung‹ der zunftmäßigen Handwerksordnung (Grimm)
*Stößer – Raubvogel
*Strah – Streu
streitig – streitlustig

Stuhlfest – Brautexamen; gemeinsames Gespräch des Brautpaares mit dem Pfarrer über die Bedeutung und die Pflichten des Ehestandes
Taubeer – Blaubeeren, Heidelbeeren
Tauch – Tunke, Soße
*to – getan
*toa – tun
trenzen – weinen, heulen
Truchenwagn – Truhenwagen; Mitgiftwagen bei der Hochzeit
Trumscheit – einsaitiges Saiteninstrument, Monochord
Wabn – Barbara. Auch: altes Weib
weggaschraufen – sich davonmachen
Wehdam – schmerzende Stelle, Wunde
*Weichbrunn – Weihwasser
*Weidling – Schüssel
wühsten – ein Fuhrwerk antreiben (mit dem Ruf: ›wüh‹)
Wuzerlein – Kosewort für kleines Kind
*zeitig – reif
*Zelten – Backwerk, Zuckerl
*zernigeln – peinigen
Ziechen – Überzug
*zuawa – zu, her
Zwiefiäpfel – Rubinapfel
Zwiefizeltl – feines Gebäck
Zyperben/Zibeben – Rosinen

WERKE VON LENA CHRIST

1. VERÖFFENTLICHUNGEN

1912 Erinnerungen einer Überflüssigen. München, Albert Langen Verlag, 1912 [S. 301].

1913 Die sprechende Uhr. In: Der Sammler, Nr. 143, 29. 11. 1913.

Lausdirndlgeschichten. München, Martin Mörikes Verlag, 1913 [156 S.]. – Straßburg, J. Singer, 1914.

1914 Mathias Bichler. Roman. München, Albert Langen Verlag, 1914 [334 S.].

Unsere Bayern anno 14. Erster Teil. München, Albert Langen Verlag, 1914 [120 S.].

1915 Unsere Bayern anno 14/15. Zweiter Teil, Albert Langen Verlag, 1915 [124 S.].

Unsere Bayern anno 14/15. Dritter Teil, Albert Langen Verlag, 1915 [105 S.].

Der heulende Derwisch. Simplicissimus 20, 1915, [5. Oktober] S. 320 [Auch in: Unsere Bayern II].

Die Siegesfahne. Simplicissimus 20, 1915, Nr. 32 [9. 11.], S. 382 [Unter dem Titel: Die Siegesfahne der Totenpackerlies auch in: Unsere Bayern III].

1916 Die Rumplhanni. Eine Erzählung. München, Albert Langen Verlag, 1916 [280 S.].

Eine Stunde in der Münchner Bekleidungshilfe. MNN (General-Anzeiger), Nr. 66, 6. 2. 1916.

Der erste Mai im Einödhof. MNN, Nr. 227, 4. 5. 1916 [Unter dem Titel: Die närrische Zeit, auch in: Bauern].

Feierabend. MNN, Nr. 295, 10. 6. 1916 [Auch in: Bauern].

Henn um Henn – Hahn um Hahn. In: MNN, Nr. 396, 5. 8. 1916 [Auch in: Bauern].

Die Erbschaft. In: Jugend 21, 1916, S. 1048, 1050, 1052 [Auch in: Bauern].

1917 Kriegsbriefe. MNN, Nr. 100, 25. 2. 1917.

Die Ostereier der Reiserbuben. MNN, Nr. 176, 7. 4. 1917 [Auch in: Bauern].

Der Guldensack. MNN, Nr. 416, 19. 8. 1917 [Auch in: Bauern].

Das Schweinchen. In: Jugend 22, 1917, S. 647–650 [18. August].

Iwan. In: MNN, Nr. 520, 14. 10. 1917.

Der tote Schatz. In: MNN (General-Anzeiger), Nr. 636, 16. 12. 1917.

Frau Susannas Christabend. In: MNN, Nr. 651, 24. 12. 1917.

1918 Das neue Hausregiment. MNN, Nr. 174, 7. 4. 1918 [Auch in: Bauern].

1919 Bauern. Bayerische Geschichten. Leipzig, Paul List Verlag 1919 [244 S.].

Madam Bäuerin. Roman. Leipzig, Paul List Verlag, 1919 [282 S.].

Lausdirndlgeschichten. In: Die Weltliteratur 1919, Nr. 23.

Die Hochzeiterinnen. In: Jugend 24, 1919, S. 246 [Aus: Bauern].

München in der ersten Kriegswoche. In: Das Münchner Bilderbuch, hg. v. Richard Rieß, München, Georg Müller Verlag 1919. S. 213–232 [Aus: Unsere Bayern I].

1920 Das Lied. In: Der Alpenfreund, H. 7/8, München 1920, S. 163.

Der Weidhoferbalg. In: MNN, Nr. 75, 20. 2. 1920 – Nr. 149, 14. 4. 1920 [In 43 Folgen].

Der Traum. In: MNN, Nr. 398, 25. 9. 1920.

1924 Souvenir. In: Simplicissimus, 29, 1924, S. 355 f. [22. September].

1925 Trauerspiel des Alltags. Erzählung. In: MNN, »Die Einkehr«, Unterhaltungsbeilage, Nr. 82, 25. 10. 1925.

1926 Die Geschichte vom Kaspar und der Heidel. In: MNN, »Die Einkehr«, Unterhaltungsbeilage, Nr. 40, 20. 6. 1926.

1949 Ich spiele Maria Stuart. In: Süddeutsche Zeitung, Nr. 79, 7. 7. 1949.

1952 Aus der alten Au. In: Münchner Stadtzeitung (Beil. zum Münchner Merkur), 6. 6. 1952 [Teildruck aus: Die Auer Großhändler.]

2. WERKHANDSCHRIFTEN IM NACHLASS

Mathias Bichler

Mathias Klamm. Bd. I: 77 gez. Seiten. Bd. II: [Name der Hauptfigur: »Mathias Bichler«] 190 S. u. 28 Blätter [Stadtbibliothek München].
Mathias Bichler. [Druckmanuskript]. 378 Blätter (einseitig beschrieben) [Stadtbibliothek München].

Unsere Bayern

Unsere Bayern anno 14. Bl. 33–45 [Stadtbibliothek München].
Hans Ludwig Held zum 60. Geburtstag überreicht von Peter Benedix. 1945.

Unsere Bayern anno 14. Bl. 104–113 [Stadtbibliothek München].
Maurus Graf überreicht von Peter Benedix. 1942.

Kriegsgeschichte. S. 5–6. 2 Bl. hs. [Stadtbibliothek München].
Mit Widmung von Peter Jerusalem.

[Ausschnitte; mit »Inhaltsverzeichnis«]. 19 Bl.; 69 Bl.; 8 Bl. [Familienbesitz].
Am Bahnhof. S. 11–18.
Im Massenquartier. S. 24–32.
Allerhand aus der ersten Kriegswoche. Jung Bayern. S. 51–53.
[Ham Sie's schon gehört? ...]. S. 54–62 (S. 61: Die Wasserleitung).
Beim Automobilfang. S. 69–78.
An den Feind! S. 86–103.
Mit den »Leibern« nach Badenweiler. S. 120–133.
[...] S. 94–98 [Familienbesitz].
Am Feierabend vorm Quartier. S. 111–121 [Familienbesitz].

Der Hochzeiter

Der Hochzeiter. 85 S. [Vorfassung; Notizbuch mit eingeschobener Szene aus »Der goldene Strumpf«] [Familienbesitz].
[...] 44 S. [stark korrigierte Textbruchstücke] [Familienbesitz].
[...] [Bayerische Staatsbibliothek].

Die Rumplhanni

Die Rumplhanni. [Aus der ersten Niederschrift] [Privatbesitz].
Die Rumplhanni. 286 Bl. [Stadtbibliothek München].

Bauern

Der Stoariagerbauer. 10 S., hs. [Stadtbibliothek München].
Der Steinriegerbauern. 11 S. [Familienbesitz].
[Lord]. (Titel laut einer Notiz von Peter Benedix) [Bayerische Staatsbibliothek].

Madam Bäuerin

[---]. 27 S. [z. T. Stenogramm] [Familienbesitz].

Eva

Eva. Roman. 16 Bl. [Wechsel der Schrift auf Bl. 16] [Familienbesitz].

Kaspar Glück und seine Frauen

Frau Susanna Glück. S. 2–19. 19 S. [Familienbesitz].
Die Geschichte vom Kaspar und der Heidel. 26 S. [Familienbesitz].
Kaspar Glück und seine Frauen. Ein Altmünchner Roman. 24 S. [Familienbesitz].

Altmünchner Bilder

Die Auer Großhändler. 10 S. [Familienbesitz].
Kirchweihsonntag am Viktualienmarkt. 3 S. [Familienbesitz].
Der Hundsmarkt. 8 S. [Familienbesitz].
Das Lied. 7 u. 4 S. [Familienbesitz].
Der Dorfdummerl. 16 S. [Familienbesitz].
[...] 21 S. [Anfang fehlt] [Familienbesitz].

Varia

Michel Klotz. Bauerngeschichte aus den Bergen. 2 S. [Familienbesitz].

[O meine Zelle ...]. 1 S. [Zettel] [Gedicht: O meine Zelle, geliebte, da süß / mir deuchte das (...) bis an / das Ende der Zeit, o meine Zelle leb wohl! / Rings umgibt dich das heimliche / Flüstern der grünenden Zweige / Und ein Wäldchen ist hier, / lieblich mit Blumen geschmückt] [Familienbesitz].

[...] 1 S. [Gedicht, bzw. Lied in phonetisch geschriebenem Französisch] [Familienbesitz].

[Mitn Italiano Bandito ...]. 1 S. [Familienbesitz].

[Brief einer Wirtstochter]. 4 S. [Stadtbibliothek München, in: L 2067].

Abschied. 1. S. [Familienbesitz].

Münchner Leut. 2 S. [Stichworte] [Familienbesitz]. [Abdruck: von Gugel, S. VI].

[Der Russe Iwan] 1 S. [Der Russe Iwan, der Barbara einen Fächer, der Waben bemalte Holzschuhe macht] [Familienbesitz].

[Auf dem Amt] 1 S. [Bei der Ausgabe von Kleidung auf Anforderungsschein] [Familienbesitz].

Die zwei Seiten. 5 S. [Bayerische Staatsbibliothek].

Briefe

Die bislang bekannt gewordenen Briefe werden in der vorliegenden Ausgabe abgedruckt.

Nachwort

LENA CHRISTS SUCHE NACH DER HEIMAT

»... hier ist Amerika oder nirgends«

Lena Christs Romane schildern Außenseiter auf der Suche nach einer Heimat. Dabei muß Heimat nicht der Ort der Herkunft sein. Flucht und Ankunft sind vielmehr die entscheidenden Ereignisse im Lebenslauf dieser Figuren – die Flucht vor einem unerträglichen Dasein dort, wo sie aufwachsen, und die Ankunft in einem besseren Dasein. So bricht die Rumplhanni aus dem Dorf Öd zum ersten Mal in ihrem Leben ›nach der Münchner Stadt‹ auf: »und is 's z Münka nix, nachha geh i auf Berlin, – und wenns da aa nix is, nachher«, so bekräftigt sie ihren Willen, den unheimatlichen Verhältnissen zu entkommen, »nachher roas' i ganz furt. In's Amerika« (S. 275). Ein Jahrzehnt später beruft sich die Hauptfigur in Marieluise Fleißers Roman *Mehlreisende Frieda Geier* auf die Utopie Amerika: »›In Amerika helfen Männer und Frauen auch zusammen‹, sagt sie zum Beispiel. ›Hier ist nicht Amerika‹«, muß sie sich daraufhin von ihrem Verlobten in Ingolstadt belehren lassen.[1] ›Heimat‹ meint in solchen Texten einen Ort des Glücks.

Lena Christ vermag sich freilich noch nicht – wie die jüngere Autorin – auf ein Freiheitsrecht der Frau zu berufen; doch hat sie bereits in den *Erinnerungen einer Überflüssigen* eben das unheimatliche und unheimliche Milieu geschildert, das bei der Fleißer als »unerlöste katholische Provinz«[2] unter die Perspektive weiblicher Emanzipation rücken wird: Gewalttätigkeit des Mannes, brutale Sexualität und starre Konvention der Ehrbarkeit, verschränkt mit der Religion – und der vergeblichen Erlösungshoffnung der Frau. Die Klosterszenen in den *Erinnerungen einer Überflüssigen* geben freilich schon – wie ein Kommentar zum gesamten Geschehen – Sinnbilder dieses Zusammenhangs von Religion, verdrängter Sinnlichkeit und der Wollust der Gewalt (S. 119f.):

> [...] die Präfektin stand im Geruche großer Heiligkeit [...]: man habe manchmal, wenn man zur nächtlichen Betstunde in die Kapelle ging, deutlich aus ihrer Zelle das Klatschen der Geißelhiebe und inbrünstiges Seufzen und Rufen vernommen. Auch sei sie wiederholt mit der Erscheinung ihres himmlischen Bräutigams beglückt worden.

Die Brutalitäten, welche die junge Braut Lena später von ihrem irdischen Bräutigam leiden wird, sind hier präfiguriert. Im Sprachraum, der sich Lena Christ öffnete, war jedoch eine weitere Formulierung solcher Erfahrungen, wie sie der Fleißer im Spannungsfeld von Sprachheimat und Avantgarde gelingen wird, wohl unmöglich. Selbst deren Wahrnehmung ist ja jetzt, kaum eine Generation früher, noch gegen die Zensur des eigenen Bewußtseins erkämpft.

Indessen steht die Rumplhanni wiederum am Ende einer Typenreihe von Frauenfiguren, und eine ihrer Vorgängerinnen ist in der großen Erzählung *Aus dem Elend* von Emerenz Meier (1874–1928), der ›Dichterin des bayerischen Waldes‹, zu finden. Ditta, das Mädchen aus dem Elend, dem Böhmischen jenseits der Grenze, ist ein »heimat- und elternloses Wesen«,[3] eine Gezeichnete, freilich auch – wie später die Außenseiter bei Lena Christ – eine Ausgezeichnete. So bewährt sie sich, als ihre eigene Unehre, verkörpert im Vater, dem »alten, verlotterten Vagabunden«, ihr entgegentritt; sie verleugnet ihn – anders als Lena Christs »Machiavellistin« des Glückes, die Rumplhanni – keineswegs und nimmt ihn auf; sie hält – abermals ein Gegenbild zur Magd Hanni – aus Liebe dem Bauernsohn die Treue, und nicht diese treu Liebende, sondern der stolze Mann muß durch das Gefängnis geläutert werden, um sich dankbar zu erweisen und die Schranken der ›Ehre‹ zu überwinden: »daß d'mir d'Hoamat derhaltn hast, daß d'mir so treu gwesn bist«, dafür wird die ›Hergelaufene‹ zur Bäuerin erhöht. Die immanente Poetologie der Erzählung weiß sich dabei anspruchsvoll der Wirklichkeit verpflichtet: »I woaß's genau«, kommentiert Ditta als Sprachrohr der Autorin, »wo d'Dichtung anfangt und d'Wirklichkeit aufhört. Und wenn mir schon mehr im Herzn passiern tat, wie ein'm andern, – die Menschen sand ja verschiedn, – dann hielt i mi an d'Arbeit und an unsern Herrgott.«

Die Einheit von ererbter Sitte und Schöpfungsordnung in einer bäuerlichen Heimat, wie sie in dieser Erzählung der Emerenz Meier noch herrscht,[4] ist freilich unter dem Gesetz des Krieges in Lena Christs Roman von 1916 zerbrochen. Die Rumplhanni kämpft rücksichtslos gegen den Makel ihrer Geburt für ihr Glück, um so das Herkommen in der bäuerlichen Welt wie auch ihre Herkunft zu überwinden.

Allerdings lebte Emerenz Meier selbst keineswegs in Einklang mit der ›Heimat‹, fühlte sich vielmehr heimatlos, »von allem unbändig Aufrührerischen hingerissen«;[5] die Idealfigur der Ditta erlebt nur die Wunschbiographie ihrer Autorin, deren »Doppelnatur«[6] aus der steten wirtschaftlichen Misere der ›Heimat‹ in eine bessere Welt drängt. Der Ausbruch nach Amerika im Jahr 1906, halb erzwungen, halb gewollt, stört schrill jenes harmonisierende Bild des dichtenden »Waldler-Mädchens«, das ihre literarischen Mentoren zeichneten, als sie »unserer Emerenz« in den Nöten des ländlichen Alltags »gesunden Sinn« zusprachen: »sie ließ sich nicht verwirren«, lobt Karl Schrattenthal 1897 im Vorwort des Bandes *Dichterstimmen aus dem Volke,* »und rettete sich durch die volle Hingabe an ihren bäuerlichen Beruf. Wie schon in tausend anderen Fällen, war auch hier die Arbeit von Segen. Heute versorgt sie zehn Stück Rinder dreimal täglich und bearbeitet [...] Felder und Wiesen [...]. Und so ist's recht und gut.«

Die Flucht der Auswanderer aus dörflichem Elend, wie es in solcher Heimatdichtung verdrängt werden sollte, führte »zu 90 % in die USA«.[7] Auf der Suche nach einer echten ›Heimat‹ ist Amerika die Utopie der Außenseiter – im Leben der Emerenz Meier, im Werk der Lena Christ und noch der Marieluise Fleißer aus Ingolstadt.

Die Heimat, wie die Rumplhanni sie verlangt, wäre vielleicht gerade in Amerika zu suchen. Denn bei Lena Christ verschränkt sich diese literarische Utopie mit ihrem Lebenstrauma; am Ursprung jeder zerstörten Heimat in ihren Werken steht der rätselhaft auf einem Auswandererschiff nach Amerika verschollene angebliche Vater Karl Christ. Der Verschollene wird – nicht nur in der letzten der *Lausdirndlgeschichten* – zur Chiffre eines anderen, heilen Lebens, der utopischen Sehnsucht der Schriftstellerin Lena Christ.

Zeitgenossenschaft

Im Jahr 1913, gleichzeitig mit Lena Christs *Erinnerungen einer Überflüssigen,* legte Alfred Döblin *Die Ermordung einer Butterblume und andere Erzählungen* vor, ließen Franz Werfel, Georg Trakl und Ernst Stadler Gedichtbände erscheinen, veröffentlichte Carl Sternheim die satirische Komödie *Bürger Schippel.* Im Jahr 1920, dem Todesjahr der Lena Christ, erschien *Menschheitsdämmerung. Symphonie jüngster Dichtung,* die repräsentative Sammlung expressionistischer Lyrik. Lena Christs Werk scheint – wenn man die Entwicklung der deutschen Literatur der Moderne in diesen Jahren bedenkt – nur die Gleichzeitigkeit des Ungleichzeitigen zu belegen.

Auch in der Stoffwelt der besonderen Münchner Moderne, wie sie sich um die Jahrhundertwende ausgeprägt hatte,[8] bewegt Lena Christ sich selten genug; die Kritik der Großstadt ist dann ihr Metier. Die Irrwege des Mathias Bichler hatten zunächst in die Artisten- und Zirkus-Demimonde führen sollen, wie sie Frank Wedekind der Münchner ›Moderne‹ erschlossen hatte;[9] daß sich Lena Christ dann zu einem historischen Roman in der Nachfolge Gottfried Kellers entschloß, bedeutet bereits ein Bekenntnis zu einer Tradition süddeutscher Regionalkultur. Was von dem Roman *Eva* ausgearbeitet vorliegt, liest sich wie ein Pendant zu Ludwig Thomas stadtkritischen *Münchnerinnen;*[10] und schließlich mündet dieser Argwohn gegen die ›Kunststadt‹, die Stadt der ›Modelle‹ und der kaum verhüllten Prostitution in den plakativen Gegensatz von Stadt und Land in der Erzählung vom Riederbauern. Dem ›neumodischen‹ Stadtleben steht hier die alte Ordnung des Landes gegenüber; wenn der Bauer dem neuen Wesen nachgibt, vergeht er sich gegen die Naturordnung. So ist »der Riederbauer von Öd [...] ein Dummerl worden«. (Bd. III, S. 153)

Während sich Spuren einer Zeitgenossenschaft zur Avantgarde mit ihren formalen Experimenten und dem ›modernen‹ Themenspektrum in Lena Christs Werk nicht sogleich entdecken lassen, ist die Zeitgeschichte keineswegs verdrängt; formale Rückständigkeit paart sich mit dem entschiedenen Willen zur Aktualität, wie ihn vor allem Lena Christs Kriegsdichtungen bezeugen. Doch auch ihre Erzählungen reagieren auf den Wandel der bäuerlichen Welt in der Nachkriegs- und Revolutionsära. Was in Lena Christs Werken zunächst wie das Defizit verpaßter Modernität erscheinen könnte, gehorcht vielmehr einer Wirkungsästhetik, einer Verpflichtung gegenüber dem Leser, die so in der Literatur der Avantgarde nicht mehr vorausgesetzt wurde. In dieser unterschiedlichen Haltung zum Leser spiegelt sich die Spaltung der Literatur um 1900 in eine avantgardistische und eine stilkonservative Richtung.

Lena Christ verdankt dieser Spaltung zunächst einmal die Möglichkeit zu ihrer literarischen Laufbahn. Sie wurde von Peter Benedix von der Verstörung durch die Moderne ferngehalten und in einen engeren, sogar namentlich faßbaren, literarischen Umkreis eingeführt. Am 26. August 1917 berichtet Ludwig Thoma in einem Brief an Maidi von Liebermann von einem Zusammentreffen in seinem Bauernhaus auf der Tuften:[11]

> Der Namenstag ist schön und lieb gefeiert worden. Kiem Pauli mit der Zither war da, ein paar Leute vom Theater [...] Frau Lena Christ von München. Pauli spielte und sang, und es war wieder ein altes Stück Altbayern in der Stube.

Noch am 31. August 1919 erinnert sich Thoma an diese Feier und ergänzt, daß Georg Queri und »Weiß Ferdl aus dem Feld« hinzukamen.

Auf dem Versuch, Traditionen der Nationalkultur für eine regionale Kultur zu gewinnen, beruht Ludwig Thomas literarischer Rang.[12] Der Wetteifer eigenständiger Regionen um ihren Beitrag zu einer deutschen Nationalkultur gehört seit der Goethezeit zu den Grundlagen der Literaturgeschichte in Deutschland. Mit der Gründung des Deutschen Reiches 1871 jedoch tritt dieser althergebrachte Regionalismus in ein neues Stadium. Denn nun beruft sich zum einen die ›moderne‹ Opposition gegen den wilhelminischen ›Machtstaat‹ auf die kulturelle Eigenständigkeit gerade Süddeutschlands; andererseits aber entsteht – vom Norden bis in den deutschen Süden – eine vielfältige ›Heimatliteratur‹. In einer traditionellen und daher populären Formensprache richtet sie sich an das ›Volk‹ und kann sich dank ihres breiten Erfolges auch als Sprecher des ›Volkes‹ fühlen. Politisch huldigt sie dem Reichsgedanken und geht allmählich zu einem aggressiven Konservativismus über.

Mit den Fortschritten des wirtschaftlichen und gesellschaftlichen Modernisierungsprozesses im 19. Jahrhundert mußte – scheinbar – mehr als je die Landbevölkerung »das natürliche Gegengewicht wider jene

Ausschreitungen bilden, womit man in den großen Städten die bürgerliche Gesellschaft erschüttert«;[13] so greifen – wie einer der einflußreichsten Ästhetiker um die Jahrhundertmitte, Friedrich Theodor Vischer, formulierte – »die Übel der Gesellschaft und das Glück der ländlichen Naivetät [...] ineinander über.«[14] Erst im Lauf der zweiten Jahrhunderthälfte sinkt dieses Bewußtsein einer Tendenz zu einem förmlichen »Gesundungsprogramm«[15] und einer politisierten Natur-Ideologie ab; »der Bauer«, so konstatiert etwa Karl Stieler in seinen *Kulturbildern aus Bayern,* »hat ein unleugbares Bedürfnis für das Gesunde, das Natürliche.«[16] Stilistisch entspricht dem eine Vorliebe für realistische Wiedergabe einer ›verklärten Wirklichkeit‹, während eine ungeschminkte Schilderung alles Häßlichen, von Armut, Elend, Krankheit und triebhafter Sexualität, abgelehnt wird; die Autoren der ›Heimatkunst‹ votieren für den ›poetischen Realismus‹ eines Gottfried Keller, gegen die naturalistische Literaturrevolte der ›Moderne‹.

Aus ihrer regionalen Verwurzelung begründet die ›Heimatdichtung‹ weiter ihre Feindschaft gegen den Liberalismus, Kosmopolitismus und Emanzipationskult der ›Modernen‹. Während die ›Heimatkunst‹ in dieser Übergangsphase der deutschen Gesellschaft, des deutschen Staates und der deutschen Kultur das Schwinden der traditionellen Ordnung aufzuhalten versucht, wollen die ›Modernen‹ die Annäherung an die Zukunft beschleunigen. Den antimodernistischen Strömungen um 1900 und der Moderne sind – von polaren Standpunkten aus – Opposition gegen das Bestehende und Regionalismus gemeinsam.

Obgleich diese Gemeinsamkeit bei den Inhalten enden muß, ist die Grenze zwischen den feindlichen Lagern verwischt und der Übergang vom einen zum anderen merkwürdig leicht. Beispielhaft hat sich Ludwig Thoma seit der Jahrhundertwende vom Sprecher der süddeutsch-›modernen‹ Opposition zum Vorkämpfer der Heimatliteratur gewandelt; Michael Georg Conrad, der Nestor der süddeutschen ›Moderne‹, erwartete 1902, als Münchens Ruf als ›Kunststadt‹ gefährdet war, von »einer neuen höchstpersönlichen Volks- und Heimatkunst« das Heil.[17] Und auch das Schwabinger Literatenleben des Peter Benedix ist symptomatisch für die Symbiose von Modernität und ›Heimatkunst‹. Seine ersten Gedichte erschienen 1905 im Insel Verlag, der 1899 als exklusives Unternehmen der Moderne in München gegründet worden war, und weisen den Verfasser als frühen Epigonen Rilkes und des Jugendstils aus; die raffinierte, ›volkstümliche‹ Schlichtheit dieser Lyrik mißlingt ihm zumeist und seine Verse gleiten ins Banale ab. Mit seinem »mundartlich getönten Schattenspiel«, das während der Münchner Jahres-Ausstellung 1908 aufgeführt wurde,[18] fand Benedix offenbar den Anschluß an ein pointiert süddeutsches Kulturbewußtsein, wie es etwa die 1904 begründeten *Süddeutschen Monatshefte* verfochten; seine Editionen von Volksbüchern und barocken Predigten – beide in der Reihe *Bücher der Rose* des Langewiesche Verlages – weisen ihn vollends als Anhänger dieser traditionsbewußten, heimatgebundenen Kulturbewegung aus. Keineswegs also hat Peter Benedix – so wie er es in seinen Erinnerungen darstellt – dem dichterischen Naturtalent Lena Christ bloß zur Entfaltung verholfen; vielmehr bot sie ihm das verkörperte Ideal einer ›Dichterin aus dem Volk‹, und demgemäß hat er sie als ihr literarischer Mentor zielstrebig zur Repräsentantin der Heimatliteratur aufgebaut. Für ihre Sehnsucht nach einer ›Heimat‹ bot der angehenden Schriftstellerin das literarische Genre der ›Heimatkunst‹ eine Sprache, die sich freilich mit dem, was sie zu erzählen hatte, kaum vertragen wollte.

Heimat: Ehre oder Liebe?

Das bayerische Wort ›Haimat‹, ›Hoamat‹ meint – laut Johann Jakob Schmellers *Bayerischem Wörterbuch*[19] – in einer prägnanten Bedeutung, die Lena Christ von Kind auf vertraut ist, »Haus und Hof, Besitzthum überhaupt«. Der Bauer hat – in diesem Sinn – eine ›Heimat‹, der Dienstbote ist heimatlos.

›Heimat‹ impliziert seit dem achtzehnten Jahrhundert im ›Hochdeutschen‹, in der Sprache der Gebildeten und der Literatur, freilich auch eine »affektive Ortbezogenheit«.[20] Die ›Heimat‹ zu lieben, gilt daher als natürlich: ›Heimatgefühl‹ und ›Heimat‹ werden – in diesem Sinn – niemand mangeln dürfen. Auf der Zugehörigkeit zur ›Heimat‹ soll die Identität, ja das Selbstwertgefühl auch der Ärmsten beruhen.

Die *Erinnerungen einer Überflüssigen,* Lena Christs literarisches Debüt, erzählen die Geschichte eines Abstiegs und vollendeter Heimatlosigkeit; die Erzählerin verliert die Identität, die ihr trotz ihrer unehelichen Geburt aus der Heimat bei den Großeltern zugewachsen war, sie verliert die gesellschaftliche Identität, die ihr als »Bürgerstochter« zukam, und sie muß zuletzt ihre Kinder preisgeben und verliert damit die Identität als Mutter und Frau. Der Abstieg ist vollendet; sie ist ›überflüssig‹ geworden.

Im Fin de Siècle war der »Verfall einer Familie« – Abstieg und Dekadenz, wie sie Thomas Mann im Untertitel zu dem repräsentativen bürgerlichen Roman der Epoche, den *Buddenbrooks* (1901), ankündigte – kunstfähig geworden. Das literarische Modell des Lebenslaufes, das die deutsche Romanliteratur des neunzehnten Jahrhunderts beherrscht, der Bildungsroman, hatte hingegen einen Aufstieg des Individuums zur allseitig gebildeten Persönlichkeit mit sicherer Identität zumindest verheißen und als Ideal aufgestellt. In den 1912 erschienenen *Erinnerungen einer Überflüssigen* wird – im Gewand der aktuellen Proletarierbiographie,[21] ohne die Kunst-

und Dekadenzmotivik bürgerlichen Erzählens – die epochentypische Gegenbewegung zum klassischen ›Bildungsroman‹ vollzogen.

Goethe hatte die Gattung begründet. Während *Wilhelm Meisters Lehrjahre* noch in ein Ideal bürgerlicher Normalität münden, wurde bei Goethes Nachfolgern das außergewöhnliche Dasein des Künstlers zum exemplarischen Fall. Freilich scheitert die Versöhnung des Ausnahmemenschen mit der Gesellschaft, und der Bildungsroman verwandelt sich in einen Künstlerroman ohne Illusionen. Gottfried Kellers *Grüner Heinrich* hält Gericht über den Künstler, der sich in die Räume der Phantasie verliert, um der Wirklichkeit auszuweichen. Daß dieser Roman Lena Christ als Muster wahrhafter Dichtung vorschweben solle, hatte ihr Mentor Benedix gewünscht.[22] Und so nimmt es nicht wunder, daß die Hauptperson in den *Erinnerungen* zuerst keineswegs als ›überflüssiges‹, sondern eben – wie es der Gattungsgeschichte des Bildungsromans entspricht – als begabtes und außergewöhnliches Kind vorgestellt wird.

Schon der Großvater mit seinen »schlanken, schönen Händen« war »anders als die Leute im Dorf« (S. 12). Aus weniger grobem Stoff als die Bauern- und Häuslerkinder ist auch das Kind Leni – und dennoch im Dorf kein Außenseiter, sondern bei allen hochangesehen und erst später in der Stadt als das »Gscheiterl« »verrufen« (S. 71). Auf Verstandesleistungen ist ihre Begabung freilich nicht eingeschränkt. Dem Kind schon öffnet sich in der »Künikammer«, der Stube, die mit den ererbten »Schätzen« ihrer Sippe angefüllt ist, eine andere Welt »voller Geheimnisse« (S. 31 ff.); wenngleich es dort nie lange in dem Reich des Traumes und der Phantasie verweilt, so liebt es doch das Vergnügen, die »Welt durch bunte Scherben« aus Glas zu betrachten (S. 13) und so das Wirkliche zu illuminieren. Eine weltentrückte, »überirdische Stimmung« (S. 83) bemächtigt sich auch des halbwüchsigen Pilgermädchens, und später im Kloster findet sie wiederum einen Fluchtraum in dem schäbigen Speicher, wo sie der ›sündhaften‹ Versuchung, sich in ein schöneres Dasein hineinzuträumen, erliegt (S. 128).

Obgleich die *Erinnerungen einer Überflüssigen* sich vom psychologischen Erzählen der Bildungsliteratur fern halten, bieten sie ein genaues Psychogramm der Erzählerin. Ihre Identität ist gespalten. Wie jeder Held eines Bildungsromans kennt sie die Lockungen der Phantasie. Aus dem Alltag träumt sie sich in eine bessere ›Heimat‹; im Lauf der Erzählung verwandelt sich dabei der Raum der Sehnsucht in einen Fluchtraum vor dem Unerträglichen. Unvermittelt stehen schließlich bei ihr Wirklichkeitssinn und spontan unbewußtes Handeln nebeneinander; plötzliche, aus dem Unbewußten des verdrängten Traums gesteuerte Entschlüsse durchbrechen die Normalität des Alltagsbewußtseins. Wunschphantasie und Alptraum erweisen sich nun – je älter sie wurde – als verschwistert: »wie im Traum«, so heißt es zuletzt nach der Entdeckung einer »Heimlichkeit« und Drohungen der Mutter, »ging ich in die Gaststube [...]. Doch ich konnte nichts tun und hatte nur den einen Gedanken im Kopf: Heut bringt s' di um; [...] und *plötzlich* ergriff ich das große Tranchiermesser, legte erst die eine und dann die andere Hand auf den Hackstock und schnitt mir an beiden Armen die Pulsadern durch.« (S. 154)

Die Handlung steuert immer wieder auf einen Ausbruch der Erzählerin aus dem, was ihr gewöhnliches Dasein geworden war, hin; die Flucht ist ihr Lebensmotiv, und eine Serie von Fluchten gliedert ihren Lebensbericht. Die Richtung wird von ihrer Phantasie gewiesen, und die ›Heimat‹, wo Phantasiewelt und Wirklichkeit in eins fallen, ist das Wunschziel. Für das Kind liegt alle Hoffnung in der Stadt; als ein Aufbruch hin zur »Münkara Muatta« präsentiert sich dies Lebensmotiv zum ersten Mal (S. 22). Später, bei den folgenden Versuchen, fehlt anscheinend jedes Ziel, und die Flucht selbst, das bloße Entkommen aus ihrer Umwelt, ist Zweck genug. Und doch führt solch ziellose Flucht immer wieder weg von der Stadt. Freilich beruht dies nicht auf dem obligaten Stadt-Land-Kontrast der ›Heimatdichtung‹. Unwiederbringlich verloren ist die Heimat ihrer Kindheit auf dem Land – wie mit nüchternem Wirklichkeitssinn berichtet wird. Doch wird diese Heimat, da sie nicht mehr zu erreichen ist, gleichsam zum erträumten, verlorenen Paradies.[23] Was sich dagegen in der Stadt ereignet, ist die Hölle auf Erden.

Dabei ordnet sich in Lena Christs *Erinnerungen,* während anscheinend schlicht erzählt wird, schon die Wirklichkeit zu einem literarisch geformten Weltbild der Erzählerin. ›Heimat‹ und Alltag, Glücksphantasie und Wirklichkeit ›greifen ineinander über‹; erst unter der Wertungsperspektive einer ›Heimat‹ treten im Alltag die Züge der Hölle hervor. Für Lena heißt Heimat auch »Wärme und Geborgenheit«,[24] denn durch bloße materielle Versorgung wird Heimat nicht geschaffen. Damit ist das Dilemma, aus dem sich ihr Weg in die Isolation der ›Überflüssigen‹ entfalten wird, benannt. Die beiden Bedeutungen von ›Heimat‹ – die gefühlsbetonte und die besitzgebundene – sind in zwei Sozial- und Verhaltenssystemen verankert. Während die bürgerliche Welt zumindest eine Sprache der Gefühle entwickelt hatte, orientiert sich die Herkunftswelt Lenas an den Zeichen des Besitzes. Während nun die Erzählerin der *Erinnerungen* »die Allmacht der Mutter«, wie sie sich aus den Normen des Besitzes ergibt, fraglos akzeptiert, verlangt sie überdies deren »Liebe« – und stößt damit auf jenes »Trauma, das ihre bloße Existenz für diese stolze Mutter bedeutet«.[25] Der Gier des ›überflüssigen‹ Kindes nach einer Heimat, die in der ›Künikammer‹ unter den Symbolen einer ungebrochenen Tradition ihrer Sippe noch unbewußt träumend befriedigt wurde, bietet sich in der sozialen Realität der Stadt kein Ort mehr; doch aus der Distanz des Verlangens treten erst die Konturen einer harten Wirklichkeit hervor. Passend wird dann ihre Ehe, in der die Perversion von Liebe als Besitz bis zum völligen Ruin getrieben wird, in einer Kirche geschlossen, die dem Stadtpatron Münchens, dem Heiligen Benno, geweiht ist, und diesen Namen ›Benno‹ verleiht die Erzählerin denn auch ihrem ›Eheherrn‹, der jene Welt verkörpert, in der ihr Leben scheitern mußte.

»Die Dramatik der ›Erinnerungen‹ baut sich aus traumatischen Konflikten auf, die zwar zwischen Personen ausgetragen werden, doch in den Strukturen begründet sind, in die sie hineingeboren sind«;[26] die *Erinnerungen* entwerfen nicht nur ein Psychogramm, sondern bereits mit dem ersten Auftreten der Mutter auch das Soziogramm einer Gesellschaftsschicht, die bislang literarisch kaum beachtet worden war (S. 24):

> Da trat eine große Frau in die niedere Stube in einem schwarz und weiß karierten Kleide über einem ungeheuern Cul de Paris. Auf dem Kopf trug sie einen weißen Strohhut mit schwarzen Schleifen und einem hohen Strauß von Margeriten. Sie stand da, sah mich kaum an [...] und sagte nur: »Bist auch da!«

Die übertrieben modische Kleidung ist das Signal eines sozialen Status; noch in der *Rumplhanni* zeigt Lena Christ ein waches Gespür für die Kleidung als Tracht einer sozialen Schicht.[27] Die Mutter nun hat sich offenbar in der Stadt assimiliert – und bald wird ihr der Aufstieg in die städtische Mittelschicht gelingen; schon jetzt verleugnet sie ihre ländliche Herkunft und orientiert sich am Bürgertum. München, die süddeutsche Großstadt, war ja bisher von der ›industriellen Revolution‹ noch kaum erreicht; eine selbstbewußte Arbeiterschicht fehlte fast gänzlich, und von der Armutsgrenze bis zu wohlhabenden Gewerbetreibenden war eine breite Mittelschicht geeint in einer kleinbürgerlichen Mentalität, die »in ihrem äußeren Lebensstil eine am Bürgertum orientierte Existenz führt«.[28] So ist – laut einer zeitgenössischen Untersuchung – auch der Ärmere »darauf bedacht [...], eine behagliche Häuslichkeit zu gründen«, mit »Blattpflanzen, einem Spiegel und Nippessachen«: »Alles sollte«, so beschließt das junge Brautpaar in den *Erinnerungen,* »altdeutsch werden«.[29] Die Leitwerte freilich sind nicht die großbürgerlichen, Bildung und Besitz, sondern Geld und Ehre. Und die Ehre ist kein inneres Lebensprinzip, sondern jenes Ansehen, das man – nicht zuletzt des Geldes wegen – bei den Mitmenschen genießt.

›Ehre‹ ist das Leitmotiv im Verhalten der Mutter Lenas wie ihres Bräutigams. Demonstriert wird, daß man nicht zu den »Bettelleuten« zählt und deshalb jederzeit Ehre einlegen kann.[30] Die Angst vor Schande ist komplementär zur Norm der Ehre. Liebe ist mit Ansehen verknüpft (S. 188); eine Liebe, die nicht durch die Ehe ansehnlich wird, bringt Schande. Der Haß der Mutter auf Lena ist Selbsthaß wegen ›der Schand‹

ihres ›Fehltritts‹; da die Schande durch das Kind in der Welt bleibt, eskaliert die Wunschphantasie, seiner ledig zu werden, in realen Vernichtungsdrohungen gegen das Kind, das nur als Zeichen der Schande wahrgenommen wird. »Geliebt«, so klagt Lena, »hat mich meine Mutter nie; denn sie hat mich weder je geküßt, noch mir irgend eine Zärtlichkeit erwiesen« (S. 47f.). Lena Christs Biograph hat hierzu allerdings daran erinnert, daß »Liebesbezeigungen dieser Art [...] vor allem in den ländlichen Teilen Bayerns zwischen den Eltern und ihren herangewachsenen Kindern nicht üblich [sind], ja sie werden von vielen Kindern als ausgesprochen peinlich empfunden.«[31] Maria Hartl berichtet überdies in ihrer Autobiographie *Häuslerleut* – ein jüngerer Beitrag zur erzählten Historie – noch aus den zwanziger Jahren Beispiele von Kälte, Habgier und Roheit der Elterngeneration, die den Leiden Lena Christs kaum nachstehen.[32] Doch dürfen eben die *Erinnerungen einer Überflüssigen* nicht nur als sozialgeschichtliche Quelle betrachtet werden.

»Sie sprach immer sehr gewählt«

Der Gegensatz von Stadt und Land erscheint in den *Erinnerungen einer Überflüssigen* als Sprachkontrast. Als »gebildetes«, »g'scheits und vornehmes Töchterl« wird die Leni der Mutter in München präsentiert; doch angesichts der Wunder der großen Stadt vergißt das Kind »plötzlich« die »ganze gerühmte Bildung« und verfällt in den groben Dialekt des Dorfes: »Entsetzt wandte meine Mutter sich ab«; denn sie »sprach immer sehr gewählt« (S. 42ff.). Doch fällt auch sie gerne aus der gewählten Phrase »in ihre gewohnte Redeweise« (S. 105), wie es denn zu diesem Sprachmilieu, das sich noch im Stil der *Erinnerungen* selbst fortsetzt, überhaupt zu gehören scheint, daß man »den Münchner Dialekt« nur »mühsam zu einem zierlichen Schriftdeutsch« drechselt (S. 178):

»Nehmen S' die Rosen als Dank, daß sie mir heut die *Ehr* geben, mitzukommen, werte Frau Mutter!« äußert sich der Verlobte formell beim ersten gemeinsamen Ausgang, und alsbald weiß zum feierlichen Anlaß auch die Verlobte nicht, »was ich tun oder sagen sollte. Zum Glück fiel mir die Stelle eines Romans ein, an der so etwas vorkam, und ich machte es wie die Heldin des Buches: ich errötete, sah verwirrt zu Boden und flüsterte verliebt: ›Ah, wie herzig!‹ doch in meine gewöhnliche, natürliche Art verfallend fuhr ich fort: ›Woaßt, Benno, so viel Geld hättst aber net ausgebn solln.‹« Die »ganze Szene«, in der sich ihr Leben entscheidet, kommt ihr komödienhaft vor (S. 179f).

Das Leben ohne ›Heimat‹ ist – und damit wird ein poetologischer Grundsatz der ›Heimatdichtung‹ variiert – ein Leben ohne Wirklichkeit. In diesem kleinbürgerlichen-städtischen Milieu zeigt sich das Leben rollenhaft, unecht und gefährlich. Die wahre Sprache der Heimat und der Liebe ist tabuisiert. Wenn der stumme Haß der Mutter immer wieder in Zuneigung umschlägt, so äußert diese sich keineswegs in der Sprache des Gefühls.[33] Dies Gefühl bleibt vielmehr unter dem Panzer der Konvention verborgen; die Mutter – Inbegriff der Liebe, jedoch verhärtet gegen deren Forderungen – ist zur »eisernen Venus« erstarrt (S. 186).

Die Sprachmaske verrät etwas von diesem Rollendasein. Obgleich die Psyche ihrer Nebenmenschen – ohne daß die Erzählerin dies durchschaut oder kommentiert – wie ihre eigene polar gespalten ist, sind bei diesen die Extreme seltsam und gefährlich verzerrt: Wenn bei ihnen einmal die Wirklichkeit des Unbewußten durchbricht, tritt statt Phantasie und Traum bloß die »verborgene Wolfsnatur« (S. 233) zutage; das Lebendig-Menschliche ist von sozialen Normen und Konventionen erstickt. Während die anderen sich hinter ihren sozialen Masken vor der eigenen ›Wolfsnatur‹ verstecken, hält diese Welt von Rollen für die ›Überflüssige‹ keine Rolle bereit; denn die unehliche Geburt ist ihr Stigma, das untilgbare Zeichen eines Außenseitertums vor jeder Sprache.

Die Sprache bleibt für die Wirklichkeit dieser Menschen belanglos. Da sich durch Sprechen ihre Situation weder klären noch ändern läßt, verkommen ihre Worte zu Formeln der Konvention oder aber gleichsam zu Begleitgeräuschen der Gewalt.

Was mit dem Menschen geschieht, scheint, da es sich so offenbar nicht ändern läßt, von außen verhängt zu sein. Der Glaube an ein Schicksal durchzieht daher die *Erinnerungen einer Überflüssigen,*[34] obschon sich aus der Erzählung die psychischen und sozialen Bedingungen dieses Schicksals sehr wohl ablesen lassen. Das Sprechen aber kommt in einer solchen Welt nur als Prophezeiung – als bloße Vorhersage eines unabänderlichen Verlaufes – zu sich selbst; mit dem bösartig prophetischen Fluch der Mutter wird das Schicksal der ›Überflüssigen‹ besiegelt.

Innerhalb dieser heillosen Welt öffnet sich kein erlösender Ausweg. Auch die Kirche bietet der Verwaisten nur scheinbar Zuflucht, obschon in den *Erinnerungen* – bis hin zu jener Wahl des Klosterlebens – ihr Heilsversprechen zwar verzweifelt gesucht, in seinem transzendenten Anspruch jedoch nicht erkannt wird. Verkleidet als »Engel« (S. 66) aber gewinnt wenigstens die irdische Sehnsucht der ›Überflüssigen‹, »erlöst« (S. 209) zu sein, ein Zeichen.

Der gnadenlose Ablauf dieses Schicksals wird dennoch am Schluß des Buches – gleichsam dem Nullpunkt ihres Daseins – überraschend durchbrochen. Der letzte Satz wendet sich an den Leser und beruft sich auf das Leben als die Instanz, vor der das Urteil über die ›Überflüssige‹ revidiert werden könnte. Indem sie ihr Leben erzählt hat, veränderte sich bereits das

Schicksal der Erzählerin. Daß sie die Freiheit der Sprache gewann, scheint ein Versprechen gleichsam einer Wiedergeburt und Befreiung von dem Zwangssystem ihres bisherigen Lebens zu sein. Der etwas pathetische Appell an ›das Leben‹ verrät, daß sie dieses Freiheitsversprechen der Literatur verdankt; denn der mythisierte Lebensbegriff ist der Leitwert im literarischen System der Zeit um 1900, dem sich Lena Christ künftig eingliedern wird. Die Familienkonstellation des Traumas eines ›überflüssigen‹ Daseins schimmert freilich stets durch diese Lebensentwürfe einer ›Heimatdichtung‹ durch.

»(...) grad a Pfannaflickersdirndl«

»(...) grad a Pfannaflickersdirndl« ist die Johanna Rumpl aus Öd am Rain (Bd. II, S. 333); noch vor der Hochzeit, als sich ihr Schicksal endlich glücklich lösen will, muß sie den Bräutigam an den Makel ihrer Herkunft erinnern. »Ich bin ja bloß ein Balg, eine Hergelaufene«, sagt die Jungfer Kathrein im *Mathias Bichler* (S. 360), und sowenig wie der Waise Mathias gelingt es ihr – trotz der märchenhaften Entdeckung, daß sie eine »Herrische« (S. 381), Hochgeborene ist – in diesem Leben eine Heimat zu finden. Als es gilt, das Erbe, die »Verlassenschaft« der alten Irscherin – eine der gütigen Pflegemütter im Werk Lena Christs – anzunehmen, da bringt Mathias das Wort »aber mit dem Begriff Verlassensein in enge Verbindung« (S. 360). In dem Nachlaß-Fragment eines Münchner Romans *Kaspar Glück* sind beide weiblichen Hauptfiguren, die sich um das ›Glück‹ einer Ehefrau bewerben, Halbwaisen, und die unterlegene Heidel ist zudem ein Pflegekind im Haus; in den *Erinnerungen einer Überflüssigen* ist im Schicksal der Findelkinder, die bei den Großeltern der kleinen Lena in Kost sind, das Schicksal der Halbwaisen Lena, wie es sich erst allmählich enthüllt, schon vorausgedeutet. Und übersteigert wird solche Präfiguration des elternlosen Daseins noch in der *Rumplhanni:* Dort wiederholt sich im Geschick der Generationen nur die Zerstörung der Familie.[35] Selbst als Lena Christ in den *Lausdirndlgeschichten* einmal versucht, die neugewonnene Freiheit des Künstlerischen zu erproben und den düsteren Stoff ihrer Lebenserinnerungen in den heiter-ironischen ›Lausbuben‹-Ton Ludwig Thomas zu übertragen,[36] kehrt zuletzt noch hartnäckig das Trauma des verlorenen Vaters wieder, und der erkünstelte Spaß weicht dem Ernst des Verlassenseins.

Wenngleich nun vor allem eine Generationen überspannende Allianz der bösen Mütter – in der *Rumpelhanni,* in der *Madam Bäuerin* – dem ›Glück‹ der jungen Frau entgegenarbeitet, so ist doch auch das Verhältnis zum Vater zwiespältig. So wie er sein Kind nicht annahm, kann das Kind den Vater verleugnen. Die Rumplhanni hat ihren Lebensplan zunächst auf Täuschung aufgebaut. Selbst um ihre Eltern betrogen, will sie auf einer vorgetäuschten Mutterschaft ihr Glück gründen. Nach dem Fehlschlag diese Plans gibt sie um ihres ersehnten ›Hoamatls‹ willen erneut die wirkliche Familienbindung mit einer Lüge preis und verleugnet ihren Vater der eigenen ›Ehre‹ wegen; ehe sie dann ihr Glück erringt, muß denn auch noch das offene Bekenntnis der Schande, nur ein »Pfannaflickers-dirndl« zu sein, abgelegt werden.

Ähnlich verwirrt sich die Identität des Waisenkindes Mathias Bichler. Er freilich hat seine Eltern nie gekannt; doch sein Lebensweg ist gleichsam die Pilgerschaft zur Mutter. Obzwar sich Lena Christ dabei wieder – und entschiedener als in ihrem Erstling – am Vorbild von Kellers *Grünem Heinrich,* dem Roman einer verfehlten Heimkehr des Künstlers zur ›Mutter‹, schulte, hat sie ihr Thema hier sakral zu einem Marienroman erhöht. Der *Mathias Bichler* verklärt nicht nur die Heimat; der Roman ist jetzt programmatisch auch ein Beitrag zur Heimatliteratur. Die Autorin der *Erinnerungen* hatte hier das Trauma einer weiblichen Autobiographie für das harmonisierende Lösungsschema der Heimatkunst umgeschrieben.

Lenas ›Großmutter‹ – auch diese in Wirklichkeit eine ›Pflegemutter‹ und Stellvertreterin – hatte als die »Mutter der Gemeinde« (S. 74) ihre »Liebe zur Mutter Gottes« bewährt (S. 81). Bei der Gottesmutter sucht auch – verlassen von seinen irdischen Eltern – der kleine Mathias Zuflucht; doch bei der Wallfahrt zum Marienbild in Birkenstein drängt sich zwischen den Opfernden und die Himmelsmutter der »Teufel«, der »Widersacher«,[37] die Inkarnation aller Widrigkeit eben des verlassenen und überflüssigen Daseins. Seelisches ist auch in diesem zweiten Roman der Lena Christ im Äußeren, in der Konstellation von Figuren ausgedrückt und abgebildet. In Ambros, dem Feuer-Teufel, ist das böse Prinzip verkörpert, so wie das Elend des heimatlosen Mathias in seinem »elendigen Aussehen« (S. 416) gespiegelt ist. Der inneren Verletzung des Außenseiters entspricht das körperliche Stigma; existentiell zum Außenseiter bestimmt, wird er von seinen Mitmenschen auch dazu gemacht: »die andern hatten mich schon« (S. 431). Zuletzt aber wirft ihn der teuflische Ambros »aus meinem Nest« (S. 389). Mathias Bichler ist nun endgültig »der verlorne Sohn« (S. 462).

Seine Lebensreise, die nach der Vertreibung aus der unzulänglichen Heimat im Dorf anhebt, orientiert sich an den Stationen, wie sie aus der Gattungsgeschichte des Bildungs- und Künstlerromans bekannt waren; offenbar ist die Schilderung von Bichlers theatralischen Lehrjahren Kellers Roman nachgeahmt. Doch wurde dieses Motiverbe gemäß dem Thema der Elternsuche umgestaltet. Von den bäuerlichen Pflegeeltern führt Bichlers Weg zu einem weiteren Ersatzvater – nun in der Spähre der Kunst –, dann zu seiner unechten Theater-Mutter bis zu jener wiedergewonnenen, echten ›Heimat‹, die ihm »die edle und herrliche Kunst« bei seinem Meister, den er schließlich wie ein leiblicher Sohn beerbt, und bei einem »väterlichen Freund« bereitet (S. 549).

Ehe Mathias Bichler soweit gelangt, verliert und verspielt er »Heimat und Besitz« (S. 495). Denn er verwechselt den Schein der Kunst, das Theater, mit ihrer Wahrheit. So vertauscht er die einzig Geliebte – »mein Kathrein« – mit einem »schönen Kätherlein«, einer Schauspielerin, die diese Rolle nur spielt, solange diese Verstellungskunst ihr Geld einbringt (S. 482). Wie seine Liebe, so verliert Bichler am Ende dieser Lebensstation sein Selbst. Er gibt seinen Namen preis; »der, welcher ich wirklich war« (S. 503) ist nun gleichsam »ein Fremder« (S. 523).

Dieses Motiv des Verkennens und der verwirrten Identität wird auch in der *Rumplhanni* mit einer Schuld verknüpft. Nachdem die Rumplhanni ihren Vater nicht kennen wollte, verkennt sie ihren »Landsmann«, den zwielichtigen Ropferflori (S. 285), bei dem sie ein Stück Heimat sucht, und verkennt ebenso die »Schutzleut« (S. 289). Das Gefängnis, der Ort der Buße und der tiefste Punkt ihres Lebenslaufs, wird dann zum Wendepunkt, an dem ihr Aufstieg zum Glück beginnt. Dieser Durchgang durch eine ›Hölle‹ vor der Wiedergeburt ist die Grundstruktur der drei ersten Werke der Lena Christ. In den *Erinnerungen* freilich ist das – autobiographisch allzu kompromittierende – Gefängnismotiv ausgespart[38] und der Durchbruch zum Glück der Kunst nur angedeutet. Voll ausgeführt ist das Muster jedoch, nachdem sich künstlerischer Erfolg eingestellt hatte, im folgenden Roman, eben dem *Mathias Bichler.* Mit seinem Verschulden sind wiederum die Leitmotive aus den *Erinnerungen,* Ehre und Liebe, verknüpft. Enttäuscht von der »Jungfer Kathrein«, entschließt sich der junge Mathias, »meine Lieb für sie ganz zu verschließen und zu verbergen« (S. 382), und will aus der Bosheit verschmähter Liebe jetzt die Geliebte »ehrlos« machen (S. 398). Damit isoliert er sich selbst von der einzigen Gemeinschaft, die ihm zugedacht ist und die in der Waldhaus-Idylle schon wirklich geworden war; wenn er dann ›aus dem Nest geworfen‹ wird, so spiegelt sich im »Widersacher« Ambros wiederum nur die innere Wahrheit des Daseins von Mathias.

Offenkundiger als später in der *Rumplhanni* wird dann, nach allen Irrungen bis zum Selbstverlust, die Buße als innere Umkehr geschildert: Als Mathias »tiefe Reu« zeigt (S. 536), wird ihm vergeben. Zuletzt enthüllt sich, daß die Schuld an der Geliebten auch ein Verrat an der Mutter war; die thematischen Linien werden in den sakralisierenden Schlußpassagen des Romans zusammengeführt. Daß Mathias sein erstes reuiges Bekenntnis angesichts der »Madonna« ablegte (S. 525) und neben den Künstlern auch einen Priester zum »Vater« gewonnen hatte (S. 553), führt einen religiösen Stilgestus ein, der erst der Heimkehr des Mathias ihren eigentlichen Sinn verleiht: »Also machte ich mich reisefertig und fuhr den andern Tag dahin – heim« (S. 559). Oft wird diese Reise in die Heimat in der Heimatliteratur variiert und stets als Weg zum Heil gepriesen. So verlegt Lena Christ die Heimkehr auf das Osterfest und macht sie zu einem Tag der Auferstehung und Wiedergeburt. Das Ziel aber stand am Anfang: Die Wiedervereinigung mit der Geliebten, die ein Bild der Mutter ist – so wie es Bichler jetzt begreifen kann, da er der Offenbarung der Kunst teilhaftig wurde: In seinem Meisterwerk, einem Bild der Gottesmutter, gemahnt »das Angesicht der hohen Frau [...] leise an ein wohlbekanntes Frauenbild« – die tote Geliebte – und weckt »das Heimweh nach ihm« (S. 564). Eine sakralisierte Kunst schafft Zeichen einer ›Heimat‹, die im Diesseits jedem versagt bleibt. Nicht in eine Erfüllung, aber in sichere Verheißung mündet deshalb der Lebensweg des ›verlorenen Sohnes‹ Mathias Bichler: Gott, »der gut Vater«, wird sich seiner erbarmen.

»Sich selbst kopierende Naturjodelei«

Rückhaltlos verfallen war Lena Christ dem Heimat-Genre keineswegs. So verspottet ihre Skizze *Das Lied* die Touristenperspektive einer gängigen Heimatkunst; nur ein zugereister Amerikaner und Kunstmanager mag naturhaft echter Volkskunst zu begegnen glauben, wo der Sieg der modernen Kunstreproduktion längst entschieden ist: Das Lied der Sängerin schallt aus dem Trichter eines Grammophons durch die bayerische Bergwelt.

Diese Sorge um die Zerstörung des Ursprünglichen durch den Tourismus begleitet allerdings die Spielarten bayerischer Heimatliteratur von Karl Stieler[39] bis zu Josef Ruederer, der seine Komödie *Die Fahnenweihe* (1895) um den Kontrast zwischen dem echten Dorf und dem – gleichsam von Ludwig Ganghofer erfundenen – ›Volk‹ auf der Bühne aufgebaut hatte. Denn die »Naivetät« in der Schilderung von ›Heimat‹ und ›Volk‹,[40] wie sie bereits vom Klassiker der ›Dorfgeschichte‹, Berthold Auerbach, angestrebt wurde, war trügerisch. Schon in diesen Erzählungen aus Auerbachs Schwarzwälder Heimatlandschaft wurde eine »rekonstruierte Heimat« präsentiert,[41] und in der Heimatkunstbewegung insgesamt ist ›Heimat‹ der Ersatz für »verlorene Wirklichkeiten«, eine nicht unmittelbar erfahrene Realität, sondern eine Gegenwelt, die poetisch bewahrt, was tatsächlich verloren zu gehen droht. »In dreißig Jahren«, so prophezeit Auerbach seinem städtisch-bürgerlich geprägten Lesepublikum, »giebt's keine Vokstrachten und keine Volksbräuche mehr. Alles wird Landwirt oder ländliches Proletariat.«[42]

Die Suche nach dem ›echten‹, vom sozialen Umbruch unverstörten ›Volk‹ wird daher alsbald zum Leitmotiv der ideologisch geprägten Heimatdichtung. »Je plumper diese Bauern es trieben«, bemerkte ein boshafter Kritiker, »desto ernster wurden sie bewundert als aus dem Leben gegriffene Gestalten, desto lebhafter reizten sie das stoffliche, ethnographische Interesse der Lesewelt.«[43] Doch der Zwang zum Authentischen wurde der Heimatdichtung nicht allein von der literarischen Mode diktiert, sondern von ihrem Selbstverständnis. Hatte Auerbach noch erzieherisch für das Landvolk wirken und in der ›Bildung‹ die »wahre Natur« erblicken wollen,[44] so vermögen seine Nachfolger nur noch durch den Rückgriff auf die Werte des Echten, Unverbildeten, Ursprünglichen ihre Kritik an der modernen Welt zu rechtfertigen. Der Verdacht, man habe es mit »Tendenz- und Programmbauern in echtem Kostüm und treu gezeichneter Umgebung« zu tun, kam daher für ein Werk der ›Heimatdichtung‹ einem literarischen Todesurteil gleich.[45]

So läßt der programmatische historische Heimatroman Lena Christs denn auch deutlicher als sonst ihn ihrem Schaffen ihre Distanz zur Moderne wie auch den Fortschritt im Heimat-Genre ermessen. »[...] die trefflichen Meister« der ehemaligen »Kultur«, wurden – so verkündet das Geschichtsresümee des Mathias Bichler (S. 550ff.) – »allgemach heimgeholt und neue, von einem anderen Geist beseelte, traten an ihre Stelle«, die »einer bürgerlichen Zeit« eher gemäß waren, da sie alles vorgeblich ›Rohe‹ und ›Krasse‹ vermieden. Dieser Prozeß nun soll in einer neuen und wie ehemals echten Volkskunst, der sich Lena Christs Roman zuzählt, wieder umgekehrt werden; wie in einem Vexierspiegel gebrochen, kehren deshalb gängige Motive früherer, nicht genügend echter ›Heimatliteratur‹ in den Werken Lena Christs wieder. Wie sie in der *Rumplhanni* Lesererwartung und erzählerische Innovation rasch und kunstvoll verschränkt,[46] so setzt sie ihren Bildschnitzerroman selbstbewußt einem kanonischen Werk der ›Heimatliteratur‹ entgegen, das den gewachsenen Ansprüchen an Echtheit inzwischen nicht mehr genügen konnte: Ganghofers *Der Herrgottschnitzer von Ammergau*.

In dieser 1890 erschienenen ›Hochlandgeschichte‹ Ganghofers begegnen die Grundmotive des Schaffens der Lena Christ in völlig anderer Verknüpfung, Durchführung und Lösung. Auch hier ist die ›Heimat‹, der Raum der Mutter das höchste Gut und die Stadt von Übel; auch hier stehen dennoch in dieser Heimat die Bauern gegen die Eigentumslosen, Armen; auch hier verhärtet sich eine junge Frau im Haß auf ihre Eltern, die sie ausgesetzt, als Findelkind preisgegeben hatten; auch hier ergänzen »die richtige Schul und der rechte Lehrer« – wie im Leben des Bichler – das Naturtalent des Volkes zur Kunst.[47] Und sogar das Madonnenbild, dem der Künstler die Züge der Geliebten verlieh, findet sich in der älteren Erzählung. Die Irrungen jedoch, die fast den Künstler aus dem Volke von seiner Geliebten entfremden, führt Ganghofer zum glücklichen Ende einer Hochzeit, und den Trotz der verstoßenen Tochter läßt er in einer rührenden Wiederbegegnung mit dem Vater, der arm, aber kein ›Lump‹ ist, schmelzen. Zu Ganghofer kamen – wie er gern zu seinem Schaffen erklärte – ›leuchtende Bilder‹ und ›real-ideale‹, ›verklärte Menschen‹;[48] tatsächlich versuchte er wohl, eine berühmte italienische Volkserzählung des Münchner ›Dichterfürsten‹ Paul Heyse, *L'Arrabbiata,* in die bayerische Heimat zu übertragen und so den Kunstanspruch seiner Volksdichtung zu bekräftigen; – während Lena Christ gegen solchen ›Idealismus‹ sich des ›Realismus‹ eines Gottfried Keller in der Nachfolge versicherte.

Das Bekenntnis zu einer Wirklichkeit, die nicht in den Romanen zu finden sein soll, begegnete uns bereits bei Emerenz Meier; Lena Christ hat es in ihren wenigen Selbstzeugnissen bekräftigt, und es gehört ja zur Poetelogie der Heimatdichtung insgesamt. Doch darf dies nicht über eine Spaltung im Literaturbegriff hinwegtäuschen, die ebenso bezeichnend ist und die bei Keller wie Ganghofer oder Thoma praktiziert wird, wenn sie Goethes Schöpfungen als echtes, gesteigertes, fruchtbares Leben im Kontrast zur bloßen ›Literatur‹ bewerten. Die ›Hochliteratur‹, so müssen wir konstatieren, wurde gleichsam entliterarisiert: Solche Meisterwerke der ›Dichtung‹ rückten in diesem ideologischen System aus dem Raum moderner Schriftzivilisation und traten in die zeitlose ›Natur‹ selbst ein.

Um 1910 nun hat sich bei gesteigertem Interesse für die Heimatdichtung der Zweifel an der Authentizität des bislang Gebotenen wiederum verschärft. Als Muster lebenswahrer, literaturferner Volksdichtung wurde jetzt der Schweizer Autor Jeremias Gotthelf wiederentdeckt; schon um 1900 begann – propagiert etwa von Adolf Bartels, dem antisemitischen und völkischen Literarhistoriker[49] – eine Gotthelf-Renaissance, die den Vorkämpfer einer christlichen Lebensordnung in der Biedermeierzeit zum bodenständigen »Vater des Naturalismus« verfälschte. Daß Lena Christ mit ihrem Erstling so genau den Erwartungen – etwa Josef Hofmillers – an eine ›neue Ursprünglichkeit‹ in der Heimatliteratur entsprach, verdankte sie nicht zuletzt der Schulung am Werk des Jeremias Gotthelf, wie sie ihr Peter Benedix ›verordnet‹ hatte.

Bei Gotthelf war allerdings die ›Heimat‹ noch nicht Zweck, sondern Raum der Darstellung und im Sinne des Christentums »ein Symbol für den ›Ort‹ des Menschen, wo dieser ganz ›zu Hause ist‹, ein Ort, der seinem Wesen gemäß ist.«[50] – Daß Authentizität über den Rang von ›Volksliteratur‹ entscheide, war von diesem Glauben her auch im Vorwort zu Gotthelfs Erstlingswerk *Der Bauern-Spiegel* (1836) festgestellt worden: »Von Jugend auf habe ich unter dem Volk gelebt und es geliebt; darum entstund auch sein Bild treu und wahr in meinem Herzen«, und diese Wahrheit ist nirgends auf Verklärung, Idealisierung und Veredlung zugeschnitten: Vielmehr gerät die Welt der kleinen Leute, der Eigentumslosen und Dienstboten, in den Blick des Erzählers, und er bekennt, daß sein »Spiegel« eher »die Schatt- und nicht die Sonnseite eures Lebens« zeigen solle.

Volkstümlichkeit des Erzählers und ungeschminkt ›realistische‹ Wahrnehmung – das waren die beiden vorbildhaften Züge, die Gotthelfs Schaffen der ›Heimatkunstbewegung‹ und damit der literarischen Debütantin Lena Christ zu bieten hatte.

Übersehen wurde jedoch, daß Gotthelf, wenn er gegen die »zur Unnatur verzerrten« Gestalten in schönfärberischen Romanen polemisierte,[51] keineswegs einen modernen, sondern vielmehr den ›christlichen Realismus‹ abendländischer Tradition anstrebte,[52] und daß seine Stilgeste deshalb volksnah wirkte, weil sie von der Predigtrhetorik des evangelischen Pfarrers abgeleitet war. »Ich bin geboren in der Gemeinde Unverstand, in einem Jahre, welches man nicht zählte nach Christus« (S. 7), hebt seine Erzählung an, und bereits dieser Anfang läßt den allegorischen Entwurf einer verkehrten, ›närrischen‹ Welt erkennen, die sich außerhalb der Heilszeit Gottes gestellt hat. Die scheinbare Dorfgeschichte entpuppt sich als »Gleichnisrede« (S. 148) von »einer verkehrten Welt« (S. 162). Auch weiterhin wird selbst das krasse Detail in der allegorisierenden Predigtstruktur dieses *Bauern-Spiegels* als ein bloß realistisch ausgestaltetes Exempel kenntlich.[53] Wird das »arme Knechtlein« von dem Bauern ausgenutzt (S. 195), so ist damit kein sozialer Übelstand angeprangert, sondern die Schöpfungsordnung pervertiert und verlästert; denn das Verhältnis des Bauern zum Knecht ist eben ein Bild für die Knechtschaft des Menschen vor Gott.

Lena Christ aber fand im Schicksal des Waisen- und Gemeindekindes, dem es »unter braven Leuten übel geht«[54] und dem nur »Heimweh und keine Heimat« zuteil wird, die Parallelen zu ihrer Erlebniswelt; vernachlässigen mochte sie dabei – gleich ihren Zeitgenossen –, daß bei Gotthelf die Sehnsucht dieser ›Überflüssigen‹ nach einer Heimat noch das Sehnen des Menschen, der in seiner Gotteskindschaft in der Welt mißachtet und zur verlassenen ›Waise‹ gemacht wird, meint, die Sehnsucht nach der Heimat bei Gott.[55] Bei der Neuentdeckung des ›Realisten‹ Gotthelf um 1900 wurde seine Absicht, den Leser anzuleiten, »weiser und besser zu werden«, verkannt, und man ignorierte, daß eben diese pädagogische Absicht für die »Zwecke eines christlichen Staates«[56] – und nicht etwa modern-säkulare, ›naturalistische‹ Elendsmalerei – es für Gotthelf rechtfertigt, »nur eine Seite des Bildes« zu zeigen.

In Lena Christs Gotthelf-Lektüre wurde gewiß gerade dieses Mißverständnis produktiv, das naturalistisch-krasse Echtheit mit Volkstümlichkeit vereint sah. Doch bot der *Bauern-Spiegel,* als authentische Geschichte gelesen, ihr ja nicht bloß die Schilderung, sondern auch einen Ausweg aus dem Elend des ›überflüssigen‹ Daseins. Ist doch der *Bauern-Spiegel,* Jeremias Gotthelfs erstes Werk, eine Autobiographie, der dann eine lange Reihe von Romanen folgte. Hier also fand sich jener ermutigende, in der Zeit um 1900 so ungewöhnliche Beginn eines schriftstellerischen Œuvres mit einer Autobiographie.[57] Denn Gotthelf hatte, wie es dem didaktischen Grundzug seines Erzählens entspricht, dieses Werden eines Schriftstellers zum Thema seiner Autobiographie gemacht; Jeremias, der Erzähler, ergreift zum Schluß seines lehrreichen Lebens das Amt des Schriftstellers als eines Lehrers des Volkes; der »lebendige Jeremias« hatte »den schriftlichen geboren«.[58] Wie seine Lebensbeschreibung dem Schriftsteller Jeremias Gotthelf den Weg in die literarische Öffentlichkeit gebahnt hat, so darf die Schriftstellerin Lena Christ am Ende ihres Erstlings hoffen, daß nun ihr ›überflüssiges‹ Dasein enden wird.

Die kunstvolle Schilderung bannt das Elend; der künstlerische Erfolg aber überwindet es; indem sie sich in eine angesehene Schriftstellerin wandelt, rechtfertigt sich die ›Überflüssige‹ und gewinnt ›Ehre‹ und ›Liebe‹. Ihr folgender Roman *Mathias Bichler* wird diesen Durchbruch zur Kunst nachvollziehen und damit bestätigen, was Jeremias Gotthelf aus seiner Lebensbeschreibung gelernt hatte.

Tatsächlich hat der Pfarrer Albert Bitzius mit dem Autorenpseudonym Jeremias Gotthelf bereits ein Zeichen seiner Schriftstellerexistenz gesetzt: dem warnenden Propheten Jeremias folgt der Appell an die einzige Quelle des Heils: Gott helf! Solche kunstvolle Allegorisierung des Schriftstellerpseudonyms zum Programm des Werkes liegt Lena Christ sicherlich fern; doch sollte die Notwendigkeit, die Benedix (S. 45) für die Wahl ihres Künstlernamens behauptet, nicht darüber hinwegtäuschen, daß Magdalena Leix-Jerusalem, als sie für ihre Veröffentlichungen den Namen ihres verschollenen Vaters wählt, damit ebenfalls ein Lebensthema zum Leitmotiv ihres Werkes erhebt: Die Suche nach den Eltern und damit die Suche nach einer Heimat.[59]

Einbruch der Geschichte

Zweifellos soll die Entsagung, die zuletzt dem Künstler Bichler doch abverlangt wird, als eine Korrektur des schönfärberischen Ganghofer im Zeichen des großen Realisten Gottfried Keller gewürdigt werden. Begründet ist sie wie bei Keller aus den Daseinsbedingungen der Kunst in der modernen Welt. Im Künstlerroman Kellers verfällt die Kunst – isoliert vom Volk und seiner Geschichte – rettungslos dem gerade in der Münchner ›Wiedergeburt der Kunst‹ unter Ludwig I. florierenden Kunstmarkt; in der vom Markt geschaffenen Scheinwelt einer nur noch schönen Kunst verwirrt sich der Lebensweg des grünen Heinrich. Das Programm der ›Heimatkunst‹ ist die – verspätete, ideologische – Reaktion auf eine Diagnose, die Kellers desillusionierter Bildungsroman gestellt hatte.

So wird auch dem Künstler Bichler, der das Ziel seiner individuellen Bildung und Entwicklung erreicht, die Erfüllung seines Künstlertums versagt; denn inzwischen ist die ganze Epoche heimatlos geworden. Der »stille Frieden der Heimat« (S. 563) ist durch den napoleonischen Weltkrieg endgültig zerstört worden. Was Bichler zum Außenseiter der bäuerlichen Heimat stempelte, macht ihn nun zum Außenseiter einer Epoche, die sich dem rapiden Wandel verschrieben hat: »der Napoli und der Teifi – die zwo san oans« (S. 475); der »korsische Herrgott« (S. 549) stieß die göttliche Weltordnung um, als sich Mathias Bichler in ihr eingenistet hatte, und statt des ›guten Vaters‹ und der Himmelsmutter wird nun der Welteroberer und Antichrist »als ein Gott angebett« (S. 558). Das »alte, barocke München« ist vernichtet;[60] die statische Ordnung der Welt, die Einheit von Kunst und Handwerk, die Geborgenheit des Künstlers in der Zunft lösen sich auf. Die Zeitgeschichte bricht in diese gefügte Welt ein; die Beschleunigung der Zeit wird im raffenden Erzählgestus der Schlußpassagen des Romans abgebildet, und wie mangelhaft auch der essayistische ›Exkurs über die Heimatkunst‹ in den Romantext integriert sein mag, so verrät er doch das Scheitern einer organischen Entwicklung: Weil Bichlers reifer Kunst das Schaffen für die Heimat vorenthalten wird, bleibt ihm nur die dürre Abstraktheit des Programms.

Im Rückblick nach hundert Jahren, um 1900, ist diese Kritik aktueller denn je. Im *Mathias Bichler* wie etwa auch in Ruederers *Das Erwachen* (1914/15) wird die Gegenwartsdiagnose der Moderne am Modell der Gründungsära des modernen Bayern unter Max I. Joseph und Ludwig I. vorgeführt und zugleich aus den Tendenzen dieser Epoche historisch abgeleitet.[61] So fehlen in Lena Christs historischem Künstlerroman keineswegs die Stichworte aktueller Kulturkritik: Das Unbehagen an der Moderne und die Verklärung des ›barocken München‹ als Gegenbild zur ›Kunststadt‹ hatte sich in der Münchner ›Heimatkunst‹ um 1910 neu formiert; Kunst als Handwerk war ein programmatisches Ziel, das sie mit der ›Jugendstil‹-Bewegung gerade auch in München teilte.[62] Und der Vorwurf, »unserer bürgerlichen Zeit« sei »alles Lebenswahre zu roh, zu kraß und nicht selten – zu unsittlich« (Bd. I, S. 551), liest sich, als wolle sich die Autorin der *Erinnerungen einer Überflüssigen* gegen ihre Kritiker verteidigen.[63] Daß die ›Heimat‹ durch den Einbruch der Geschichte zerstört würde, war allerdings eine Prognose, die sich nur wenige Monate später beim Ausbruch des Ersten Weltkrieges für Lena Christ nicht zu bewahrheiten schien.

Auf ein deutsches Reich für das deutsche ›Volk‹ hatte die ›Heimatdichtung‹ von jeher gezielt. »Was haben wir nicht alles gehofft«, bekannte ein Brief Auerbachs, »wenn wir auf Grund unserer emsig vorbereiteten Volksbildung ein großes, freies, einiges Reich haben werden.«[64] Und in der Vorrede zur Ausgabe seiner Werke von 1863 entwickelte er die Poetik der ›Heimatliteratur‹ aus Deutschlands politischer Regionalität: Während der Schriftsteller in »Ländern der Centralisation, der geschichtlichen Einheit und Einerleiheit« »weit eher Nationaltypen aufstellen« könne, stelle der deutsche Schriftsteller »durch die Geschichte getrennt, [...] weit mehr die Ausbildung des Provinciallebens dar. Die aus dem Volksthume gewonnene Poesie wird sich daher [...] immer mehr lokalisiren müssen. Wie wir die Einzelheit politisch auszubilden haben, so haben wir auch poetisch diese Aufgabe; das Bewußtsein der Vereinigung und Einheit muß [durch die Dichtung] hindurchgehen [...].«[65]

Ludwig Ganghofers ›Hochlandgeschichten‹ propagieren das Geschichtsbild des bayerischen Liberalismus, der gegen die Opposition der katholischen, politisch in der Zentrumspartei organisierten Majorität die Bismarcksche Reichsgründung billigte und förderte; als Lieblingsautor des deutschen Kaisers Wilhelm II. war Ganghofer der »Sänger des groß erfaßten Reichsgedankens«.[66] Und dem Liberalismus wiederum ist die Münchner Moderne insgesamt eng verbündet; denn als gemeinsamen Feind hatten ›Heimatkunst‹ und ›Moderne‹ eben den katholischen Klerikalismus identifiziert. So bekennt auch Mathias Bichler, er sei »kein bsunderer Freund der Pfaffenröck [...] ausgenommen [...] einen« (S. 412) – den gütigen, unpolitisch-menschlichen Ausnahmepastor, der zum festen Personal des liberalen süddeutschen Romans, etwa Thomas' *Andreas Vöst* (1906) oder eben Ganghofers *Der Hohe Schein* (1904), gehörte. In der Klostergeschichte vom Kind Margaret erweist Lena Christ denn auch offenbar dem großen Vorbild Thomas wie Ganghofers, dem Autor der »Geschichte vom Meretlein« – eine Form des Namens Margaret – ihre Reverenz. Gottfried Keller hatte diese Geschichte in seinen *Grünen Heinrich* als eine Art Warnerzählung vor religiöser Bigotterie eingeschaltet,[67] und die Klosterszenen der *Erinnerungen* illustrieren nachträglich, wie berechtigt die liberale Kritik des großen Vorgängers an der Kirche war.

Ludwig Ganghofer hingegen war von Gustav Freytag, dem liberalen Vorkämpfer eines realistischen Romans, der mit dem Zyklus *Die Ahnen* die »Geschichte einer deutschen Familie von den germanischen Anfängen bis in die Gegenwart« des deutschen Reiches vorgelegt hatte, auf eine ergänzende »Geschichte eines deutschen Dorfes« verwiesen worden.[68] Unter dem Eindruck des Krieges nahm sich Ludwig Thoma, seit 1902 eng mit Ganghofer befreundet, gleichsam die Fortsetzung dieses Projektes in die Zeitgeschichte vor; dem Bauernführer Georg Heim teilte er am 27. Mai 1916 mit:[69]

> [...] ich bin dabei, die Kriegschronik eines oberbayrischen Dorfes zu schreiben und darin – natürlich in freier Erfindung – die Schicksale einer Gemeinde, ihrer Angehörigen im Felde und Daheim zu schildern. Nicht die Erlebnisse der Krieger – Tagebücher gibt es ja jetzt schon genug – sondern hauptsächlich die Zustände in der Heimat. Es ist mir darum zu tun, ein möglichst wahrheitsgetreues Bild dieser Zeit zu geben, wie sie in einem kleinen Dorfe Wirkungen ausübt, im Leben und im Haushalt des Einzelnen, in der Gemeinde usw.

Während Thoma seinen Plan nicht verwirklichte, hatte Lena Christ – trotz des materiellen Elends der Kriegszeit – in der Zeitgeschichte ihrer Heimat ihre schriftstellerische Aufgabe gefunden; die »Milidärbrifstellerin Christus«[70] hatte sich vom Stigma ihrer ›überflüssigen‹ Existenz gleichsam selbst erlöst und schien eins mit ihrem Volk und ihrer Heimat zu sein. Das geliebte Vaterland ersetzte ihr den verlorenen Vater, und die Gemeinschaft aller – wie sie schon der Titel *Unsere Bayern* beschwört – nahm die verstoßene Tochter nun als Künstlerin auf. Lena Christs Selbstverständnis als Schriftstellerin scheint sich mit der Arbeit an den Kriegsbüchern *Unsere Bayern* gefestigt und geklärt zu haben; die erhaltenen Zeugnisse ihres künstlerischen Wollens wenigstens beziehen sich zumeist auf diese Bücher.[71] Der äußere Erfolg bestätigte sie, und ihre naive Vaterlandsliebe wurde – sinnbildlich für ihre Motive – mit der Zuneigung von Landesvater und Landesmutter gekrönt.

So werden die Leitmotive ihres bisherigen Schaffens in den Kriegsgeschichten gelegentlich umgewertet. Der ›Schatz‹, das materielle Fundament der Ehre, wird nun zur ideellen Pflicht; bloße Gier und Habsucht versagen an der unerbittlichen Probe des Krieges, der sich alle unterwerfen müssen. Ohne Liebe bleibt der Reichtum ein »toter Schatz« – wie in dieser Erzählung von der Bäuerin, die nichts für die Gemeinschaft opfern will und dann am Wertvollsten, dem Leben ihrer Söhne, gestraft wird. Wo Liebe ist, da ereignet sich hingegen auch das Wunder der Rückkehr des verlorenen Sohnes – und der *Schatz des Toten* fällt ihm, in der Erzählung gleichen Titels, nach dem Recht des Lebens zu. Schließlich aber wird – in einer Kontrafaktur zu jener Warnerzählung vom Geiz der Reichen – das Geld in Güte verwandelt; eine Bäuerin nimmt fremde Kinder als eigene an, und das Leid des Krieges wird damit vollends zum Medium der Wunscherfüllung im Werk der ›Überflüssigen‹.[72]

Noch 1917 schreibt sie mit offenbar unbelehrtem Patriotismus einem – ihr sonst unbekannten Leser – als Widmungstext in ein Exemplar der *Rumplhanni:*[73]

Heil und Sieg – und die Cholera über Amerika!

Sie wollten ein Erinnerungswort von mir in eins meiner Bücher – hier eins und einen freundlichen bayrischen Gruß

Lena Christ

1. 6. 17 Langsam aber sicher

Und gerade ihr Kriegsroman *Die Rumplhanni* hatte, sowie er veröffentlicht wurde, die Tüchtigkeit einer ›Überflüssigen‹ belohnt, ihr ein ›Glück‹ »mit viel Arbeit und fröhlichem Schaffen« geschenkt (Bd. II, S. 338) und damit die Zerstörung von ›Heimat‹ und Familie, von der einst Lena Christs Schaffen ausgegangen war, im Raum der Kunst rückgängig gemacht. Wenn zuletzt die Harmonie der Stände in der Bierstadt München hergestellt ist – »hier sitzt der Reiche bei dem Armen, der Hohe neben dem Niederen« (S. 339) –, so scheint dieses traditionelle Klischee genau dem Bild vom einigen Volk im Kriege angepaßt zu sein.[74] Und doch bricht Lena Christ in diesem Kriegsroman illusionslos mit der Ideologie der ›Heimatliteratur‹.

Das Thema wird eingangs sentenziös eingeführt: »es geht um d'Hoamat!« (S. 15) Der Schmied ist die Beispielfigur für eine Heimatliebe, die allmählich ihre Distanz von einem Krieg erkennt, der, vorgeblich um der Heimat willen geführt, diese tatsächlich zerstört. Schon zu Beginn wird der ›großdeutschen‹ Heimat der Kriegspropaganda im scheinbaren Zitat ihrer Parolen subtil die echte, erlebte Heimat gegenübergestellt (S. 181):

> »D'Welt muaß boarisch bleibn, – sinst is's ja nimmer schee!« Wobei er aber der Welt hübsch enge Grenzpfähl steckt: so vielleicht von Holzkirchen über Sauerlach und der Münchnerstadt auf Wasserburg, – und von da etwan über Rosenheim, den Wendelstein und über Miesbach wieder Holzkirchen zu; also daß sein Heimatl samt seiner Hüttn hübsch gutding in der Mitten liegt.

Am Ende der Erzählung, als der Schmied noch einmal auftritt, ist über diese ›kleine Welt‹ der Krieg hinweggegangen, und ihre Ordnung ist zerschlagen; das optimistische Motiv der ›geheilten Familie‹ konnte der Realität der Materialschlachten nicht standhalten – die Söhne des Schmiedes sind gefallen: »Wia's mir mei Wei auße ham in Gottsacker, da ham s' mir aa mei Hoamat furt. Und die mir wieder oane macha hättn könna, san aa furt...« (S. 340).

Der Krieg greift zwar in alle Schicksale ein, die in Lena Christs Roman erzählt werden, aber so, wie eine blinde Naturgewalt; was die Existenz des einen vernichtet, stiftet das Glück des andern. Das Gesetz eines diesseitigen Lebens tritt unverhüllt im Krieg hervor. So verzichtet Lena Christ denn auf jede mythisierende Überhöhung des Geschehens, wie sie die ›Heimatkunst‹ anbot. Keineswegs sucht – und findet – die Rumplhanni ihr Glück in der bäuerlichen Dorfgemeinschaft. »Die überragende Bedeutung des

Hofes dem einzelnen Bauernmenschen gegenüber«, die bei Peter Benedix[75] im Ton der ›Blut-und-Boden‹-Dichtung auch nach 1945 anerkannt wird, ist für die Magd belanglos; der »Frieden der Heimat«, von dem Mathias Bichler schwärmt, enthüllt sich als Zwangsordnung, die jenen, die nicht zu den Besitzenden gehören, weniger Chancen zum ›Glück‹ einräumt als der Krieg. Während die literarische Vorgängerin der Rumplhanni, die »bäuerliche Machiavellistin« Helene in Anzengrubers Roman *Der Sternsteinhof* sich »voll wilder Kraft« den Hof erobert,[76] um unter die ›Hofidee‹ gebeugt zu werden, wird im Roman der Lena Christ das Land entzaubert:

> An der Stelle beim Wegkreuz, wo sie selbiges Mal dem Simmerl noch den letzten Pfüagood bot, bleibt sie noch einmal stehen, schaut zurück zu den drei Bauernhöfen, zieht die Lippen verächtlich herab und geht dann rasch und entschlossen ihren Weg dahin, der Bahn zu.

Die Stadt ist der Wunschort der Freiheit und des sozialen Aufstiegs; so entsprach es der Wirklichkeit der modernen Gesellschaft. Die Verklärung des Bauerntums, wie sie die Heimatkunst betrieb, weicht bei Lena Christ einer nüchternen Schilderung der ländlichen Lebensordnung, die neben den Bauern auch die Abhängigen, die ›geringen Leut‹ und Dienstboten umfaßt.

»Doch am dritten Abend wurd mir eine Wunde ins Herz geschlagen, die, immer wieder aufgerissen, nie vernarbte und mich zu einem ganz eigenen Menschen machte.« So hält Jeremias Gotthelf[77] die demütigende Erfahrung des dienenden Daseins unter hochmütiger Herrschaft fest. »Wenn die Herrischen handeln«, heißt es kurzangebunden im *Mathias Bichler,* »haben die Dienstigen das Maul zu halten!« (S. 397) Und Gotthelfs weitere seelsorgerliche Einsicht wird noch den Lebensweg des früh verletzten und gedemütigten Bichler begleiten: »Das ist für jeden Menschen ein großes Unglück, [...] wenn er zornig ist und haßt. Aber das ist eine Merkwürdigkeit, daß echter Haß sich weit leichter zeigt als echte Liebe (ich rede hier nicht von unverdorbnen Kindern)«.[78] Was Bichler von seiner geliebten Katrin trennt, ist ja eben das zornige Bewußtsein, auch sie sei nun »eine Herrische« (S. 305); daß er, der Mensch, wie ein Stück Vieh von demselben reichen Bauern ersteigert wird, den diese Herrische als Eheherrn erkor, treibt ihn aus einer ›Heimat‹, wo er als Außenseiter nur geduldet und verachtet war. Ehre und Liebe werden dem ›Dienstboten‹ vorenthalten. Susanna, die Haushälterin in dem Drama *Der Hochzeiter,* das komplementär zum *Rumplhanni*-Roman ist, kämpft wie die Heldin des Romans um ihr ›Glück‹, den Aufstieg zur Bäuerin. Trotz aller List und Berechnung verrät sie einmal etwas von der Sehnsucht nach einer ›Heimat‹, die sich nicht berechnen läßt:

> Hochzeiter: Deanstboten habn's Mäu z'halten, bal der Bauer redt! [...]

Susanna: I woaß's aa, was mir abgeht! A guats Herz und a liabs Wort... (S. 17).

Gehalten wird der Dienstbote freilich »wia a Stück Viech«.[79] Lena Christ hat in ihren Werken das Recht der Besitzlosen auf eine ›Heimat‹ reklamiert und damit den ideologischen Rahmen der ›Heimatkunst‹, dem ihr Schaffen immer wieder eingefügt werden sollte, gesprengt.

»Oane nach dem neuen Schlag«

Am Freitag, dem 8. November 1918, notiert Josef Hofmiller in seinem *Revolutionstagebuch* die Aufforderung der Münchner Räteregierung an die Bauern, »›die neue Regierung sofort durch rege Lebensmittellieferung in die Städte zu unterstützen‹. Die Bauern werden sich beeilen! Sie hoffen eher umgekehrt, daß der ihnen verhaßte Ablieferungszwang [aus den Zeiten der Kriegswirtschaft] jetzt gelockert wird. Die Urteile, die ich auf der Straße höre, sind ziemlich absprechend. Wenn Lebensmittelschwierigkeiten kommen, wird der Arbeiter-, Soldaten- und Bauernrat bald ausgespielt haben. Ich bin überhaupt neugierig, wie lange Arbeiter und Soldaten mit den Bauern zusammenarbeiten können. Und ohne die Bauern? Unmöglich!«[80] Die Frage nach dem Verhalten der Bauern ist ein Leitthema in Hofmillers Aufzeichnungen, die den Aufstieg wie die Zerschlagung der Münchner Räterepublik vom August bis zum Juli begleiten:[81] »Die Bauern haben das letzte Wort.« Und zweifellos war die Rivalität zwischen dem Bauernbund der Brüder Gandorfer, die die Revolution stützten, und dem bayerisch-konservativen Bauernverein des Georg Heim – jenem Briefpartner Ludwig Thomas – eins der wesentlichen Motive für die Schwäche der Räteregierung in München.[82]

Lena Christs Erzählung *Das neue Hausregiment* in dem Sammelband *Bauern* behandelte das Wirken eines Bauernrates auf seinem eigenen Hof als komische Neuerungssucht. Der ›neuen Zeit‹, wie sie dem Bauerntum 1916 sinnbildlich mit der Einführung der ›Sommerzeit‹ entgegentrat, war schon während des Krieges die stetige Arbeit auf dem Hof gegenübergestellt worden.[83] Dieser Kontrast von natürlicher Zeit-Ordnung und manischem Veränderungswillen gehört zum Repertoire einer konservativen Revolutionskritik. »Die ganz stille, gleichmäßige Arbeit«, so argumentiert Hofmiller (S. 55), »geht fort, ob Krieg oder Frieden, ob Monarchie oder Republik, ob Winter oder Sommer.«

Noch in seinem Dissertationsmanuskript über die »Bauerndichtung in der altbayerischen Erzählliteratur« (S. 59f.) lobt Peter Benedix das »Prinzip der Beharrung« als »die Grundlage alles bäuerlichen Wesens«:

> Das stetig Gleiche des Bauernarbeitsjahres hat im Verein mit der jahrhundertealten Stabilität bäuerlicher Verhältnisse diesen [Bauern-] Sinn erzeugt, und feindselig und misstrauisch, mit Unlustgefühlen begegnet der Bauer jeder Neuerung.

›Ordnung‹ mußte deshalb zum zentralen Schlagwort im politischen Kampf der Revolutionsära avancieren; so verwahrt sich denn auch Ernst Toller, Mitglied der Räteregierung, gegen jene »›Ruhe und Ordnungs‹-Schreier«,[84] die die Revolution als bloße Unordnung diffamieren, anstatt sie als ›Geburt einer neuen Ordnung‹ zu begrüßen. Lena Christ allerdings scheint sich, wenn sie sich in ihrem Brief an Ernst Toller so entschieden von den ›Ordnungs‹-Ideologen der Heimatdichtung absetzt, nur aus Not geschickt zu verhalten. Hatte sie doch einst im *Mathias Bichler* gegen »neumodischs Zeug [...] von Welschland, von den Franzosen und von der Münchnerstadt« polemisiert (S. 419), und wenn Peter Benedix dies sentenziös 1940 und 1950 in seinem Buch aufgreift – »Die Moden wechseln, die Natur bleibt«[85] –, so ist damit die Kontinuität der nationalkonservativen Heimatdichtung seit 1900 augenfällig.

Werte, die in Lena Christs Herkunftswelt den Alltag regierten, waren in der ›Heimatkunst‹ verklärt worden. Lena in den *Erinnerungen* ist stolz darauf, »eine Bürgerstochter und ein braves Mädel« zu sein.[86] Auch als Schriftstellerin wird sich »die Wirtstochter« (Bd. I, S. 578) an Rechtschaffenheit und ›Glück‹, ›Frohsinn‹, dem ›Schaffen in der Sonne‹, dem tüchtig bestandenen ›Lebenskampf‹ ›gesunder Menschen‹ orientieren, den Elementen einer volksmäßigen Sozialutopie der Schöpfer von ›Heimatdichtung‹.[87]

Von deren konservativem Bauernbild sind auch die Erzählungen des Bandes *Bauern* geprägt; gelegentlich betont die Ich-Erzählerin, sie selbst ›stamme von Bauernart‹ (S. 120); und »um Bauernart zu verstehen, muß man den Bauernstand achten und schätzen« (Bd. III, S. 236). Die Bauern, die durch Unglück – wie der Simmer in der eben zitierten Erzählung *Lord* – oder durch eigene Schuld – wie der Riederbauer in der Geschichte vom Dummerl – ›Unordnung‹ auf ihren Hof einziehen lassen, und sei's als gewinnträchtige Neuerung, müssen dies büßen; der Riederer zerstört gar, untreu dem ›Land‹, in blindem Inzest mit seiner in der ›Stadt‹ zur Prostituierten gewordenen Tochter die Zeitordnung bäuerlicher Geschlechterfolge und verfällt dem Wahnsinn, einem Dasein außerhalb jeder menschlichen Ordnung.

In ihren schnell geschriebenen kleineren Arbeiten verharrt Lena Christ oft genug in einer traditionellen Sprache und Weltanschauung; im Roman, entlastet vom Druck der Zeit und der Erwartung möglicher Abnehmer, formuliert sie allmählich, obgleich sie zum Stilbruch der Avantgarde unfähig bleiben muß, den Widerspruch zum Kanon des Geläufigen. Ihre eigene Utopie setzt sich gegen die Ideologie der Heimatdichtung durch; deren literarische Sprache, deren Motiv- und Bildformeln werden gleichsam ausgehöhlt, um neue Inhalte zu vermitteln.

Lena Christs Kritik am Bauernstand – im Werkumkreis der *Rumplhanni,* im *Hochzeiter*-Drama wie im *Goldenen Strumpf* – wurde zweifellos von der wachsenden publizistischen Schelte über den Egoismus und die Geldgier der Bauern in der harten Kriegszeit ausgelöst. Ähnliches findet sich bei Ganghofer und Thoma.[88] Die Bauern – mit ihrer Kriegsgewinnler-Devise »Geschäft is Geschäft« – enttäuschten das Bauernbild der Heimatdichtung.

Im *Hochzeiter* wird dann der Bauernhof als Stätte mangelnder »Ordnung«[89] präsentiert. Sogar wenn ein Bauer mit dem Stigma des Außenseiters geschlagen ist, wird er aus »Bauernstolz« eher den Hof ruinieren als Solidarität mit den Geringen zeigen; wo ›Liebe‹ nicht gedeihen kann, zerfällt die gesamte natürliche Sozial-›Ordnung‹. Der Bauer selbst zerstört die Grundlagen des Bauerntums.

»Denn der Hunger nach Profit«, so kommentiert die Erzählerin zu Beginn des Romans *Madam Bäuerin,* »ist bei jeder Bäuerin so groß, daß sie gern auf weiß Gott was alles verzichtet, wenn nur ihr Geldbeutel Nutzen davon hat.« (S. 208) Lena Christ entwirft in diesem Roman aus den Erfahrungen der Kriegs- und Revolutionsära ein Ideal des Bauerntums, das in jene Utopie einer ›neuen Gemeinschaft‹ mündet, in der sich moderne Literaturrevolution und Räterepublik geeint wußten.[90] Hier oder nirgends, in der bäuerlichen Welt des Besitzes und der Ehre, soll die Sehnsucht der Frau nach Liebe, Freiheit, Heimat wirklich werden.

Emerenz Meier, die »freigesinnte Waldlerin«, hatte in den USA ihr Amerika nicht entdeckt.[91] Lena Christs Sehnsucht richtet sich nicht nach dem anderen Land, sondern nach einem anderen Leben – als Frau. Die ›Überflüssige‹, die Außenseiterin war um ihre Identität als Frau betrogen worden. Im literarischen Rollenspiel als *Mathias Bichler* hatte Lena Christ – in einem erborgten, männlichen Lebenslauf – die Rettung des verlorenen Ich durch die Kunst erträumt; Bichler fand einen ›Vater‹. Nach der Bewährungsprobe der Kriegsbücher wird in der *Rumplhanni* das Dasein einer ›Überflüssigen‹ gleichsam ins Lebensmodell der Mutter Lena Christs, die in der Stadt ihr Glück gefunden hatte, hinübergelenkt. In ihrem letzten Roman geht Lena Christs Wunschfigur, die junge Frau Rosalie, den bekannten Weg der ›Gesundung‹, aus der Stadt aufs Land.

Ein »neumodischer Zug« (S. 213) herrscht auf dem Schiermoserhof: »Alles Neue [...] mußte her« (S. 214). Das abgelebte Alte – verkörpert in der Bäuerin wie in der städtischen Rechtsrätin (S. 237) – ist der Standesdünkel; jetzt aber muß man den »Unterschied vergessen zwischen Stand und Art« (S. 242); denn »ein *freies* Geschöpf unseres Herrgotts« ist jeder

Mensch (S. 247) – auch die junge Frau, die bislang unter der Kuratel von Familienehre und Standesdenken stand. Rosalie gelingt es, den »Überfall auf ihre Person, ihre Freiheit, ihr Leben« (S. 233) abzuwehren und das Gesetz ständischer Ehre durch die freie Bindung der Liebe zu verdrängen; sie wird eine Bäuerin »nach dem *neuen* Schlag« (S. 239). Die alten Kampfpositionen sind hinfällig; wie in der *Rumplhanni* die Heimatideologie, so wird hier jedes Antithesendenken von ›Stadt‹ gegen ›Land‹ aufgehoben: Der alte Bauer »liebt Mensch und Vieh und kennt auch nicht den Unterschied zwischen Stadt und Land, denn«, so lautet die Begründung, die gerade das Kampfpostulat bäuerlicher Bodenständigkeit einmal ernst nimmt, »er kam nie aus seinem Heimatgau hinaus«. ›Heimat‹ wird, wenn die Menschen sich so wandeln, zum »irdischen Paradies« (S. 283), nicht mehr bloß materielle ›Hoamat‹, sondern die Utopie des Heimatlichen, wie sie das »Heimatsgefühl« erahnt. Ihre ›Ordnung‹ ist – nach dem Ende des Krieges zwischen den Menschen – die Ordnung des Friedens (S. 295). Eine schaffende Bäuerin wie Rosalie gleicht aus zwischen Bauernstolz und Dienstbotenmüh', versöhnt Herrische und Dienende; auch die herkömmliche Arbeitsideologie ist so ins Ideal verwandelt. Die letzte Versöhnung aber ereignet sich im Zeichen der Mutterschaft; sie wird in der Sprache des Paradieses geschildert: Ein »Christkindl« ist geboren, die »Dreieinigkeit« der geheiligten Familie geschaffen. »Amen, Vater« (S. 335) lautet das letzte Wort des Romans, das himmlische und irdische Ordnung – nun aber ganz diesseitig, ohne Entsagung – verbindet.

So verschmilzt Lena Christ ihren Wunschtraum weiblich-selbständiger Identität mit der Utopie der ›neuen Gemeinschaft‹; das »Christkindl« – mit dem alltäglichen Namenswortspiel[92] – ist die Chiffre ihrer eigenen Erlösung. Ihre Hoffnungen auf die Revolution werden in ihrem letzten Roman literarisch begründet.

Daß ihr eigenes Dasein sich mit dieser Utopie nicht mehr berührte, lehren die Notbriefe ihrer letzten Lebensmonate deutlich genug. Sie selbst unterliegt in dem Lebenskampf, den sie immer wieder beschrieben und zuletzt in der Utopie einer echten ›Heimat‹ aufgehoben hatte. Das Gesetz der ›Ehre‹, dem sie ihre letzte freie Tat unterwirft,[93] hat die Überflüssige eingeholt. Daß gerade Peter Benedix, der alles verkörpert, was Lena Christ durch ihr Schreiben für eine kurze Frist überwand, die Beihilfe zu ihrem Selbstmord leistete, verwandelt noch diese letzte Lebensfigur ins Sinnbild.

1 Vgl. meinen Aufsatz: ... hier ist Amerika oder nirgends: Die negative Erlösung in Marieluise Fleißers Roman »Eine Zierde für den Verein«, in: Text + Kritik 1979, H. 64, S. 61–73.

2 Marieluise Fleißer, zitiert in dem in Anm. 1 nachgewiesenen Aufsatz, S. 61.

3 Emerenz Meier: Aus dem Elend, S. 69. Weitere Zitate: S. 120, S. 142 sowie S. 102ff.

4 Vgl. den Werkkontrast zum *Juhschroa,* der Erzählung über »das verkörperte lustige Elend« (Meier, S. 34).

5 Hans Carossa: Das Jahr der schönen Täuschungen [1941], in: Sämtliche Werke II, Frankfurt: Insel Verlag 1962, S. 437.

6 Ebd. – Vgl. Hans Göttler: Emerenz Meier – Die rätselhafte Doppelnatur einer Heimatdichterin, in: Literatur in Bayern, Nr. 16, 1989, S. 50–53.

7 Ritter/Kocka, S. 35.

8 Vgl.: Münchner Moderne, S. 15–24.

9 Vgl. Bd. I, S. 658.

10 Vgl. das Nachwort in: Ludwig Thoma, *Münchnerinnen,* hg. v. Bernhard Gajek, München: Piper 1984, S. 191–196.

11 Zitiert nach Goepfert S. 116, dann Thoma, Briefe S. 386; vgl. dazu: Weiß Ferdl erzählt sein Leben, München: Richard Pflaum 1951, S. 73f.

12 Vgl. meinen Artikel: Ludwig Thoma, in: Deutsche Dichter, hg. v. Gunter E. Grimm u. Frank Rainer Max, Bd. 6, Stuttgart: Reclam 1989, S. 414–421.

13 Stieler in dem Kapitel *Der Zeitgeist auf dem Lande,* S. 133–181, hier S. 177f.

14 Friedrich Theodor Vischer: Ästhetik oder Wissenschaft des Schönen, Bd. VI, 2. Aufl., hg. v. Robert Vischer, München: Meyer & Jessen 1923, S. 196.

15 Greverus, S. 301ff. Vgl. Hans Schwerte: Ganghofers Gesundheit. Ein Versuch über sendungsbewußte Trivialliteratur, in: Studien zur Trivialliteratur, hg. v. Heinz-Otto Burger, Frankfurt: Klostermann 1968, S. 154–208.

16 Stieler S. 178.

17 Münchens Niedergang als Kunststadt. Eine Rundfrage von Eduard Engels, München: Bruckmann 1902, S. 16.

18 Benedix, S. 36. – Völlig obskur die Gedichte *Das Evangelium des Weibes* (1903).

19 Hier in der 2. Aufl., 1872–1877 (Nachdruck: München: Oldenbourg 1985), Sp. 1108.

20 Greverus, S. 30.

21 Vgl. Bd. I, S. 643f.

22 Vgl. Bd. I, S. 634.

23 Vgl. meinen Artikel (wie Anm. 12), S. 418 zu dieser Paradiesesmotivik in Thomas *Lausbubengeschichten,* dem Vorbild der *Lausdirndlgeschichten,* die im Kontext dieser Paradiesessuche gelesen werden müs-

sen. Zur Lektüre der Autorin der *Erinnerungen* gehörten hingegen die Höllenvisionen Dantes, vgl. Bd. I, S. 634.

24 Renk, S. 383.

25 Ebd., S. 378.

26 Ebd., S. 377.

27 Vgl. Bd. II, S. 325 u. bes. 327.

28 Schneider, S. 78.

29 Bd. I, S. 189. Zitate zuvor aus: Else Conrad: Lebensführung von 22 Arbeiterfamilien Münchens. München: Lindauer 1909, S. 64f. u. S. 9.

30 Vgl. Bd. I, S. 179f., 185, 190, 192, 216, 223, 228.

31 Goepfert, S. 27.

32 Maria Hartl: Häuslerleut, 2. Aufl., München: Süddeutscher Verlag 1987, S. 40, 97.

33 Vgl. die Szenen Bd. I, S. 129f. und 165ff.

34 Vgl. Bd. I, S. 212, 217, 231.

35 Vgl. die Warnerzählung der Rumplwabn Bd. II, S. 259f.

36 Vgl. Bd. I, S. 648, sowie oben Anm. 23.

37 Bd. I, S. 336f., dann S. 339, 437 u. bes. 398.

38 Allerdings wurden zwei solcher kurzen Gefängnisstrafen aktenkundig während der Vorklärungen zur zweiten Ehe Lena Christs sowie in einem Vermerk in der Personalakte ihres Prozeßgegners Trombetta (vgl. Bd. II, S. 358f.). Wie die wachsende Verelendung gerade Frauen zu Bagatelldelikten, die hart geahndet wurden, trieb, hat die Sozialgeschichtsschreibung inzwischen dokumentiert: Ritter/Kocka, S. 252ff.

39 Vgl. dessen: Alter und neuer Verkehr im bairischen Hochland, in: Stieler, S. 183–223. Der in der Überschrift dieses Abschnitts zitierte Vorwurf gegen Anzengruber und Rosegger nach: Anton Bettelheim, Auerbach und Anzengruber, in: Ders.: Biographenwege, Berlin: Gebr. Paetel 1913, S. 93ff.

40 Berthold an Jakob Auerbach, 20. 12. 1881; in: Auerbach, Briefe II, S. 477.

41 Mettenleiter, S. 197.

42 Auerbach: Nach dreißig Jahren, Stuttgart: Cotta 1876, Bd. I, S. 112.

43 Heinrich von Treitschke: Deutsche Geschichte im Neuzehnten Jahrhundert. Fünfter Teil: Bis zur Märzrevolution, [1894], Leipzig: Hendel 1928, S. 378.

44 Auerbach, Bd. III, S. 93.

45 Karl Barthel: Die deutsche Nationalliteratur der Neuzeit, 10 Aufl., hg. v. Max Vorberg und Guido Burkhardt, Gütersloh: Bertelsmann 1903, S. 780f.: Auerbach.

46 Kressirer (S. 55) zeichnet Lena Christs Technik nach, »den tatsächlichen Charakter der Rumplhanni in einer Gegenbewegung zur Handlung zu entwickeln, so daß der Leser ihn zunächst als identisch mit dem populären Sujet: Dirn ist von einem Bauern schwanger, begreift, ehe er – gleichzeitig mit dem sich immer mehr zuspitzenden Konflikt – immer deutlicher« den listigen ›Willen zum Glück‹ der Rumplhanni erkennt, bis dieser Charakter im Scheitern ganz offenliegt.

[47] Vgl. Ganghofer, Bd. I, 3, S. 66; vgl. S. 19f., 26, 28, 42, 71; dann S. 66.

[48] Vgl. zu Ganghofers Poetik den Aufsatz von Schwerte (wie Anm. 15).

[49] Vgl. Adolf Bartels: Jeremias Gotthelf [1897], 2. Aufl., München: Georg Müller 1904, Zitat: S. 3. – Dazu: Benedix, S. 56.

[50] Gerda Walter: Darstellung und Aufbau von Gotthelfs historischen Erzählungen, Berlin (F. U.), Diss. 1956, S. 8.

[51] Gotthelf, S. 378 (Vorrede).

[52] Gotthelf, S. 384 (Vorrede zur 2. Aufl.); vgl. S. 127 das Bekenntnis zu einem ›christlichen Realismus‹, S. 192f. zum Mitleidsethos. Vgl. Erich Auerbach: Mimesis. Dargestellte Wirklichkeit in der abendländischen Literatur, 5. Aufl., Bern: Francke 1971, S. 26 u. a.

[53] Zur ›Narren‹-Tradition vgl. Dietz-Rüdiger Moser, Fastnacht–Fasching–Karneval. Das Fest der ›Verkehrten Welt‹, Graz: Styria 1986, S. 39ff. u.ö.

[54] Gotthelf, S. 118, dann S. 158.

[55] Vgl. ebd., S. 257f.

[56] Ebd., S. 376; dann S. 378.

[57] Vgl. Bd. I, S. 643.

[58] Gotthelf, S. 303.

[59] Als positive Kontrasterzählung läßt Gotthelf seinem *Bauern-Spiegel* dann 1841 das Buch von *Uli, dem Knecht* folgen, in dem Lena Christ bei ihrer Lektüre die Aufstiegsgeschichte eines Dienstboten zum Bauern finden konnte – vergleichbar der Rumplhanni.

[60] Bd. I, S. 552. Vgl. dazu Benedix, S. 195.

[61] Vgl. Walter Schmitz: Der ›ästhetische Staat‹. Die Kulturprogrammatik Ludwigs I. und ihre literarischen Wirkungen, München Habilitationsschrift 1988, Schlußkapitel.

[62] Vgl. Münchner Moderne, S. 244f.; zur Tradition des neunzehnten Jahrhunderts. Schubert, S. 58–143.

[63] Vgl. Bd. I, S. 647 – und noch die Kritik von F. Stirius zur *Rumplhanni,* Bd. II, S. 376.

[64] Auerbach, Briefe, Bd. II, S. 343f., vgl. S. 333.

[65] Auerbach: Gesammelte Schriften. 2. Gesammtausgabe, Stuttgart: Cotta 1863/64, Vorreden Bd. 1, S. IX.

[66] Laut der Biographie seines Freundes Vinzenz Chiavacci: Ludwig Ganghofer, Stuttgart: Bonz 1905, S. 140f.

[67] Vgl. Keller, Bd. I, S. 46–56; dazu Bd. I, S. 125f.

[68] Friedrich von der Leyen, Leben und Freiheit der Hochschule. Erinnerungen, Köln: Reykers 1960, S. 119.

[69] Thoma, S. 288.

[70] So die Anrede in einem Leserbrief; vgl. Benedix, S. 170.

[71] Vgl. S. 351 dieses Bandes.

[72] Vgl. die Erzählung *Der Traum:* außerdem die Motivik der bewahrten, statt – wie sonst – zerstörten Familie in *Hochzeiterinnen* (S. 74–78 dieses Bandes) und *Frau Susannas Christabend.*

[73] Für Alfred Haering, einen Autographensammler; Deutsches Literaturarchiv, Marbach.

[74] Vgl. Bd. II, S. 339; zum Topos: Vgl. Schmitz.

[75] Benedix, Dissertation S. 54; vgl. in Benedix' Beitrag *Werdegang der Lena Christ* (Völkischer Beobachter, Beil. Heimat und Welt, Nr. 19, 9. 5. 1937) seine Nachweise, daß Lena Christ »heute bei der maßgebenden Kritik« endlich gebührend geschätzt werde; hier zu ergänzen wäre etwa das Urteil von Hellmuth Langenbucher: Aus der Herbsternte des deutschen Schrifttums, II. Teil, in: Bücherkunde 7, 1940, S. 18–22, hier S. 19f. – Zur Korrektur solcher Verfälschungen vgl. Hein, der Lena Christs Schaffen einer ›kritischen Landliteratur‹ zuordnet, wie sie im Vormärz bereits konzipiert, beim frühen Thoma aufgenommen und von Oskar Maria Graf fortgeführt wurde.

[76] Sengle; dann Bd. II, S. 276.

[77] Gotthelf, S. 71.

[78] Ebd., S. 130.

[79] So die Klage in der *Rumplhanni*, Bd. II, S. 1977

[80] Hofmiller, S. 32.

[81] Ebd., S. 69; vgl. S. 35f., S. 46 die rhetorische Frage: »Was bedeutet für einen Bauern Kurt Eisner?«, S. 102f., schließlich S. 176; folgendes Zitat: S. 58.

[82] Vgl. Spindler, S. 391.

[83] Vgl. die Erzählung *Die närrische Zeit*, S. 98–101 dieses Bandes.

[84] Fall Toller, S. 55.

[85] Benedix, S. 38, sowie S. 37 in der Erstausgabe von 1940.

[86] Bd. I, S. 161. Zum Wertekanon der ›Heimatkunst‹ vgl. Rossbacher.

[87] Vgl. Bd. II, S. 338; dann etwa das Stichwort des Sozialdarwinismus in *Trauerspiel des Alltags*: »Einer von denen, die an ihrer eigenen Schwäche zugrunde gehen« (S. 196 dieses Bandes). Zur Sozialutopie der ›Heimatkunst‹ vgl. den Entwurf des jungen Ganghofer, der im *Lebenslauf eines Optimisten* mitgeteilt wird (wie Anm. 48).

[88] Vgl. Bd. II, S. 351.

[89] Vgl. Adler, S. 89f.

[90] Vgl. bei Frühwald, S. 169–175, die Skizze der »Revolution der Gesinnung« mit weiteren Literaturangaben.

[91] Göttler, S. 51.

[92] Vgl. oben S. 393 sowie S. 360.

[93] Vgl. oben S. 373.

ABKÜRZUNGEN UND SIGLEN

Adler – Ghemela Adler, Lena Christs Einakter »Der Hochzeiter«. Ein Experiment für das Bauerntheater. In: Romantik und Moderne. Festschrift für Helmut Motekat, hg. v. Erich Huber-Thoma u. Ghemela Adler. Bern: Lang 1986. S. 9–28.

Auerbach – Berthold Auerbachs Werke, hg. v. Anton Bettelheim. Leipzig: Hesse & Becker o. J.

Auerbach, Briefe – Berthold Auerbach, Briefe an seinen Freund Jakob Auerbach. 2 Bde. Frankfurt: Rütten & Loening 1884.

Benedix – Peter Benedix, Der Weg der Lena Christ. 2. Aufl. München: Ludwig Baur 1950.

Benedix, Dissertation – Peter Benedix, Die Bauernschilderung in der altbayerischen Erzählliteratur bis auf Ludwig Thoma. Unveröffentlichtes Typoskript einer geplanten Dissertation, ⟨um 1947⟩. Stadtbibliothek München, Monacensia Abteilung.

Bierbaum – Otto Julius Bierbaum, Die Schlierseer Bauernkomödianten, in: Das Magazin für Litteratur, Nr. 36, 9.9.1893, S. 569–571.

Fall Toller – Der Fall Toller. Kommentar und Materialien, hg. v. Wolfgang Frühwald u. John M. Spalek. München: Hanser 1979.

Frühwald – Wolfgang Frühwald, Der Heimkehrer auf der Bühne. Lion Feuchtwanger, Bertolt Brecht und die Erneuerung des Volksstückes in den zwanziger Jahren, in: Internationales Archiv für Sozialgeschichte der deutschen Literatur 8 (1983), S. 169–199.

Ganghofer – Ludwig Ganghofer, Gesammelte Schriften. Volksausgabe. IV Serien in 10 Bänden. Stuttgart: Bonz 1906.

Goepfert – Günter Goepfert, Das Schicksal der Lena Christ. 3. Aufl. München: Süddeutscher Verlag 1989.

Gotthelf – Jeremias Gotthelf [d. i.: Albert Bitzius], Der Bauern-Spiegel oder Lebensgeschichte des Jeremias Gotthelf. Von ihm selbst beschrieben. [=] Sämtliche Werke, hg. v. Rudolf Hunziker u. Hans Bloesch, Bd. 1. Erlenbach-Zürich: Rentsch 1921.

Greverus – Ina-Marie Greverus, Der territoriale Mensch. Ein literaturanthropologischer Versuch zum Heimatphänomen. Frankfurt: Athenäum 1972.

Hein – Jürgen Hein, Dorfgeschichte. SM 145. Stuttgart: Metzler 1976.

Hofmiller – Josef Hofmiller, Revolutionstagebuch 1918/19. Aus den Tagen der Münchner Revolution. [=] Schriften. Zweiter Band, hg. v. Hulda Hofmiller. Leipzig: Karl Rauch 1938.

Keller – Gottfried Keller, Der grüne Heinrich. 4 Bde. [=] Sämtliche Werke, hg. v. Jonas Fränkel. Bd. 3–6. Erlenbach–Zürich: Rentsch 1926.

Krauss – Marita Krauss, Hans Ludwig Held (1885–1954). Ein außergewöhnlicher Repräsentant Münchner Kultur. [Katalog zur] Ausstellung der Münchner Stadtbibliothek Am Gasteig 1985.

Kressirer – Johannes Kressirer, Die literarische Heimat einer Heimatlosen. Zum Heimatbegriff in Lena Christs Erzählung »Die Rumplhanni«. München (Magisterarbeit) 1983.

Meier – Emerenz Meier, Aus dem Bayerischen Wald, hg. v. Hans Bleibrunner u. Alfred Fuchs mit einem Lebensbild von Max Peinkofer. Grafenau: Morsak 1974.

Mettenleiter – Peter Mettenleiter, Destruktion der Heimatdichtung. Typologische Untersuchungen zu Gotthelf – Auerbach – Ganghofer. Untersuchungen des Ludwig-Uhland-Instituts der Universität Tübingen 34. Tübingen: Tübinger Vereinigung für Volkskunde 1974.

Münchner Moderne – Die Münchner Moderne, hg. v. Walter Schmitz. Stuttgart: Reclam 1990.

Renk – Herta-Elisabeth Renk, Die Überflüssige und ihre Heimat – zu Leben und Werk der Lena Christ, in: Handbuch der Literatur in Bayern. Vom Frühmittelalter bis zur Gegenwart, hg. v. Albrecht Weber. Regensburg: Pustet 1987. S. 373–385.

Ritter/Kocka – Deutsche Sozialgeschichte. Dokumente und Skizzen. Band II: 1870–1914, hg. v. Gerhard A. Ritter u. Jürgen Kocka. 2. Aufl. München: Beck 1977.

Rossbacher – Karlheinz Rossbacher, Heimatkunstbewegung und Heimatroman. Zu einer Literatursoziologie der Jahrhundertwende. Stuttgart: Klett 1975.

Schneider – Ludwig M. Schneider, Die populäre Kritik an Staat und Gesellschaft in München (1886–1914). MBM 61. München: Stadtarchiv 1975.

Schubert – Bernhard Schubert, Der Künstler als Handwerker. Zur Literaturgeschichte einer romantischen Utopie. Königstein/Ts.: Athenäum 1986.

Sengle – Friedrich Sengle, Wunschbild Land und Schreckbild Stadt. Zu einem zentralen Thema der neueren deutschen Literatur, in: Studium Generale 16 (1963), S. 619–631.

Spindler – Max Spindler, Handbuch der bayerischen Geschichte, IV. Band: Das neue Bayern. 2 Teilbände, München: Beck 1974f.

Stieler – Karl Stieler, Kulturbilder aus Bayern, hg. v. Karl Theodor Heigel, Stuttgart: Bonz 1885.

Thoma – Annette Thoma, Lena Christ. 1881–1920, in: Dies.: Bei uns. Rosenheim: Rosenheimer Verlagshaus 1974, S. 134–138.

Thoma – Ludwig Thoma, Ein Leben in Briefen (1875–1921), hg. v. Anton Keller. München: Piper 1963.

von Gugel – Adelheid von Gugel, Lena Christ. Leben und Werk. München (Diss.) 1959.

NACHWEIS DER ABBILDUNGEN

Frontispiz: Lena Christ, Photographie um 1918. Im Besitz von Frau Luise Maendl.

S. 344: »Eine christliche Familie auf dem Lande«, gezeichnete Karte von Lena Christ an Hans Ludwig Held, 15. 7. 1915. Münchner Stadtbibliothek, Handschriftenabteilung, Lena Christ I/2.

S. 381: Lena Christs »Bauern«, Einband der Erstausgabe von Paul Neu, Leipzig 1919. Münchner Stadtbibliothek, Monacensia, P. Mon. 11.

S. 382: Lena Christs »Bauern«, Erstausgabe S. 3, Titelblatt von Paul Neu, Leipzig 1919. Münchner Stadtbibliothek, Monacensia, P. Mon. 11.

S. 390: »Der Kommunist in seinem Häusl«, Zeichnung von Lena Christ, 1920. Münchner Stadtbibliothek, Handschriftenabteilung, Nachlaß Held VI/71.

INHALTSVERZEICHNIS